高等学校交通运输与工程类专业规划教材

Traffic Engineering Facilities Design

交通工程设施设计

丁柏群　主　编

何永明　邹常丰　张　鹏　副主编

人民交通出版社股份有限公司
China Communications Press Co.,Ltd.

内 容 提 要

本书系统阐述了道路交通工程设施的种类、功能、构成、总体规划、设计原理、设计原则和方法等,介绍了交通工程设施的发展历程和新技术应用。全书共分 11 章,内容包括:绪论、交通工程总体规划、交通安全设施设计、交通管理设施设计、道路收费设施设计、交通监控设施设计、公路通信设施设计、公路服务设施设计、停车设施设计、道路照明设施设计、公路供配电设施设计,每章后面附有思考题。

本书可作为高等学校和科研院所交通工程及相关专业本科生、研究生教材或教学参考书,也可供有关行业的工程技术人员、管理人员和有兴趣的读者阅读参考。

图书在版编目(CIP)数据

交通工程设施设计 / 丁柏群主编. — 北京 : 人民交通出版社股份有限公司, 2017. 12

ISBN 978-7-114-14401-1

Ⅰ. ①交… Ⅱ. ①丁… Ⅲ. ①交通设施—设计—高等学校—教材 Ⅳ.①U491

中国版本图书馆 CIP 数据核字(2017)第 309491 号

高等学校交通运输与工程类专业规划教材

书 名:	交通工程设施设计
著 作 者:	丁柏群
责任编辑:	李 晴
出版发行:	人民交通出版社股份有限公司
地 址:	(100011)北京市朝阳区安定门外外馆斜街 3 号
网 址:	http://www.ccpress.com.cn
销售电话:	(010)59757973
总 经 销:	人民交通出版社股份有限公司发行部
经 销:	各地新华书店
印 刷:	北京市密东印刷有限公司
开 本:	787×1092 1/16
印 张:	24
字 数:	586 千
版 次:	2017 年 12 月 第 1 版
印 次:	2023 年 5 月 第 1 版 第 3 次印刷
书 号:	ISBN 978-7-114-14401-1
定 价:	45.00 元

(有印刷、装订质量问题的图书由本公司负责调换)

高等学校交通运输与工程（道路、桥梁、隧道与交通工程）教材建设委员会

主 任 委 员：沙爱民　（长安大学）

副主任委员：梁乃兴　（重庆交通大学）

　　　　　　陈艾荣　（同济大学）

　　　　　　徐　岳　（长安大学）

　　　　　　黄晓明　（东南大学）

　　　　　　韩　敏　（人民交通出版社股份有限公司）

委　　　员：（按姓氏笔画排序）

　　　　　　马松林　（哈尔滨工业大学）　　　王云鹏　（北京航空航天大学）

　　　　　　石　京　（清华大学）　　　　　　申爱琴　（长安大学）

　　　　　　朱合华　（同济大学）　　　　　　任伟新　（合肥工业大学）

　　　　　　向中富　（重庆交通大学）　　　　刘　扬　（长沙理工大学）

　　　　　　刘朝晖　（长沙理工大学）　　　　刘寒冰　（吉林大学）

　　　　　　关宏志　（北京工业大学）　　　　李亚东　（西南交通大学）

　　　　　　杨晓光　（同济大学）　　　　　　吴瑞麟　（华中科技大学）

　　　　　　何　民　（昆明理工大学）　　　　何东坡　（东北林业大学）

　　　　　　张顶立　（北京交通大学）　　　　张金喜　（北京工业大学）

　　　　　　陈　红　（长安大学）　　　　　　陈　峻　（东南大学）

　　　　　　陈宝春　（福州大学）　　　　　　陈静云　（大连理工大学）

　　　　　　邵旭东　（湖南大学）　　　　　　项贻强　（浙江大学）

　　　　　　胡志坚　（武汉理工大学）　　　　郭忠印　（同济大学）

　　　　　　黄　侨　（东南大学）　　　　　　黄立葵　（湖南大学）

　　　　　　黄亚新　（解放军理工大学）　　　符锌砂　（华南理工大学）

　　　　　　葛耀君　（同济大学）　　　　　　裴玉龙　（东北林业大学）

　　　　　　戴公连　（中南大学）

秘 书 长：孙　玺　（人民交通出版社股份有限公司）

前言

    交通工程设施依据交通工程学原理,充分考虑人、车、路、环境的交通特性和诸多影响动静态交通行为的因素而设计和设置,对保证道路交通安全、效率、舒适、环保起着重要作用。交通工程设施与道路附属设施的范围有所交叉,但又不完全相同。现代道路交通越来越多的实践表明,交通工程设施的功能是其他设施难以替代的。

    本书共分11章,系统全面地阐述了交通工程设施的功能、设计内容、总体规划,以及安全设施、管理设施、收费设施、监控设施、通信设施、服务设施、停车设施、照明设施、供配电设施的种类、构成、设计原理、设计原则和设计方法等,介绍了交通工程设施的发展历程和新技术应用。每章后所附的思考题有助于学生掌握和理解课程的重难点内容。

    本书的作者兼有高校教学科研和行业科研生产的长期经历,因此,书中内容密切结合行业实际,可操作性强,有助于加强学生对理论知识的理解;同时吸收、总结和体现了新研究成果、新标准和新技术,具有一定的前瞻性;通过综合分析大量相关资料,对一些概念和内容进行了重新归纳、阐释和澄清,使其内涵更加准确。

    本书由丁柏群任主编,何永明、邹常丰、张鹏任副主编。其中,第一、二、三章由东北林业大学交通学院丁柏群编写,第四、八章由东北林业大学交通学院何永明编写,第五章由东北林业大学交通学院邹常丰编写,第六章由重庆交通大学交通运输学院马庆禄、东北林业大学交通学院丁柏群编写,第七章由哈尔滨工业大学交通科学与工程学院王绍增编写,第九章由黑龙江工程学院汽车与交通工程学院张鹏编写,第十章由东北林业大学交通学院张丽莉编写,第十一章由天津市渤海城市规划设计研究院裴煦、东北林业大学交通学院金英群编写。全书由丁柏群制定编写大纲、统稿和定稿。

由于作者水平有限和受资料等局限,书中难免存在一些疏漏和不当,敬请读者批评指正。

丁柏群

2017 年 8 月

目录

第一章

绪　论

第一节　交通工程设施

一、交通工程设施的概念

关于交通工程的学问——交通工程学是专门研究道路交通的构成、发生、发展、分布、运行和停驻规律的科学,它把道路、车辆、交通参与者和相关环境作为道路交通系统整体中的要素进行研究,综合考虑它们的交通特性和相互关系,寻求平衡交通供应与需求,提高通行能力和运输效率,降低交通运输成本,减少交通事故、能源消耗和交通公害的科学理论、方法和措施,从而达到出行安全、迅速、经济、便利、舒适和低公害的目的。不仅如此,现代交通工程学已经延伸到铁路、水运、航空等其他交通方式当中,为场站、港口、枢纽等系统的高效、安全运行提供规划设计和管理控制依据和方法。

交通工程学与其他工程学科一个很大的不同在于,它所处理的问题不仅与车、路、设施、环境等物质因素有关,而且往往与交通参与者的精神因素有关,涉及自然科学和社会科学的广泛领域,综合了数学、物理、工程技术、规划设计、社会、经济、法律、管理、生理、心理乃至历史、教育等多学科知识。由于其研究内容主要集中在工程(Engineering)、法规(Enforcement)、教育(Education)、环境(Environment)和能源(Energy)领域,所以也有人称之为"5E"科学。

交通工程学的理论和方法是交通工程设施设计的基础。为使道路交通系统安全、高效、经济、合理地运行,除了采用一些法律、法规、管理、教育等"软件"措施和软科学方法以外,根据交通工程学原理配备一些硬件设施也是非常必要的。交通工程设施,就是根据交通工程学的原理和方法,为增加道路通行能力、提高经济效益、减少交通事故、降低交通公害而给道路、人员和车辆配置的系统、设施和装备,即为高效、安全、舒适、经济、环保地出行而设置的各类设施。

二、交通工程设施的功能

道路交通不仅要完成客货运输任务、满足交通量和承载能力的需求,同时还应实现出行的安全、舒适、经济、快捷、低公害,这些要求依靠道路本身是难以完全达到的,必须辅助以交通工程设施。交通工程设施的功能如下:

(1)防范交通事故,保障行车安全

现代道路交通以车辆交通为主体。车辆作为大质量、高速度的交通工具,一旦发生交通事故往往容易产生严重后果,所以,行车安全是事关人生死存亡和财产损失的大问题。要减少交通事故、保障行车安全,道路本身的构造是必须考虑的,但仅此还远远不够,还应当建设和完善相应的交通工程设施,通过管理设施、安全设施、监控设施、照明设施、服务设施等弥补道路基础设施在主动保障、被动防护行车安全方面的不足。安全护栏和防眩设施能够减少交通事故,降低事故严重程度;标志、标线、信号的指示和限制能够减少交通冲突;照明设施可增加驾驶员对周边信息的摄入量;服务设施可降低驾驶员的疲劳程度;可变信息板和可变限速标志可使驾驶员在事故点上游提前做好准备,避免二次事故发生;等等。

(2)提高道路通行能力和交通运行效率

这一功能主要体现在提高道路的车公里运量和车辆行驶速度,减少延误和行驶时间,提高车辆利用率和出行时间可靠性等方面。交通管理设施、监控设施、照明设施等可在很大程度上提高道路通行能力和交通运行效率。利用监控系统掌握和发布的实时交通信息,如交通量、行车速度、车辆密度、阻塞时间等,预测起讫点之间的最佳出行线路和出行时间,有效地减少交通拥堵,引导交通流顺畅。照明设施能够提高夜间行车速度,均衡昼夜交通流分布,提高道路资源利用率。

(3)保障车辆和人员长时间连续出行

驾驶员长时间开车会因疲劳引起生理和心理上的变化,感觉、知觉、判断能力、意志决定、操作等都受到影响,例如视力下降、动作粗糙走形、注意力不集中、反应迟钝、对环境判断发生错误等。服务区、加油站、维修站等道路服务设施能够为长途行驶、连续行驶的车辆提供必要的加油、加水补给和检查维修,也能够为疲劳、紧张的驾乘人员和旅客提供必要的餐饮、休息场所,保障车辆和人员长时间、长距离连续出行。

(4)规范交通秩序和交通行为

通过标志、标线、信号、隔离栅、收费站、停车场等交通工程设施进行交通渠化,实行上下行分流、快慢车分流、机非分流、人车分流,组织单向交通,开辟专用道路,控制进出公路,分离动静态交通等,能够有效地规范交通运行秩序,约束交通行为,保障出行者的道路使用权,实现各行其道、各畅其行。

(5)创造良好的交通环境

完善的交通标志、标线、信号能够帮助驾驶员辨识、判断行驶方向和线路,减少困惑和错误;先进的监控系统和通信系统能够提供实时交通信息、旅行信息、线路诱导乃至娱乐节目,缓解驾乘人员因长时间旅行、行车延误和情况不明等引起的烦躁情绪,方便出行人员安排出行计划。合理的交通工程设施还有助于提高行车速度,减少停车次数,降低交通延误,减少交通能耗,减轻车辆有害排放、噪声、振动等污染,从而提高出行的便捷度、舒适度和满意度。

三、交通工程设施的效果

近年世界卫生组织发布的《道路安全全球现状报告》显示,全球每年有 127 万人死于道路交通事故,其中三分之二来自 10 个国家,按数量依次为中国、印度、尼日利亚、美国、巴基斯坦、印尼、俄罗斯、巴西、埃及和埃塞俄比亚;同时有 2000 万～5000 万人在事故中受伤。

据统计,日本因驾驶员疲劳所产生的交通事故占交通事故总数的 1%～1.5%;法国因疲劳驾驶而发生的交通事故占人身伤害事故的 14.9%,占死亡事故的 20.6%;美国每年因驾驶员疲劳而导致的车祸约有 10 万起,其中疲劳驾驶直接导致死亡的约占交通碰撞致死事故的3.1%;英国车祸死亡事故的 10% 是由疲劳驾驶所致。通常,在交通死亡事故中,约有 30% 是由单车冲出路外所致;按运行公里加权计算,夜间交通事故死亡率为白天的两倍。在我国,因疲劳、紧张、酗酒驾驶所造成的道路交通事故约占交通事故总数的 20%,占特大交通事故的40% 以上,在死亡交通事故中居首位;65% 的交通事故发生在低等级公路特别是山区公路上,这些公路比较普遍地存在安全防护设施少、标志标线不足或设置不合理、缺乏监控和服务等设施的情况。而在交通事故人身伤害中,20% 是立即死亡,21% 是因为得不到及时救治而死亡,59% 是受到无法医救的伤害。

研究表明,驾驶员以 100km/h 的速度行驶 30～40min 后,会出现抑制高级神经活动的信号,表现为欲睡、主动性降低,2h 后,非常容易进入睡眠状态。另一方面,如果驾驶员早 0.5s预知危险,就可以减少 50% 的追尾和交叉口交通事故、减少 30% 的正面碰撞事故;如果早 1s预知危险,则可以避免 90% 的交通事故。

交通事故产生的原因是多方面的,包括疲劳驾驶、违章操作、超速超限、交通素质低、管理控制差、混合交通、车辆故障、气象环境不良等,但不容忽视的是,交通工程设施方面的缺乏和缺陷是一个重要因素。

交通工程设施在减少交通事故、保障行车安全方面效果非常显著。监控系统、通信系统、标志标线等设施可以提示危险、预警事故、控制车速、寻求救援,从而降低交通事故的概率和风险。由于中央分隔带的设置,高速公路交通事故的主要形式不再是正面碰撞,从而大大降低了事故的严重程度。高速公路设置照明可使夜间交通事故的数量减少 30% 以上。在美国,加利福尼亚州康科德市通过完善道路交通安全设施,减少交通事故达 21%～67%;有研究表明,通过设置道路标线,在减少交通事故、提高行车安全方面所取得的收益/投资比平均值能达到 60∶1 左右,即道路标线每投资 1 美元,社会回报为 60 美元。各种标线中效益最低的是双向二车道乡村公路的边线,收益/投资比也能达到 17∶1。在我国,北京市在某些道路的陡坡、急弯等路段采用特殊标线,使全年事故总量下降 17%～51%,重大事故和死亡人数均下降 100%。表 1-1 是 2005 年以来我国(大陆)机动车交通事故的统计数据,可以看出,机动车交通事故的数量和损失总体上呈现逐年下降的趋势,应该说,这与交通工程设施的逐渐完善是不无关系的。

我国(大陆)机动车交通事故统计　　　　　　　　表 1-1

年份(年)	机动车交通事故 发生数(起)	机动车交通事故 死亡人数(人)	机动车交通事故 受伤人数(人)	机动车交通事故直接 财产损失(万元)
2005	424409	93614	443361	183842
2006	358249	84805	412193	146385
2007	309261	77696	363428	117236
2008	251077	70206	291423	99111
2009	225096	64781	262254	89375
2010	207156	62380	241823	90420
2011	198113	59673	224619	104788
2012	190756	57277	210554	114200
2013	183404	55316	198317	100034
2014	180321	54944	194887	103386
2015	170130	54279	181528	98929

　　交通拥堵和交通污染是另外两大世界性的交通问题。2000 年,美国因交通拥挤、噪声污染等耗费的社会成本达 650 亿美元,其中 94% 属于交通拥挤损失,6% 属于噪声污染损失;而到 2005 年,美国主要城市(85 个大都市区)仅交通拥挤造成的经济损失就达 782 亿美元,交通延误达 42 亿车时,平均车速不到 15km/h。据加拿大交通部 2005 年发布的城市交通运行报告,该国每年因交通拥堵造成的经济损失达 60 亿加元。在日本,每年因交通拥堵造成的交通延误达 50 亿车时,仅东京市的时间损失价值就达 123000 亿日元。欧洲交通拥堵和环境污染造成的经济损失分别为 5000 亿欧元/年和 50 亿~500 亿欧元/年。英国交通拥堵造成的经济损失为每年 100 亿~150 亿英镑。我国的形势也非常严峻,北京、上海、广州等 15 座城市因交通拥堵日均损失近 10 亿元;《2011 北京市交通发展年度报告》显示,交通拥堵导致北京市每年损失 1057.3 亿元,其中时间价值损失达 809.7 亿元,能源浪费达 722.9 万 L、201.1 亿元,环境污染损失为 45.2 亿元,居民健康风险损失为 1.3 亿元。

　　在提高道路通行能力和交通运行效率方面,交通工程设施同样具有十分明显的作用。在我国,具有相似结构、线形和车道数量的高速公路与一级公路,由于监控设施、封闭隔离设施等的差异,通行能力相差可达 1.5~2 倍,车辆平均运行速度相差可达 1.3~1.6 倍;一级公路的中央隔离设施可提高平均行车速度 8%~16%,机非隔离设施可提高平均行车速度达 10%~29%;采用城市干道信号协调控制可使车速提高达 40% 左右,停车率下降 10%~30%。在美国,优化的交通信号系统可使延误减少 14%~30%;交通信息系统和交通管理系统可使高峰小时车速提高 35%,行驶时间缩短 19%;车辆导航系统可减少有害排放 5%~16%;环保设施和措施可减少 CO、NO、HC 排放分别达到 1.7%~2.5%、1.9%~3.5% 和 2.7%~4.2%。统计和测试结果显示,与半人工自动收费系统(Manual Toll Collection System,简称 MTC)相比,不停车自动电子收费系统(Electronic Toll Collection System,简称 ETC)在日本可提高收费车道通行能力 4 倍以上,还可减少收费站附近 38% 的 CO_2 排放量;在葡萄牙可提高收费车道通行能力 6 倍;在我国,可减少每次收费单车油耗 50%,减少 CO、CO_2 排放分别为 71.3% 和 48.9%。

　　表 1-2~表 1-4 为一些发达国家通过建立交通工程设施而获得的经济和社会效益。

安 全 效 益 表 1-2

交通工程设施种类	交通事故减少（%）			救援时间减少（%）		
	美国	日本	欧洲国家	美国	日本	欧洲国家
自适应信号控制系统	18	75～78	30			
匝道控制系统	24～50					
超速抓拍系统	20～80		50			
专用车道			30			
车辆动态导航系统	1					
气象监测和可变信息板				30～40		
事故与紧急事件管理系统	15		7～12	20		43

效 率 效 益 表 1-3

交通工程设施种类	延误时间减少（%）				生产效率增加（%）	
	美国	日本	欧洲国家	澳大利亚	美国	欧洲国家
交通信号	8～25	10～20	12～48	20		
匝道控制系统	13～48		19		8～22	3～5
车辆动态导航系统	4～20	约15	4～8			
可变信息板			20	8		
不停车自动电子收费系统			30～71		200～300	
事故与紧急事件管理系统	10～45			6～12		
高速公路管理系统					17～25	

生产率效益和环境效益 表 1-4

交通工程设施种类	费用减少（%）		汽车有害排放减少（%）		燃料消耗减少（%）	
	美国	欧洲国家	美国	欧洲国家	美国	欧洲国家
交通信号				26～30	6～13	4
车辆动态导航系统			5		13	5
可变信息板				5～10		
不停车自动电子收费系统	34～91		45～83			5
高速公路管理系统					42	

四、交通工程设施的发展

交通工程设施并不是从一开始就形成配套完备系统的，而是随着汽车工业的兴盛，道路交通问题的出现与频发，经济社会、科学技术和思想观念的进步而逐渐发展起来的。下面择要介绍一些交通工程设施的发展历程、趋势和相关规范。

（一）道路安全护栏

道路安全护栏是较早出现的交通工程设施。美国自20世纪20年代起就开展了公路护栏的应用和研究，尽管当时交通工程尚未成长为单独学科。1930年，钢索护栏开始在美国公路中应用。1962年,美国几家安全护栏研究机构发表了一份简单的护栏实车碰撞试验程序。1973年,一个较为完善的护栏试验及性能评价标准被发布并得到广泛应用。到20世纪90年代初,美国先后组织了护栏结构及各种安全设施的系列研究工作,在理论分析和模拟试验的基础上,通过实车足尺护栏碰撞试验和应用实践,积累了大量的资料和丰富的经验,并编写了各种设计规范。法国、英国、德国等国家也在很早就开始了护栏的实际应用与结构研究,建立健全了一整套的试验设施和相应的试验规程。日本于20世纪50年代开始进行公路安全护栏的研究,1963年在名神高速公路首次使用安全护栏,众多研究机构对各种护栏结构进行了广泛深入的研究开发,于1965年制定了护栏设置纲要,并先后于1973年、1998年修订、更新了这一规范,在护栏的适用范围、结构设计、功能要求、施工安装等方面做出了明确的规定。至此,形成了美国、日本两种典型的护栏形式。

我国安全护栏的应用研究始于1984年京津塘高速公路交通工程初步设计阶段,到1988年,我国大陆最早通车的沪嘉高速公路和部分路段通车的沈大高速公路等均使用了波形梁安全护栏。1988年开始柔性安全护栏的应用研究,1991年合宁高速公路竣工路段即采用了缆索护栏。1994年,原交通部推出了行业标准《高速公路交通安全设施设计及施工技术规范》(JTJ 074—1994)。1995年,推出了行业标准《高速公路波形梁钢护栏》(JT/T 281—1995),并于2007年修订为《公路波形梁钢护栏》(JT/T 281—2007)。2006年,推出了《高速公路交通工程及沿线设施设计通用规范》(JTG D80—2006),系统规定了包括护栏在内的高速公路交通工程设施建设规模和技术标准。2013年,交通运输部颁布实施的《公路护栏安全性能评价标准》(JTG B05-01—2013),总结了我国近年来关于安全护栏的科研成果、应用实践和全尺寸碰撞试验的经验,吸收借鉴了国外安全护栏的相关标准和先进技术。

(二)道路交通标志、标线、信号灯

道路交通标志的起源可以追溯到1879年的英国,一个民间组织赛克林格俱乐部在山区道路路边设置了一个警告危险的交通标志;随后英格罗斯特郡的一个路政局于1881年在另一处山区道路设置了一个交通警告标志。1901年,英国汽车联盟设置了世界上最早的汽车专用警告标志。1903年,由于法国汽车联盟的积极推进,法国成为世界上最早在全国范围采用统一的汽车交通标志的国家。1909年,汽车通行会议在巴黎召开,达成了《关于汽车交通的国际公约》,决定实行国际统一交通标志。1931年,在日内瓦达成了《关于统一路标的公约》。在美国,威斯康星州于1918年率先确定了道路标志的形状;1924年,美国公路协会建议采用统一的标志设施;1935年,先期于1927年出版的《乡村公路标志手册》和1930年出版的《城市道路标志手册》合并为第一个道路标志、标线和交通信号方面的规范,即《统一的交通控制设施指南》(Manual of Uniform Traffic Control Devices,简称 MUTCD),并于2009年推出了第九次修订的版本。日本政府于1923年制定正式文件实施道路标志;1942年,制定了"道路标志令";1960年,制定了新的道路交通法,并发布了有关道路标志、标线的命令;此后在这一基础上一直陆续进行修订和完善。自1926年以后,欧洲、美洲及非洲国家都提出了地区性的交通标志统一协定。1949年,联合国交通运输委员会首先提出交通标志的国际化,制定了50多个道路标志,约有30个国家在道路标志公约上签字;1952年,联合国提出了《道路标志及信号相关议定书》,有68个参加国签字;到1968年,联合国召开道路交通会议,通过了《道路标志与信号条约》,逐步推动道路交通标志走向国际统一化。

在我国,1934 年国民政府公布了我国历史上第一个陆上交通管理规则,其中规定了三类(禁令、警告、指示)27 种道路交通标志,这套标志主要来源于 1931 年日内瓦道路标志公约;1955 年,公安部颁布的《城市交通管理规则》中有三类 28 种交通标志;1972 年,公安部和原交通部联合颁布的《城市和公路交通管理规则》中有 34 种图案和符号;1986 年,国家标准《道路交通标志和标线》(GB 5768—1986)颁布实施,共规定了 148 个交通标志,基本上按国际标准制定;其后,分别于 1999 年、2009 年进行了两次修订完善。在 20 世纪 70~80 年代,我国开始在北京、天津、广东、辽宁等地研究应用反光标志、发光标志、光纤标志、可变标志等。

道路交通标线可以追溯到更早,1600 年,墨西哥城的主要街道就涂画了颜色鲜明的中心线。公路上的交通标线则是随着汽车和现代公路的发展而出现的。20 世纪初期,德国将白灰涂画在公路上,用以分离对向行驶车辆。由于交通量的增大和路用条件的苛刻,当时的路面标线很容易失效,迫切需要经久耐用的标线涂料,于是道路标线的发展与标线材料的发展密切联系在一起。20 世纪 30 年代以来,由于树脂合成技术的出现以及涂料工业对道路标线行业的推动作用,具有快干、耐磨、耐候特点的酯胶漆、氯化橡胶漆、醇酸漆、丙烯酸漆等常温溶剂型涂料逐步应用于交通标线,专用标线涂料开始形成,使得道路标线这种交通工程设施得到越来越广泛的应用。1956 年,欧洲研制成功热熔型(热塑型)道路标线涂料,由于寿命长、干燥快、夜视性好、线条鲜明、环境污染小,在发达国家逐渐取代了大部分常温溶剂型涂料,促进了公路和城市道路标线的发展。日本于 1958 年从欧洲引进热熔型标线涂料生产技术,率先在亚洲开始使用。现在日本近 80% 的路面使用热熔型标线涂料;高速公路标线涂装率达 100% ,国道达95% ,乡村道路也有一定比例的涂装。

我国道路标线是从酯胶漆开始起步的,20 世纪 70 年代,由于环氧漆附着性和耐磨性优良,开始得到大量使用。进入 20 世纪 80 年代以后,我国开始研发热熔型涂料,并先后在沈阳、南京、北京、深圳、珠海、黑龙江等地进行了试用,大量使用则是在 20 世纪 90 年代。但目前,我国道路标线涂装里程的 90% 以上还是采用常温溶剂型涂料。经过长时间研究探索、工程实践和总结经验,我国推出了国家标准《道路交通标志和标线 第 3 部分:道路交通标线》(GB 5768.3—2009),改进、丰富了 1999 版中一些标线的样式、颜色、种类及设置,更加趋于科学合理;同时交通运输部也出台了行业标准《公路交通标志和标线设置规范》(JTG D82—2009),配套细化相应操作。

道路交通信号灯的出现也很早。1868 年,英国铁路工程师奈特设计了世界上第一台交通信号灯,安装在伦敦威斯敏斯特地区议会大厦广场,采用红、绿两色煤气提灯作为光源,由人工牵动皮带旋转提灯(随后改进为两片红、绿玻璃交替遮挡光源)来切换信号颜色,服务于当时的马车交通,只在夜间使用;但这一信号灯因煤气灯爆炸只运行了 23d。其后有些欧洲国家采用人工翻转标志牌的办法替代交通信号灯。直到 1912 年,美国盐湖城警官外尔的发明了第一台以电灯为光源,利用手动开关控制的红绿两色电气交通信号灯,安装在盐湖城主街与第二南街交叉口,真正意义的交通信号灯才得以恢复。1914 年,美国克利夫兰市安装了在外尔的发明基础上改进的交通信号灯,同时以电铃配合灯色转换;稍后纽约和芝加哥等城市也出现了电气信号灯。约在同一时期,开始研究探索利用压力传感器和扩音器控制灯色转换的信号灯。仍然在盐湖城,1917 年出现了第一个交通信号干道协调控制系统(线控制),以电缆连接了一条街道上 6 个连续交叉口的信号灯,由一个警察使用手动开关统一控制灯色的转换。此后十年间,先后又试验成功了同时式、交变式、推进式线控制系统。红黄绿三色信号灯首次出现在

1920 年的美国底特律,为底特律警官泡茨所发明,当时黄灯信号是为左右转弯车辆设置的;1925 年,英国开始将黄色信号作为红色信号出现之前的警示信号。1926 年,英国在沃尔夫汉普顿市试验安装了第一座自动控制的交通信号机。20 世纪 30 年代,美国研制出世界上最早的感应式交通信号控制机。1952 年,美国开始在丹佛市试验用电子计算机对路网中多个交通信号进行协调控制(面控制)。与此同时,在高速公路上也安装了交通控制系统。1959 年,加拿大多伦多市进行了交通信号面控系统试验,并于 1963 年正式安装了使用 IBM 650 型计算机进行集中控制的世界上第一个面控系统;其后美国、英国、联邦德国、日本、澳大利亚等国家的一些城市相继建成面控系统。面控系统利用交通仿真优化软件控制驱动信号灯硬件设施实现信号协调优化功能,各国广泛使用的交通信号协调控制软件有英国的 TRANSYT、SCOOT,澳大利亚的 SCATS,美国的 ACTRA、RHODES、OPAC,德国的 UTC,法国的 PRODYN、意大利的 UTOPLA、日本的 KATNET 等。在交通信号灯标准和法规方面,美国 1935 年制订了《统一交通控制设施细则》,对信号灯的设置规定了详细依据和方法,目前已经更新到 2000 版;1968 年,联合国《道路交通和道路标志、信号协定》对各种信号灯的含义作了明确规定;1974 年,"欧洲各国交通部长联席会议"达成了《欧洲道路交通标志和信号协议》。

在我国,第一个红绿二色交通信号灯 1921 年在上海试制成功;1923 年,上海英租界南京路两个重要交叉口最先安装了信号灯,由警察用开关人工控制。1972 年,原交通部公路研究所研制了单点定周期信号控制机;1973 年,在北京试验了单点感应式信号控制机和线控系统;1974 年,在天津进行了面控系统试验。1976 年,北京市安装了第一台单点感应式信号机;1978 年,北京开始试用线控系统;1987 年、1988 年,北京市在城区东部 39 个交叉口、中部 52 个交叉口实施了面控;此后,上海、深圳、天津、大连、成都等城市也相继开始使用面控系统。我国应用较多的国外系统是 SCOOT、SCATS、UDC 和 ACTRA。1991 年,我国自行研发成功了第一个交通信号面控系统 NATS,已经应用在南京、株洲等 20 多个城市;之后国内陆续开发出 TICS、SUATS、MACS、SMOOTH 等面控系统。自 1955 年国家颁布《城市交通规则》以后,涉及交通信号灯的标准、规范等相继出台、更新,1959 年颁布了《城市交通规则的补充规定》、1972 年颁布了《城市和公路交通管理规则(试行)》、1988 年颁布了《中华人民共和国道路交通管理条例》、1994 年颁布了《道路交通信号灯安装规范》(GB 14886—1994)、2003 年颁布了《中华人民共和国道路交通安全法》、2004 年颁布了《中华人民共和国道路交通安全法实施条例》等,对信号灯的含义、设置、安装等做出了越来越科学详尽的规范。

(三)公路服务区

从 20 世纪 30 年代开始,高速公路就在德国、美国、英国等发达国家开始发展。最早的高速公路服务区只提供加油服务;随着交通量增长、社会需求增加、经济发展和市场竞争,满足餐饮、购物、休息、住宿、维修、通信等多方位的出行需求越来越受到重视,服务设施的规划、设计、建设和服务项目也日益规范和完善,而且非常重视环境和景观建设。德国高速公路服务设施一般是与高速公路同时规划设计、同时建设实施,服务区赏心悦目、服务周到,如不来梅附近一个服务区的餐厅等架设在公路上方,远看如造型别致的钢索斜拉桥,在上面不仅可以饱览周边景色,还能享受到精美餐饮和热情服务;有些服务区甚至提供宗教服务,设置了"高速公路教堂"供信徒使用。法国在 1976 年把文化生活带进了高速公路网,利用沿线的服务设施开展各种文化娱乐活动。美国的高速公路一般都设置服务区,有些服务区还设有公路气象站,通过可变信息板向过往车辆准确通报公路沿线的天气变化情况,以利于行车安全并方便出行。日本高速公路的服务设施十分完善和规范,高速公路每个管理所管辖的区段均设有一个以上的服务区,通常都配有宽敞的空调休息厅、舒适漂亮的餐厅、用品齐全的小卖店、方便的自动售货机、干净卫生的公厕、公用电话、加油站等,往往还根据当地的自然环境和条件,建设形成协调的景观。1980年,日本出版了《高速公路设计手册》,并于1991年进行了修订,全面细致地规定了新建服务设施的技术标准和规划设计方法。目前,国外高速公路服务设施已经向多方面扩展,如在服务区提供Wi-Fi、汽车美容、免费按摩(缓解驾驶员疲劳)、健身、娱乐、洗浴、旅游、广告等服务和设施;2011年,世界上第一个全国性高速公路电动汽车充电站网络在英国投入使用,覆盖30个公路服务区。

台湾是我国最早建设高速公路的省份,1号线中山高速公路(基隆至高雄)是我国第一条高速公路,1978年全线通车,沿线6个服务区也分别于同年或稍后投入使用。台湾的公路服务区功能明确、规模适度、设施齐备、服务周全,除常规功能之外,还设有资讯站、旅游咨询站、ETC充值站,乃至儿童游乐设施、育婴室或育婴台等,提供各种方便,保护隐私。我国大陆自20世纪80年代末开始建设高速公路,初期建成的几条较长的高速公路如沈大(1990年全线通车)、京津塘(1993年全线通车)、济青(1993年全线通车)等均设置了若干服务区。沈大高速公路井泉服务区于1988年10月25日营业,这是我国大陆第一家高速公路服务区。近年来,随着高速公路通车里程的迅速增长,服务区的设计、建设与运营管理迅速发展并日趋成熟。1999年,我国第一座上跨式高速公路服务区——江苏锡澄高速公路堰桥服务区建成使用(图1-1);沈大高速公路2004年扩建以后,服务区增加了休闲广场和健身、娱乐等服务设施;2011年,京港澳高速公路雁城服务区引入中医按摩保健服务,帮助驾驶员在短时间内恢复精力,保证行车安全。到2010年年底,高速公路服务区已达到1500多座。2004年和2006年推出了行业标准《公路工程技术标准》(JTG B01—2003)和《高速公路交通工程及沿线设施设计通用规范》(JTG D80—2006),其中对高速公路服务设施的规划设计、与主体工程的关系等提出了指导性规范。在一些城市,专门为出租车驾驶员提供餐饮、洗车、快修服务的设施如快餐点、休息站、汽车美容点、维修点乃至综合服务区等,也开始得到重视和发展。

图1-1 锡澄高速公路堰桥服务区

(四)公路照明设施

随着交通运输及高速公路的发展,世界各国先后都投入了较大的人力和物力,对道路照明进行了大量的研究工作,研究成果反映在国际照明委员会(Commission Internationale de l'Eclairage,简称CIE)的《机动车和人行交通道路照明建议》(CIE 115—1995)、《道路照明计算方法》(CIE 140—2000)等一系列技术报告及其修改件中。其中1973年公布的《高速公路照明国际建议》(CIE 23—1973)及其1996年修改件《高速公路照明国际建议》(CIE 23.1—1996)、《隧道照明国际建议》(CIE 26—1973)及其2004年修改件《公路隧道和地道照明指南》(CIE 88—2004)等,为世界各国制定自己的高速公路照明标准奠定了重要基础。我国道路照明标准和规范基本上沿用了 CIE 技术报告。在公路照明实践中,国外不仅在收费站、服务区、隧道、互通立交等路段设置照明,城市内的高速公路也基本上采用全线照明;比利时则在所有的高速公路上均采用全线照明。

虽然我国公路照明与发达国家相比还有一定差距,但已经呈现出良好的发展势头。1993年竣工的首都机场高速公路(全长 18.7km),是我国第一条采用全线照明的高速公路;此后,上海、广州、哈尔滨、南京、西安、无锡、合肥等地的机场高速公路也开始采用全线照明,并进而发展到一些城市的环城高速公路。在经济发达地区和大城市,一些重要的城市、城际、省际高速公路也开始采用全线照明,如广深高速公路(122.8km)、津滨高速公路(28.5km)、溧马高速公路(37.5km)、梅观高速公路(19.3km)、水官高速公路(20.1km)、郑(州)少(林寺)高速公路(53.3km)等。但总体而言,全线照明的公路所占里程比例很小,而且主要集中在少量迎宾、景区、环城等高速公路上,照度也仅处于基本水平;大多数的高速公路只是在收费站、服务区、隧道等重要路段、场所及枢纽才设置照明设施。至于采用全线照明的普通公路几乎是空白,即便是在一些夜间行车条件恶劣的路段,也往往没有设置道路照明设施。

随着经济社会的发展、交通安全的需要以及新型节能电、光源的推广,预计在不久的将来,我国公路照明也会有较快的发展。2011 年,深圳市完成了包括机荷、南光、龙大、盐坝、大梅沙隧道在内共计 120km 高速公路的全线照明工程,全部采用发光二极管(Light Emitting Diode,简称 LED)路灯,这是全国第一个大规模应用 LED 路灯的高速公路照明工程。

(五)公路收费设施

美国第一条公路——全长 106km 的费城至兰开斯特公路于 1794 年建成,一般认为,这是世界上第一条收费公路,虽然欧洲很早以前就有一些桥梁和渡口收费。1925 年,美国开始修建可供汽车通行的收费道路,到 2010 年年底,美国收费公路总里程为 8633km,占全部公路里程的 0.132%。1924 年,意大利建设了世界上第一条汽车专用公路——长 48km 的米兰至科莫湖公路,标志着现代收费公路的开始;到 1935 年,意大利公路总里程达到 3455km,全部是收费公路。法国的收费道路占全国高速公路的 80% 以上。2008 年,意大利、法国和西班牙三国高速公路的收费里程分别达到了 5694km、8522km 和 3335km,占到欧洲收费高速公路总里程的 41.88%。日本、韩国的高速公路全部为收费公路。据不完全统计,截至 2008 年年底,全世界已实施收费公路政策的国家和地区有 70 个,收费公路总里程约 30.4 万 km。

我国第一条收费公路是 1978 年建成的台湾中山高速公路,全长 373.4km;目前台湾约有 800多公里收费公路。在我国大陆,1984 年,广东省中山市出现了第一条收费公路——张家边进港(中山港)公路;到 2005 年,我国收费公路总里程约为 19 万 km,是世界上收费公路里程最多的国家。

收费公路催生了公路收费设施。早期的公路收费采用全人工收费,手工操作,配合以简单的机械、土建设施,目前除很少数道路采用这种收费方式外,基本上已经淘汰。20 世纪 60~70年代,国外建成的收费公路以半自动收费(即前述的 MTC)设施为主,就是人与计算机合作完成收费操作,通常由人工判别车型、发卡和票据、收费,计算机进行校核、控制、统计、通信,这是目前国内外普遍采用的单路及多路联网收费的主要方式。但在 20 世纪 80 年代中期,一类更先进的全自动不停车收费设施 ETC 已经开始研发和应用。美国是最早研发 ETC 的国家,1988年,连接纽约州和新泽西州的林肯隧道首先使用 ETC,标志着新的收费方式的诞生;目前(2017 年),美国最广泛的全自动不停车收费系统是 E-Zpass,覆盖东北部 16 个州,采用专用车道、混合车道两种模式,此外还有 SunPass、EPass、FasTrak、K-Tag、PikePpass、TxTag、I-Pass、Smart-Tag 等多种 ETC 系统。欧洲国家在同时期也开始研发 ETC,目前典型的有瑞典的 PREMID 系统、意大利的 TelePass 系统、葡萄牙的 Via Varde 系统等;2001 年,法国共有 1700 个收费车道安装了联网 ETC,奥地利则在所有的高速公路上都采用了 ETC。日本自 1995 年 6 月开始在全国各地进行 ETC 系统的现场试验,至 2001 年 3 月开始真正实施全国性大规模的 ETC 网络建设,2013 年,共 1500 多个收费站全部安装了 ETC 系统,用户已经达到 2300 万户,ETC 的使用率达到 88.2%。美国、欧洲、日本等许多国家和地区的 ETC 已经局部联网,并形成了规模效益。新加坡是世界上第一个在城市道路建立 ETC 的国家,其道路自动收费系统 ERP 于 1998 年 9 月正式投入使用,并随后用于高速公路。图 1-2 是澳大利亚的一种 ETC 收费系统。

图 1-2 澳大利亚高速公路 ETC 收费

在我国大陆,随着 20 世纪 80~90 年代高速公路的建设,引进了一批欧洲、日本等地区和国家的半自动收费系统。经历了收费介质从磁券、磁卡到智能卡的升级,以及技术从引进到自主研发、国产化的过程,MTC 很快成为我国高等级公路收费的主要收费方式。2003 年,以京沈高速公路联网收费为示范工程,原交通部在全国推行高速公路联网收费;到 2007 年,我国实行高速公路收费的 29 个省(区、市)中,已有 27 个实现了各自区域内不同范围的联网,江苏、山东等省份实现了全省高速公路联网收费,全国联网收费里程占高速公路通车总里程的 88% 左右。20 世纪 90 年代,不停车自动系统陆续引入我国。最早的 ETC 系统应用开始于 1996 年 10 月,广东省引进美国 ETC 收费设备,在佛山、南海、顺德等地的收费公路上建立了 ETC 车道并投入运营;1998 年,首都机场高速公路也开通了两条 ETC 车道。到 2013 年,全国已有 26 个省市相继开通了约 4580 条 ETC 专用车道,车道覆盖率超过 30%,用户达到 510 万。2013 年年底,泛长三角地区的沪、苏、浙、皖、赣、闽六省市和华北地区的京、津、冀、鲁、晋五省市均分别实现了大区域内联网 ETC 收费。目前,我国的 ETC 收费均采用与 MTC 兼容的组合式收费。

21 世纪初,一种基于 3G(GPS,GIS,GSM)技术的新型不停车自动收费系统(Vehicle Positioning System,简称 VPS)在欧洲出现。它通过 GPS 和 GSM 确定车辆行驶轨迹,根据路网 GIS 数据库中各公路、路段的费率计费分账,实现不停车收费和多路联网收费,只要在车辆上安装包含 GSM 通信模块的 GPS 终端即可,完全不需要路上收费设施。2005 年初,德国已成功运行高速公路 VPS 收费系统;美国和英国也于当年进行了研发测试。VPS 收费系统使传统的收费方式和收费设施产生了根本性变革。

（六）公路交通监控设施

公路交通监控系统是在前述城市道路交通管理控制系统的基础上发展起来的。由于需要大量的外场设备和长途通信系统的支持,公路交通监控设施的出现相对较晚。美国在 20 世纪 50 年代开始大规模修建高速公路,60 年代初把注意力集中在高速公路的运行和管理上,芝加哥、休斯敦、洛杉矶、纽约等一些主要城市的高速公路都设置了不同规模的监视控制系统。芝加哥在 1961 年制定了区域高速公路监视计划,采用存在型车辆检测器获得的数据来分析高速公路上的一些交通现象。1962 年,在阿依赞高速公路的两端设置了监控系统,安装了近 700 只环形线圈车辆检测器、300 部应急电话、4 处交通信息板,配置了 25 辆巡逻车;监控中心设置了电子计算机系统、大型图形显示板等,以电话线与外场设备通信。1965 年,又通过车辆检测器、遥测装置和电子计算机,实现了自动控制入口匝道的交通量和可变信息标志。

欧洲也有许多国家在高速公路上配置监控系统。如意大利那不勒斯收费公路的监控系统,在主线(包括隧道)和匝道上安装了大量的环形线圈车辆检测器、气象监测器和交通信息板等外场设备;在隧道入口设置了三色交通信号灯,控制隧道交通流量;在监控中心配备了 3 台计算机和幅面为 2.5m × 4.5m 的图形显示板,采用双机备份以保障可靠性。其他国家如德国、英国等也都在高速公路上设置了类似的监控设施。

日本从 1968 年开始研发高速公路监控系统。通过车辆检测器、应急电话、巡逻车和闭路电视等设施对交通状况进行监视,由监控中心计算机分析处理监控数据,利用可变信息板、交通信号灯、广播电台等设施实施最佳控制方案,对高速公路交通进行调节和控制。日本阪神高速道路公团对所属的 16 条总长 222km 的高速公路进行统一监控管理,设置了监控总中心;在路上以 500m 间距设置车辆检测器,还设置了应急电话,在线形不良路段设置了突发事件检测装置等。目前,日本全国 47 个都、道、府、县都设有交通监控中心,高速公路监控设施十分完善,平均约 2km 设置一部监控摄像机,1km 设置一部应急电话,沿线设置路侧广播发射基站(发射距离为 3km),在高速公路主线、出入口、互通立交、收费站等处设置了可变信息板等。

在澳大利亚,几乎所有城市都使用了区域交通信号自适应控制系统 SCATS,还设置了交通事故检测和交通信息采集发布设施;仅悉尼市的 SCATS 系统就能够监控悉尼及其周围主干公路的 2200 多个交叉口及 3000 个交通信号,覆盖面积达 3600km^2。在高速公路都设有完善的交通监控系统,摄像机布设间距达到 500m 一部(普通路段)或 200 ~ 300m 一部(隧道),基本不存在盲区;同时大量使用了可变信息板提供交通信息。

新加坡建立的高速公路交通监控系统 EMAS(Expressway Monitoring & Advisory System,简称 EMAS)已经覆盖了中央高速公路(16km)、阿逸拉惹高速公路(20km)、东海岸高速公路(20km)和半岛高速公路(40km),包括现代化的监控、信息提供、事故快速反应救援等功能和设施。

我国交通监控设施的研究始于 20 世纪 70 年代,最初主要是进行城市交通信号控制试验研究,先后从国外引进了一些设施,并进行了一些交通监控或相关基础项目的研究和应用。80 年代中期至 90 年代初,在一些大城市引进和实施了交通信号控制系统,在一些高速公路试验和配置了交通监控系统。1988 年通车的沪嘉高速公路是第一个试验安装交通监控系统的高速公路,建设了闭路电视、电话、数据采集与预处理、道路情报、中央控制和显示 6 个子系统,设施包括车辆检测器、摄像机、应急电话、可变信息板、计算机系统、地图屏等。1989 年通车的广佛高速公路全长 16km,是我国“七五”攻关项目“高速公路监控系统研究”的依托工程,全线布设 9 组间隔 500 ~ 1500m 不等的车辆检测器,主线设置 4 台摄像机、4 块可变信息板和 7 块可变限速标志,每公里设置 1 部紧急电话,是我国第一条具有比较完善监控系统的高速公路。其后的沈大、合宁、京津唐、沪宁、成渝等高速公路均建立了一定规模的监控系统,最长的沈大高速公路建立了 1 个监控中心、7 个监控分中心。目前,我国高速公路基本上全部实现了交通监控,开始向数字设备、高清视频、多路联网、智能监控、网络传输、架构规范、扁平管理等方向发展,并逐渐覆盖到一些普通公路。

总体而言,目前国内高速公路、一级公路、大城市和发达地区的交通工程设施已经越来越趋于完善,体现交通现代化管理运行水平的监控设施、通信设施、电子收费设施、信号协调控制系统、标志标线等已经在工程实践中发挥出重要作用;匝道控制、通道控制、照明等设施也逐渐增多。而在一般二级以下公路,交通工程设施主要限于安全设施、管理设施和服务设施。在国际上,交通工程设施已经向系统化、智能化、网络化的方向发展;甚至一些常规的交通工程设施也开始与智能交通系统(ITS)融合或成为其中的子系统。例如,国外研制的一种道路标线结合了光电技术,夜间在车辆驶过时发光并延时一段时间,提示后车驾驶员保持安全车距;又如,隧道照明根据洞内外亮度差和车流量检测,实现照明亮度的自适应控制,以保障行车安全并实现节能;再如,交通信号灯向感应控制、协调控制、优先控制发展,帮助视觉障碍者判断方位和时间;等等。

第二节　交通工程设施设计的内容

交通工程设施主要包括交通安全设施、交通管理设施、道路通信系统、收费系统、监控系统、静态交通设施、交通服务设施、道路照明设施、交通环保设施等。交通工程设施设计的内容除上述设施外,还要考虑道路或路网交通工程设施的总体规划、设计。

一、交通工程设施总体规划

现代化道路交通的一个重要标志,就是具有科学先进的交通工程设施系统,而交通工程设施总体规划是交通工程设施系统科学合理设计、建设、运行的重要保障。交通工程设施是一个综合系统,涉及道路工程、交通流、道路通行能力、计算机系统、控制系统、通信系统、网络工程、信息工程、交通管理等多方面。交通工程设施总体规划就是从道路和路网的整体性和统一性出发,以系统工程的思想和方法统筹考虑各路段、各道路交通工程子系统之间、设施之间的相互衔接、配合、协调以及未来的发展和扩充,保证道路或路网整体上获得最佳的技术、经济、社会和环境效益,为道路建设的可行性研究、路线设计、交通工程设计等提供依据和指导,避免交通工程设施设计、建设、运行的随意性、盲目性和重复性。

交通工程设施总体规划的主要内容包括道路和路网分析,交通工程设施功能定位,道路运营管理体制规划,交通安全设施规划,交通管理设施规划,道路收费、监控、通信系统规划,服务区及养护工区规划,紧急救援系统规划,道路照明和供配电系统规划,环境保护系统规划,沿线产业规划,规划方案系统综合评价等。

二、交通安全设施设计

交通安全设施主要包括护栏、隔离封闭设施、防眩设施、视线诱导设施和施工安全设施等。交通安全设施对避免交通事故发生、减轻事故严重程度、排除纵向和横向交通干扰、诱导车辆驾驶、保障养护与维修作业安全等具有重要作用。交通安全设施设计是对设施的数量、位置、形式、安装工艺等,从交通工程学的观点出发,认真分析研究,确定合理的应用,使之真正起到交通安全保障作用。

三、交通管理设施设计

现代化的道路交通设施与科学的交通管理控制相互结合起来,才能取得良好的效果。交通管理就是按照既定的法规与要求,运用各种手段、方法、工具和设备等,对动态交通准确地调度,使其安全通畅地运行。道路交通管理设施主要包括交通标志、交通标线和交通信号系统等。交通管理设施设计的重点是掌握设施的作用、构造,正确选择设施种类、形式和材料,合理、科学地确定设置地点。

四、道路收费系统设计

收费系统包括收费车道、收费站和收费中心三大部分。收费车道是具体进行收费操作的场所,收费站对收费车道的系统设施和收费业务进行管理,而收费中心则是一个路段或整条高速公路收费管理的核心机构。收费设施的设置往往对道路交通的影响很大,为了既保证交通畅通,又保证通行费的正常收取,需要从交通工程学的观点出发,对收费制式、收费方式、站点布设、系统结构和系统运行管理进行认真分析研究,结合工程实际做出决定。

五、交通监控系统设计

如果把交通安全设施作为车辆高速、安全、舒适行驶的静态保障系统,监控系统则是其动态保障系统,主要任务是监控交通运行状态、疏解交通拥堵、组织事故救援、发布气象信息等。它利用电子技术和计算机技术,以通信系统为传输媒介,对道路交通管理业务、道路安全、交通状况等进行实时的监视和控制,从而达到安全、快速、高效、舒适、环保的目的。其中,监视是指利用外场设备的数据采集和人工观察,对道路交通状况、路况、天气状况和设备工作状况等进行实时观察与检测,并经过通信系统送至监控中心;控制是指依据监视所得的各种数据,进行科学、及时的分析和判断,生成控制方案,并将其经过通信系统传送到信息发布设备、收费车道控制设备或匝道控制设备,以保障交通安全、提高行车效率。

监控系统包括信息采集系统、信息发布系统和监控中心三大部分。信息采集系统收集道路上的实时交通信息,从而判断交通运行状态是否正常;信息提供系统把交通运行状态或控制指令告知驾驶员,以便其参考或遵循;监控中心则是监控系统中实时信息的分析处理和指令发布的中枢部分。设计内容主要包括监控系统总体布局和构成、监控模式、监控方式、外场设备、传输设备、监控中心和分中心等。

六、公路通信系统设计

通信系统是公路机电系统的重要组成部分,是公路现代化管理的支撑系统。通信系统承担三方面任务:实现监控系统和收费系统的数据、语音和图像等信息的传输;保持公路系统内部各管理部门和业务部门之间的业务联系,如管理指令,电视会议,事故救援,道路、设备、设施维修等;建立公路系统各部门与外界的联系,如与上级管理部门、公安、消防、医院的信息沟通,以及向社会公众发布实时交通信息等。设计内容主要包括确定通信系统制式、光纤数字传输系统、程控数字交换系统、紧急电话系统、移动通信系统、数据传输系统等。

七、交通服务设施设计

交通服务设施主要指设置在道路及其沿线,为使用者提供服务的服务区。长时间、长距离连续行车往往容易使驾驶员产生生理和心理疲劳、精力分散、注意力不集中等;服务区的设置,有助于消除驾驶员的疲劳、迅速恢复驾驶员的精力,旅客得到休息和餐饮服务,车辆得到加油、加水和检修,从而保障出行的安全舒适。设计内容主要包括确定服务区的规模、构成、布置方式、功能分区、设施布设等。

八、停车设施设计

停车设施主要包括路外停车场、库和路边停车设施,属于所谓静态交通设施,是交通系统不可缺少的组成部分。路外停车场,指道路用地控制线(红线)以外专辟兴建的停车场,包括社会停车场、停车库、停车楼,以及各类建筑附设的停车空间和各类专业性停车场,通常由停放车位、停车出入口、通道、主体结构和其他附属设施(如给排水、防火、通风、通信、维修、生活设施等)组成。路边停车场,指在道路用地控制线以内划定的车辆停放场地,包括公路路肩、城市道路路边(含支路、巷道)、较宽的绿化带内、人行道外绿地圈划的临时停车位,或高架路、立交桥下的停车空间,路边停车一般需要交通管理部门采用标志和标线对停放范围、时间做出规定。设计中,应以服务需求和约束条件为依据,合理确定停车设施的形式、规模、数量、构成和空间分布。

九、道路照明设施设计

道路照明主要是保证车辆和行人在夜间通行的安全,提高行车速度与通行能力,增加运输效益,同时也具有美化交通景观、方便人们夜间活动、减轻或消除驾驶员的紧张与不安全感的作用。道路照明的主要设计内容包括照明设备选择、照明布局、照度设计和计算等。

十、公路供配电设施设计

收费、监控、通信、照明等系统的运行,均需要电力驱动。现在新建公路通常要避免穿行城镇、乡村等居民点,其沿线设施的供配电远远不如城市道路方便,相应的供配电设施也与城市道路有着不同的特点。公路供配电设施的主要设计内容包括用电设施对电源的要求、供配电方案设计、电力负荷估算、供配电系统构成和设备配置等。本书重点介绍用电力负荷估算和供配电系统设备配置。

第三节 交通工程设施设计的理论基础

交通工程设施的形式选择、规模计算、合理布设安装等,均蕴含着交通工程学的原理和实践,就是通过研究道路交通的发生、构成和运动规律,综合考虑人、车、路及其与土地使用、房屋建筑等综合环境之间的相互关系,探求增加道路通行能力、提高经济效益、减少交通事故、降低交通公害的科学技术措施,从而指导道路系统的规划建设和交通系统的运行管理。某些设施之所以称为"交通工程设施",就是因为它们是依据交通工程学的原理和实践而规划和设计的。

一、道路交通系统特性

道路交通系统的基本要素是人、车、路、环境和管理。交通工程设施设计的基本依据就是人、车辆、道路的交通特性及其相互关系。

(一)人的交通特性

这里"人"指道路交通参与者,包括机动车和非机动车驾驶员、乘客和行人。在现代交通中,机动车驾驶员是起主要作用的因素,绝大多数交通事故直接或间接地与驾驶员有关。

1. 驾驶员交通特性

(1)驾驶员视觉特性

视觉是人最重要的感觉器官之一。在行车过程中,视觉能够提供80%的交通信息,其余感官则只提供20%的交通信息(其中听觉占14%,触觉、味觉、嗅觉各占2%),所以视觉特性直接影响交通安全。驾驶员的视觉特性主要包括以下几个方面:

①视力。眼睛辨别物体形状、大小和细节的能力称为视力。人在不同状态和外界环境下视力呈现不同的特点,故有静视力、动视力和夜视力之分。

静视力即人眼在静止时的视力。我国规定,申请大型客车、牵引车、城市公交车、中型客车、大型货车、无轨电车或者有轨电车准驾车型的,两眼裸视力或者矫正视力应达到对数视力表5.0(小数视力表1.0)以上;申请其他准驾车型的,两眼裸视力或者矫正视力应达到对数视力表4.9(小数视力表0.8)以上;无红、绿色盲。

动视力是人眼在运动时的视力。动视力随速度的增大而迅速降低,例如,在60km/h速度时,驾驶员能看清车前方240m处的标志;而在80km/h速度时,则在接近160m处才能看清。因此,车辆行驶的最高速度限制、交通标志牌的设置等都应考虑驾驶员动视力的变化特性。动视力还与年龄有关,年龄越大,动视力越差。

夜视力是人眼在黑暗环境的视力。据研究,随环境照度减小,人的视力呈线性下降。在夜间,人的视力可降至白天的4%~10%。一般而言,夜间容易辨识亮度对比大的物体,但确认距离比白天短53%。

②视力适应。视力适应是人眼适应环境明暗变化而恢复视力的能力。人的视网膜上有两种基本感光细胞——圆锥细胞和圆柱细胞。锥细胞对强光感受性较高,因而是昼(明亮,强光)视觉器官,而且能够感受颜色;柱细胞对弱光感受性较高,因而是夜(黑暗,微光)视觉器官,但不能感受颜色。在环境光线骤然从暗变亮或从亮变暗时,人眼有一个适应过程,称为明适应或暗适应,本质上是圆柱细胞与圆锥细胞交替发挥作用的结果。由于圆柱细胞的感受性增加较缓慢,需要30~40min才能稳定在某一水平上,因此在环境亮度降低较快的黄昏时分,暗适应还没充分形成,驾驶员视力下降较大,对环境辨识力降低,容易发生事故,特别需要小心驾驶。再如,隧道内外环境亮度差别很大,通常进入隧道时会发生大约10s的视觉障碍,而在隧道出口则产生大约1s的视觉障碍,因此,在隧道入口处应设有缓和暗适应的照明灯,或设立"隧道内注意开灯"的标志以唤起驾驶员注意。

③视野。头部固定不动,两眼注视某一目标,注视点周围可以看到的空间范围称为视野(双眼视野),一般以角度表示。当头和眼球静止不动时的视野称为静视野;头静止不动而眼球自由转动时的视野称为动视野;头静止不动而转动眼球注视某一中心点时的视野称为注视

野。在人的三种视野中,注视野范围最小,动视野范围最大。正常人最大注视野范围为视中心线左右各 55°,上 40°、下 50°;最大静视野范围为视中心线左右各 100°~105°,上 50°、下 70°;最大动视野范围约为视中心线左右各 115°,上 70°、下 80°。

人的视野受到视力、速度、颜色、体质等多种因素影响。对驾驶员而言,速度对于视野的影响是一个需要重点考虑的安全因素,同时,驾驶舱也对视野构成限制。行车视野就是驾驶员行车时能够看到外界的最大范围。

汽车静态时,驾驶员前上方视野上限受风挡玻璃上框的限制。在行驶过程中,前上方视野上限应保证驾驶员在行近交叉口时能及时看见交通信号,使车辆停止位置不超越停车线。根据图 1-3,行车时前上方视野界限可由式(1-1)确定:

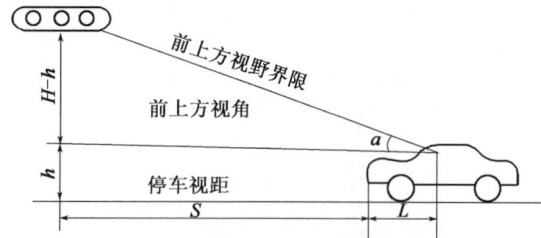

图 1-3 汽车前上方视野界限

$$\alpha = \arctan\left(\frac{H-h}{S+L}\right) \tag{1-1}$$

式中:α——前上方最小视角,度(°);

　　　h——驾驶员眼睛距路面高度,m;

　　　S——停车视距,m,可按表 1-5 选取;

　　　L——驾驶员眼睛与车头之间的距离,m;

　　　H——信号灯安装的高度,m。

在湿润水平路面上制动距离和停车视距的关系 表 1-5

计算速度 v_i (km/h)	实际运行速度 v_j (km/h)	附着系数 φ	反应时间行驶距离 $S_2=0.69v_j$(m)	制动距离 $S_1=0.00394v_j^2/\varphi$(m)	停车视距 $S=S_1+S_2$(m)
120	102	0.29	70.4	141.4	211.8
100	85	0.30	58.7	94.9	153.6
90	76.5	0.31	52.8	75.6	128.4
80	68	0.31	46.9	58.8	105.7
70	59.5	0.32	41.1	43.6	84.7
60	54	0.33	37.3	34.8	72.1
50	45	0.35	31.1	22.8	53.9
40	36	0.38	24.8	13.4	38.2
30	30	0.44	20.7	8.1	28.8
20	20	0.44	13.8	3.6	17.4

为此,在行车时前上方视野界限取决于行车速度,速度越高停车视距越大,前上方的视角越小,例如小客车速度为 20km/h 时,前上方视角约为 11.36°,40km/h 时为 5.46°,60km/h 时为 2.95°,80km/h 时为 2°。

汽车静态时,驾驶员前下方视野界限取决于风挡玻璃框架下部的位置与汽车前部的结构形式,平头型车前下方视野范围比长头型车大。在行驶过程中,前下方的视野范围将随行车速度的增大而缩小,例如车速为 100km/h 时,最近可见路面点位于车前方 8.2m 处,50km/h 时为 3.2m,40km/h 时为 2.8m。故车速越高,前下方视野界限越高。

驾驶员左右方行车视野在汽车静态时受风挡玻璃框架的限制。在汽车行驶时，随着车速增大，注视点随之远移，驾驶员左右视野明显变窄，两侧景物变模糊，例如车速为40km/h时，注视点约在车前180m处，左右视野范围可达90°~100°；车速为70km/h时，注视点前移到360m处，左右视野范围减小到约65°；车速达100km/h时，注视点在车前移到600m处，左右视野范围只有约40°(图1-4)，故车速越高，驾驶员的注视点越远，而上下、左右的视野越窄，最后将形成"隧道视"。

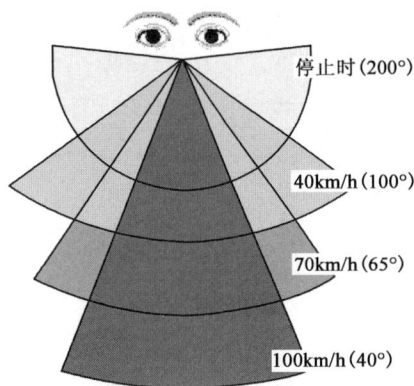

图1-4 驾驶员行车视野

④色感。驾驶员对不同颜色的辨认和感觉是不一样的。红色光刺激性强，易见性高，使人产生兴奋、警觉；黄色光亮度高，反射光强度大，易唤起人们的注意；绿色光比较柔和，给人以平静、安全感。因此，交通工程中将红色光作为禁行信号，黄色光作为警告信号，绿色光作为通行信号。交通标志的色彩配置也是根据不同颜色对驾驶员产生不同的生理、心理反应而确定的。

(2)驾驶员反应特性

人的反应是由外界因素的刺激而产生的知觉—行为过程。驾驶员从视觉产生认识后，将信息传到大脑知觉中枢，经分析判断(深度知觉)，再由运动中枢向肢体发出指令，开始动作；在紧急情况下，驾驶员可因条件反射从感觉(如视觉、听觉等)跳过分析判断阶段，直接进行操作(图1-5)。在这个过程中，起关键作用的是驾驶员的生理、心理素质和反应特性。

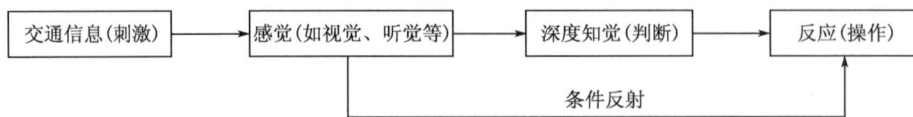

图1-5 驾驶员的反应操作过程

知觉—反应时间(从刺激到反应之间的时距)是控制汽车行驶过程最重要的因素。反应时间的长短取决于驾驶员的素质、个性、年龄、情绪、环境、行车途中思想集中状况及工作经验。通常驾驶员开始制动前最少需要0.4s知觉—反应时间，产生制动效果需0.3s时间，共计0.7s。根据美国各州公路工作者协会规定，判断时间为1.5s，作用时间为1s，故从感知、判断、开始制动到制动发生效力，全部时间通常按2.5~3.0s计算。道路设计中以此作为制动距离计算的基本参数。

2.乘客的交通特性

乘车过程要消耗时间、体力和金钱，因此，乘客总是希望省时、省力、省钱，同时希望安全、快捷、舒适、经济，交通设施布设也应考虑乘客的这些交通需求和交通特性。

例如，汽车在弯道上行驶，速度过快或弯道半径过小，乘客会站立不稳甚至倾倒，需要对公路平曲线的最小半径、缓和曲线的长度以及行车速度等进行规定和合理设计。

再如，在山区道路、高填方道路上行驶，特别是靠近悬崖时，乘客容易产生恐惧心理，这时应考虑设置护栏或放缓边坡。

乘客在旅行中有了解沿途情况的需要，如途经城镇、前方到达站点、目的地距离等，因此，沿路应设立一些指路标志和里程碑，以消除旅客悬念。

乘坐时间过长,乘客也会产生疲劳、心理烦躁,应适当布置休息场所、考虑景观要求,使乘客减轻疲劳、放松精神。

(二)车辆的交通特性

车辆的特征和性能在交通工程设施设计中起着重要的作用。车辆尺寸、质量等决定道路桥梁的几何设计、结构设计以及停车场地等交通设施的设计;车辆的各种运行性能与驾驶员的交通特性相结合,决定交通流的特性。这里介绍一些汽车的主要交通特性。

1. 车辆动力性能

车辆动力性能定义为车辆加速、维持速度和爬坡的能力,通常用三方面指标来评定,即最高车速、加速度或加速时间、最大爬坡能力。

(1)最高车速

最高车速是指在良好的水平路段上车辆所能达到的最高行驶速度,单位是 km/h。

(2)加速时间

加速时间分为原地起步加速时间和超车加速时间。原地起步加速时间是指车辆由第 Ⅰ 挡起步,以最大的加速度逐步换至高挡后达到某一预定的距离或车速所需要的时间。超车加速时间大多是用高挡或次高挡由 30km/h 或 40km/h 全力加速至某一高速度所需的时间来表示。

(3)最大爬坡能力

最大爬坡能力是车辆满载时在良好路面上第 Ⅰ 挡可能行车的最大爬坡度,用% 表示。

2. 车辆制动性能

车辆制动性能是车辆强制降低行驶速度和停车的能力。制动性能是车辆的主要性能之一,直接关系到交通安全,是车辆安全行驶的重要保障。车辆只有具有良好的制动性,才能保证在安全行驶的条件下提高行车速度,从而提高运输生产率。车辆制动性能主要包括制动效能、制动效能稳定性和制动方向稳定性。

(1)制动距离

制动效能主要以制动距离或制动减速度表征。制动距离是指车辆在平坦、干燥、良好的路面上以一定初速度制动到停止所行驶的距离。制动减速度是指制动时车辆的减速度。制动距离或制动减速度是车辆制动性能最基本的评价指标。

理论上,制动距离 L 可按下式计算:

$$L = \frac{v^2}{254(\varphi + i)} \tag{1-2}$$

式中:v——制动开始时的车速,km/h;

  i——道路纵坡,%,上坡 $i>0$,下坡 $i<0$;

  φ——轮胎与路面的纵向附着系数。

式(1-2)制动距离的计算式中不含因驾驶员反应时间而行驶的距离,因为这里讨论的是车辆本身的制动性能。

制动减速度可按下式计算:

$$a = g\varphi \tag{1-3}$$

式中:a——车辆能达到的最大制动减速度,m/s^2;

g——重力加速度,m/s^2;

φ——轮胎与路面的纵向附着系数。

（2）制动效能稳定性

制动效能稳定性是指车辆制动器在高负荷持续制动时保持制动效能的能力。车辆在繁重工作条件下制动时（如长时间制动、持续制动、高速制动等），制动器温度会迅速上升,导致摩擦力矩显著下降,形成热衰退现象。制动器抗热衰退性能一般用一系列连续制动时制动效能的保持程度来衡量。此外,车辆制动器在受潮、淋雨或涉水之后,制动效能也会降低,称为水衰退。制动效能稳定性较好的车辆应能在短时间内迅速恢复原有的制动效能。

（3）制动方向稳定性

制动方向稳定性是指车辆在制动过程中保持驾驶员沿给定方向行驶的能力。在制动过程中特别是紧急制动过程中,车辆有时会出现跑偏、侧滑或失去转向能力等情形,从而失去控制,发生危险。制动失稳是造成交通事故的重要原因。一些国家的统计表明,发生人身伤亡的交通事故中,在潮湿路面上约有 1/3 与侧滑有关,在冰雪路面上有 70%～80% 与侧滑有关;而根据对侧滑事故的分析,有 50% 是由制动失稳引起的。

测试车辆制动方向稳定性时,通常规定一定宽度的试验通道,合格的车辆在试验过程中不允许偏离这条规定的通道;而制动稳定性差的车辆往往会产生偏离,台试时则会出现左右轮制动力不一致的现象。

（三）道路的交通特性

道路是汽车交通的载体。道路必须符合其服务对象的交通特性,满足它们的交通需求。道路服务性能的好坏主要体现在量、质、形三个方面,即道路建设数量是否充分,道路结构和质量能否保证安全、快速行车,路网布局、道路线形是否合理。另外,还有附属设施、管理水平是否配套等。

1.路网密度

路网密度是衡量道路设施数量的一个基本指标,在某种程度上体现了路网结构规模的合理性。依据分担对象的不同,路网密度包括路网面积密度、路网人口密度、路网车辆密度、路网运输密度、路网经济密度等若干表达方式,其中面积密度最常用,通常所谓路网密度往往就是指面积密度。一个区域的路网（面积）密度等于该区域内道路总里程与该区域的总面积之比。路网密度越高,路网总的容量、服务能力越大。但路网的密度也不是越大越好,道路网密度的大小应与一定的经济发展水平相当,与所在区域内的交通需求相适应。应使道路建设的经济性和服务水平、道路系统的社会效益、经济效益、环境效益得到兼顾和平衡,既要适当超前,也要节约投资。

2.道路结构

道路结构的基本部分是路基、路面、桥涵,另外还有边沟、挡墙、盲沟、护坡、护栏等。这些构造物的设计标准必须满足车辆和行人的使用要求。

3.道路线形

道路线形是指一条道路在平、纵、横三维空间中的几何形状,传统上分为平面线形、纵断面线形、横断面线形。线形设计的要求是平顺、安全、美观。随着交通需求的增大和公路等级的提高,人们对公路线形的协调性、顺适性要求也越来越高,更加强调平、纵、横线形一体化,即立体线形的设计。当道路线形由于地形、地质、地物等环境条件制约而达不到车辆按一定速度行驶的最低要求时,就必须考虑设置限速、禁止超车等交通工程设施。

4.道路网布局

道路的规划、设计不能仅仅局限于一个点、一条线,而应从整个路网系统着眼。路网布局的好坏对整个运输系统的效率有很大影响,良好的路网布局可以提高交通运输系统的效率,增加路网的可达性,节约大量的投资,节省运输时间和运输费用,达到良好的经济效益、社会效益与环境效益。

典型的公路网布局有三角形、放射形、并列形、树枝形、棋盘形、扇形、条形等(图1-6)。城市道路网布局有棋盘形、放射形、放射环形、带形、自由形、卫星形等(图1-7)。对于不同的区域、不同的城市,不存在统一的路网布局模式。路网布局必须根据所在区域的自然、社会、经济情况等设计。

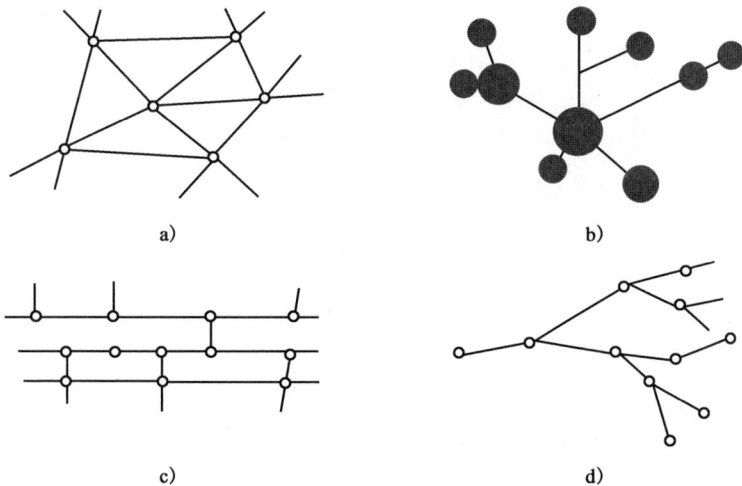

图 1-6　公路网典型布局形式
a)三角形路网;b)放射形路网;c)并列形路网;d)树枝形路网

(四)交通流的基本特性

道路上交通实体的运行形成了交通流。交通流可以用流量、速度和密度三大基本参数描述,速度和密度反映交通实体在道路上的运行状态和获得的服务质量,流量可度量交通实体的数量和对交通设施的需求情况。

1.交通量

交通量指单位时间内通过道路某一地点、某一断面或某一车道的交通实体数。交通实体可以是机动车、非机动车、行人或它们的统称;相应地,有机动车交通量、非机动车交通量、行人交通量和混合交通量,一般不加说明则指机动车交通量,且指上、下行两个方向的车辆数。

交通量是随时间而变化的,通常取某一时间范围内某规定时段的交通量平均值作为该时

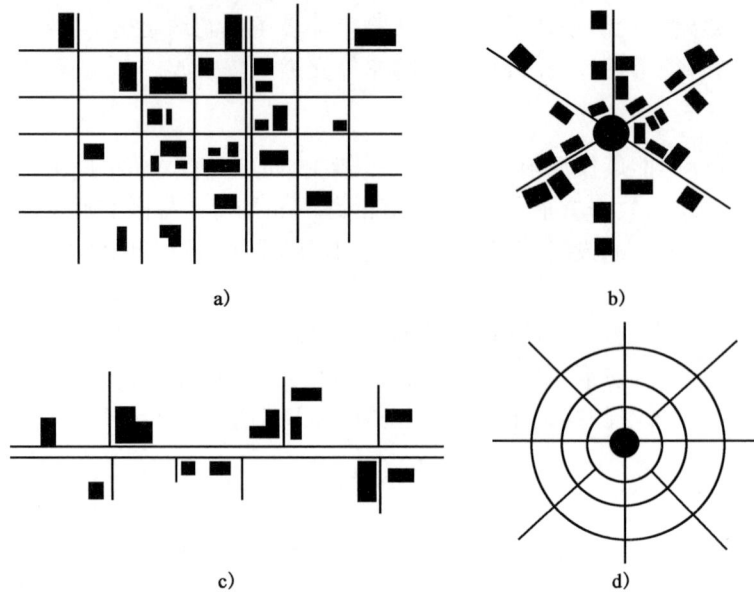

图 1-7 城市道路网典型布局形式
a)棋盘形路网;b)放射形路网;c)带形路网;d)放射环形路网

段的代表交通量,称为该时段平均交通量。平均交通量可表达为:

$$\overline{Q} = \frac{1}{n}\sum_{i=1}^{n} Q_i \tag{1-4}$$

式中:$\overline{Q}$——某时段平均交通量;

Q_i——某时间范围内 i 时段交通量;

n——时段数。

例如,年平均日交通量(Annual Average Daily Traffic,简称 AADT)为:

$$AADT = \frac{1}{365}\sum_{i=1}^{365} Q_i \tag{1-5}$$

月平均日交通量(Monthly Average Daily Traffic,简称 MADT)为:

$$MADT = \frac{-\text{个月的日交通量总和}}{\text{当月天数}} \tag{1-6}$$

周平均日交通量(Weekly Average Daily Traffic,简称 WADT)为:

$$WADT = \frac{1}{7}\sum_{i=1}^{7} Q_i \tag{1-7}$$

交通量在一天当中的变化,通常呈现为上、下午各有一个高峰(图 1-8);小时交通量(Hourly Traffic Volume,简称 HV)最大的那个小时称为高峰小时,高峰小时内的交通量称为高峰小时交通量。

高峰小时交通量与该天全天交通量之比称为高峰小时流量比,以%表示,它反映高峰小时交通量的集中程度,并可供高峰小时交通量与日交通量之间作相互换算之用。实际统计结果表明,我国高峰小时流量比为9% ~10%,约为平均小时交通量的2.5倍。

在每个小时内的交通量也是随时间变化的,包括高峰小时。高峰小时系数 PHF 就是高峰

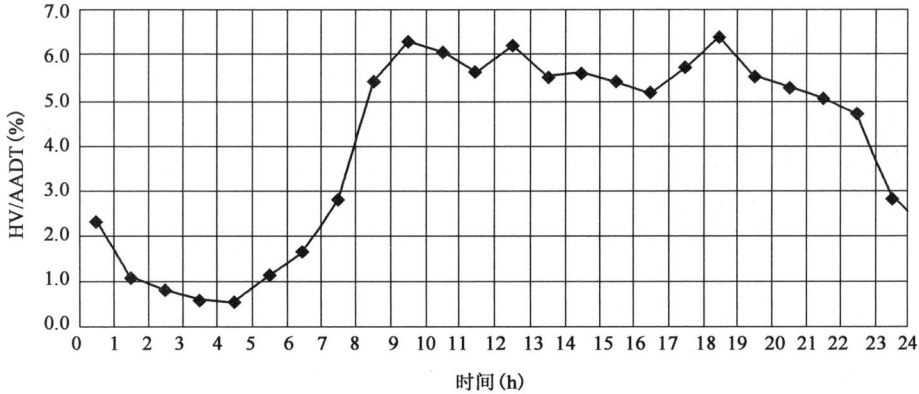

图 1-8 交通量时变示意图

小时交通量与高峰小时内某一时段的交通量扩大为小时交通量后的比值,即高峰小时交通量与高峰小时交通流率之比。一般将高峰小时划分为 5min、6min、10min 或 15min 的连续时段,统计此时段的交通量,并选择连续 5min、6min、10min 或 15min 所计交通量中最大的那个时段,作为高峰小时内的高峰时段,把高峰时段内交通量扩大为 1h 的高峰小时交通量。高峰小时系数的一般表达式为:

$$PHF_t = \frac{Q_{ph}}{R_{ph}} \tag{1-8}$$

式中:PHF_t——t 时段高峰小时系数;

$\quad\quad Q_{ph}$——高峰小时交通量;

$\quad\quad R_{ph}$——高峰小时交通流率,$R_{ph} = t$ 时段内最高交通量 $\times 60/t$。

例如,如果取 $t = 15min$,则:

$$PHF_{15} = \frac{高峰小时交通量}{高峰小时内最高的 15min 时段交通量 \times 60/15}$$

通常 PHF_5 用于路段交通量分析,PHF_{15} 则用于交叉口交通量分析。

在进行道路和交通工程设施规划设计时,必须考虑交通量具有随时间变化和出现高峰小时的特点,所依据的交通量必须适当:选用较低的设计交通量会导致交通拥挤和阻塞;选用较高的设计交通量则会造成浪费,一些设施经常闲置。工程上为了保证道路在规划期内满足绝大多数时间车辆能顺利通过,不造成严重阻塞,同时避免建成后车流量低,投资效益不高,规定要选择适当的小时交通量 HV 作为设计小时交通量 DHV(Designed Hourly Traffic Volume,简称DHV)。根据美国的研究,认为全年第 30 位小时交通量(AHV_{30})是比较合适的。所谓第 30 位最高小时交通量,就是将一年中测得的 8760 个小时交通量,从大到小接序排列,排在第 30 位的那个小时交通量。

图 1-9 是 AHV 和其与 AADT 的比值 K 的关系曲线。可见,当 AHV 位序处于某一很小的范围内时,曲线出现较急剧转折,该范围以左斜率变化较大,即每减少一位 AHV,交通量的增量较大;而在该范围以右,即每增加一位 AHV,交通量的减小并不多。一般认为该范围在第 30位小时交通量附近,所以采用 AHV_{30} 作为设计交通量 DHV,可使设计的道路既符合经济原则,又能在全年绝大部分时间(99.66%)内不致发生拥堵现象。

研究表明,AHV_{30} 与 AADT 的比值 K 十分稳定。据美国观测,按道路类别及所在地区不同,K 值在 12% ~ 18% 之间,平均为 15%;我国统计结果,K 值为 11.3% ~ 15%,平均为 13.3%。

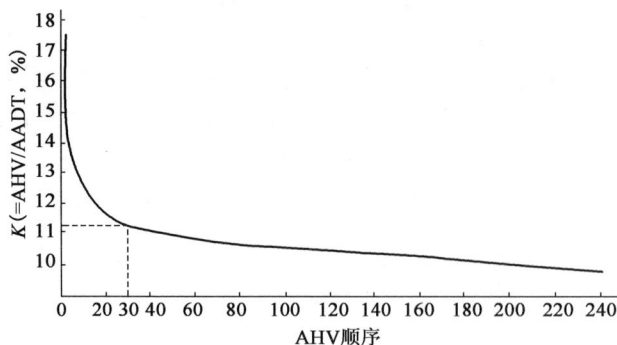

图 1-9　年平均日交通量 AADT 与小时交通量 HV 的关系

2. 行车速度

设车辆行驶距离为 s,所需时间为 t,则车速可用 s/t 表示。按 s 和 t 取法不同,可定义各种不同的车速。

(1)地点车速:又称点车速、瞬时车速,是车辆通过某一地点时的瞬时速度。观测时距离 s 尽可能短,通常取 10m、15m 或 20m;时间 t 取 2 ~ 3s 为宜。地点车速一般用于道路设计、交通管制和规划方面。

(2)行驶车速:是车辆行驶过某一路段里程与所耗用的实际时间之比。实际时间指车辆有效行驶时间,不含停车时间。行驶车速一般用于分析路段的行驶难易程度、设计通行能力以及车辆运行的成本效益。

(3)行程车速:又称综合车速、区间车速,是车辆行驶路程与通过该路程所需的总时间之比。总时间包括交叉口延误、渡口待渡、行车受阻等停车时间,但不含住宿、停车休息、修车时间及离开其行驶路线以外所花费的时间。行程车速一般用以评价道路的通畅程度、估计行车延误情况。

(4)运行车速:是中等技术水平的驾驶员在良好的气候条件、实际道路情况和交通条件下所能保持的安全车速,用于评价道路通行能力和车辆运行状况。

(5)临界车速:是道路理论通行能力达到最大时的运行车速,对于选择道路等级具有重要作用。

(6)设计车速:又称最佳车速,是在交通与气候条件良好的情况下仅受道路物理条件限制时所能保持的最大安全车速,用作道路线形几何设计的标准。

(7)时间平均车速:是一定时间内通过道路某一地点的车辆速度的算术平均值,即:

$$\bar{v}_t = \frac{1}{n}\sum_{i=1}^{n} v_i \tag{1-9}$$

式中:$\bar{v}_t$——时间平均车速,km/h;

　　　v_i——第 i 辆车的速度,km/h;

　　　n——观测车辆数。

时间平均车速用于描述某地点一段时间内交通流的平均运行速度。

(8)空间平均车速:是各车辆通过观测路段所用时间平均值与路段长度的比值,即:

$$\bar{v}_{s} = \frac{S}{\frac{1}{n}\sum\limits_{i=1}^{n} t_i} \qquad (1-10)$$

式中:$\bar{v}_s$——空间平均车速,km/h;

    S——观测路段长度,km;

    t_i——第 i 辆车通过观测路段的时间,h;

    n——观测车辆数。

空间平均车速用于描述某一路段某一瞬间交通流的平均运行速度。

3. 交通流密度

交通流密度又称车流密度,是指在单位长度的道路某一时刻的车辆数。它是反映道路上车辆的密集程度、衡量车流畅通情况的重要指标。交通流密度一般可表示为:

$$K = \frac{N}{L} \qquad (1-11)$$

式中:K——交通流密度,辆/km;

    L——路段长度,km;

    N——路段上的车辆数,辆。

对具有不同车道数的道路,如果要比较它们的车流密度,应将车辆数除以各自车道数折算成单车道的车辆数,再计算其车流密度进行比较。

交通流密度还可以按下式计算:

$$K = \frac{Q}{\bar{v}_s} \qquad (1-12)$$

式中:Q——路段交通量,辆/h;

    $\bar{v}_s$——路段空间平均车速,km/h。

路段通过车流量达到最大时的车辆密度,称为最佳车流密度;超过最佳车流密度,车流量反而降低;当密度过大时,车辆几乎无法行驶,这时的密度称为阻塞密度。由车流密度可以推断道路上的交通状况。

另外,车流密度尚有以下表征方法:

(1)车行道空间占有率:是指单位面积道路上车辆所占面积的总和。实测调查中,一般将观测路段上的车辆总长度与该路段长度之比的百分数作为空间占有率,即:

$$R_{S} = \frac{1}{L}\sum\limits_{i=1}^{n} l_i \qquad (1-13)$$

式中:R_S——车行道空间占有率,%;

    L——观测路段总长度,m;

    l_i——第 i 辆车的长度,m;

    n——路段上的车辆数,辆。

车行道空间占有率表示的是某一时刻车辆占用路段的比例,以此来反映观测路段上的交通负荷程度。

(2)车行道时间占有率:是指在道路的观测断面上,车辆通过时间的累计值与观测时间的比值。可表达为:

$$R_{\mathrm{T}} = \frac{1}{T}\sum_{i=1}^{n}t_i \qquad (1\text{-}14)$$

式中：R_{T}——车行道时间占有率，%；

T——观测时间，s；

t_i——第 i 辆车通过观测断面所用的时间，s；

n——在观测时间内通过观测断面的车辆数，辆。

车行道时间占有率能够从车辆行驶的时间占用方面来反映道路的拥挤情况。

4. 交通流三参数的基本关系

交通流流量、行车速度和车流密度三个参数具有如下基本关系：

$$Q = \bar{v}_{\mathrm{s}} \cdot K \qquad (1\text{-}15)$$

式中：Q——平均交通流量，辆/h；

K——交通流密度，辆/km；

$\bar{v}_{\mathrm{s}}$——车流空间平均速度，km/h。

这一关系可以表达为三维空间中的一条空间曲线[图 1-10a)]，称为交通流模型。为便于理解和研究方便，通常将这个三维空间曲线投影到二维空间上，用图 1-10b)所示的平面曲线来表示它们两两之间的关系，由此图可考察交通流的一些特征：

（1）最大流量：就是 $Q-v$ 曲线图上的峰值 Q_{m}。

（2）临界速度：就是流量达到最大值 Q_{m} 时的速度 v_{m}。

（3）最佳密度：就是流量达到最大值 Q_{m} 时的密度 K_{m}。

（4）阻塞密度：就是车流密集到所有车辆无法移动时($v\rightarrow0$)的密度 K_{j}。

（5）畅行速度：就是车流密度趋于零、车辆可以畅行无阻时的平均速度 v_{f}。

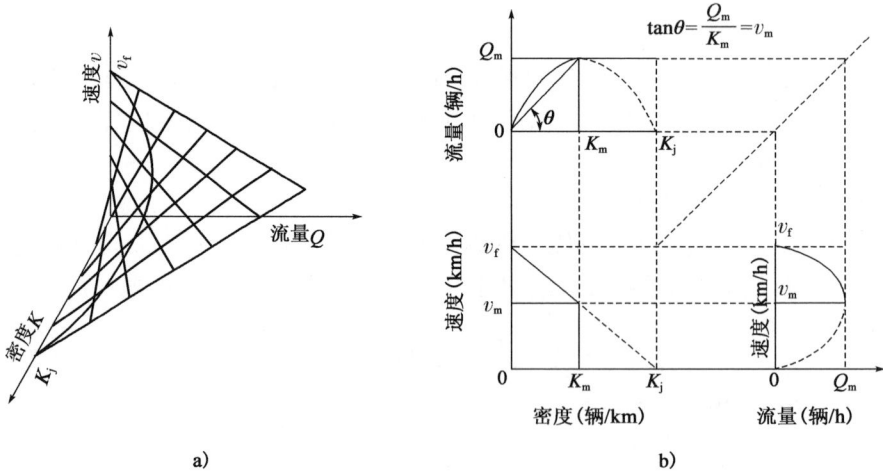

图 1-10 交通流速度、密度和流量的基本关系

二、交通需求分析

道路和交通工程设施的设计和规划，一个重要依据是道路承载的交通需求，主要体现为道路上的交通量。现状交通量一般是通过调查得到，是掌握现实交通需求，进行当前道路和交通

工程设施的设计、运营、管理、适应性分析等的基础;未来交通量是通过现状交通量预测出来的,反映规划期未来的交通需求,是规划、设计和评价将来一个时期道路和交通工程设施的基础。

交通需求分析预测,就是根据规划对象及其影响范围的现状资料调查与分析成果,运用或建立各种预测方法和模型,结合历史经验、政策约束和逻辑判断,估计规划对象未来的交通需求状况。

(一)交通需求预测内容与思路

交通需求是社会经济发展、土地利用、人货集散、信息交流的产物,因而道路或路网的交通量及其发展趋势,与其服务区域内的社会经济发展水平、土地利用性质和强度、人口货物增长和流动、交通状况等有着密切关系;社会经济的变化必然使交通源、交通目的地、交通工具、交通设施在数量、质量、空间分布等方面产生变化,从而导致交通流的相应变化。图 1-11 为对交通流变化的影响因素。

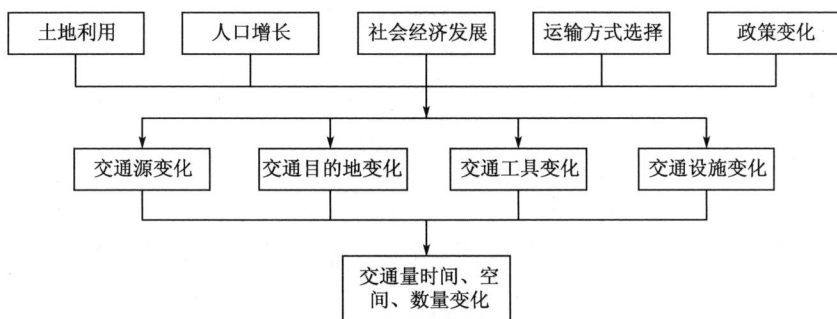

图 1-11 交通流变化的影响因素

因此,交通需求预测必须揭示以下两个规律:

(1)从社会经济、运输方式、人口与土地利用政策等因素的变化到交通源、交通目的地、交通工具、交通设施变化的规律。

(2)从交通源、交通目的地、交通工具、交通设施的变化到交通流规模、时空变化的规律。

预测工作与数学和统计学有着密切关系。对现代交通需求预测来说,需要用数学语言来描述影响交通量的各种因素,用统计学来探索和发现它们之间存在的某种规律,从而用数学模型来表达它们之间的内在联系和发展趋势。因此,交通量预测工作包括两个主要部分:一是基础资料调查收集,二是资料整理、建立预测数学模型和进行预测。值得注意的是,即使针对同一个交通预测问题,甚至在每个具体环节,人们也可以建立起多种多样的数学模型进行描述,但关键在于哪些数学模型能够正确反映交通量发展的客观规律。

交通需求预测的基本思路如图 1-12 所示。

(二)交通量预测基本方法

1. 社会经济及人口发展预测

社会经济发展所包括的指标很多,需要分析出与客货运输交通量密切相关的因素,集中预测这些指标。调查和研究结果表明,人口数量和国民收入(NI)与客运交通量的相关性最高,客车营运数量、公路通车里程等运输结构指标对客运交通量具有较大影响;货运交通量与国内生产总值(GDP)的相关性高于国民收入,此外还与公路里程、货车拥有量有密切关系。因此,通常可以选取人口、国民收入(或人均国民收入)、乘用车拥有量等指标作为预测客运交通量的基础,选取国内生产总值、国民收入、公路里程、商用车拥有量等指标作为预测货运交通量的基础。

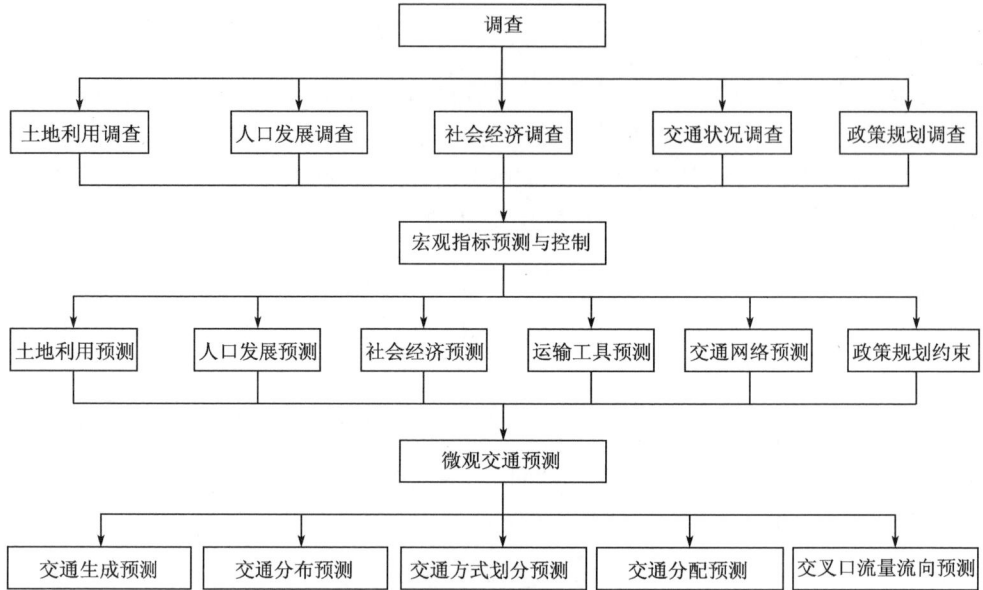

图 1-12 交通量预测程序

社会经济、人口发展预测可分为定性预测和定量预测两类方法。定性预测是指通过调查研究了解实际情况,并凭借预测者的理论知识和实践经验,对预测对象发展的性质、方向和程度做出判断,提出粗略的数量估计。这种预测方法需要的数据少,简单易行,综合性强,能考虑无法定量的因素。定性预测方法主要有市场调查法、专家评估法(德尔菲法)、主观概率法、交叉影响法等。定量预测是指根据调查统计资料和社会经济信息,运用统计方法和数学模型,对经济现象未来发展的规模、水平、速度进行测算。定量预测方法主要有时间序列分析法、回归分析法、马尔可夫预测法、判别分析预测法等。

为了使预测结果切合实际,通常将两类预测方法相结合,对定性预测结果与定量预测结果进行比较、核对,分析产生差异的原因,根据经济情况进行综合判断,利用定性分析对定量预测结果进行必要的修正和调整,以取得良好的结果。

对社会经济、人口指标的预测可以以交通小区为单位,也可以先进行整个区域的经济指标预测,再分摊到各个交通小区。由于经济的发展受国家或区域宏观规划调控,一般先采用时间序列趋势外推法和回归分析法对小区社会经济和人口指标进行预测,然后由区域规划值控制调整。

(1)时间序列分析法

时间序列分析法是利用预测对象过去的发展变化特征来预测未来值。社会经济和人口的发展有其延续性,将某一指标的数量值或观测值,按其出现时间的先后次序,以相同的时间间隔排列起来,称为时间序列。时间序列趋势外推法就是利用预测对象过去的发展变化特征来预测未来值。时间序列分析的数学模型可分为移动平滑法、指数平打法、季节系数法、灰色预测法等。时间序列法需多年实际资料,适用于短近期预测,预测时间越长,精度越差。

（2）回归分析法

回归分析法是基于事物之间具有因果关系的一种数理统计方法,适用于单目标多因素的因果关系分析。在回归分析预测中,首先要对预测对象(因变量)进行定性和定量分析,确定影响其变化的因素(自变量),然后通过预测对象和影响因素的多组观测值,建立因变量与自变量的函数关系,再应用此函数(即预测模型)计算预测对象未来的变化。根据自变量数目多少,可分为多元回归与一元回归;因变量与自变量之间的函数关系可能是线性的,也可能是非线性的。

回归分析模型的参数是基于最小二乘法原理,即偏差平方和最小求得的,但所谓的偏差平方和最小仅仅是相对样本数据本身而言的,并不能真正说明回归模型在多大程度上反映了因变量与自变量之间符合假定的回归模型,换句话说,最小二乘法本身不能证明回归模型能否成立,或者在多大程度上可接受,因此就需要有一定的标准和方法对回归得到的模型进行检验。检验的方法有很多种,较常用的有相关系数检验、χ^2 检验、F 分布检验、t 分布检验和残差检验等。

2. 交通生成预测

交通生成(Trip Production)包括发生的交通量(Trip Generation)和吸引的交通量(Trip Attraction)。常用预测方法有强度指标法、分类强度指标法、回归分析法等。

（1）年均增长率法

增长率法是用规划期内基年发生、吸引的交通量,乘以发生、吸引交通量的年平均增长率,预测未来发生、吸引交通量的方法。增长率可参考各交通小区人口、国民收入、汽车拥有量、道路运输量等指标确定,其方法有弹性系数法、统计分析法等。该方法难以考虑交通量波动起伏情况,仅以初期到终期的年平均增长状态描述交通量的发展。

（2）产生率法

产生率法又称原单位法、强度指标法。其基本思想是:假定各交通小区基年单位社会经济指标(如单位人口、家庭、汽车数、GDP 等)的交通发生、吸引量是稳定的,根据该社会经济指标未来的预测值即可得到未来各交通小区的交通发生、吸引量。产生率法假定单位社会经济指标发生和吸引的交通量现在与将来保持不变。

常用的产生率指标有每人产生的交通量、每车产生的交通量、单位用地面积产生的交通量、单位社会经济指标(如单位 GDP、单位工农业总产值)产生的交通量等。

（3）分类产生率法

产生率法简便易行,但只能考虑单因素,在有多个因素影响交通生成时会有较大误差;而实际上交通生成的影响因素往往不止一个,于是产生了改进的产生率法。分类产生率法重点突出家庭作为基本单位,按家庭的规模、收入、小汽车拥有量等因素分类,调查统计得出相应类别的交通量产生率,由现状产生率预测出未来的交通量。当然,也可以考虑其他社会经济指标作为基本单位进行预测。

更进一步,在经济发展的不同阶段,基本单位所产生的交通量会有较大不同,据此可以将单位社会经济指标按数量分成若干区间,分别考察每一区间内单位社会经济指标产生的交通量;甚至可以考虑采用阶段变化的产生率计算未来的交通量。

分类产生率法可考虑到多个影响因素对交通发生或吸引的影响。但当影响因素多、关系复杂时,由于此时组合很多,该方法不适用;当现状调查资料不能反映某影响因素的变化时,该方法也不适用。

（4）回归分析法

回归分析法是根据历史和现状调查资料，建立交通生成与其主要影响因素，如人口、经济、土地利用等之间相关关系的数学模型，利用影响因素（自变量）的预测值推求未来的交通生成量。

在客运交通量分析中常用总人口、非农业人口、居民密度、人均旅行次数、人均国民收入、人均消费水平、客车保有量等指标作为相关因素；货运交通量分析中常用总人口、GDP、汽车保有量、人均国民收入、人均消费水平、基建投资额等指标作为相关因素。

回归分析模型能反映交通生成量与其主要影响因素间较为复杂的关系，影响因素的变化也可较大，但其考虑的影响因素只能是连续变量，而且是定量指标。对于某些不易定量的影响因素则无法考虑。

3. 交通分布预测

交通分布就是指小区与小区之间的交通量。由交通生成预测，可得 OD 矩阵上各小区将来发生和吸引的交通量。交通分布预测是根据预测得到的交通生成，采用一定方法推求各小区之间和各小区内部未来的交通流量、流向，即确定未来的 OD 矩阵。

交通分布预测方法主要有现在状态法、重力模型法、概率模型法和系统平衡法。现在状态法是使未来 OD 分布结构与基年 OD 分布结构尽可能保持一致的方法，又称增长系数法，随其演变过程发展为均一增长率法、平均增长率法、底特律法和弗莱特法等。目前比较普遍使用的是后两种方法，重力模型法包括无约束重力模型、单约束重力模型、双约束重力模型等；概率模型法包括介入机会模型、熵模型、竞争机会模型等。下面择要介绍几种交通分布预测方法。

（1）平均增长率法

平均增长率法假定各小区之间未来交通分布模式与现状模式完全一样，将现在 OD 矩阵的各元素，乘以相应起讫点小区增长率的平均值（各小区交通发生和吸引的增长率各不相同），就得到未来的 OD 矩阵。

平均增长率法的模型为：

$$T_{ij} = \frac{t_{ij} \cdot (E_i + F_j)}{2} \tag{1-16}$$

式中：i、j——交通小区序号，i、$j = 1, 2, \cdots, n$，其中 n 为交通小区数量；

    T_{ij}——小区 i 至 j 的预测 OD 交通量，标准车；

    t_{ij}——小区 i 至 j 的现状 OD 交通量，标准车；

    E_i——小区 i 的交通发生增长率；

    F_j——小区 j 的交通吸引增长率。

按式(1-16)计算出来的 OD 矩阵，往往各小区到某一小区的交通发生量之和不等于该小区预测的交通吸引总量，因此，应该调整增长率，用式(1-16)反复进行迭代计算，直到两者误差小于 5% 时为止。

平均增长率法容易理解、简单易行，可预测全部、全方式 OD 矩阵，但必须具有完整的现状 OD 矩阵，适用于土地利用和路网形态变化不大、未来分布与现状分布基本一致的对象。

（2）重力模型法

重力模型主要是用来预测当路网中出现了比较大的变化时未来年的交通分布。该模型认

为两交通小区之间的 OD 交通量与两小区的交通发生量、吸引量成正比,与其间的交通阻抗成反比。重力模型的基本形式是:

$$T_{ij} = \frac{K \cdot T_{pi}^{\alpha} T_{aj}^{\beta}}{R_{ij}^{\gamma}} \qquad (1\text{-}17)$$

式中:T_{pi}——小区 i 的预测交通发生量,标准车;

　　　T_{aj}——小区 j 的预测交通吸引量,标准车;

　　　R_{ij}——小区 i 与 j 之间的交通阻抗函数(可以是距离、时间、费用或其组合等);

　　　K——待定参数,可采用 $K = T_n / \sum T_{aj}$,其中 T 为小区 i 与 j 之间的行程时间,n 是利用现状 OD 矩阵根据最小二乘法标定的回归参数;

　α、β、γ——待定参数,一般利用现状 OD 矩阵和现状距离(或时间等)根据最小二乘法确定,也可根据经验确定,可令 $\alpha = \beta = 0.5$ 或 1.0;

　　　其他符号意义同式(1-16)。

基本重力模型计算未来 OD 交通量的步骤是:先将预测的未来交通发生量 T_{pi} 和交通吸引量 T_{aj} 代入式(1-17)计算 OD 交通量 T_{ij},再用增长率法进行迭代计算,使 T_{ij} 满足约束条件。

重力模型综合考虑了影响出行分布的地区社会经济增长因素和出行空间、时间阻碍因素,即使没有完整的现状 OD 表也能进行推算预测,是使用比较广泛的交通分布预测模型。其缺点是当交通阻抗趋近于零时,交通分布量会趋于无穷大,这显然是不合理的;另外对短距离出行估计值偏大,因此交通小区的面积不宜划分过小。

4. 交通运输方式分担预测

交通运输方式分担就是把总的交通运输量分配到各种交通运输方式中。这里的交通运输方式对区域交通运输而言,包括铁路、公路、水路、航空和管道五大方式;对城市交通运输而言,包括公共交通(如常规公交、出租汽车、轨道交通、轮渡等)和私人交通(如小汽车、摩托车、自行车、步行等),更进一步还可以细致到交通组成,但提及交通运输方式总容易局限为前者,所以有人也将交通运输方式称为交通模态。

交通运输方式分担预测既可以以五大运输方式为对象,也可以以城市交通结构和交通组成为对象,视需要而定。对于前者,在只有公路 OD 资料而没有铁路、水运等其他方式 OD 资料时,只能从间接资料中依据定性分析和专家经验来确定不同方式的分担量;而当研究区域具有比较完整的其他运输方式现状或历史 OD 资料时,则可以建立起不同方式分担预测模型来进行预测。对于后者,一般根据现状 OD、交通结构和交通组成的调查资料,综合城市未来公共交通与私人交通、机动车与非机动车的发展预测近似地计算。

(1)交通运输方式选择的影响因素

影响交通运输方式选择的因素很多,大致可以概括为以下几个方面:

①出行者因素。包括出行目的、出行距离、年龄、职业、收入等。

②区域特征。包括城镇规模、居民密度、可达性。

③交通设施和交通工具状况。包括路网密度、公交网密度、家庭车辆拥有情况、车辆停放条件、车速、载客量、机动性等。

④服务水平。包括出行时间、出行费用、安全性、可靠性、快捷性、舒适性等。

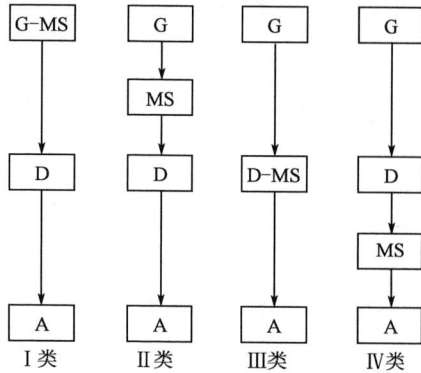

图 1-13 交通运输方式分担预测的类型
G-交通生成；MS-交通运输方式分担；D-交通分布；A-交通分配

⑤货物类型。

（2）交通运输方式分担预测的类型

根据交通运输方式分担预测在交通量预测过程中的所处阶段的不同，可以分为如图 1-13 所示的 4 类：第Ⅰ类表示方式分担预测与交通生成预测同时进行；第Ⅱ类表示方式分担预测在交通生成与交通分布之间进行；第Ⅲ类表示方式分担预测与交通分布同时进行；第Ⅳ类表示方式分担预测在交通分布与交通分配之间进行。比较常用的是第Ⅳ类模型。

（3）交通运输方式分担预测的方法

交通运输方式分担预测的方法包括专家经验法、总量控制法、转移曲线法、概率模型法、交通系数法、回归分析法、车辆效率法等，这里简要介绍几种。

①专家经验法。根据收集到的资料，分析预测年铁路、水运等交通方式区段运输能力适应状况，当其运能小于运量时，考虑经济运距、直达性、安全性等因素，按适当比例将部分客货运量从铁路、水运等客货运输中分流到道路客货运输中；反之，当其运能大于运量时，则应仔细考虑它们与道路运输间的竞争协作关系，慎重选择它们的合理分担率。这两种情况下分担率的确定都要广泛地征求专家的意见，进行反复论证研究，而不能主观草率地确定。

②概率模型法。又称运输方式分担率法，基本思想是：假定交通运输方式选择是考虑各交通运输方式所需时间、费用等交通阻抗的大小，以一定的概率关系进行的。具体需要根据基年的公路、铁路、水运等 OD 矩阵及运费、运输全过程时间表，建立交通运输方式分担率预测模型并进行标定、检验。概率预测模型通常采用 Logit 形式：

$$P_{ij}(m) = \frac{e^{R_m}}{\sum_{k=1}^{n} e^{R_k}} \tag{1-18}$$

式中：$P_{ij}(m)$——交通小区 i 到 j 第 m 种交通运输方式客运量或货运量分担比例，%；

　　　R_m——交通小区 i 到 j 第 m 种交通运输方式的阻抗函数，一般表达为 $R_m = \alpha_0 + \alpha_1 C_m + \alpha_2 T_m$，其中 C_m 为小区 i 到 j 第 m 种方式的运输费用（元/h），T_m 为小区 i 到 j 第 m 种方式的运输全过程时间（h），α_0 为第 m 种交通方式特征常数，α_1、α_2 为回归常数；

　　　R_k——交通小区 i 到 j 第 k 种交通运输方式的阻抗函数，$k = 1, 2, \cdots, m, \cdots, n$；

　　　n——交通小区 i、j 之间交通运输方式的数量。

则交通小区 i 到 j 第 m 种方式分担的客（货）运量为：

$$V_{ij}(m) = P_{ij}(m) \cdot V_{ij} \tag{1-19}$$

式中：$V_{ij}(m)$——交通小区 i 到 j 第 m 种交通运输方式的客（货）运量，万人（万吨）；

　　　V_{ij}——交通小区 i 到 j 各种交通运输方式的全部客（货）运量，万人（万吨）。

③回归分析法。是利用交通调查的历史资料，建立交通方式分担率与其相关因素间的回归方程。交通方式分担预测的多元回归模型如下：

$$T_{ij}(m) = \alpha + \beta_1 L_{Oi} + \beta_2 L_{Dj} + \beta_3 R_{ij} \tag{1-20}$$

式中：$T_{ij}(m)$——交通小区 i 到 j 第 m 种方式的交通量，标准车；

   L_{Oi}——起点小区 i 的土地使用变量；

   L_{Dj}——讫点小区 j 的土地使用变量；

   R_{ij}——小区 i 与 j 之间的交通阻抗函数；

   α——回归常数；

 β_1、β_2、β_3——偏回归系数。

模型中的回归参数通过最小二乘法标定得出。

回归分析法简单易行但较为粗略，且需要大量的调查资料，适用范围有限。有时与交通生成的回归方法组合使用。

④车辆效率法。可利用汽车运输效率调查和预测数据，计算得到公路运输量。公式为：

$$V_{it}(H) = K \cdot \frac{N_{it} W_{it} G_{it} C_{it}}{D_{it}} \tag{1-21}$$

式中：$V_{it}(H)$——第 t 年 i 小区公路客(货)运量，万人(万 t)；

   N_{it}——第 t 年 i 小区载客(货)汽车保有量，veh；

   W_{it}——第 t 年 i 小区载客(货)汽车平均工作率，%；

   G_{it}——第 t 年 i 小区载客(货)汽车平均座位(吨位)数，个(t)；

   C_{it}——第 t 年 i 小区载客(货)汽车平均周转量，万人公里/年(万吨公里/年)；

   D_{it}——第 t 年 i 小区载客(货)汽车平均运距，km；

   K——常数，根据调查的历史数据用最小二乘法进行回归分析得到。

  或：

$$V_{it}(H) = K \cdot \frac{365 N_{it} W_{it} G_{it} L_{it} S_{it}}{D_{it}} \tag{1-22}$$

式中：L_{it}——第 t 年 i 小区载客(货)汽车平均实载率，%；

  S_{it}——第 f 年 i 小区载客(货)汽车平均车日行程，km；

其他符号意义同式(1-21)。

⑤运输量折算交通量。上述方法中有些预测得到的是道路运输客、货运量，需要折算成客、货车交通量，方法如下：

a. 根据历年客、货车保有量、实载率资料，分析预测客、货车平均座位(吨位)、平均实载率的发展趋势。

b. 根据未来客、货车平均座位(吨位)数及平均实载率，将预测的客、货运量分别折算为客、货车交通量。

c. 根据客、货车车型组成情况及趋势预测，将客、货汽车交通量分别折算为各自标准车型的交通量：

$$T_{ij}^{P} = \frac{u_P \cdot V_{ij}^{P}}{G_P \cdot L_P} \tag{1-23a}$$

$$T_{ij}^{F} = \frac{u_F \cdot V_{ij}^{F}}{G_F \cdot L_F} \tag{1-23b}$$

式中：T_{ij}^{P}、T_{ij}^{F}——交通小区 i 到 j 的客、货汽车交通量，标准车；

  V_{ij}^{P}、V_{ij}^{F}——交通小区 i 到 j 的道路客、货运量，t；

  G_P、G_F——客、货汽车平均座位(平均吨位)数，个(t)；

L_P、L_F——客、货汽车平均实载率,%;

u_P、u_F——客、货汽车交通量与各自标准车交通量的换算系数。

d. 最后可根据需要,将货车标准车按照车型换算系数折算为客车标准车(pcu)。

(4)车型分担率预测的方法

在道路和交通工程设施规划设计中,有时要考虑不同车型的交通需求,这就需要将预测的交通量分担到各车型上面。

一种方法是利用现状调查资料中各车型交通量占汽车交通量的比例、各车型平均实载量(人或吨),计算出各车型的客货运分担率。例如,假设客运汽车交通量为1000辆,其中小客车为240辆,大客车49辆,二者的平均实载量为4.43人和34.48人,则二者承担的客运量之比为(240×4.43):(49×34.48)=1063.2:1689.5,故小客车的客运分担率p_C=38.6%,大客车的客运分担率p_B=64.1%;类似地可算得货运汽车中各车型的货运分担率。在此基础上,根据对未来交通工具结构组成发展趋势的预测,结合区域的车型调控政策和规划,可计算出未来各客、货运输车型的交通量分担率。

另一种方法是根据客、货车辆运输效率调查和预测数据,计算出各车型的客货运分担率。以小客车为例,根据小客车拥有量、年平均日出行次数、实载率等变化情况,可用式(1-24)预测小客车的客运分担率:

$$P_C = p_C \cdot \frac{N_C}{n_C} \cdot \frac{F_C}{f_C} \cdot \frac{C_C}{c_C} \tag{1-24}$$

式中:P_C、p_C——预测和现状小客车客运分担率,%;

N_C、n_C——预测和现状小客车拥有量,veh;

F_C、f_C——预测和现状小客车平均实载人数,人/车·次;

C_C、c_C——预测和现状小客车年平均日出行次数,次/车·日。

货运车辆的车型分担率预测与小客车预测方法类似。

5. 交通分配预测

交通分配预测就是把预测的OD交通量分配到所涉及的路网上,以求得规划对象及其关联道路未来各特征年的交通量。通过交通分配,可获得路网中各路段和交叉口的交通量、车速、流向、车型等资料,是进行道路和交通工程设施规划、设计、评价、可行性研究的直接依据。

交通分配需考虑到以下因素:

①交通运输方式,即出行者所采取的交通形式,如公共交通系统、小汽车、自行车等。

②行程时间,即在起讫点之间采用某一交通方式所需时间。它直接影响着交通分布、交通方式选择和交通分配。进行交通量分配时,应力求使交通网上总行驶时间为最短。

③路段上车速与流量之间的变化关系。

交通分配是依托路网进行的。为便于分析,需要将实际路网简化和抽象为网络图,网络节点表示城镇、交通小区、交叉口或交通枢纽,节点连线表示公路或路段。

交通分配的直接目的,是推求分布在起讫点之间的交通量在网络图上具体通过哪些线路实现,再根据已知一定区间的交通量来分析分配结果是否妥当。下面介绍几种交通分配模型。

（1）最短路径分配法

最短路径分配法又称全有全无分配法。该方法假设车辆在路段行驶车速、交叉口延误不受交通负荷的影响,每个 OD 交通量被全部分配在连接该 OD 点对的路程最短路线上,其他道路上则分配不到该 OD 交通量;当所有 OD 交通量在网络图上都通过了最短路,即完成了交通分配。广义的最短路线不仅指路程最短,还可以指时间最少或费用最低等。

最短路径分配法的步骤是:

①确定路段行驶时间。对现状路网,可用实测的路段长度除以实测的行驶车速来确定;对规划路网,可用规划路段长度除以该路段的设计车速来确定。

②确定各 OD 点之间的最短路径。这是关键的一步,方法有很多,如线性规划法、距离矩阵法、动态规划法、策略迭代法等,常用的方法是 Dijkstra 算法、Floyd 算法和函数迭代法。

③按各交通小区之间 OD 交通量全部在最短路径上通过,其余为零的原则,将各 OD 交通量分配到路网上。

④累计得出各路段(交叉口)的交通量。

最短路径分配法的优点是概念清晰、计算简便,缺点是路网上的交通量分布不均匀,出行量全部集中在最短路线上。最短路分配法是非平衡模型中其他各种交通分配方法的基础。

（2）容量限制分配法

由于最短路径法在分配过程中,将全部交通量都分配在连接各 OD 点的最短路上,所以当某对 OD 点间有 2 条(或多条)路径并且距离(或时间、费用等)相差不多时,最短路径法"全有全无"的特点就会使分配结果与实际情况相去甚远;另外这种方法不考虑最短路通行能力的影响,也给分配结果带来很大误差。

容量限制法正是弥补了最短路径法的缺点,在分配过程中考虑了路径通行能力的影响。目前,应用广泛的容量限制法是逐步分配法。逐步分配法是将各交通小区间的分布交通量分成数次分配到路网上,各路段交通量就是多次分配量之和。逐步分配法的步骤如下:

①按自由流车速计算各小区间最短路径,并取各小区间分布量的 $1/n$ 进行分配。

②根据各路段分配的交通量,计算路段车速及行程时间,并重新计算各分区间新的最短路,然后继续取分布量的 $1/n$ 进行分配。

③重复步骤②直至全部分配完,并将各路段多次分配交通量求和,即可得到分配结果。

在逐步分配过程中,可以将分布量按均等比例分开,也可依经验采用不同比例,如 50%、30%、10%、5%、3%、2%等。根据经验,分配过程中到后来采取的比例越小,精度越高。

（3）多路径概率分配法

对于通常的交通网络,起讫点之间往往有许多条路线可通,出行者将散布于这些路线上,而不会完全集中到最短路径,因为出行者不可能准确判断哪条路线路阻最小,不同出行者将有不同的选择。多路径概率分配法就是企图模拟这种实际情况。

这种方法认为,OD 点之间的交通,除了通过最短路线之外,还存在通过其他路线的概率,因此,交通量要根据通过各条路线的概率进行分配,结果路网中就不只有少数最短路分配到交通量,其他大部分线路也都能分配到交通量,这样才更符合实际情形。

由出行者的路径选择特性可知,出行者总是希望选择最合适(如最短、最快、最节省、最方便等)的路径出行,称之最短路因素;但由于交通网络的复杂性、交通状况的随机性和交通信息的不完整性,出行者选择的路线不一定是最短路线,往往带有不确定性,称之为随机因素。

这两种因素贯穿于出行者的整个出行过程中,两种因素所处的主次地位取决于可供选择的出行路线的路权(如道路特性、交通信息、交通阻抗等)差,如行驶时间差或费用差等。因此各路线被选用的概率可采用 Logit 形式的路径选择模型计算:

$$P_{rs}(k) = \frac{e^{\frac{-\theta \cdot t(k)}{t}}}{\sum_{i=1}^{m} e^{\frac{-\theta \cdot t(k)}{t}}} \tag{1-25}$$

式中:$P_{rs}(k)$——OD 交通量 T_{rs} 在第 k 条出行路线上的分配率;

$\quad\quad t(k)$——第 k 条出行路线的路权(行驶时间);

$\quad\quad t$——各出行路线的平均路权(行驶时间);

$\quad\quad \theta$——分配参数;

$\quad\quad m$——有效出行路线条数。

一般来说,在比较复杂的交通网络中,每一 OD 点对之间具有很多不同的出行路线,尤其是长距离出行,因此,用这种模型分配时,首先必须确定每一 OD 点对 r、s 的有效路段及有效出行路线。在该分配方法中,定义有效路段 $[i,j]$ 为路段终点 j 比路段起点 i 更靠近出行终点 s 的路段,即沿该路段前进更能接近出行终点 s。有效出行路线必须由有效路段所组成,每一 OD 点对的出行量只在它相应的有效出行路线上进行分配。

出行者从起点 r 到达出行终点 s,需经过一系列的交通节点(例如交叉口);每到一个节点,都必须做出选择,在该节点所邻接的有效路段中选择一条路段作为其出行的一部分,继续进行。因此,在某节点,可供出行者选择的有效出行路线条数等于该节点所邻接的有效路段个数。在通常的交通网络中,交通节点邻接边数为 3~5,而其邻接的有效路段绝大部分为 2,少数为 3 或 1(只有一条有效路段时,不存在选择问题)。

模型中 θ 为无量纲参数,它与可供选择的有效出行路线条数有关。根据出行者路径选择模拟分析发现,θ 取值比较稳定,两路选择时,$\theta = 3.00~3.50$;三路选择时,$\theta = 3.00~3.75$。在实际应用时,可取 $\theta = 3.00~3.50$。

多路径概率分配模型能较好地反映路径选择过程中的最短路因素及随机因素。实际上,若各出行路线路权相同,则该模型即成为随机分配模型,各路线被选用的概率相同;若某一路线的路权远远小于其他各线路,则该模型即成为最短路分配模型。

本节介绍的方法主要就是所谓的交通需求预测"四阶段模式",也是目前的主流方法。需要指出的是,"四阶段模式"仅仅是一种方法,并不能完全保证预测结果是否符合未来发展的实际情况或要求,还需要综合考虑法律、政策、规划、管理、实际情况等多层次要求,对预测结果加以适当调整和修正。国内外大量的实践表明,对交通运输系统的发展从宏观上进行统筹规划、协调控制不仅必要,而且有着非常重要的意义和良好的实际效果。

【思考题】

1. 什么是交通工程设施?

2. 交通工程设施有哪些功能?

3. 交通工程设施的种类有哪些?

4. 交通工程设施设计包括哪些内容?

5. 驾驶员视觉特性包括哪些? 怎样计算行车时驾驶员前上方视角?

6. 掌握如下概念:最高车速、原地起步加速时间、超车加速时间、车辆最大爬坡能力。

7. 汽车制动性能包括哪些方面?

8. 怎样计算高峰小时系数?

9. 为什么通常取第 30 位小时交通量作为道路和交通设施设计依据?

10. 掌握交通需求预测和"四阶段模式"的总体思路。

第二章
交通工程总体规划

作为道路工程的一个重要组成部分,交通工程建设的好坏决定了道路服务水平的高低、运营救援效率的快慢、安全引导准确与否等基础条件,所以,建设者应根据路段条件、相关路网构成、车流量、交通流特性和前期投资等因素,重视交通工程总体规划和设计,强调交通工程各子系统的关联性、功能性、完整性和实用性,统筹安排各分项工程的设计和实施,确保交通工程系统的完整性,努力为道路使用者提供安全、快速、经济、舒适的服务水平。

交通工程总体规划涉及道路运营管理体制和交通工程设施等多个方面,本章主要介绍运营管理系统、机电系统、公路沿线产业规划以及规划综合评价等内容。

第一节　交通工程总体规划的原则和方法

一、交通工程总体规划原则

交通工程总体规划应遵循以下原则:

(1)系统应充分可靠和安全,最大限度地发挥道路交通快捷、方便、灵活、舒适的优点。

(2)应充分考虑道路建设者、经营者、使用者及整个社会诸方面的效益,利于节约资金和调动投资积极性,同时发挥基础设施对国民经济的推动作用。

(3)应因地制宜,在充分考虑规划对象实际情况的前提下,兼顾和综合平衡系统的先进性和经济性。

（4）应充分考虑交通工程系统与道路工程系统的相互依赖，以及交通工程各子系统之间的相互协调。

（5）在考虑交通工程各系统的容量时，应考虑到未来交通的发展，留有一定的可扩展性。

（6）近期规划与远期规划相结合，以远期规划为导向，以近期规划和实施为重点。

二、交通工程总体规划方法

交通工程总体规划的基本方法是从系统分析入手，通过分析路网的形成过程和预测不同阶段路网的交通量和立交交通量，进行交通工程各个子系统的近期和远期规划。

（1）基础资料调查。基础资料调查包括政策规划调查和路网运输调查。政策规划调查主要包括调查地方经济发展规划、国土资源开发计划、环保政策、综合运输规划、公路或城市道路建设规划等；规划区域路网交通运输调查包括现有路网组成及技术等级、道路历年交通流量及组成、已建成或已设计的交通工程设施等。

（2）分析预测。根据路网规划和经济资料对路网进行分析，按照立交布设原则对尚未进行预工可研究的道路立交进行大致的布设；根据规划区域内的社会经济资料和路线交通量资料，对未来路网的断面交通量和立交交通量进行预测分析；根据路网交通分析结果，确定规划的阶段和总体性目标，明确规划各子系统所要解决的重要问题。

（3）系统规划。根据预测结果和规划目标，进行管理、收费、监控、通信、安全设施、服务区及养护区、电气、环保、救援等各子系统的近、远期规划方案设计。

（4）方案效益评价。建立模型及评价指标体系，对交通工程设施总体规划方案进行国民经济评估，并对规划方案的技术、经济、社会和环境等方面进行系统评价。

（5）规划方案跟踪调查。交通工程总体规划与道路网规划一样并非一成不变，而是一个滚动调整的过程。在规划实施的过程中，将根据路网的变化、交通工程科学技术的发展进行适时调整，以适应道路交通发展的需求。

交通工程总体规划的工作程序如图2-1所示。

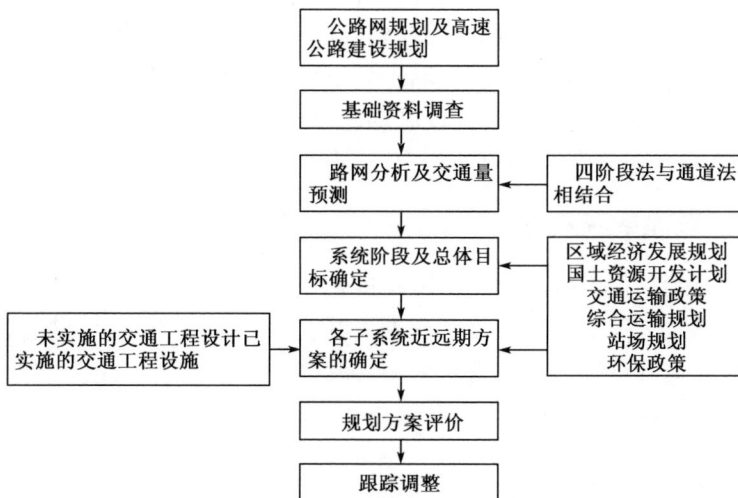

图 2-1 交通工程总体规划工作程序

第二节　交通工程总体规划的主要内容

交通工程总体规划的主要内容包括：

(1)管理体制规划。对道路或路网的近、远期管理模式,管理机构的设置、性质和职责,人员、设备的配置和规模等进行规划。

(2)收费系统规划。对道路或路网收费系统方案进行比较论证,确定收费系统的收费制式、收费方式,对收费设备、土建工程、收费人员的配备进行规划和估算。

(3)监控系统规划。对道路或路网监控系统的监控目标,设备、系统的建设规模、建设方式等进行系统规划。

(4)通信系统规划。对道路或路网通信系统的网络构成、组成规模、形成方式、建设周期、系统投资、网络的维护方式、人员设备和费用等进行规划。

(5)救援系统规划。对道路或路网的交通救援系统进行规划。

(6)安全设施规划。对道路或路网安全设施的配备、材料类型及投资等进行统一规划。

(7)服务区及养护区规划。从道路或路网总体出发,对服务区和养护区进行系统布设,确定规模及投资估算。

(8)电气系统规划。包括道路或路网供电的要求、供电的方式、照明的设置及设备类型选择和投资估算。

(9)环保规划。对道路或路网进行环保评价,提出环保措施、管理方式等。

(10)系统评价。对道路或路网交通工程设施总体规划方案进行系统评价,并对交通工程系统效益进行定性和定量分析。

一、路网分析

根据规划对象及其影响范围的路网建设规划和进一步的交通量预测,以及现状道路和路网的建设管理、交通工程设施的设计和实施情况,分析路网布局形态、功能和结构、行政和技术等级、技术经济指标、道路和节点的重要度、路网发展方向和分期建设规划、规划目标的阶段性和多重性、规划的发展指向和引导作用、交通工程设施建设和管理现状等,找出交通工程设施建设和管理中较突出的问题,为交通工程设施的总体规划和各个子系统的规划、实施提供方向和依据。

二、道路运营管理系统规划

道路运营管理是为了最大限度地发挥道路运营效率、提高交通安全和服务水平、实现可持续发展的一个重要手段。运营管理在很大程度上其实是一种服务,它是道路管理机构通过养护管理、路政管理、交通管理等手段实现对使用者的服务,使其安全、迅速、经济、舒适地完成交通出行任务,并获得最大的经济效益和社会效益。

(一)公路运营管理规划的内容

公路是一个庞大的系统整体,其管理涉及方方面面的工作,主要内容包括:

1. 养护管理

要建立优质高效的机械化养护管理方式,同时,要不断采用新技术、新工艺、新材料、新设备,例如通过管理数据库和路桥评价体系等,以科学、经济的手段保证道路及设施经常处于完好状态,从被动型养护转向预防性养护,达到养护管理的高标准、高效率和高机动性。

2. 路政管理

公路路政管理的职责是贯彻实施国家和地方的有关法律和法规,保证路产完整,路权不受侵犯;同时,还包括施工养护作业现场的秩序维护、恶劣天气的交通管理、故障车辆的牵引拖带、事故现场的救援清障以及环保监督等。

3. 交通管理

交通管理的任务是维护交通秩序、合理引导组织交通流、保障行车安全和畅通;同时还要负责对违章驾驶员的培训、处罚及行车安全的宣传教育。

4. 收费管理

收费管理的主要任务是向过往车辆收取足额的通行费,保证道路建设资金的偿还及运营管理费用的支出;同时,通过收费稽查提高服务质量、强化岗位技能,杜绝营私舞弊现象。收费管理要应用先进合理的收费方式和设备来提高收费效率。

5. 监控和通信管理

监控和通信管理是通过现代化的电子设备对道路的运行状况进行监视控制,完成信息采集、传输和处理,为驾乘人员提供最佳服务,以保证通行车辆的快速和安全。

监控管理可分为监视和控制两个方面。监视的内容是数据采集与设备监测;控制则是将最终结果、控制命令和各种信息及时反馈给驾乘人员,通过显示系统指示、引导用户遵守、熟悉、适应行车环境,从而减少交通事故,保证安全畅通。

通信管理是在一定范围内通过有线和无线的汇接,实现无盲区的高速、低速数据传输。主要采用业务电话、信令电话、紧急电话及集群移动通信系统等建立专用通信网络。

6. 服务区管理和综合开发

公路服务区具有餐饮、住宿、休息、娱乐、购物、通信、车辆加油、维修、停车、清洗等多种服务项目及服务设施,主要满足驾乘人员和运输车辆长途连续运行的需求。服务区管理就是通过对上述设施及相应工作人员进行合理有效组织,向用户提供方便、快捷、舒适、周到的全天候服务,迅速消除用户生理和心理的疲劳。城市道路中也开始设有服务区或服务点,满足城市公共汽车和出租汽车驾乘人员的餐饮、休息及车辆清洗、美容、维修等需求。

综合开发是充分利用路产及沿线土地和旅游资源,从事房地产开发、仓储、联运、旅游、广告、信息咨询等多种项目经营,同时也可进行职工福利基地开发。

(二)公路运营管理体制规划

公路管理体制是指适应高速公路运营特点、符合其管理内容、便利其服务对象的机构设置及其职能定位、权限划分的组织制度体系。

1. 公路管理体制的构成要素

公路管理体制由管理机构、管理人员、管理规则和运行机制四种基本要素组成。其中前两种为实体要素,是管理体制的硬件和载体部分;后两种为关系要素,是维系管理主体作用于管理客体以达到预定管理目标的必要条件。管理体制的形成取决于公路运营管理目的、管理活动内容以及应达到的标准或要求。

公路管理体制的四类构成要素还可以细分为多层次多类别的子类要素。管理机构可以从职能分类、管理分级的不同,形成多样化的机构模式;管理人员则会因数量、结构、素质等方面要素的差异而组成不同的管理队伍;管理规划包括法律、政策、标准和章程;运行机制则由竞争、激励、协调、反馈和监督五种作用方式及规律构成一个子系统。

公路管理体制要素组成的相应体系如图 2-2 所示。

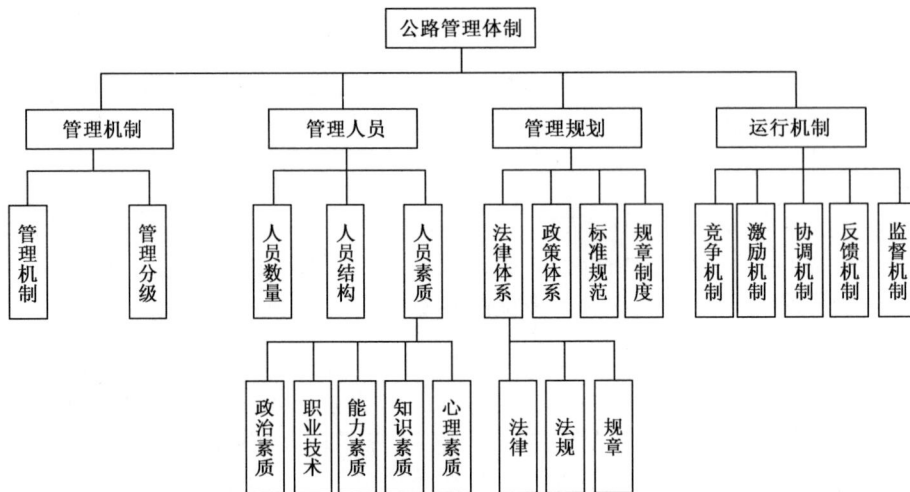

图 2-2 公路管理体制构成要素

2. 国内外公路管理体制对比

国外一般将国家公路分为普通公路和高速公路两大类,其高速公路的建设与管理主要有以下形式:直接由国家投资、建设和管理;由中央政府资助地方建设,建成后移交地方管理;由国家统一规划和监督,组建高速公路公司,以集股的形式建设、经营和管理高速公路。

(1)国外

①美国

美国公路分联邦政府、州政府、地方政府三级管理,绝大部分道路由州及地方政府管理,联邦政府只管理极少的一部分,属于地方分权性质的管理体制。国际与州际公路网由联邦运输部及其所属的联邦公路管理局负责建设项目审批、经费资助,各州运输厅及其所属的公路局负责规划、设计、施工、养护和管理;地方公路也由各州运输厅负责建设和养护;农村公路的管理主要集中在州及其以下部门。

高速公路运营管理包括道路养护、交通管理、设施改善、绿化等,主要采用"一路一公司(机构)"的方式。对于政府管理的收费公路,成立收费道路委员会(或局),负责收费道路的建设及运营管理。收费道路委员会机构一般分为部—工区—收费站三级,通常运营管理由收费部、营运部、养护部负责,服务支援由规划部、行政部、工程部、计财部、信息管理部、材料采购部等负责;工区则依据里程长短和收费站数量设立。对于由非营利公共机构或私人投资建设的收费公路,建成后交还州交通主管部门维护和管理;收费工作也不能由建设者直接承担,需通过招标予以外包,由专业化的收费公司负责,但近年来为了提高经营管理效率和效益,也开始把现有设施经营管理权转包给私人投资者。

道路养护通常按地理区域划分,由技术人员与各种成套机械组成养护队,除负责全面巡察、常规养护外,还兼计划、技术、财务等各项管理工作的职能。

交通管理在国家层面的机构包括隶属于运输部的联邦公路管理局和国家公路交通安全管理局,前者主要负责与公路设施有关的安全管理,如交通安全设施标准制定、设置与管理,为改善交通安全的公路改建等;后者主要负责车辆和驾驶者管理方面的安全管理。各州一般通过公路巡逻队进行交通安全管理和执法,他们隶属于州警察局或运输厅。

②日本

日本公路分为高速公路、都道府县公路、市镇村公路三类。高速公路由按照地域划分的六大高速公路公司承建和管理;都道府县公路、市镇村公路则分别由相应级别的地方道路公司(或公共团体)承建和管理。

2005年以前,日本收费公路和高速公路建设、运营和管理以道路公团的形式组织实施。道路公团是以建设和管理收费公路为主要业务、由建设省监督的中央集权性质的特殊法人机构,成立之初由政府100%出资,其职员都是公务员性质。在全国9507km的收费公路中,绝大部分属于日本道路公团、首都高速道路公团、阪神高速道路公团和本州四国联络桥公团4个道路公团,其中日本道路公团规模最大,主要管辖6615km的城际高速公路;其余3个道路公团管辖大城市圈的城市高速公路。此外,还成立了众多的地方道路公社,管辖着全国的地方公路,从而形成了从国家到重要城市到一般地方的道路建设运营管理体系。

道路公团下设10个高速公路管理局和10个高速公路建设局,分别负责高速公路的建设和管理。管理局的职能是制定维修计划,负责道路检修、养护、管理、收费、路政等,下面每隔50~70km设立一个管理事务所。事务所的职能是收费、路政、安全、巡察、小修保养等管理工作,并监视设施运行、搜集交通情况和进行环境保护等,但具体的生产性业务则承包给公司经营,事务所主要负责管理和监督,道路公团提供公司所用的机械和设备。服务区等经营性设施由公团建设,建成后租赁给道路设施协会经营和管理。

由于缺乏市场竞争、腐败等原因,导致道路公团管理低效、滥用资金、巨额负债等问题。2001年,日本政府开始推进道路公团民营化改革,将其改制为高速公路企业,按照市场模式经营管理高速公路。2005年10月,日本道路公团按照地域原则拆分为东日本、中日本和西日本3个高速公路公司,首都高速道路公团、阪神高速道路公团和本州四国联络桥公团分别变更为首都高速公路公司、阪神高速公路公司和本州四国联络高速公路公司,这6家高速公路公司全部民营化;同时成立了独立行政法人"日本高速公路保有及债务偿还机构"(JEHDRA),代表政府道路主管机构成为道路公团高速公路资产的法定拥有人并继承其所有债务。高速公路公司由国土交通省、JEHDRA授权特许经营,负责现有高速公路的运营管理、维护保养,新建高速公路及其融资,向道路使用者收取通行费,向JEHDRA支付租赁费等工作。

在行政管理方面,随着日本2001年实行中央省厅重组,原建设省、运输省、国土厅和北海道开发厅合并组成国土交通省,成为中央政府统管陆海空综合交通运输的行政机构;其中道路交通运输的管理部门包括道路局、汽车交通局、都市维护局、综合政策局、运输安全委员会、交通政策审议会等,并在一些重要地方设立了8个整备局,9个运输局作为分支机构。

省级地方政府(都、道、府、县)通常由建设交通局、公共工程局、国土开发局或基础设施局负责所管辖道路的规划、建设、养护和管理。前述地方道路公社主要归当地的这类行政机构管理。

③德国

德国"交通、建设与住房部"是联邦综合交通运输事业的主管机构,内设与道路交通运输管理有关的部门主要有公路建设和公路交通司、基础事务司、联邦货物运输管理局等。州以下的交通运输主管机构一般分为三级,即州交通部、行政区交通局和县交通局(州级市、区级市和县级市的相应机构与之类似),行使道路规划、建设、运营管理等职责。城市道路和交通设施也归交通部门管理,不另设相应的市政机构,通过政府参股城市公共交通联盟规划、经营、管理短途客运及其设施。

德国公路主要分为联邦长途公路(包括联邦高速公路和联邦公路)、州公路、县市公路和乡镇公路四级。各级政府负责投资兴建不同等级的公路,联邦长途公路主要由联邦政府制订建设计划并投资,州、县市公路全部由所在州、县市政府投资,作为政府采购项目公开招标建设。

高速公路与普通公路的管理和养护是分开的,其中高速公路由国家提供资金,联邦交通部公路司负责制订规划和计划,委托各州交通部实施管理和养护;州交通部下设高速公路管理局,直辖若干高速公路养路段,具体进行联邦高速公路的管理养护。行政区交通局负责联邦公路、州公路和县市公路等普通公路的管理养护;区交通局通过三层下设机构——公路处、养路总段、养路段开展具体的管理养护业务。简言之,联邦高速公路由州交通部高速公路管理局通过高速公路养路段直接管养,其他公路则由区交通局公路处通过养路段管养。

自 2005 年 1 月起,德国高速公路开始对总质量 12t 以上的货车收取通行费,其他车型及其余各级公路均不收费。但这种收费并不是通过设置收费站实现的,而是由德国收费公司采用 GPS 卫星收费系统代替联邦政府征收,并直接转交联邦财政。德国公路上的服务设施与路网统一规划,随公路建设逐步实施,租赁给私人经营。

德国高速公路的交通安全管理,是由道路交通部门制定交通法规及有关规范和标准;公路管理部门负责改善道路和设施,提供交通安全保障;交通警察进行交通监控和交通统计,并在高速公路局下设的管理事务所的配合下,处理交通事故和紧急事件。

④法国

法国国家层面的道路交通运输管理机构是"生态、可持续发展和能源部"及其下设的"公路与公路交通局",它分为负责公路建设投资和负责路网管理、交通条例制订的两个部门。公路与公路交通局内设高速公路特许公司监理部、高速公路建设养护处、高速公路管理局和安全与用户服务处等机构。

法国高速公路实行特许经营制度,通过招标、谈判,特许一些公私合营的混合经济公司通过长期借贷方式筹资建设高速公路,建成后由公司经营、收费和养护管理;国家则用有偿预付款、保证金和参与合作经营等方式对这些特许经营公司的借贷给予支持。各特许公司设有中央管理局和地方管理局,以及下设的管理事务所,具体负责交通巡逻、收费、清扫、养护、防治冰雪和事故处理等工作。对于特许经营的高速公路,国家仍然通过公路与公路交通局保持管理和调控职能。

除特许经营的收费高速公路外,法国还有约 10% 的高速公路由政府直接投资兴建、管理,免收通行费;另外对省道、市镇道路和农村道路的管养也给予部分补贴。

⑤其他国家

在英国,高速公路由国家集中进行投资、建设和养护管理。运输部负责全英的综合交通运输管理,内设与道路交通运输有关的执行机构包括公路局、驾驶标准局、车辆认证局、驾驶员和车辆许可局、车辆认证局、车辆检测局。公路局负责高速公路和干线公路及其设施的建设、运营、养护和交通运输管理等,内设 6 个部门:公路计划部——负责合同金额 300 万英镑以上大型项目的规划设计与施工管理;路网管理与养护部——负责管理和养护干线公路,包括小型项目的规划设计与施工管理、车辆控制、驾驶员行车信息;土木工程与环境政策部——负责有关工程、环境政策和标准的实施,研究与开发新技术;财务部——负责财务工作以及征地、采购、信息技术服务;私人投资部——负责 DBFO(Design-Build-Finance-Operate,即设计—建设—融资—运营)合同的实施以及其他与私人公司合作业务;人文资源部——负责人事管理、人员培训及办公室日常事务。

意大利管理公路的最高机构是公共工程部及其下设的国家公路管理局。公路管理局根据一定时期内的高速公路发展计划,一方面直接投资建设和管理不收费的高速公路;另一方面向特许经营公司委托高速公路建设和管理项目,为其建设贷款提供担保,并对合同执行情况进行监督。意大利收费公路与不收费公路是分开管理的,其中不收费公路由公共工程部直接管理;收费公路则与法国类似,主要采取特许经营的方式。意大利的收费高速公路由 25 家授权的高速公路开发公司或其他特许公司建设和管理,它们都属于股份公司,其中大部分为国家或地方公共团体、政府机构控股,也有的是私营企业控股。特许经营公司负责筹集资金、工程建设及通车后的运营、养护、收费、还贷全过程,通常设有行政部、收费部、项目部、工程技术部等机构,其中行政部负责预算安排、工作计划制定、监控中心管理、信息收集和处理;收费部管理各地区收费中心和收费站、债务偿还等;项目部负责新公路项目建设;工程技术部主要负责养护维修。

韩国高速公路也是收费公路,绝大部分是国有资产,主要由韩国道路公社进行规划设计、建设和运营。韩国道路公社是韩国建设交通部、财务部以及若干银行组成的大型国有企业,业务范围包括高速公路设计、征地、建设、管理、经营、养护维修,综合服务区建设、运营维修,附属设施建设、管理、维修,交通管理、监控、通信,物流设施开发运营,道路建设及维修技术研发等。

(2)国内

2008 年,我国将交通部、中国民用航空局、国家邮政局、建设部指导城市客运的职能整合组建为交通运输部;2013 年撤销铁道部,在交通运输部组建国家铁路局。至此,交通运输部成为统管全国综合道路运输的最高行政管理机构。

交通运输部内设管理道路交通运输的机构包括公路局、运输司、安全与质量监督管理司、公安局等,下辖各省(直辖市、自治区)交通运输厅(局)。全国道路交通运输行政管理体系见图 2-3。由于各省、市、县具体机构设置、名称、职能划分不完全相同,甚至可以说差异较大,且存在名称相同而职能相异或名称不同但职能相近或包含的情形,图 2-3 只是示意性表示出有关主体机构。

3. 公路管理机构规划

在公路建设、运营管理方面,交通部公路局负责全国公路建设市场监管工作,拟订和监督实施公路建设、维护、路政、运营相关政策、制度和技术标准,负责国家重点公路工程设计审批、施工许可、实施监督和竣工验收,管理公路标志标线,指导农村公路建设,起草和监督实施公路有关规费政策。

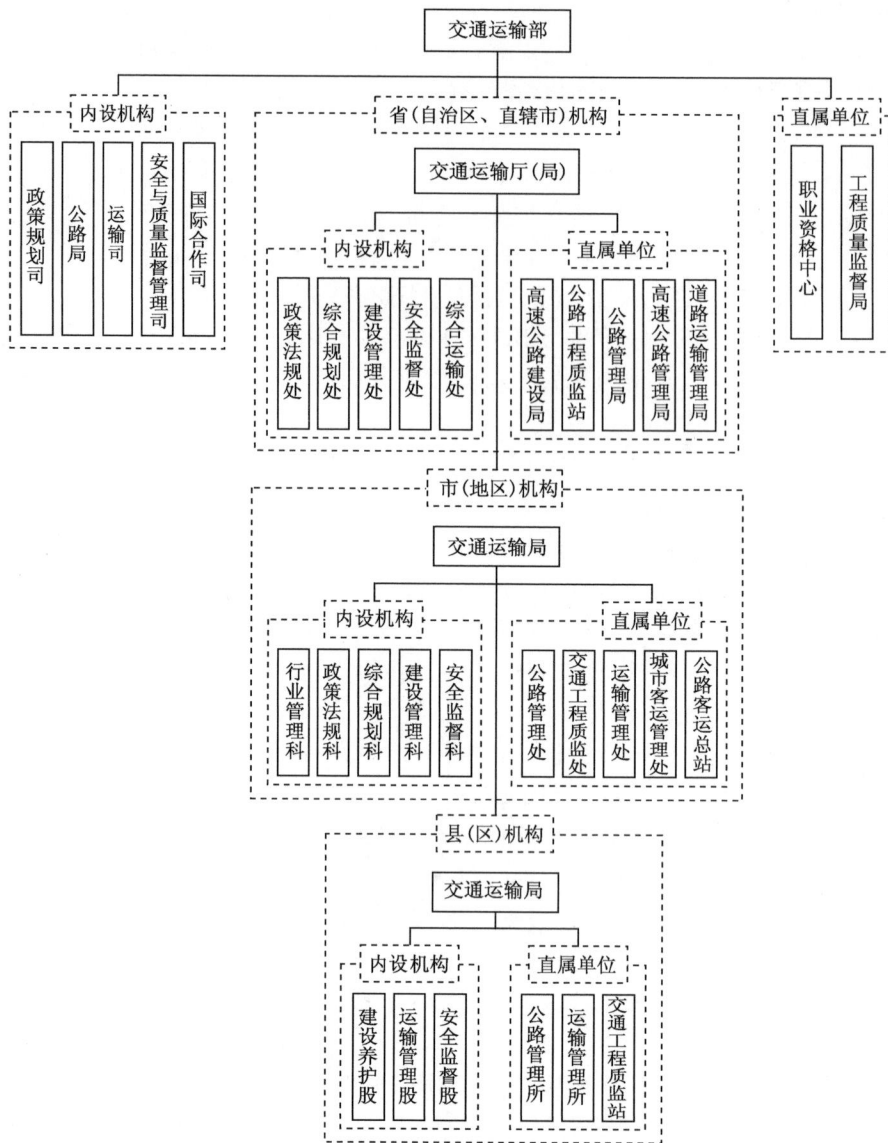

图 2-3　中国道路交通运输行政管理体系

在各省以下,大体而言,高速公路与普通公路分两条线建设、管理。在建设上,高速(高等级)公路及一些重点项目由省高速公路建设局(或省高速公路管理局)直接组织实施和(或)进行行业管理;普通公路(含普通国省干线公路)由省公路管理局及受其业务领导的地市公路管理处、县区公路管理所组织实施和进行行业管理。在运营管理上,高速公路及其他收费公路通常由省高速公路管理局及其分布于各高速公路或地市的直属公路管理处承担收费、养护、经营、服务、路政等业务;普通公路按行政等级,由省公路管理局系统形成省公路管理局→市(地)公路管理处→县(区)公路管理所的纵向管理机制。另外还有一些由企业投资建设的高速公路,以及一些由上市公司运营管理的高速公路,则由相应企业组建管理公司或管理处,负责这些高速公路的收费、养护、经营、服务、路政等工作;省高速公路管理局进行行业管理。有些省份成立一个特许经营总公司(或集团),负责全省的特许经营公路,在每条或若干条授权的收费公路设立一家公司或分公司。

目前我国公路的运营管理体系见图2-4。

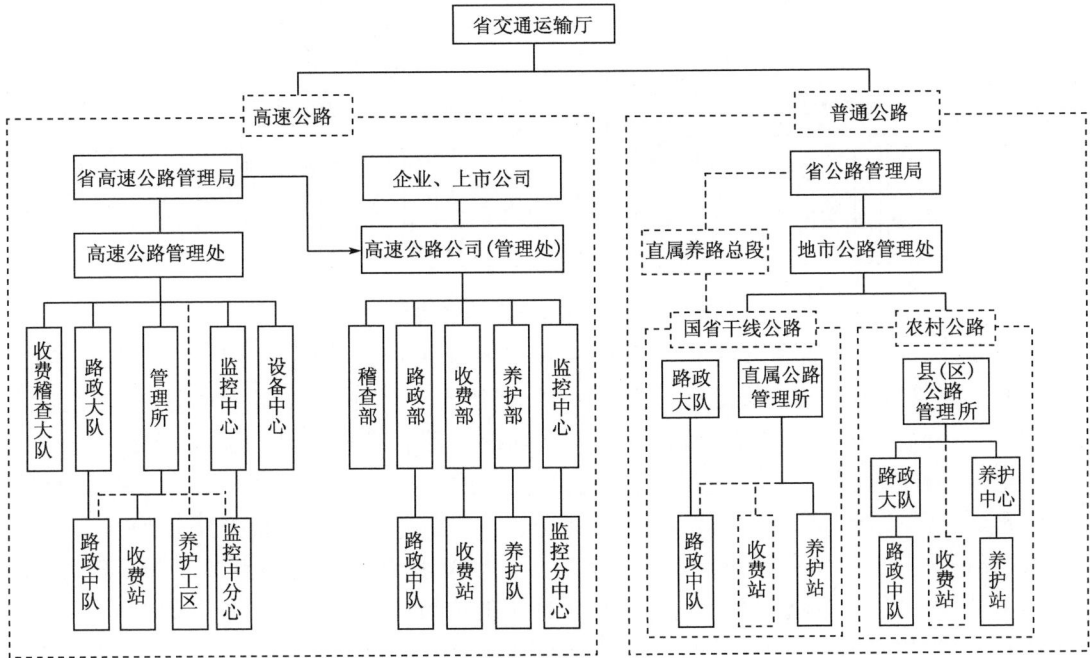

图2-4 我国公路运营管理体系

在各高速公路,管理处下面的实际操作机构一般分为两种形式:

(1)综合管理所:按管理区段长度(大约50km)设置管理所,管理所全权负责管辖路段内的养护、收费、路政、监控、服务经营等各项业务,路段内的收费站亦由管理所管理。这种设置有利于区段内的管理协调,特别适合里程较长的高速公路管理。其机构设置如图2-5所示。

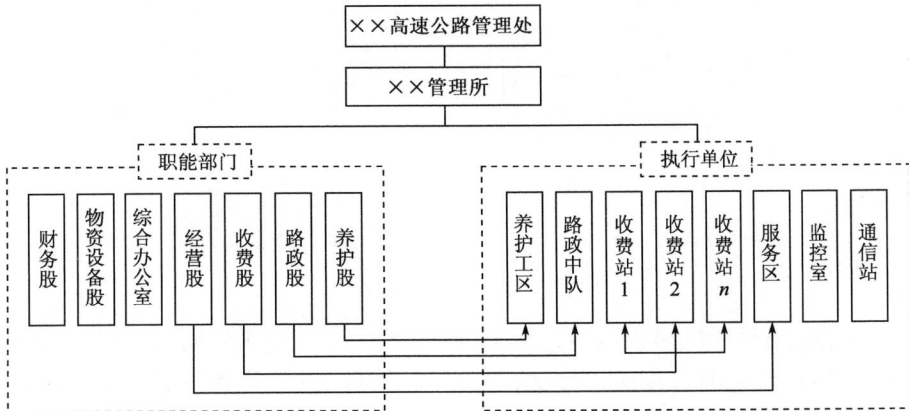

图2-5 高速公路综合管理所机构设置

(2)专业管理所:按不同业务内容设置相应的管理所(单位),各管理所(单位)分别负责养护、收费、路政、监控、服务经营等业务。专业管理所下面可视情况设或不设管理班(组)。

这种设置有利于加强专项业务管理,特别适合里程较短的高速公路。机构设置如图2-6所示。

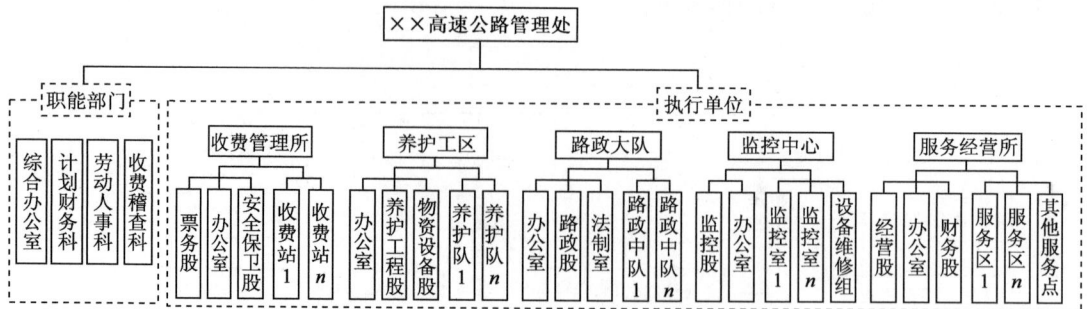

图2-6　高速公路专业管理所机构设置

对于普通公路,国、省道往往由省公路管理局和相关地市公路管理处直接管理,农村公路则由县公路管理所管理,形成分层管理体制;但也有很多地市公路管理处不分公路行政等级,甚至不分高速公路和普通公路,统一由下辖的公路管理机构开展路政、养护维修工作。下面的实际操作机构形式多样,省局直管公路一般通过若干直属的养路总段和市处直属的公路管理所,开展路政、养护、经营、服务等业务;农村公路一般通过县公路管理所下设的养护中心、养护站开展日常养护维修工作,通过路政大队、路政中队开展路政巡查工作,有的路政大队与县管理所一体设置,有的则属于县管理所的内设机构。一些省份公路管理局系统也管理收费公路,相应地设置收费站和收费稽查部门。县以下普通公路管理机构设置如图2-7所示。

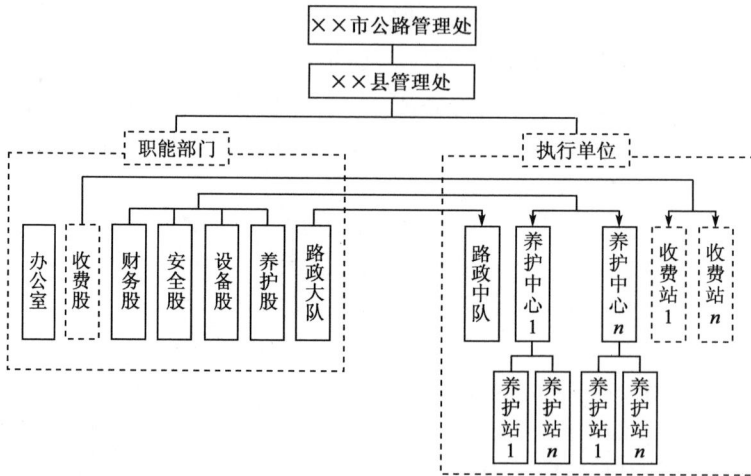

图2-7　普通公路管理机构设置

各省的市级公路管理机构名称不一,有管理处、管理局、管理分局、总段等多种称谓;县级公路管理机构名称更多,有管理所、管理站、管理局、管理分局、管理段等。但在各自的层次范围内,它们的行政级别则基本上一致。

可见,由于公路事业发展的过程,以及管理机构形成的历史因素等,我国各地公路建设、运营管理体系还存在一定差异,单位名称交叉、职能交叉、层次交叉也比较多。总体而言,"一省二局"的管理形式比较典型,"一路一处"或"一市一处";还有特许经营公司管理体制,"一路一公司";"转让公路收费经营权"管理体制,由承包者在转让期间独立管理和经营高等级公路;等等。实际上,上述几种方式往往在一省范围内同时并存。在进行公路管理运营体制规划时,对管理模式、机构设置、职能划分等应考虑各地的实际情况,借鉴国内外公路运营管理体制的成功经验,提出若干可行的方案,尽量向"投资多元化、管理集中化、经营市场化"的方向发展。

(三)公路养护管理规划

1. 公路养护管理功能

(1)养护管理的目的

公路养护管理的目的是能够经常保证路上的各种工程及设施,如路基、路面、桥梁、隧道、挡土墙、护坡、边沟,以及护栏、照明、标志、监控等处于完好状态,从而保证公路具有快速、畅通、安全、舒适、经济的使用功能。

(2)养护管理的作用

①了解和正确评价养护对象状况及服务水平,及时安排日常养护、专项养护及大修,保证良好的行车环境。

②提前预防公路及设施病害的发生,及时治理随时出现的损坏,尽可能延长公路及其他设施的使用寿命,延缓大修周期,降低运营管理成本。

③发现并及时弥补由于设计或其他原因造成的公路及其设施的问题和使用缺陷。

④减少或杜绝由于公路及设施维护不当给用户带来的意外损害。

⑤建立公路及其设施技术状况数据库,为管理和决策提供完整、科学的技术数据。

(3)养护管理的任务

①经常保持公路的完整状态、及时修复损坏部分,保证行车安全、畅通、舒适,以提高交通运输经济效益和社会效益。

②根据公路及设施的运营状况,制订可行的养护计划和规划,实施有针对性的及时养护,保证高速公路健全的服务功能。

③进行路况及设施调查,通过管理数据库分析处理,建立公路及设施的综合评价体系。

④逐步采用现代化、科学化的管理措施与养护技术、设备,以节约成本、提高养护管理水平、养护质量和效率。

⑤建立一支能适应现代化养护的管理队伍,变被动养护为主动养护,变静态养护为动态养护,达到养护的高标准、高质量、高效率和高机动性。

2. 公路养护管理内容

公路养护管理的内容主要有以下几方面:

(1)为保持路况及设施完好而进行的日常维护保养

日常维修保护包括路基路面保养、桥涵隧道保养、沿线设施保养、机电设备保养、绿化保养等。日常维护保养是确保公路正常使用功能的重要手段,每天都要进行,具有点多、线长、面广、分散以及移动作业等特点,且具有较强的时限性和随机性,往往受自然因素影响较大。在施工组织上一般采用专项责任承包或分段综合承包等方式,这样可以更好地落实责任,提高养护质量和考核力度。日常维护保养是高速公路养护资金使用的主要方面。

（2）为加固完善道路及运营设施而进行的专项工程

专项工程是在保证交通畅通的情况下进行的规模性养护施工，是对公路及其附属设施的使用损耗和局部损坏进行修理、加固、更新、完善的作业，是针对不同养护对象提出的具有保护作用的维护措施。这种措施大部分并非紧急需要，例如易损边坡的护砌加固、易动岩体的灌浆稳固、增设沿线景点和树木更新等，因此可以合理地进行预测、分步实施。这些工作对于防止高速公路及运营设施的后期损坏、减少今后长期费用的支出往往具有重要意义，在实际养护中常被列入专项工程计划，由专业施工队伍实施。

专项工程会随着公路使用年限的增长而逐步增多。根据资金状况对其进行合理预测与安排，是不断保证服务水平的重要环节。

（3）为恢复或改进原设计功能而进行的大修工程

大修工程是指公路及其附属设施已达到其服务年限，必须进行应急性、预防性、周期性的综合修理使之全面恢复原设计状态，或根据公路发展要求进行的局部改善工程。大修工程内容包括立交或通道改善、大中桥梁改善、沿线设施整段更换、房屋建筑改造、监控收费系统改造以及站区广场改造等。这些项目一般按年度做出规划，在养护费用中列支。

（4）对沿线景观、绿地的绿化美化和环境保护

绿化美化是公路养护管理的重要内容之一，包括沿线中央分隔带、边坡、站区、服务区、特殊景点、办公环境的绿化养护，以及苗圃的保养等。绿化美化工作一般都列入公路日常维修、保养与专项工程之中，并根据管理需要有计划地完成。

环境保护也是公路养护的重要内容。其中噪声控制设施、生态保护设施以及结合绿化进行的绿化美化工程等，是公路环保养护的重点。

（5）灾害及恶劣气候条件下的抢修及应急对策

飓风、暴雨、山洪、冰雪、地震和岩体滑塌等重大灾害，往往会使公路运营工作陷入瘫痪。因此，对上述危害做好充分的物质准备，制定切实可行的抢修预防和快速反应机制，是公路养护管理不可缺少的重要内容之一。重大灾害造成的路基路面和桥涵结构物损害的修复，依据其工程量的大小一般都列入大修工程的范围。此外，在冰雪等恶劣条件下改善通行条件，则是养护管理经常遇到的问题，处理是否及时将直接影响公路的社会效益和经济效益。

（6）沿线机电设施的维护与管理

在高等级公路特别是高速公路，机电设施的维护与管理是保证正常运营不可缺少的重要环节。机电设施的维护一般包括监控、收费和通信系统维护、通风照明系统维护、供配电系统维护以及消防系统维护等。这些工作往往具有技术要求高、程序复杂、危险性大等特点，维护人员须经培训或持有专业证书方可上岗作业，特别是在执行规范和规章等方面，有着更严格的要求。

除上述内容之外，公路养护工作还涉及有关机械设备管理、作业安全管理以及养护技术管理等很多内容，这些内容构成公路养护管理的保障体系，也是不可缺少的重要组成部分。

3. 公路养护管理的基层组织

高速公路养护通常有三级管理和二级管理两种模式。三级管理为管理处→管理所→养护工区；也有的管理所只管理收费站，养护工区平行于管理所。二级管理为管理处直接管理养护工区、设备管理中心等。养护工区所辖路段通常为 30~50km，下面也可以设若干作业组。

普通公路养护通常也有两种管理模式。一种模式将重要公路（通常为国省干线公路，有

时也包括一些重要县道)列入省公路局直接养护,设置直属的养路总段(或类似机构),以养路总段→养路段→养路分段的方式开展养护工作;其他公路则以市公路管理处→县公路管理所→养护中心→养护站的方式开展养护工作。另一种模式将所有的普通公路统一交由各地市及其下辖的公路管理机构开展养护工作。

(四)公路路政管理

公路是穿越多个行政区域、设施繁多、资产庞大的现代化大型公共设施,要保证路产、路权不受侵犯,保证占地、建筑中设施等的完整和良好,为汽车高速运行提供良好的条件,必须实施与之相适应的路政管理。

1.路政管理的意义

(1)有利于维护公路系统的完整性

公路及其配套设施、用地等构成了一个完整的系统,其任何组成部分都是国家财产,受国家法律保护。只有通过路政管理工作,运用路政管理法规,强制性地处理各种侵占、破坏路产和侵害路权的行为,才能保证耗资巨大的公路始终处于良好状态。

(2)有利于保障公路的使用质量

公路不允许不符合规定的车辆、人员、牲畜等随意上路和穿越;不允许未经批准的各类管线接近和直接交叉;不允许在公路用地和留地范围内出现违章建筑及摆摊设点等。要控制上述情况发生,只有通过路政管理工作,加强管理审查、批准、纠正、控制等工作,才能保障高速公路的正常运行和使用质量。

(3)有利于改善公路交通环境

在公路上,各种干扰特别是横向干扰越大,行车安全越不利,汽车的经济效益越不能发挥。为避免这类情形,除保证良好的道路条件外,还需保证一定的行车视觉范围和沿线景观协调,尽量排除行车干扰因素;还要改善交通条件,尽量消除纵向混合交通和横向穿越车辆、行人的干扰。这些工作只有通过路政管理,采取强制性手段,才能落实。

(4)有利于保证公路的收费工作

收费公路的征费工作要依靠路政手段维持正常秩序,加强收费站、交叉口和互通区的管理,才能防止闯关、冲站、堵塞等各类不交费或少交费的违章现象。

2.路政管理的主要内容

路政管理内容可分为外业管理和内业管理。外业管理是整个管理工作的基础,内业管理又是外业管理的基础,两者相辅相成,缺一不可。

(1)路政外业管理

①路政巡查

路政巡查原则上实行全天候巡查,方式包括定时巡查、临时巡查及异常情况下的紧急出动等。巡查间隔可根据车辆和人员配备情况及管辖半径合理确定,通常有首尾相接式和交叉滚动式两种,但无论何种方式,高速公路上至少应保证同一地点每隔 1~2h 有一辆巡逻车通过,遇有异常情况或特殊天气,应随时增加巡查密度,夜间则可适当加大巡查间隔。巡查以发现问题及时通报为主旨,服从值班室指挥调度,除紧急情况需立即就地处理外,一般不宜长时间在原地滞留。

②拖带清障

拖带、清障是公路路政管理的日常主要工作之一,是必须使用专门机械设备完成的有偿服务项目。拖带通常是指对公路上故障车辆的牵引;清障通常是指清除因交通事故或其他原因停留的损坏车辆或物资。

③事故处理

当交通事故造成路产损失时,需有路政人员参与事故处理工作,其主要内容包括救援、现场勘查、询问笔录和提供援助等。

④路政索赔与处罚

路政处罚是指公路管理机构对违反国家有关公路规定的当事者给予的行政处罚。路政处罚是以违反路政管理规定的义务为前提,如破坏路面及附属设施等行为;处罚的对象是违反路政管理规定义务的公民、法人和其他组织。

路政处罚由各级公路主管部门的专职路政人员,根据行政管理法规的有关规定来做出决定。路政处罚的程序主要是:立案→调查取证→做出处罚决定→处罚执行→结案归档。处罚决定视情节主要有恢复原状、返还原物、警告、赔偿损失、罚款、扣留行车证照和运营证等。

⑤核发许可证

路政管理工作的直接表现形式之一就是许可证的核发。建立严格、缜密的许可证核发制度,对保护公路合法权益有着十分重要的意义。主要包括:核发设置永久性设施的许可证;核发建立临时性设施的许可证;核发设置广告、标志牌的许可证;核发超限运输车辆准运许可证;核发变更公路设施的许可证。

(2)路政内业管理

①档案管理

路政管理应设如下卷宗:路况图(含路况变更);路上设施分布和修缮台账;公路地下管线设施台账;路政案件及事故处理卷宗;人员变动台账(包括证件底册);服装、装备台账;各项路政报表、记录卷宗;各种路政文件卷宗。

②制作统计报表

路政统计报表应及时、准确、全面地反映路政管理及其授权的路政管理机构开展工作的成果。在路政管理实际工作中,要建立健全路政统计报表制度,落实到人,对路政信息资料严格按照有关规定,认真按期填报路政信息日报、月报及年报。应逐步采用或开发路政填报计算机管理系统。

③制定路政管理的法规制度

建立路政管理工作制度是路政规范建设的前提与基础。各项制度一般包括:岗位职责;主要制度和办法;操作程序和规范;考核与奖罚标准。

④培训路政管理人员

路政管理人员必须具备较高的政治觉悟、丰富的业务知识、较强的操作技能,因此需要不断更新知识、经常进行培训。培训内容通常包括:政策法规培训;业务知识培训;基本技能培训;仪表仪态培训。

3.路政管理的机构、职权和设备

(1)路政管理机构

路政管理机构是由公路主管部门授权、贯彻实施有关法规、专门从事公路路政管理的分支机构,具有特定的政府职能,在法律上享有"权利主体"资格,原则上应分级设置,通常按管辖区域每约 50km 设置一个基本管理单元,由上级路政主管部门实行统一领导。目前,我国一些地方也有按不同属地划分路政管理单元的,但各级路政机构都应明确职责,实行重大事件逐级上报审批制度。在省级层面,很多省份路政管理由高速公路管理局和公路管理局负责;也有一些省份专门设置了公路路政管理局,但通常只负责重要公路。

路政管理最基层的组织为路政执法队(班),它是路政公务最具体的执行单元,由于涉及的路政业务较为复杂,一般在管理上均实行队(班)长全权负责制。专职路政人员的配备数额方面,各地依据路政业务的大小、管辖路段的长短、所处环境的优劣、运转班次的差异有所不同,但一般取 0.4~0.5 人/km 较为适宜。

(2)路政管理的职权

公路路政管理的依据是国家和地方的有关法律、法规和政策法令。正确运用路政管理手段,履行国家赋予的路政管理职权,对实现依法治路、保障公路完好畅通具有重要意义。

路政人员在正确使用行政手段、经济手段和法律手段进行管理时,可以行使下列职权:全天候实施公路巡查;负责路旁故障车辆的牵引拖带;负责事故现场的救援、清障及路产损失的清偿;维护公路养护、施工现场的秩序;对上跨下穿公路的各种设备的施工、维修、广告设备及超限车辆通行进行审批、监督和检查;根据各省(市)对建筑红线的规定,审批、监督、检查公路两侧红线内的各种建筑物;维护进出口内外秩序,追查碰损设施后逃逸车辆;依法制止查处各种违章侵占、污染、毁(破)坏路产的行为;依法维护公路管理机构拥有的行政管理权和民事权益;处理案件时,有权向有关单位和人员调查、询问、取证,有权查阅有关文件、档案、资料和原始凭证;办理并参与有关路政复议案件,参与有关路政案件的诉讼活动;对公路沿线的群众实施保护路产、维护路权的宣传教育;行使法律、法规、规章所规定的其他权利;在紧急情况下行使上级主管部门临时交与的关闭交通、侦查、追踪、治安、保卫等其他职权。

(3)路政管理设备

为保证路政管理的正常顺利进行,路政管理必须具备以下设备:

①巡查设备,主要包括巡逻车、指挥旗(灯)、警笛等必须装备,提供全天候昼夜不间断的路政巡逻保证。

②清障设备,主要包括不同型号的牵引车,大、中型吊装车,平板运载车等,解决公路因事故、故障或其他灾害造成的交通阻塞。

③抢险救护装备,主要包括消防器具、金属切割器具、急救药品用具等,通常用于事故现场抢险和突发事件处理,也可与地方消防、救护等部门签订委托合同,共同做好此项工作。

④勘察设备,包括照相机、摄像机、附属照明设备以及各种量测器具等,主要用于现场取证和记录。

⑤移动通信设备,主要包括车载台、手持台、集群电话或组网通信系统等,保证路政公务信息畅通和指挥系统正常运转。

⑥各种作业标志,主要包括移动式灯光导向车、指向标志、限速标志、隔离装置、路障事故、车道变化标志等,通常用于事故、清障现场的引导、隔离、指示等。

(五)城市道路管理

城市道路是指城市市区和城镇范围内供车辆、行人通行,连通市内各部分,具备一定技术条件的道路、桥梁及其附属设施,一般包括快速路、主干路、次干路和支路。城市道路附属设施包括道路照明、路名牌、隔离带、护栏、安全岛、交通信号灯、交通标志、交通标线、交通岗亭等。一些省市规定公路的"零公里"以内为城市道路。

按照1996颁布的国务院令第198号《城市道路管理条例》,国务院建设行政主管部门主管全国城市道路管理工作,省、自治区人民政府城市建设行政主管部门主管本行政区域内的城市道路管理工作,县级以上城市人民政府市政工程行政主管部门主管本行政区域内的城市道路管理工作。但实际上,经过多年来的发展和机构的改革、嬗变,城市道路管理体系已经较为复杂。2008年国务院提出城市道路管理体制交由城市人民政府确定(国办发〔2008〕74号文件《住房和城乡建设部主要职责内设机构和人员编制规定》)的规定,城市管理的具体职责被交给城市人民政府确定,所以很多城市都是自行确定城市道路的管理主体。

目前,城市道路的规划、建设在国家层面统一由住房和城乡建设部及其内设的城乡规划司和城市建设司指导并监督实施;在省级层面主要由各省住房和城乡建设厅(委员会)指导并监督实施,但中央直辖市除重庆外均由交通系统的行政主管部门负责,如北京市、上海市为交通委员会,天津市为市政公路管理局(隶属于交通系统),它们负责规划、建设的同时也负责城市道路的养护、维修和路政工作。

城市道路管理重点在城市这一层次,而这一层次的情况也更为复杂。在城市道路的规划方面,分别有住建局、规划局、交通局或规划与城市管理合一的规划城管执法局等组织编制的情形,还有一些城市直接由市政府组织发改委、城乡建设局、城乡规划局、公安交通管理局、交通运输局等多个相关部门编制。在城市道路的建设方面,以住建局负责组织为主,也有由交通局或城市管理局组织的。在城市道路及设施的养护维修方面,主要由城市管理局或住建局负责组织,也有城市由交通局、规划局负责。在城市道路保洁、绿化等方面,主管部门通常为城市管理局、园林局。在路政管理方面,通常由城市管理局、路政局、交通局或其下设的路政局、城市路政管理所等负责。城市道路的交通安全管理由交通警察部门负责;有些城市的交通管理控制设施和安全设施也由交警部门负责组织建设、管理。

城市道路的建设、养护、维修往往采用分层次管理的方式:快速路、主干路由市级主管部门负责;次干道、支路由区、县级主管部门负责;小区道路则由开发商负责建设,小区物业负责养护、维修。

三、公路通信系统规划

通信系统是公路现代化管理的基础,是其他机电设施运行的基本条件。公路通信系统是集语音、图像和数据于一体的多媒体数字传输系统,由于公路的结构特点和业务特点,通常建立专用通信网。

(一)公路通信系统规划原则

(1)符合国家和地区路网总体规划的要求,全面规划、分期实施、统筹安排、逐步完善,充分满足公路管理和安全保障的需要。

(2)与其他系统(如收费系统、监控系统、服务系统等)协调发展,注意系统优化,注重效益。

(3)以有线通信为主,无线通信为辅。

(4)应性能可靠,适当规划多路由。

(5)应符合国家通信技术政策、标准和规范。

(二)公路通信系统业务要求

(1)为各级管理部门及收费站、服务区、养护工区等部门和单位提供不间断的通信服务。

(2)为高阶层领导及管理人员的日常联络工作提供电视会议系统。

(3)为交通监控系统、收费系统的管理提供可靠性高、实时性强的数据通信手段。

(4)为道路使用者提供报警通信手段。

(5)为路上巡逻和作业的管理人员提供移动通信服务。

(三)公路通信系统总体规划要求

(1)由于通信技术的快速发展,公路专用通信网的规划目标应是实现宽带综合业务数字网(Broadband Integrated Service Digital Network,简称 B-ISDN),系统传输设备、交换设备、用户接入网设备等应采用基于同步数字体系结构(Synchronous Digital Hierarchy,简称 SDH)和异步传输方式(Asynchronous Transfer Mode,简称 ATM)的数字化设备,主干线传输通道统一敷设光缆。

(2)根据国际电信联盟远程通信标准化组织 ITU－T 的有关建议,电话交换网最多分为 5 个等级(图 2-8),从高至低依次为一级交换中心(C1 局)、二级交换中心(C2 局)、三级交换中心(C3 局)、四级交换中心(C4 局)和端局(C5 局)。其中,由端局组成的本地电话网可以设立本地汇接局(Tm 局)。

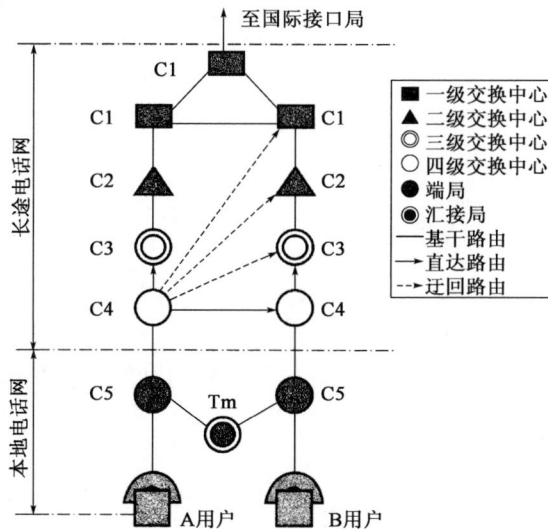

图 2-8 电话网等级结构
C1～C4-长途交换中心;C5-端局;Tm-汇接局

对于省域公路专用网,可以规划为 4 级或 3 级,即:

①省专用网通信总中心(C2 级)。

②地区通信中心(C3 级,根据管理体制和网络组织,需要时设置)。

③各公路通信中心(C4 级)。

④公路各管理所端局,即用户集中点的用户交换机(C5级)。

(3)移动通信不单独成网,把它作为电话交换网的扩展和延伸,即在C4级以上的各交换节点设中心无线交换机,以相当于C5级的地位和电话交换网联网。

在选择模拟集群系统时,有4个基本要求:

①无线交换机应是数字化交换机,并能形成"接口平台"模式。

②无线交换机的主处理器应是双套备份。

③无线信令应是公开的标准信令。

④移动用户的身份码(UDI)需达到6位有效数字。

(4)监控、收费信息系统分为三级,即省中心、公路管理中心和管理所管理中心。为满足信息传送的实时性和畅通性,重点是在基层网(信息采集)这一级,从体制上明确将基层网(或用户接入网)与主干通道分开,自成系统,使性能价格比最优。

(5)网络管理初期以站点为单位,配置网络管理终端,负责本站及所辖范围的设备管理;逐步实现以路为单元管理;条件成熟时,设立省公路通信网管理中心进行统管。

SDH作为成熟、稳定的光纤传输技术,在今后一段时间里仍将广泛应用于单条公路的通信系统中;但随着公路联网收费和路网集中监控的到来,ATM Over SDH无疑是公路通信系统及其联网技术的首选,而宽带IP(如IP Over ATM、IP Over SDH、IP Over WDM等)技术在联网收费方面具有优势。

四、交通监控系统规划

监控系统是保证道路服务水平的主要手段。利用监控系统可以及时了解交通运行情况、制定控制方案和应急救援措施,还可以充分利用路网间的关系来诱导交通、减少道路拥堵。

(一)规划原则

(1)以已建公路的运行情况、在建公路的预可和工可、规划公路的资料为基础,对路网进行监控系统总体规划。

(2)减少投资,保证系统组成合理,并具有先进性、适用性。

(3)统一规划,分路、分期实施。

(4)既要考虑各公路间的系统协调,又要尽量做到与其他交通工程系统规划的统一。

(二)监控系统规划

在道路建成初期,道路服务水平相对较高,对于一般道路可实施基本监控,对交通量较大、地理位置重要的路段需实施完善的监控;对于特殊路段(例如高速公路相交处、特大桥、长隧道、易发生拥堵的路段)需实施小区域重点监控;随着交通量的增长,拥挤和事故增多,需要加强监控手段,以保证道路的服务水平。因此,交通量不同,相应的监控策略也不同,监控系统可采用"分期实施"的方式。

监控手段主要分为监视和控制。监视手段包括:交通量信息收集、气象信息收集、事故信息收集、图像监视;控制手段包括:主线车速控制、主线交通诱导、主线事件警告、车道调节、路侧广播、匝道调节、匝道封闭、汇流控制、路网协调控制等。

(三)监控系统信息管理

1.监控系统业务流程

监控分中心负责收集沿线外场设备(如车辆检测器、气象检测器等)的数据,接收紧急电话、巡逻车、收费站传来的交通状况和事故信息等,经过分析、处理,制定控制方案,发布控制信息。在气象环境恶劣或事故严重时,发布交通信息,并通知相邻监控分中心、上报监控中心协调全路监控。另外,还可通过关闭部分入口车道来保证行车安全和服务水平。

监控中心负责汇总各监控分中心的数据和信息,并分类存储、统计,对全路进行宏观控制,并负责与其他道路的协调控制。当事件严重或协调有困难时,则上报信息管理中心制定联合监控措施。

信息管理中心负责汇总各监控中心的数据和信息,对整个路网进行宏观协调控制。

2.监控系统信息流程

监控分中心对本路段设置的外场设备(包括车辆检测器、气象检测器、可变信息板、可变限速标志等)进行数据收集和信息发布;接收紧急电话信息并通过闭路电视系统进行事件确认。监控分中心与相邻监控分中心、监控中心之间都有数据通道。

监控中心接收每个监控分中心上传的数据和图像,数据内容包括交通数据、气象数据、事故报表、信息发布内容等;监控分中心的图像可全部传到监控中心,也可选择部分图像传到监控中心,由每条道路的具体情况确定。监控中心可控制所有摄像机。另外监控中心与信息管理中心、下属各监控分中心、相邻监控中心相连,并预留两个数据通道,以备联合集团公司成立内部监控总中心时使用。

信息管理中心接收每个监控中心上传的一路数据和两路图像,数据内容同上,图像仅供监视,不进行控制。

(四)监控系统构成

监控系统构成包括信息管理中心、监控中心、监控分中心的设备及监控系统外场设备等。

1.信息管理中心

信息管理中心只是对整个路网进行宏观管理、路网协调,不具有实时控制功能。它可以汇总各监控中心的数据,接收图像。信息管理中心配备有计算机系统、电话控制台、地图板、闭路电视系统。计算机系统分路进行数据汇总,并可形成各种报表;地图板可显示整个路网、各监控机构和管理机构的位置、主要路段或交通枢纽的信息发布设备和检测数据内容等;闭路电视图像由下级送上,信息管理中心不进行摄像机控制。

2.监控中心

监控中心汇总各监控分中心的数据,接收图像,职能是对整条路进行宏观管理、协调控制,但不进行日常交通管理。监控中心配备有计算机系统、电话控制台、地图板或投影机、闭路电视系统。计算机系统汇总本路数据、事故记录、设备状况等,形成统计报表;地图板可显示全路各种设施、外场设备的位置,并显示检测数据等;监控中心可切换全路或部分摄像图像,并可进行控制。

3.监控分中心

监控分中心对路段进行日常交通管理,包括数据收集、信息处理、信息发布,并与巡逻车,以及路政、养护、医院、消防队等部门联系。监控分中心配备有计算机系统、电话控制台、地图板或投影机、闭路电视系统。计算机系统对收集的数据进行处理,对事故进行记录,形成各种数据报表、事故报表、设备故障报表、设备工作状况报表等;地图板可显示本路段的沿线设施、外场设备位置,并显示设备检测数据、工作状况、紧急电话状况等;监控分中心可对本路段所有摄像机进行图像接收和控制。

4.外场设备

根据外场设备在监控系统中所实现的功能,分为信息采集设备、信息发布设备两大类。信息采集设备主要包括车辆检测器、气象检测器、紧急电话、摄像机等;信息发布设备主要包括可变信息板、可变限速标志、车道控制标志、路侧广播等。

五、道路收费系统规划

(一)收费系统规划原则

(1)应科学、先进、合理、经济。
(2)应从全局出发,近期与远期相结合。
(3)应考虑与路网形成的阶段性相适应。
(4)应充分发挥公路网特别是高速公路快捷、方便的功能,尽量减少停车次数和延误,提高服务水平。
(5)应在收费系统规划内一体考虑 ETC 系统和通道。
(6)应高度安全和可靠,技术设备先进实用,最大限度地堵塞来自各方面的漏洞。
(7)应尽可能减少投资。

(二)路网收费系统方案

公路网收费系统基本上可分为独立收费系统和统一收费系统两大类;也可根据路网的实际情况,采取两者结合的系统。独立的收费系统就是路与路之间的收费相互独立,每条路都有自己独立的收费系统,财务管理彼此分开,互不干涉。统一的收费系统就是将整个路网作为一个整体来考虑,尽量少设收费站,使车辆在交纳通行费时停车次数最少;在收费金额的分配上,可设立专门的管理部门或通过银行拆账,将收费款分到各条路的管理部门。独立与统一相结合的收费系统是指可在某一区域范围内形成统一的收费系统,而各区域收费系统之间是相互独立的。

1.独立的收费系统模式

路网中各道路(也可以是路段)分别建成各自的收费系统,在收取通行费、数据传输、业务管理等各方面均独立进行,不受其他道路的影响。

在独立的收费系统方案中,封闭式收费站的布设原则是:在道路的起点和终点附近各设1个主线收费站,所有平面交叉口和互通立交匝道均设收费站;开放式收费站的布设原则是:在道路的起点或终点附近设置1个主线收费站,长距离收费公路起终点之间可以设置多个主线收费站,间距一般为 30~50km 不等,中间各个平面交叉口或互通立交也可视情况设置或不设收费站,这样有些出入口不受控制,车辆可以自由进出,公路对外界呈"开放"状态。

独立收费系统的优点是:

(1)在道路管理上互不影响,在财务上互不干涉,有利于调动职工的积极性。

(2)路与路之间没有设备兼容性的要求。

独立收费系统封闭式收费的缺点是:

(1)收费站点布设多,投资大。

(2)停车交费次数和延误多。

(3)管理机构多。

开放式收费的缺点是:

(1)收费不尽合理,且必然有漏收现象。

(2)中间主线收费站对交通影响较大。

(3)交通数据监测统计不完整。

2. 统一的收费系统模式

路网中各道路(或路段)不再相互独立,而是构成一个统一的系统,在收取通行费、数据传输等各方面均按一个系统进行。

封闭式收费站布设原则是:在已建道路的起点和终点附近各设 1 个主线收费站;当其他在建道路拟与之连接时,则在连接点附近的已建道路上设置临时收费站,待在建道路竣工后拆除临时站,使两道路构成一个统一的封闭式收费系统,连接处不再设站;其他所有的互通立交均设匝道收费站。

统一收费系统的优点是:

(1)收费站点布设少,投资少。

(2)停车交费次数和延误少。

其缺点是:

(1)因路网不能一次形成,所以该系统不能一步到位。

(2)车辆行驶的路径不易确定,收费因此不完全合理。

(3)路网内设备均需兼容。

(4)路网范围较大时,管理复杂,不易操作。

3. 独立与统一结合的收费系统模式

将路网划分成若干区域,在某一区域内的路网形成统一的收费系统,区域之间收费系统相互独立。区域之间的收费站点可采用合建或分建的方式。在公路主骨架的交汇点设置区域收费中心,负责管理并协调区域内各公路的收费业务。

独立与统一结合的收费系统的优点是:

(1)区域内形成统一的收费系统,避免了独立式收费系统站点过多、短距离路段也要设管理单位的弊端。

(2)各区域收费系统相互独立,避免了统一式收费系统管理复杂、不易操作的缺点。

(3)停车交费次数和延误较少。

其缺点是:

（1）区域与区域之间需设收费站，投资有所增加。

（2）车辆进出不同区域时需停车交费。

4.路网收费系统层级模式

根据高速公路各路线的重要性，将收费系统分成两个层次来考虑。

（1）一卡通层

该层路网包括重要、次要两个级别的公路，主要为全国和全省经济服务。在一卡通层内，采用统一的封闭收费系统，站点布设原则与统一收费系统封闭式收费站布设原则类同。

（2）开放层

该层路网由连接性公路组成，主要为局部的社会经济发展服务。站点布设有独立封闭收费和开放收费两种，原则分别与前述独立收费系统中相应的两种方式类同。

层级收费模式与独立的或统一的收费模式，分别是从公路的纵向技术等级（或重要程度）与公路的横向区域关系两个角度划分、设计公路收费系统，两者可以交叉进行。

六、公路沿线产业规划

公路特别是高速公路，不仅其建设具有投资关联效应，而且其运营对国民经济具有更强烈和持久的拉动作用。公路产业带是指依托或借助公路的大容量、高速度、强辐射等作用，以公路为基本走向并向两侧扩展延伸，创造出对各相关产业生成和发展有利的优良条件和环境，而且生产力要素和产业群体相对集中，经济发展水平和速度高于影响区平均水平，对沿线及周边地区的经济社会环境产生重大影响的带状区域。

结合国内外已通车运营的公路产业带形成的实际情况，产业带主要有如下几个形成特点：

（1）产业带的外边缘与公路的垂直距离有数百米至十几千米甚至数十千米，这与公路沿线两侧不同地点的具体情况和其不同发展阶段有关。

（2）新兴的产业群体主要分布在公路互通立交附近区域、起终点和支路连接线两侧。

（3）整个产业带由沿线两侧若干个点状、带状或块状的产业群及其所分布的地域空间共同组成。

（4）产业带是逐步发展起来的，其形成发展的快慢与当地的经济政策环境、资源状况有关，其分布形态还受到自然地理环境的一定影响。

从以上分析可以看出，对公路沿线产业带进行规划，需要科学地划分产业带的范围边界，合理的规划好公路的互通立交、出入口、起终点的位置，这将对定量分析计算产业带的影响效益，制定公路沿线经济发展规划，采用宏观调控手段调整区域产业结构、优化生产力布局，培育新的国民经济增长点，形成沿线卫星城镇，推进城市化进程等，具有重要意义。

第三节　交通工程总体规划方案的综合评价

综合评价是方案比选和决策的重要手段，内容包括规划方案的技术评价、经济评价、社会评价、环境影响评价、建设实施的可行性评价以及系统关联度评价等。技术评价多是依据规划方案的有关道路、交通、设备性能等特征参数，通过与现状情况的对比分析，定量分析规划方案在技术上的适应性；经济评价是依据成本效益测算，定量分析规划方案在经济上的合理性；社会评价重在定性分析规划方案给社会带来的利益或影响,包括对社会经济发展的促进作用,对国防建设、民族团结和社会稳定的促进作用,也包括对居民生产生活的负面影响;环境影响评价主要是分析规划方案对生态环境、自然景观所产生的影响,包括气候、土壤、生物、地理、人为条件等多种生态因素;可行性评价则是依据规划方案的建设规模与发展速度,从资金筹措、施工能力、材料供应等多方面,来定性分析其在实际实施方面的可行性;系统关联度评价是指评价各子系统相互之间、子系统与母系统之间的协调程度。只有通过综合评价的规划方案,才能在实际工作中加以贯彻落实。

综合评价的方法有价值分析法、层次分析法、专家打分法、模糊综合评判法、基于模糊数学和神经网络技术的综合评判法等多种方法,其要点在于建立较为完备的评价指标体系,科学地确定评价标准以及各指标的权重。实际工作中,能够直接量化的指标应尽可能直接数量化;不能直接量化的定性分析指标,亦可通过专家打分的办法间接数量化。

【思考题】

1. 交通工程设施总体规划方法包括哪些步骤?
2. 公路运营管理规划的内容有哪些?
3. 什么是公路管理体制?公路管理体制的构成要素是什么?
4. 简述高速公路基层管理的综合模式和专业模式。
5. 公路养护管理的主要内容有哪些?
6. 路政管理通常需要哪些设备?
7. 简述公路通信系统的规划原则。
8. 简述交通监控系统的业务流程。
9. 简述独立与统一结合的路网收费系统模式。
10. 交通工程总体规划方案从哪些方面进行综合评价?

第三章
交通安全设施设计

第一节　安 全 护 栏

一、概述

安全护栏是一种纵向吸能结构,通过自体变形、解体和车辆爬高、摩擦等来吸收碰撞能量,从而改变车辆行驶方向,阻止失控车辆冲出路外、碰撞障碍物或进入对向车道,减轻事故车辆及人员的损害程度;同时,还可以诱导驾驶员的视线,使其能看清道路轮廓及前进方向的线形。

(一)事故严重度

事故严重度是衡量一定质量的车辆以一定的碰撞条件(碰撞速度和碰撞角度)冲出路外和(或)碰撞障碍物造成事故的后果或严重程度的指标。它是交通事故造成财产损失、伤亡程度的综合评价值。事故严重度一般不受事故发生概率或频率的影响。它的理论表达式如下:

$$\text{SI} = \sum_i \sum_j P\left(\frac{S_i}{A}\right) \times P\left(\frac{I_j}{S_i}\right) \times W(I_j) \tag{3-1}$$

式中: SI——事故严重度指数;

$P(S_i/A)$——在事故 A 发生下碰撞条件 i 的概率;

$P(I_j/S_i)$——在碰撞条件 i 下伤亡严重度 j 的概率;

$W(I_j)$——伤亡严重度 j 的加权系数。

从式(3-1)可见,事故严重度指数不是一个不变的常数,而是受到许多因素的影响,这些因素主要包括:碰撞速度和角度、碰撞位置(即车辆方向、车辆的碰撞区等)、车辆种类与质量、道路特点和交通条件等。例如,一定质量和外形的车辆碰撞标志柱的事故严重度,与车辆的碰撞速度、碰撞角度及标志柱本身的刚度有关,不同碰撞条件给车辆和标志造成的损害是不一样的。

式(3-1)是理想化的事故严重度指数计算式,通过它来求解每个事故的严重度是很困难的,一般根据不同目的和事故信息对式(3-1)进行简化。如不考虑碰撞条件,可用下列公式计算各种行车障碍物的事故严重度。

$$SI = \frac{24H + 6I + P}{N} \tag{3-2}$$

式中:H——某一条件下死亡事故数;

I——某一条件下受伤事故数;

P——某一条件下仅财产损失的事故数;

N——某一条件下事故的总数。

表3-1是根据美国1982~1984年事故资料,计算出的某些构造物的事故严重度指数。

构造物的事故严重度指数 表3-1

构造物名称	SI	构造物名称	SI
标志柱	3.8	桥墩	4.6
护栏	3.9	桥台	4.6
排水沟	4.2	树木	4.8
电线杆	4.5	桥梁端头	5.3

在我国,根据交通事故造成的人员伤亡情况和财产损失情况,将交通事故划分为轻微事故、一般事故、重大事故和特大事故4个等级,具体划分标准如下:

(1)轻微事故,是指一次造成1~2人轻伤,或者机动车事故造成财产损失不足1000元,非机动车事故造成财产损失不足200元的情形。

(2)一般事故,是指一次造成1~2人重伤,或者3人以上轻伤,或者造成财产损失不足3万元的事故。

(3)重大事故,是指一次造成1~2人死亡,或者3人以上10人以下重伤,或者造成财产损失3万元以上不足6万元的事故。

(4)特大事故,是指一次造成3人以上死亡,或者11人以上重伤,或者1人死亡、同时8人以上重伤,或者2人死亡、同时5人以上重伤,或者造成财产损失6万元以上的事故。

需要注意的是,事故造成人员伤亡的人数不仅包括当场死亡的人员,还包括事故发生后7d内死亡的人员;伤情认定依据《人体轻伤鉴定标准(试行)》和《人体重伤鉴定标准》的规定;财产损失则是指道路交通事故造成的车辆、财产直接损失折款,但不含现场抢救(险)、人身伤亡善后处理的费用,也不含停工、停产、停业等所造成的财产间接损失。

（二）路侧净区

随着道路条件的改善,车辆速度越来越高,冲出路外的事故逐渐增多并越来越严重。人们认识到,需要分析路面以外存在的潜在危险并改善路侧设计。当然,道路两边的障碍物并不一定对冲出路面的车辆都构成危险,因为一定范围内和在一定道路条件下,驾驶员有可能使失控车辆停住或回复到道路上。路侧净区(Roadside Clear Zone)就是道路两侧相对平坦、无障碍物、可能使失控车辆安全停住或重新返回路面的带状区域,包括硬路肩、土路肩和可控制行车的缓坡。图3-1是路侧净区示意图。如果在安全净区内有不可恢复的边坡(陡坡),则需要在其外侧附加一定宽度(图中阴影部分宽度)的缓坡作为停车净区。

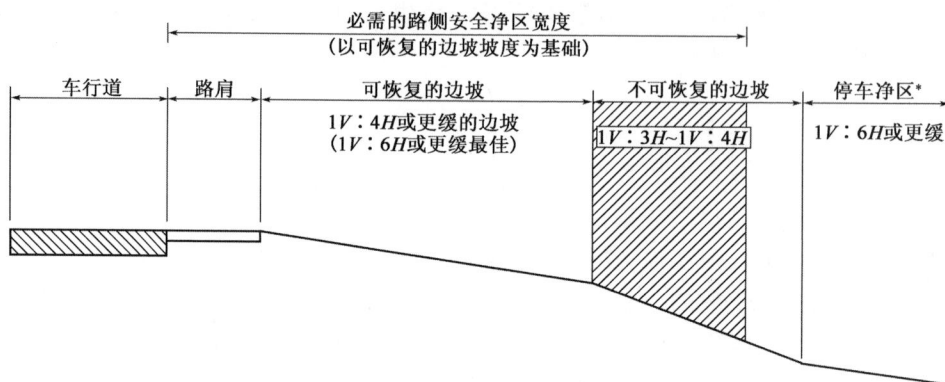

图3-1　路侧净区示意图

路侧净区是道路"宽容性设计"理念的一种体现。所谓宽容性设计是指驾驶员在行车过程中偶尔出现操作失误是不可避免的,不应苛求驾驶员以绝对正确的判断、敏捷的反应,消弭因道路和设施设计不完善所造成的事故隐患;而应该为这类失误提供宽容的空间和弥补措施,通过合理的设计将事故影响降至最低,消除那些可能产生致命后果的因素,以拯救驾驶员和乘客的生命,减轻伤害和损失。道路宽容性设计主要包含三方面的内容:人性化的线形设计;宽容的路侧设计;宽容性交通设施设计。路侧净区的出现,使车辆在失控冲出路面时仍能保持一定的安全行车条件,避免或减轻危险程度。国内外统计数据和研究表明,约30%造成人员伤亡的交通事故是由于车辆冲出路外造成的;保证一定宽度的路侧净区可以使绝大多数失控车辆恢复正常行驶。因此,应对路侧净区内的障碍物进行必要的处理,以减少类似事故的发生。

关于路侧净区的宽度,世界各国还没有统一规定,我国目前正在进行研究。表3-2提供了一些欧美国家的规定,供设计参考。

路侧净区宽度　　　　　　　　　　　　　　　　　　　　　表3-2

国　家	路侧净区宽度（m）	国　家	路侧净区宽度（m）
葡萄牙	2.0	丹麦	3.0~9.0
匈牙利	2.5	美国	2.0~14.0[①]
比利时、波兰	3.5	德国（高速公路）	6.0~14.0[②]
英国、捷克	4.5	荷兰、法国（高速公路）	10.0

注:①取值与公路设计速度、设计日均交通量、填方或挖方边坡、边坡坡度有关。

　　②取值与高速公路曲率半径、弯道内外侧、边坡坡度有关。

（三）路上危险物

由于地形条件、土地利用情况、投资和技术条件等诸多因素的制约，道路两侧往往存在一些障碍物，甚至路面上也难免有一些障碍物。在路面和路侧净区内的障碍物统称为路上危险物，如石方开挖断面、大孤石、大树、桥墩、桥台、窄的中央分隔带、路堤、路堑边坡、排水沟、挡土墙、路缘石、各种立柱、护栏、防撞垫、紧急电话等。广义地讲，平曲线半径小于设计标准的曲线外侧半径也称为路上危险物。

早期的公路设计主要是针对车行道，路侧区因不作行车之用而被忽视；但是，随着车速的提高，车辆冲出路外碰撞障碍物的事故越来越严重，公路设计者开始重视这个问题。

对路侧净区内的各类障碍物，应按下列顺序进行处理：

（1）去除障碍物或移至路侧净区以外。

（2）重新设计障碍物，使车辆能安全穿越。

（3）将障碍物移至不易受撞击的位置。

（4）采用解体消能设施减轻车辆撞击障碍物的严重程度。

（5）采用护栏隔离障碍物，或在障碍物前设置防撞缓冲设施。

（6）对障碍物加以警告和视线诱导。

（7）降低障碍物所在路段的允许行车速度。

只有在前4种措施不能实施而失控车辆越出路外产生的事故严重度高于碰撞护栏的严重度时，才考虑设置护栏，因为护栏本身也是一种路上危险物。但需要注意的是，并非事故严重度只要大于护栏的路上危险物都必须设置护栏，而是应同时考虑该路段发生事故的概率，把事故严重度与事故率结合起来考虑，才能达到设置护栏的最佳效果，否则就会把大量资金投入到发生事故可能性很小的路段上。因此，一般情况下都需要进行综合分析（包括经济效益分析），以最后确定是否需要设置护栏。在综合分析中，主要依据为事故严重度、事故率、事故成本、路上危险物距车行道的距离、车速、碰撞角分布、交通量、交通组成、护栏设置成本、维修养护费用、护栏使用年限和利率分析等。

（四）护栏的功能和防护机理

安全护栏应具备以下几方面的功能：

（1）阻止失控车辆冲出路外、冲过中央分隔带进入对向车道、冲断护栏板或从护栏板下钻出，以避免对行人、建筑物、相交道路或铁路、对向行驶车辆等造成重大损害。

（2）使失控车辆回复到正常行驶方向或路面上，车辆碰撞护栏的运动轨迹应能圆滑过渡，以较小的驶离角和较小的回弹量停留在不影响车辆正常行驶的地方，避免发生二次事故。

（3）很好地吸收碰撞能量，对驾驶员和乘客损害程度最小。

（4）诱导驾驶员视线，使其看清道路轮廓及前进方向的线形，增加行车的安全性。

（5）对沿线景观的不利影响降低到最小。

从对护栏的功能要求可以看出，要防止车辆越出路外或闯入对向车道的严重事故发生，必然要求护栏具有足够的力学强度来抵挡车辆的碰撞，亦即要求护栏的刚度越大越好；但从减轻乘员伤害程度的角度考虑，又希望护栏的刚度不要太大，要具有良好的柔性，这两项要求本身是互相矛盾的；同时，在道路上行驶车辆的种类、质量、碰撞速度、碰撞角度等变化很大，而护栏只能按一定的规格设计,这样更加剧了对护栏功能要求的矛盾。护栏设计的要点,即在于找出解决两者矛盾的恰当的折衷点。

在道路上设置护栏并不是为了减少一般事故的发生。护栏的防护机理是通过碰撞时护栏和车辆的弹塑性变形、摩擦、车体变位等来吸收车辆碰撞能量,从而达到保护乘员生命安全的目的。与其他安全设施的显著区别是,护栏以自身和车体的破坏(变形)来防止更严重的伤害事故发生。在设置护栏时,应把护栏当成危险物看待,也就是说,如果在一定条件下,某一车辆碰撞某一危险物的事故严重度比碰撞护栏的事故严重度小,那么就不能用护栏防护该危险物。例如,在边坡平缓、低填方的路段,车辆越出路堤的事故严重度比碰撞护栏的事故严重度小,即使在此路段上发生过多次车辆越出路外事故,也不能设置护栏,而是应采取其他安全措施,如改善道路线形,设置视线诱导设施、限速标志,以及提高路面抗滑能力等。

二、护栏种类

安全护栏按其在道路中的纵向设置位置,可分为路基护栏和桥梁护栏;按其在道路中的横向设置位置,可分为路侧护栏和中央分隔带护栏;根据碰撞后的变形程度,可分为刚性护栏、半刚性护栏和柔性护栏。

1. 按纵向设置位置分类

(1)路基护栏:设置于道路路基上的护栏。

(2)桥梁护栏:设置于桥梁上的护栏。

2. 按横向设置位置分类

(1)路侧护栏:设置于道路路侧建筑限界以外的护栏。

(2)中央分隔带护栏:设置于道路中央分隔带内的护栏。

3. 按碰撞后变形程度分类

(1)刚性护栏:是一种基本不变形的护栏结构。混凝土墙式护栏是其主要代表形式,如图3-2所示,由一定形状的水泥混凝土块相互连接而组成墙式结构,通过碰撞后失控车辆爬高、转向和自身碎裂等方式吸收碰撞能量。

刚性护栏还有混凝土梁柱式护栏、组合式护栏等形式。组合式护栏由钢筋混凝土墙式护栏与金属梁柱式护栏组合而成;混凝土梁柱式护栏具有节省材料、减轻自重、外形美观等优点。两者主要用做桥梁护栏。

(2)半刚性护栏:是一种具有一定弹性变形或塑性变形能力的连续的梁柱式护栏结构,如图3-3所示。波形梁护栏是其主要代表形式,由相互搭接的波纹状钢板横梁和钢管立柱构成,利用土基、立柱、波形横梁的变形和解体来吸收碰撞能量,并迫使失控车辆改变方向。波形梁有二波波形梁和三波波形梁两种。波形梁护栏是我国使用最广泛的护栏形式。

(3)柔性护栏:是一种具有很大弹性变形能力的韧性护栏结构。缆索护栏是其主要代表形式,如图3-4所示,由数根施加初拉力的缆索固定于端柱上而组成钢缆结构,主要依靠缆索的拉应力来抵抗车辆的碰撞荷载、吸收碰撞能量、缓解碰撞冲击。

此外还有可以移动的活动护栏,用于防止一般车辆在中央隔离带开口处随意调头,或临时封闭道路维修现场,有一定的防撞能力。

图 3-2 刚性护栏

a)混凝土墙式路基护栏；b)混凝土梁柱式桥梁护栏；c)组合式桥梁护栏

图 3-3 半刚性护栏

a)金属管梁护栏；b)金属波形梁护栏(二波梁)

图 3-4 柔性护栏

a)中央分隔带缆索护栏；b)路侧缆索护栏

三、护栏设计理论

（一）护栏的碰撞力学分析

车辆碰撞护栏是一个十分复杂的三维动态过程,到目前为止尚没有精确的计算方法进行描述,这里只是通过一个简化的平面模型说明碰撞过程的力学分析思路。如图 3-5 所示,车辆斜向冲击护栏后,在护栏的作用下不断改变方向,最后平行于护栏并停止运动。力学计算模型的基本假设如下:

（1）从车辆碰撞护栏起到车辆改变方向平行于护栏止,车辆的纵向和横向加速度不变。

（2）不考虑车辆的竖向加速度和转动加速度。

（3）车辆被改变方向平行于护栏时横向速度分量为 0。

（4）车辆被改变方向时不发生绊阻。

（5）碰撞护栏期间车辆容许发生变形,但其重心位置不变。

（6）车辆近似为质点运动。

（7）刚性护栏的变形值 $Z = 0$,柔性护栏的变形值 $Z > 0$。

（8）车辆与护栏、车轮与道路的摩擦力忽略不计。

（9）护栏是连续设置的。

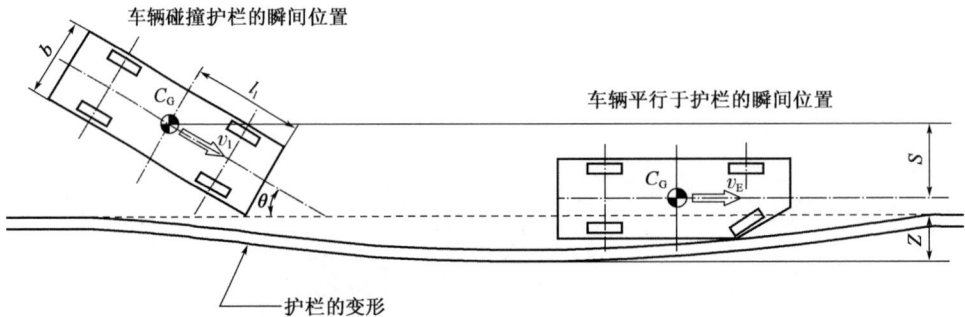

图 3-5　车辆碰撞护栏的过程简化图示

S-车辆重心的横向位移(m);l_1-车辆重心与前保险杠距离(m);θ-车辆碰撞角(°);b-车辆的宽度(m);v_1-车辆的碰撞速度(m/s);v_E-车辆碰撞后的速度(m/s);C_G-车辆重心位置;Z-护栏横向变形(m),混凝土护栏 $Z = 0$,金属护栏 $Z = 0.3 \sim 0.6$。

从碰撞开始到终止,车辆重心的横向位移 S 为:

$$S = l_1\sin\theta - \frac{b(1 - \cos\theta)}{2} + Z \tag{3-3}$$

因车辆的横向平均速度:

$$\bar{v}_{1y} = \frac{v_1\sin\theta + 0}{2} \tag{3-4}$$

故车辆产生横向位移 S 所需的时间(s)为:

$$t = \frac{S}{v_{1y}} = \frac{2\left[l_1\sin\theta - \frac{b(1 - \cos\theta)}{2} + Z\right]}{v_1\sin\theta} \tag{3-5}$$

车辆横向平均加速度 $\bar{a}_x$ 为：

$$\bar{a}_x = \frac{v_1\sin\theta - 0}{t} = \frac{v_1^2\sin^2\theta}{2\left[l_1\sin\theta - \frac{b(1-\cos\theta)}{2} + Z\right]} \tag{3-6}$$

则质量为 $m(\mathrm{kg})$ 的车辆作用在护栏上的平均横向力 $\bar{F}_x(\mathrm{kN})$ 为：

$$\bar{F}_x = m \cdot \bar{a}_x = \frac{mv_1^2\sin^2\theta}{2000\left[l_1\sin\theta - \frac{b(1-\cos\theta)}{2} + Z\right]} \tag{3-7}$$

假设车辆和护栏的刚度可理想化为线性弹簧，那么，碰撞力与时间的关系曲线是正弦曲线。所以，车辆横向最大加速度为：

$$a_{x\max} = \frac{\pi}{2}v_x = \frac{\pi}{2} \cdot \frac{v_1^2\sin^2\theta}{2\left[l_1\sin\theta - \frac{b(1-\cos\theta)}{2} + Z\right]} \tag{3-8}$$

车辆作用在护栏上的最大横向力为：

$$F_{x\max} = m \cdot a_{x\max} = \frac{\pi}{2} \cdot \frac{mv_1^2\sin^2\theta}{2000\left[l_1\sin\theta - \frac{b(1-\cos\theta)}{2} + Z\right]} \tag{3-9}$$

车辆横向作用于护栏上的碰撞能量 $E(\mathrm{J})$ 为：

$$E = \frac{9.81\times10^6 mv_1^2\sin^2\theta}{2g} = 5\times10^5 mv_1^2\sin^2\theta \tag{3-10}$$

在最大横向力作用下，车辆不会冲过护栏翻倒的稳定条件为：

$$F_{x\max} \cdot (h_1 - h_0) = \frac{1000m\, a_{x\max}(h_1-h_0)}{g} \leqslant \frac{1000mb}{2} \tag{3-11}$$

即：

$$a_{x\max} \leqslant \frac{g \cdot b}{2(h_1-h_0)} \tag{3-12}$$

式中：h_1——车辆重心高度，m；

h_0——护栏与车辆接触点高度，m。

应该说明，该计算方法的条件假设虽然比较粗略，但用于计算实际碰撞结果还是比较有效的。美国曾用式(3-9)预测的横向碰撞力与试验实测的碰撞力相比较，预测结果的精度为 $\pm20\%$，而对于小汽车，式(3-9)预测的碰撞力与实测值很相近；英国桥梁护栏标准中护栏的设计荷载就直接采用式(3-9)的计算值。

(二)护栏的设计依据

要实现护栏的功能，需要护栏既要有相当高的力学刚度和强度来抵抗车辆的冲撞力，又要使其刚度不过大，以免使乘客受到严重的伤害。护栏设计的依据主要考虑标准车型、车辆质量、碰撞速度、碰撞角度、道路条件、交通特性、事故成本和国家经济发展水平等因素。这些因素的确定大多采用收集以前大量的事故资料进行分析而获得。各国又都根据自己的道路交通条件和事故成本经济性等具体情况，对护栏的设计依据有不同考虑。我国在确定护栏设计依据时，主要考虑以下几方面因素。

1. 碰撞角度

碰撞角是车辆冲击方向与护栏纵面所成的夹角。它与道路等级、车辆种类、行驶速度以及车辆在车道上的位置有关。调查数据表明,我国公路交通事故的平均碰撞角度为 15.3°,有 44% 样本的碰撞角度大于 15°,26% 样本的碰撞角度大于 20°。假定样本符合正态分布,利用样本数据估计总体的分布参数,在此基础上得到 85% 位碰撞角度的计算值 $\theta_{85\%}$ 为 21.8°。由此,我国相应的行业标准规定护栏的碰撞角度为 20°。

2. 碰撞速度

日本《护栏设置标准·同解说》(1998 年和 2004 年版)对碰撞速度取值的说明为:"车辆的碰撞速度主要取决于运行速度,另外碰撞时驾驶员采取的制动措施、制动距离和路面状况也会影响车辆的碰撞速度,取运行速度的 0.8 倍作为碰撞速度"。参考此原则,结合我国不同设计速度公路上的碰撞速度调查结果,我国公路护栏碰撞速度的取值标准见表3-3。

我国护栏碰撞速度(单位:km/h)　　　　　　表3-3

公路等级	设计速度	碰撞速度		公路等级	设计速度	碰撞速度	
		计算值	规定值			计算值	规定值
高速公路、一级公路	120	96	100	二、三、四级公路	80		40
	100	80	80		60		40
	80	64	60		40		40
	60	48	60		30		40
					20		40

3. 碰撞车辆质量

根据设计车型应能代表道路上行驶的85%以上车辆群体的原则,结合我国公路实际调查结果,我国规定,小型车辆采用质量为 1.5t 的小客车作为评价最大加速度的碰撞车型;中型车辆采用质量为 10t 的中型客、货车作为碰撞车型;大型车辆分别采用 14t 的大货车和 18t 的大客车作为碰撞车型,确保特大桥和路侧特别危险路段的护栏能防止大客车越出,其碰撞试验着重验证护栏应有不被冲破的强度。

4. 碰撞加速度

国外交通事故研究成果表明,在碰撞事故中造成乘客伤害的主要原因是车辆获得的加、减速度,且伤害程度与加、减速度的大小成正比。为保护乘客免受伤害或减轻伤害程度,车辆冲撞护栏后不应产生过大的加、减速度,这就要求护栏的刚度不能过大,护栏的刚柔程度就是以车辆碰撞护栏时产生的加、减速度的大小来衡量的。根据我国具体的道路条件及交通管制状况,设计护栏时,以小客车作为发生碰撞时乘员承受加、减速度值的评价车型,车辆的加、减速度控制在 200m/s² 以下。

5. 碰撞能量

质量为 m(kg)、速度为 v(m/s)的车辆以 θ(°)角碰撞护栏时的碰撞能量 E(J)为:

$$E = \frac{1}{2}m(v\sin\theta)^2 \tag{3-13}$$

6. 碰撞高度

护栏的功能是在碰撞发生时通过物理作用尽量把车辆拦阻在安全范围内,那么车辆被拦阻的高度位置(碰撞高度)是影响护栏功能发挥的重要因素,同时也关系到对大部分车辆碰撞点的有效保护。一旦失控车辆与护栏发生碰撞,我们希望护栏能作用于车辆的有效部位,既不使车辆越出护栏,也不使车辆钻入护栏横梁下面;但由于各种车辆的质量、体积等差异巨大,相应地重心高度也各有不同,能够有效拦阻小型车辆的护栏高度,对大型车辆而言就可能因过低而发生跃出护栏的事故,反之则可能容易导致小型车辆钻入护栏横梁下面。此外,对于桥梁护栏,除满足车辆碰撞的刚度、强度要求外,还应给使用者以心理安全感。护栏的高度设计就是要综合考虑上述要求,合理确定安装高度。我国护栏的安装高度主要参考美国、日本等经验,在相应的国家标准中有明确规定,在没有经过充分试验验证的情况下,不得随意改变。

（三）护栏的设计荷载

桥梁护栏在结构设计时,对其受力构件应进行强度计算和检验。设计荷载包括车辆的碰撞力、风荷载、人群荷载及护栏的结构重力等。一般情况下,主要受力构件在进行强度计算时,仅考虑车辆的碰撞力,不考虑风荷载和人群荷载;而辅助构件其强度计算则仅考虑风荷载和人群荷载,而不考虑车辆碰撞力的作用。车辆碰撞荷载、风荷载、人群荷载应分别进行荷载验算,而不必进行荷载组合。

1. 梁柱式护栏

梁柱式护栏横梁的设计弯矩应按式(3-14)计算:

$$M_0 = \frac{1}{6n}PL \qquad (3\text{-}14)$$

式中:M_0——每根横梁跨中处的弯矩,kN·m;

P——横梁跨中承受的碰撞力,kN;

L——横梁的跨径,m;

n——横梁的数量,不宜超过4根。

立柱的设计荷载应按式(3-15)计算:

$$P_0 = \frac{P}{4} \qquad (3\text{-}15)$$

式中:P_0——立柱的设计荷载,kN;

P——护栏承受的碰撞力,kN。

2. 混凝土墙式护栏

混凝土墙式护栏的所受碰撞荷载的分布可采用表3-4的规定。

混凝土护栏碰撞载荷分布 表3-4

防撞等级	碰撞载荷标准值（kN/m）	载荷分布长度（m）	力的作用点	防撞等级	碰撞载荷标准值（kN/m）	载荷分布长度（m）	力的作用点
A、Am	53	4	距离护栏顶面5cm	SA、SAm	86	5	距离护栏顶面5cm
SB、SBm	91	4		SS	104	5	

(四)护栏的防撞等级

护栏的防撞等级表示护栏阻挡车辆碰撞的能力,是衡量护栏防撞性能的重要指标。防撞等级一般根据护栏所能承受的碰撞能量的大小来划分。

按防撞等级,路侧护栏可分为 B、A、SB、SA、SS 五级,中央分隔带护栏可分为 Am、SBm、SAm 三级。B、A(Am)、SB(SBm)、SA(SAm)、SS 级护栏能承受的碰撞能量依次增大,防撞等级高的护栏适用于危险性较大需加强防护的路段。我国各等级护栏的碰撞条件和性能应满足表 3-5 的规定。任何情况下,护栏的防撞等级不得降低。

我国护栏碰撞条件和防撞性能　　　　　　　　　　表 3-5

防撞等级	碰 撞 条 件				碰撞能量(kJ)
	碰撞速度(km/h)	车辆质量(t)	碰撞角度(°)	碰撞加速度①(m/s²)	
B	100	1.5	20	≤200	
	40	10			70
A、Am	100	1.5		≤200	
	60	10			160
SB、SBm	100	1.5		≤200	
	80	10			280
SA、SAm	100	1.5		≤200	
	80	14			400
SS	100	1.5		≤200	
	80	18			520

注:①指碰撞过程中,车辆重心处所受冲击加速度 10ms 间隔平均值的最大值,为车体纵向、横向和竖向加速度的合成值。

如果需要采用的护栏碰撞能量低于 70kJ 或高于 520kJ 时,应在综合分析公路等级、线形、设计速度、运行速度、交通量和车辆构成等因素的基础上进行特殊设计。

四、护栏构造

安全护栏的种类和形式较多,这里分别介绍刚性、半刚性和柔性护栏当中具有代表性的几种护栏的构造。

(一)混凝土护栏

路侧混凝土墙式护栏分为 F 型、单坡型、加强型三种,相应结构如图 3-6 和表 3-6 所示。

中央分隔带混凝土墙式护栏的结构可分为整体式和分离式,两者又各自分为 F 型和单坡型两种。图 3-7a)、b)所示为整体式混凝土护栏,图 3-7c)所示为分离式混凝土护栏。F 型和单坡型分离式混凝土护栏的断面形状,与对应的路侧混凝土护栏基本相同,个别尺寸稍有差异。中央分隔带混凝土墙式护栏的规格如表 3-7 所示。

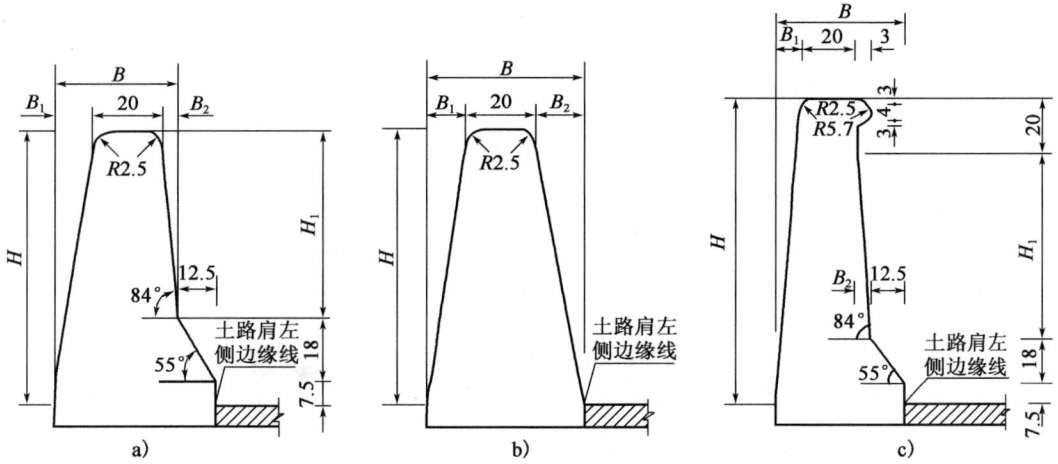

图 3-6 路侧混凝土墙式护栏结构(尺寸单位:cm)
a)F 型;b)单坡型;c)加强型

路侧混凝土墙式护栏规格(单位:cm) 表 3-6

护栏形式	防撞等级	H	H₁	B	B₁	B₂
F 型	A	81	55.5	46.4	8.1	5.8
	SB	90	64.5	48.3	9.0	6.8
	SA	100	74.5	50.3	10.0	7.8
单坡型	A	81	—	42.1	8.1	14.0
	SB	90	—	44.5	9.0	15.5
	SA	100	—	47.2	10.0	17.2
加强型	SA	100	54.5	43.2	5.0	5.7
	SS	110	64.5	44.8	5.5	6.8

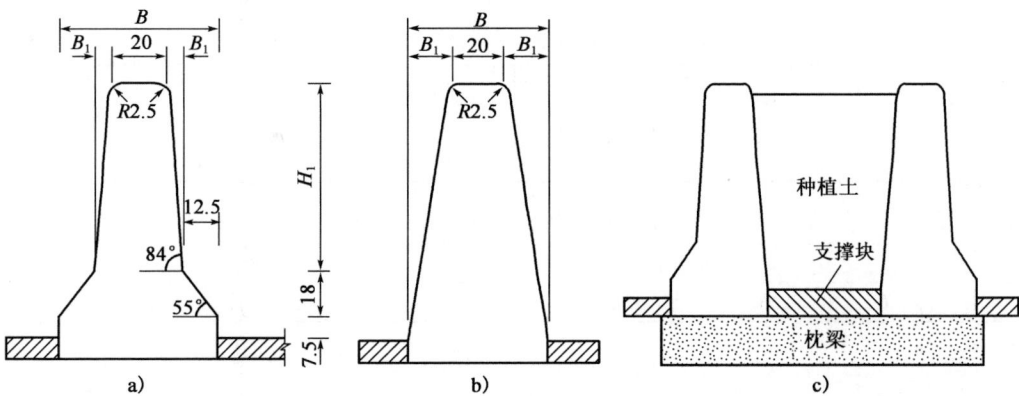

图 3-7 中央分隔带混凝土墙式护栏结构(尺寸单位:cm)
a)整体式——F 型;b)整体式——单坡型;c)分离式——F 型

73

中央分隔带混凝土墙式护栏规格(单位:cm) 表3-7

护栏形式	防撞等级	H	H_1	B	B_1
F型	Am	81	55.5	56.6	5.8
	SBm	90	64.5	58.6	6.8
	SAm	100	74.5	60.6	7.8
单坡型	Am	81	—	48.0	14.0
	SBm	90	—	51.0	15.5
	SAm	100	—	54.5	17.2

混凝土护栏应根据防撞等级、吊装条件、温度应力变形、基础连接方式等要求进行配筋设计。设置在路侧构造物上的混凝土护栏,应按悬臂梁进行配筋设计;设置在中央分隔带的混凝土护栏,应根据防撞等级要求配置受力钢筋或结构钢筋。

混凝土梁柱式护栏的构造如图3-8和表3-8所示。组合式护栏构造如图3-9和表3-9所示。

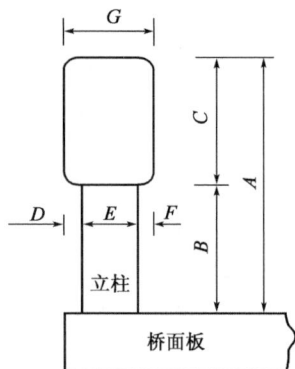

图3-8 混凝土梁柱式护栏结构

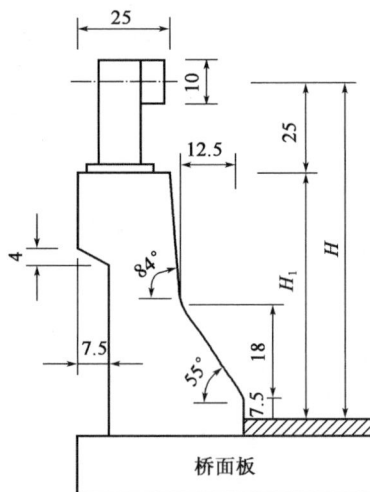

图3-9 组合式桥梁护栏结构(尺寸单位:cm)

钢筋混凝土梁柱式护栏规格(单位:cm) 表3-8

护栏形式	A	B	C	D	E	F	G
Ⅰ型	80	30	50	4	18	11	33
Ⅱ型	80	33	47	0	15	15	30

组合式桥梁护栏规格(单位:cm) 表3-9

防撞等级	H	H_1	防撞等级	H	H_1	防撞等级	H	H_1
A、Am	81	56	SB、SBm	90	65	SA、SAm	100	75

(二)波形梁护栏

波形梁护栏由波形梁、立柱、防阻块、隔离梁、端头、紧固件等组成,见图3-10。主要构件规格见图3-11~图3-14,其中,圆管立柱和二波梁适用于B、A、Am级护栏(B级采用φ114mm钢

管,A 和 Am 级采用 φ140mm 钢管),方管立柱和三波梁适用于 SB、SA、SS、SBm、SAm 级护栏;
六角形防阻块适用于 A 和 Am 级护栏;托架仅适用于 B 级护栏。

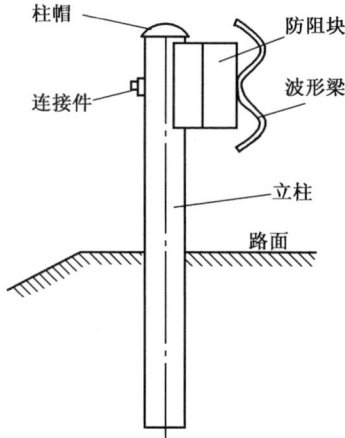

图 3-10　波形梁护栏组成

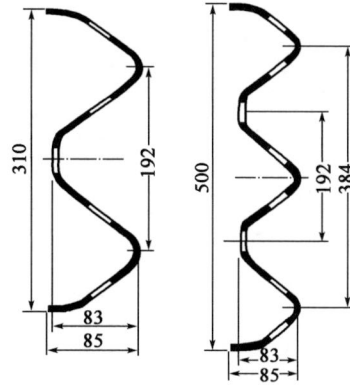

图 3-11　二波梁和三波梁横断面(尺寸单位:mm)

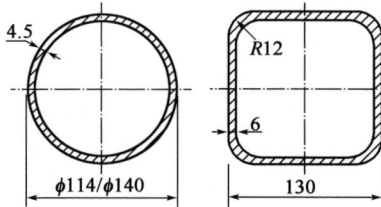

图 3-12　圆管立柱和方管立柱横截面(尺寸单位:mm)

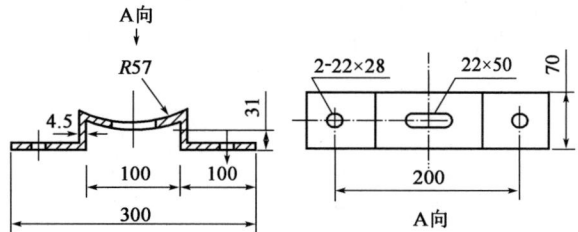

图 3-13　托架(尺寸单位:mm)

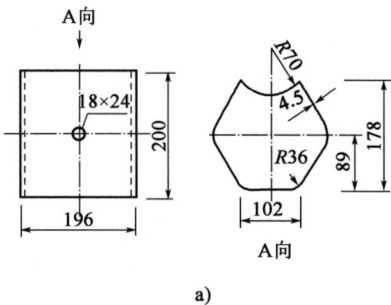

a)

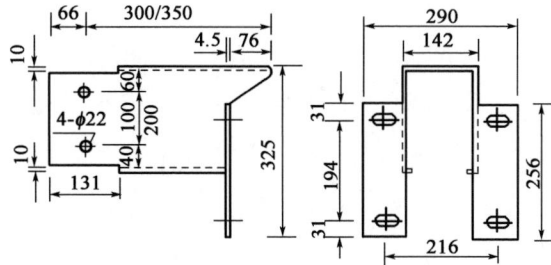

b)

图 3-14　防阻块(尺寸单位:mm)

a)A 和 Am 级护栏防阻块;b)SA、SS 和 SAm 级护栏防阻块(长度 350mm 为 SS 级)

不同防撞等级的波形梁护栏安装结构如图 3-15 所示。

(三)缆索护栏

缆索护栏由立柱、缆索、托架、卡具、索端锚具、间隔保持件、紧固件、底板和混凝土基础等
组成,如图 3-16 所示。

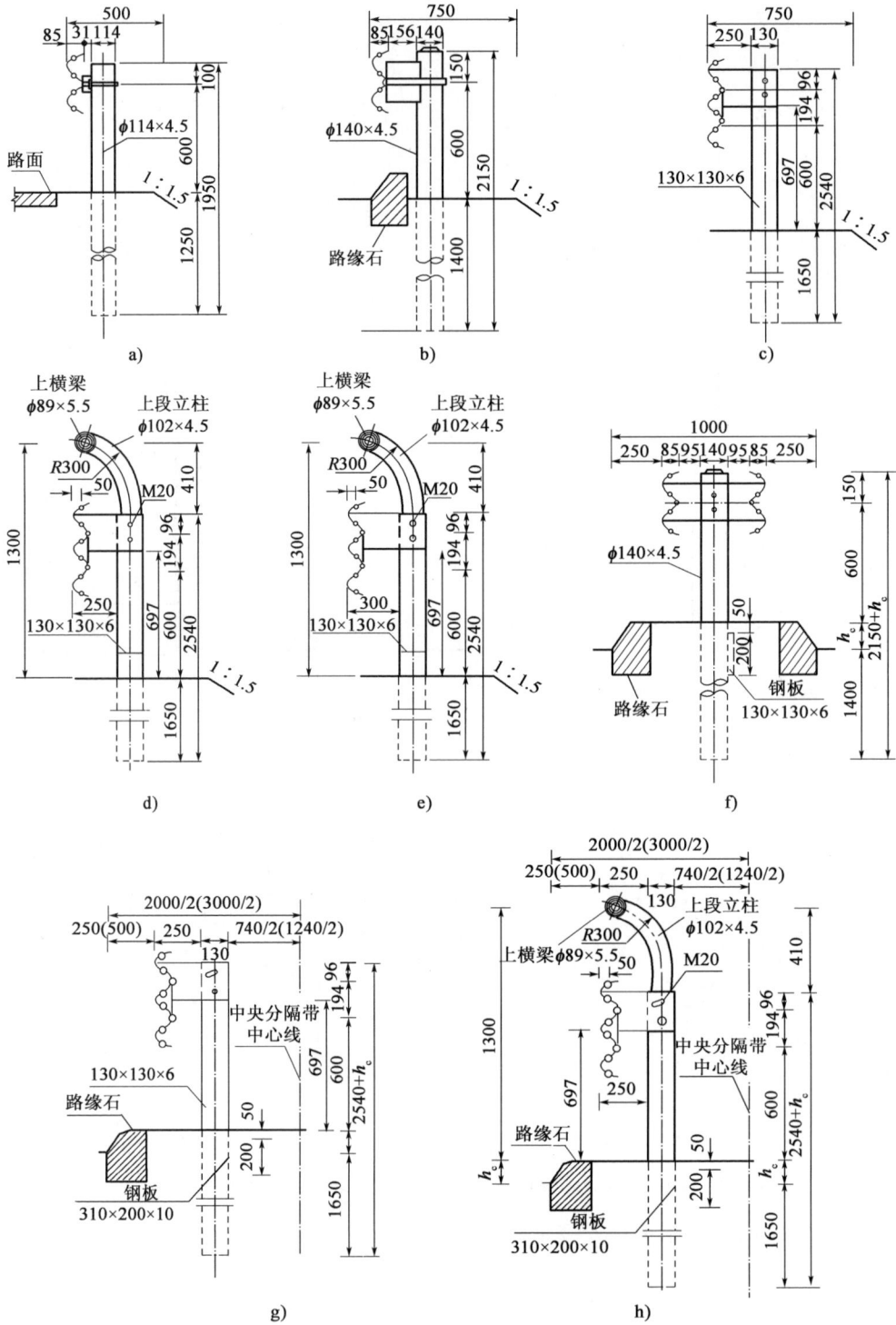

图 3-15　波形梁护栏结构(尺寸单位:mm;h_c 为路缘石高度)

a)~e)路侧护栏为 B 级、A 级、SB 级、SA 级、SS 级;f)~h)中央分隔带护栏为 Am 级、SBm 级、SAm 级

立柱包括端部立柱、中间端部立柱和中间立柱三种形式。端部立柱是一段护栏起点和终点,从施工工艺角度通常将一根缆索的长度定为 300～500m(机械施工时缆索长度可达 500m,人工施工时长度以 300m 为限);当缆索护栏的安装长度超过上述长度时,应设置中间端部立柱,形式和规格与端部立柱相同,但混凝土基础更深一些,中间端部立柱通常需要成对安装(图 3-17);在端部立柱之间、端部立柱与中间端部立柱之间和中间端部立柱之间,采用中间立柱固定缆索。缆索护栏分 B、A 两级,相应立柱的形式与规格如图 3-18、表 3-10 和图 3-19、表 3-11、表 3-12 所示。端部立柱和中间端部立柱的安装可以采用埋入式或装配式。中间立柱的安装也有埋入式和装配式,埋入式立柱在无法打入地下的地方、有地下管线的地方或不能达到要求埋深的地方,可以埋置于混凝土基础中;装配式立柱通过下端的法兰盘与预埋的地脚螺栓连接紧固在地面;此外还有一种套管式(抽换式)结构,拆装方便,适用于寒冷多雪地区,为便于除雪而设计。从施工的方便性和实际使用效果考虑,通常推荐埋入式端部结构。

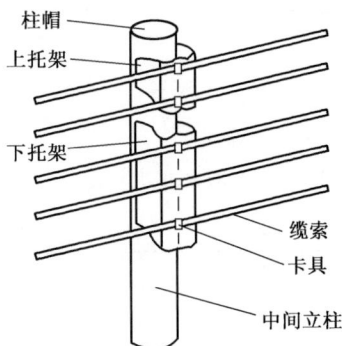

图 3-16 缆索护栏组成

图 3-17 成对安装的中间端部立柱

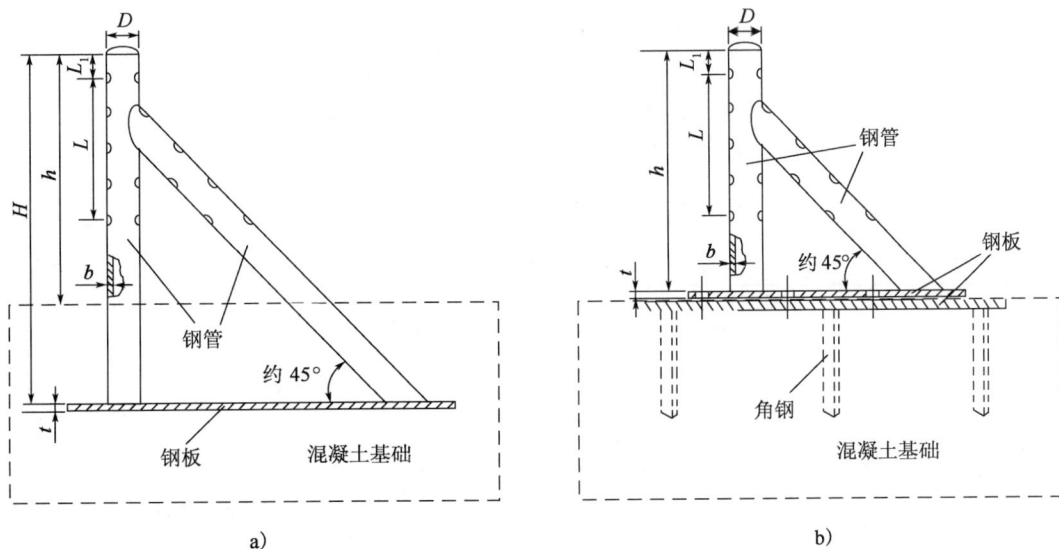

图 3-18 缆索护栏端部立柱/中间端部立柱结构
a)埋入式;b)装配式

缆索护栏端部立柱/中间端部立柱规格(单位:mm)　　　　　表 3-10

防撞等级	埋入式端部立柱/中间端部立柱						装配式端部立柱/中间端部立柱					
	D	b	H	h	t	L_1	L	D	b	h	t	L_1	L
B	$\phi168$	5	1500	1000	9	50	4×130	$\phi168$	5	1000	9	50	4×130
A	$\phi194$	5	1680	1130	9	50	5×130	$\phi194$	5	1130	9	50	5×130

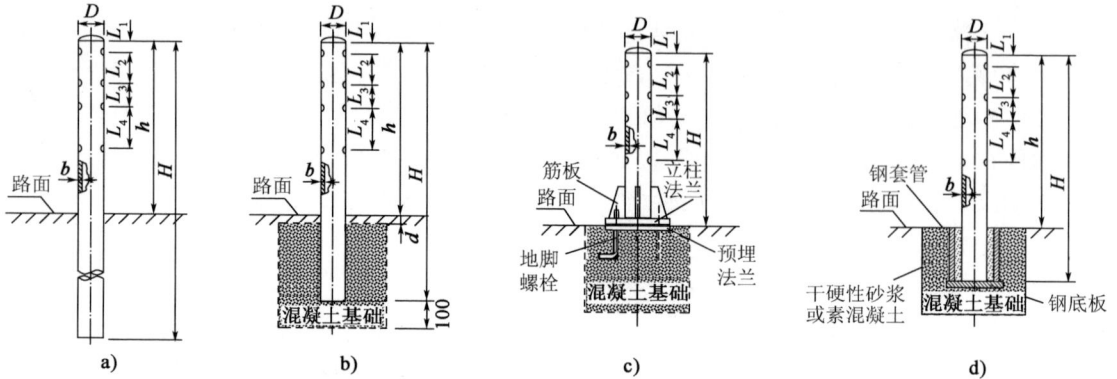

图 3-19　缆索护栏中间立柱结构(尺寸单位:mm)
a)埋入式(埋入土中);b)埋入式(埋入混凝土基础中);c)装配式;d)套管式

中间立柱规格(单位:mm)　　　　　表 3-11

防撞等级	安装方式	D	b	H	h	L_1	L_2	L_3	L_4	d
B	埋入土中	$\phi140$	4.5	2650	1000	50	130	140	290	—
	埋入混凝土中	$\phi140$	4.5	$1400+d$	1000	50	130	140	290	根据需要确定
	装配式	$\phi140$	4.5	1000	—	50	130	140	290	—
	套管式	$\phi140$	4.5	1305	1000	50	130	140	290	—
A	埋入土中	$\phi140$	4.5	2780	1130	50	260	140	290	—
	埋入混凝土中	$\phi140$	4.5	$1530+d$	1130	50	260	140	290	根据需要确定
	装配式	$\phi140$	4.5	1130	—	50	260	140	290	—
	套管式	$\phi140$	4.5	1435	1130	50	260	140	290	—

中间立柱安装构件规格(单位:mm)　　　　　表 3-12

防撞等级	安装方式	立柱法兰(边长×厚)	预埋法兰(边长×厚)	筋板(上宽×下宽×高×厚)	地脚螺栓	套管(直径×壁厚×高)	底板(边长×厚)	混凝土基础(长×宽×高)
B	埋入混凝土中	—	—	—	—	—	—	$500\times500\times500$
	装配式	方250×15	方250×10	$20\times50\times150\times10$	$4\text{-}M20\times600$	—	—	—
	套管式	—	—	—	—	$\phi245\times7\times305$	方255×5	—
A	埋入混凝土中	—	—	—	—	—	—	$600\times600\times500$
	装配式	方300×15	方300×10	$30\times70\times150\times10$	$4\text{-}M22\times650$	—	—	—
	套管式	—	—	—	—	$\phi245\times7\times305$	方255×5	—

缆索和索端锚具是护栏的重要部件。缆索采用具有较高强度和优良耐腐蚀性的热浸镀锌钢丝制造,每根缆索由 3 股 ×7 芯/股的钢丝(每芯直径为 2.86mm 的单丝)右拧制成,外径为 18mm(缆索的外径指缆索横断面的外接圆直径),如图 3-20 所示。索端锚具是缆索与端部立柱或中间端部立柱连接的部件,包括锚头、楔子、拉杆、紧固件等,如图 3-21 所示。

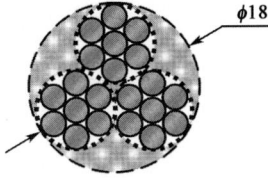

图 3-20 缆索横截面

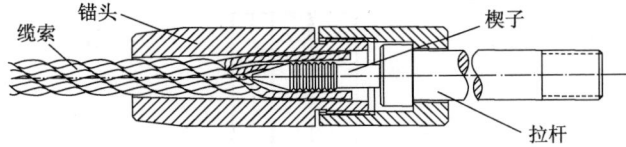

图 3-21 缆索锚具

缆索护栏的缆索和索端锚具应符合表 3-13 的规定。

缆索和索端锚具 表 3-13

防撞等级	缆 索				索 端 锚 具	
	根数(根)	初拉力(kN)	直径(mm)	间距(mm)	拉杆直径(mm)	全长(mm)
B	5	20	18	130	25	1200
A	6	20	18	130	25	1200

托架是用贯通立柱的螺栓安装在中间立柱上支撑并固定缆索的圆筒状装置。托架在固定缆索的同时把缆索悬置于立柱外,防止失控车辆在立柱处受到绊阻,以利于对车辆的导向。在托架上固定缆索的卡具通常采用 U 形螺栓。托架和卡具的结构见图 3-22、图 3-23 和表 3-14。

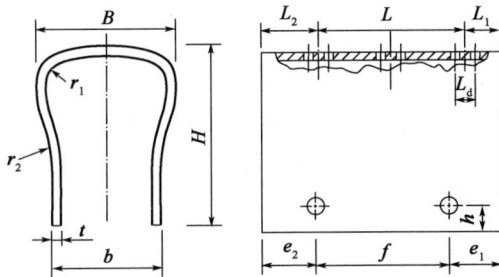

图 3-22 托架

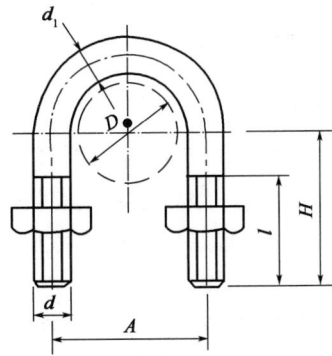

图 3-23 卡具

缆索护栏托架规格(单位:mm) 表 3-14

规格参数	上 托 架		下 托 架		规格参数	上 托 架		下 托 架	
	B 级	A 级	B 级	A 级		B 级	A 级	B 级	A 级
H	192	192	192	192	e_2	40	40	80	80
B	170	170	170	170	f	130	260	290	290
b	148	148	148	148	h	30	30	30	30
t	3.2	3.2	3.2	3.2	L_1	40	40	40	40
r_1	55	55	55	55	L_2	40	40	120	120
r_2	120	120	120	120	L	1×130	2×130	2×130	2×130
e_1	40	40	50	50	L_d	视 U 形螺栓而定		视 U 形螺栓而定	

间隔保持件(图3-24)是在立柱之间保持缆索间距的构件,用以防止缆索受到车辆撞击时被撑开,降低拦阻作用。按缆索护栏的防撞级别,间隔保持件也分为 B 级和 A 级两种。

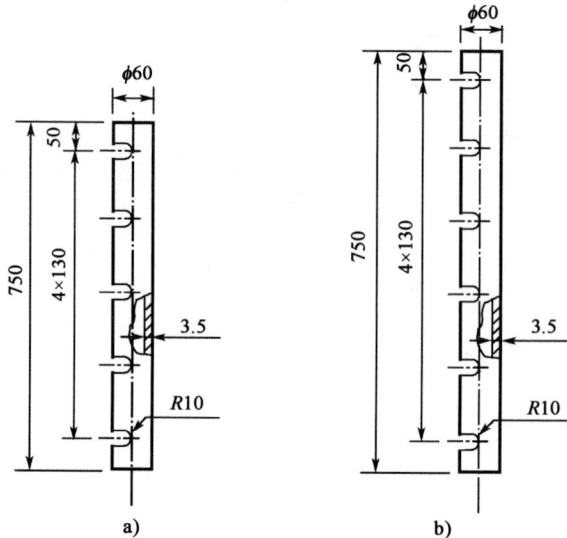

图 3-24　缆索护栏间隔保持件结构(尺寸单位:mm)
a)B 级;b)A 级

五、路基护栏设置

(一)设置原则

1.路侧护栏

路侧护栏可分为路堤护栏和障碍物护栏两大类。影响设置路堤护栏的主要因素是路堤高度和边坡坡度,一般根据越出路堤事故的严重度指数,画出路堤高度、坡度与设置护栏的关系图,以此作为设置路堤护栏的依据。路边障碍物护栏的设置依据是障碍物的特征和路侧安全净区能否得到满足。

我国路侧护栏的设置原则如下:

(1)车辆驶出路外有可能造成二次特大事故的路段必须设置路侧护栏。

(2)凡符合下列情况之一、车辆驶出路外有可能造成单车特大事故或二次重大事故的路段必须设置路侧护栏:

①二级及以上等级公路边坡坡度和路堤高度在图 3-25 的 I 区方格阴影范围之内的路段。

②路侧有江、河、湖、海、沼泽、航道等水域的路段。

(3)凡符合下列情况之一、车辆驶出路外有可能造成重大事故的路段,应设置路侧护栏:

①二级及以上等级公路边坡坡度和路堤高度在图 3-25 的 II 区斜线阴影范围以内的路段。

②高速公路、一级公路路侧安全净区内设有车辆不能安全穿越的照明灯、摄像机、可变信息标志、交通标志、路堑支撑壁、声屏障、上跨桥梁的桥墩或桥台等设施的路段。

③二级及以上等级公路路侧边沟无盖板、车辆无法安全穿越的挖方路段。

④三、四级公路路侧有悬崖、深谷、深沟等的路段。

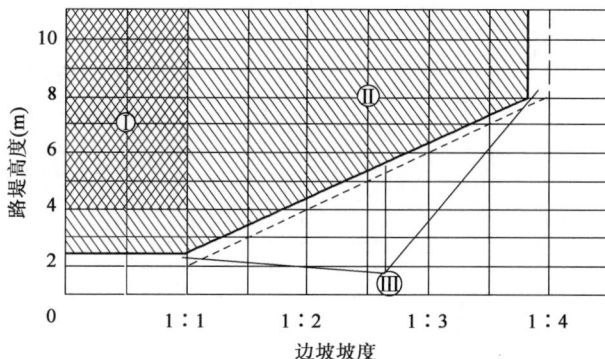

图 3-25　边坡坡度、路堤高度与护栏设置

（4）凡符合下列情况之一、经论证车辆驶出路外有可能造成一般或重大事故的路段宜设置路侧护栏：

①二级及以上等级公路边坡坡度和路堤高度在图 3-25 的Ⅲ区内的路段，三、四级公路边坡坡度和路堤高度在图 3-25 中Ⅰ区内的路段。

②二级及以上等级公路纵坡大于或等于《公路工程技术标准》（JTG B01—2014）规定的最大纵坡值的下坡路段和连续长下坡路段。

③二级及以上等级公路平曲线半径小于《公路工程技术标准》（JTG B01—2014）一般最小半径的路段外侧。

④在高速公路、一级公路用地范围内存在粗糙的石方开挖断面、高出路面 30cm 以上的混凝土基础、挡土墙或大孤石等障碍物时。

⑤高速公路、一级公路互通式立体交叉出口匝道的三角地带及匝道小半径圆曲线外侧。

（5）根据车辆冲出路外有可能造成的交通事故等级，应按表 3-15 的规定选取路侧护栏的防撞等级。因公路线形、运行速度、填土高度、交通量和车辆构成等因素易造成更严重碰撞后果的路段，应在表 3-15 的基础上提高护栏的防撞等级。

路基护栏防撞等级的适用条件　　　　表 3-15

公路等级	设计速度（km/h）	车辆冲到路外或对向车道可能造成的交通事故等级		
		一般事故或重大事故	单车重大事故或二次重大事故	二次特大事故
高速公路	120	A、Am	SB、SBm	SS
	100、80			SA、SAm
一级公路	100、80			SB、SBm
	60		A、Am	
二级公路	80、60	B	A	SB
三级公路	40、30		B	A
四级公路	20			

（6）路侧护栏最小设置长度应符合表 3-16 的规定；相邻两段路侧护栏的间距小于表 3-16 中规定的最小长度时宜连续设置，将两段护栏连接起来。最小设置长度是指护栏的标准段、渐变段和端头所构成的总长度。如果护栏设置长度过短，不仅影响美观，而且不能发挥护栏作为连续构造的整体作用和导向功能，增加碰撞的危险性。

路侧护栏的最小设置长度　　　　　　表 3-16

公路等级	护栏类型	最小长度（m）	公路等级	护栏类型	最小长度（m）	公路等级	护栏类型	最小长度（m）
高速公路、一级公路	波形梁护栏	70	二级公路	波形梁护栏	48	三、四级公路	波形梁护栏	28
	混凝土护栏	36		混凝土护栏	24		混凝土护栏	12
	缆索护栏	300		缆索护栏	120		缆索护栏	120

2. 中央分隔带护栏

（1）当整体式断面中间带宽度小于或等于 12m 时，必须设置中央分隔带护栏；大于 12m 时，应分路段确定是否设置中央分隔带护栏。

（2）公路采用分离式断面时，行车方向左侧应按路侧护栏设置；上、下行路基高差大于 2m 时，可只在路基较高的一侧按路侧护栏设置。

（3）高速公路和禁止车辆掉头的一级公路中央分隔带开口处，必须设置活动护栏。

（4）根据车辆驶入对向车道有可能造成的交通事故等级，应按表 3-15 的规定选取中央分隔带护栏的防撞等级。因公路线形、运行速度、填土高度、交通量和车辆构成等因素易造成更严重碰撞后果的路段，应在表 3-15 的基础上提高护栏的防撞等级。

（二）形式选择

刚性护栏、半刚性护栏和柔性护栏都可用作路基护栏，主要代表形式包括混凝土护栏、波形梁护栏、缆索护栏等。选择护栏形式时，应根据道路的具体情况，综合考虑护栏安全性、经济性以及环境因素、景观因素、实际使用效果等进行选择。

1. 安全性

安全性是护栏设计首要的考量。所选取的护栏形式必须能有效吸收设计碰撞能量，阻止失控车辆越出路外或进入对向车道，并正确改变其行驶方向。在严格防止车辆冲出路外、造成更严重的二次事故的地方，应选用刚性护栏；而在其他地方，则应考虑选用可变形的半刚性或柔性护栏，以减轻对车辆和人员的损害，但碰撞后护栏的最大动态变形量，不应超过护栏与被防护对象之间容许的距离。由于横向动态变形较大，一般情况下缆索护栏只适用于路侧，而不宜在 4.5m 以下宽度的中央分隔带设置。

2. 经济性

应从全寿命周期成本的角度全面综合衡量护栏的经济性，除初期建设成本外，还应考虑投入使用后的养护成本、养护工作量大小和养护的方便程度，综合考虑常规养护、事故养护、材料储备和养护方便性等因素。通常，混凝土护栏成本和维修费用较低；波形梁护栏维护方便、费用较低；缆索护栏施工较复杂，设置长度短时不够经济。

3. 环境因素

应充分考虑道路沿线的气象条件、环境腐蚀程度和护栏本身对视距的影响等因素。例如，在北方寒冷地区，混凝土墙式护栏会造成严重的风吹积雪，而梁柱式、缆索式护栏就不会产生这个问题；在多雾地区，缆索护栏由于良好的通透性容易导致视觉诱导性不足，而连续结构的波形梁护栏、混凝土墙式护栏则有很好的视觉诱导性；在海滨、盐湖、盐碱地等区域，金属护栏在高湿度、高氯离子的空气和地下水环境中更容易被腐蚀;等等。

4.景观因素

护栏设置对于道路沿线景观的影响也应给予考虑。缆索护栏外形美观、通透性好、不遮挡两边景观,适合景区道路,但其视线诱导性、夜间视认性较差,用于防护悬崖深谷会使驾驶员和乘客产生恐惧感;波形梁护栏外形较美观,容易与道路线形相协调,视线诱导性较好;混凝土墙式护栏视线诱导性好,但通透性很差,单调乏味,有较强的压迫感。对景观有特殊要求的道路可选择外观自然、与周围环境相融合、协调的护栏,但不得降低护栏防撞等级。

5.道路具体情况和实际使用效果

护栏所在位置的现场条件如路肩和中央分隔带宽度、公路的边坡坡度等,可影响某些形式护栏的使用。应尽量使用所在地区实践经验表明效果较好的护栏形式,避免已有护栏在使用中存在的缺陷。

(三)设置方法

1.混凝土护栏

(1)常用的路侧混凝土护栏防撞等级采用 A、SB、SA 和 SS 四级,中央分隔带混凝土护栏防撞等级采用 Am、SBm 和 SAm 三级。

(2)路侧混凝土墙式护栏的基础可采用座椅和桩基两种方式。座椅方式是将护栏基础嵌锁在路面结构中,借助路面结构对基础腿部位移的抵抗力来提高护栏的抗倾覆稳定性,如图 3-26a)所示;基础应配置适量的构造钢筋,并与护栏钢筋牢固焊接。桩基方式是在现浇路侧混凝土护栏前先打入钢管桩,钢管桩规格为 $\phi140\text{rnm} \times 4.5\text{mm}$,长 900~1200mm,纵向间距为 100cm。钢管桩必须牢固埋入基座中,并与混凝土护栏联成整体,如图 3-26b)所示。

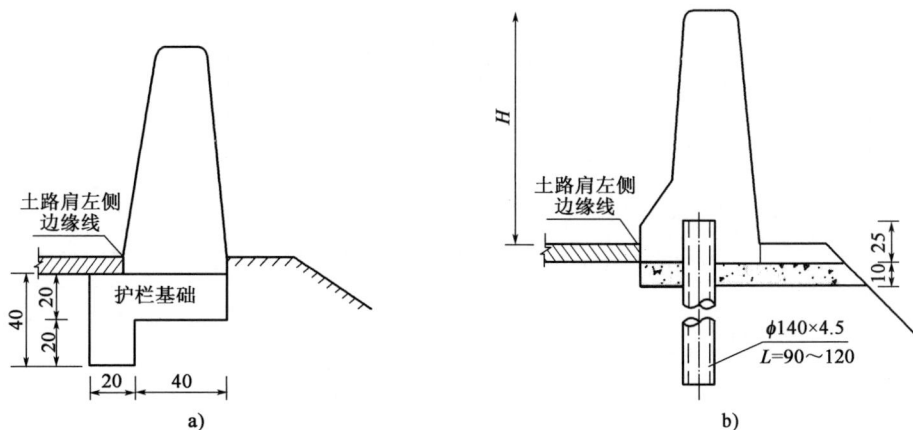

图 3-26 路侧混凝土墙式护栏的基础(尺寸单位:cm)

a)座椅方式;b)桩基方式

(3)中央分隔带混凝土墙式护栏可采用整体式或分离式,可根据中央分隔带的宽度、构造物和管线的分布加以确定。设置监控、通信、电力管线等设施的中央分隔带,在宽度大于 2m 时,可采用分离式混凝土护栏;分离式混凝土护栏下设置枕梁,背部应设置支撑块,中间可填充种植土进行绿化[参见图 3-7c)],顶部间距不应小于 40cm。但这种形式造价偏高,视觉通透性较差。

(4)在中央分隔带内有桥墩、标志立柱、照明灯柱等设施时,混凝土护栏可根据构造物的大小与特点做围绕包封加宽处理,但加宽部分不得侵入公路建筑限界;为避免车辆碰撞混凝土护栏时将碰撞力传递到中央分隔带内的构造物,并保证混凝土护栏变形的需要,应避免将混凝土护栏与中央分隔带内的构造物浇筑成整体;在加宽段与标准段之间应设置渐变段,加宽段与渐变段的总长度不应小于 20 倍的加宽宽度,且过渡段偏角不宜大于 2°,侧面形状应与标准段保持一致,如图 3-27 所示。

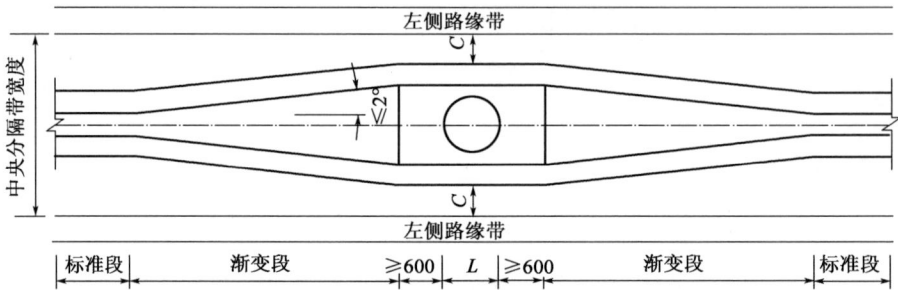

图 3-27   中央分隔带混凝土墙式护栏加宽段(尺寸单位:cm)
L-被包封设施的长度;C-中央分隔带建筑界限值

(5)现浇混凝土护栏块之间的纵向连接,可按平接头加传力钢筋处理。预制混凝土护栏块之间可采用企口[图 3-28a)]或连接栓[图 3-28b)]进行纵向连接,前者适用于 A 和 Am 级混凝土护栏,后者适用于其他防撞等级的混凝土护栏。

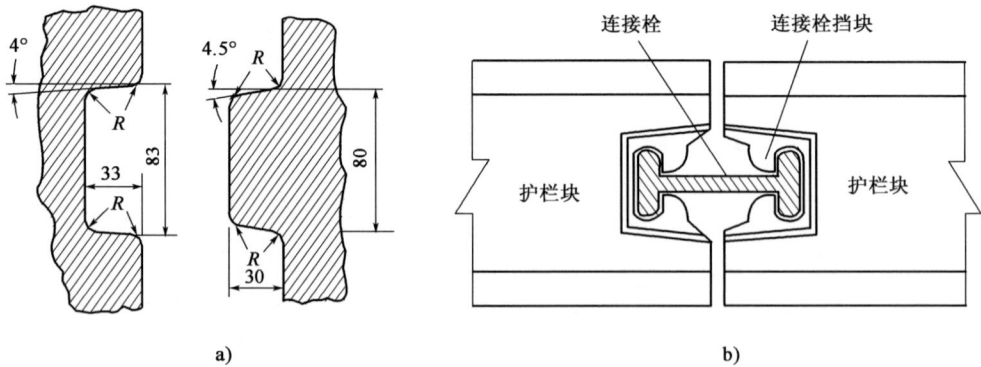

图 3-28   预制混凝土护栏块的纵向连接(尺寸单位:mm)
a)企口方式;b)连接栓方式

(6)在中央分隔带混凝土墙式护栏的起、终点和开口处,应进行端头处理,端头的构造如图 3-29 所示。端头的基础处理方式应与其连接的混凝土护栏相一致,端头与标准段混凝土护栏的结合处断面形状应统一。

(7)考虑到美观和模具制造的便利等因素,在同一条道路上应采用相同的混凝土护栏构造形式。

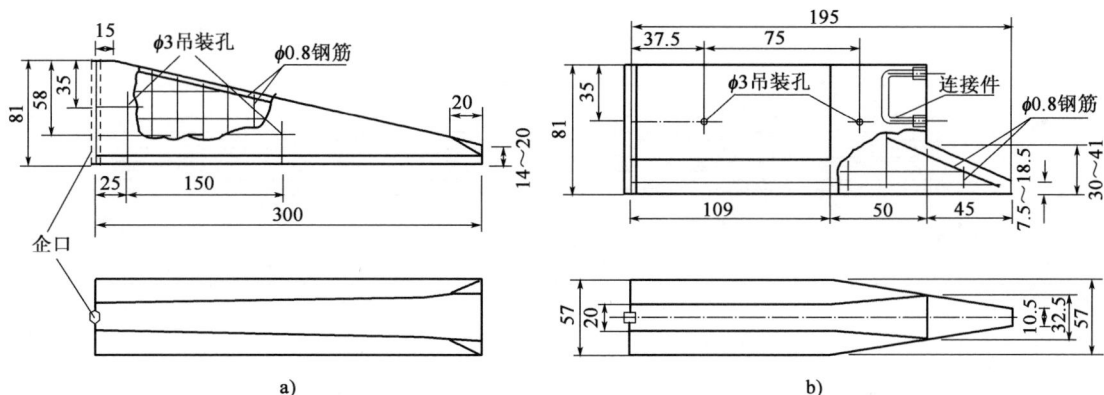

图 3-29 混凝土墙式护栏端头构造(尺寸单位:cm)
a)斜坡式;b)尖头式

2.波形梁护栏

(1)常用路侧波形梁护栏按防撞等级采用 B、A、SB、SA、SS 五级,常用中央分隔带波形梁护栏按防撞等级采用 Am、SBm、SAm 三级。路侧波形梁护栏中,B、A 级为二波梁,SB、SA、SS 级为三波梁;中央分隔带波形梁护栏中,Am 级为二波梁,SBm、SAm 级为三波梁。

(2)中央分隔带波形梁护栏可采用分设型[参见图 3-15g)、h)]或组合型[参见图3-15f)],可根据中央分隔带的宽度、构造物和管线的分布加以确定。

(3)波形梁护栏沿道路横断面设置的位置应符合下列规定:路侧波形梁护栏应位于道路土路肩内,护栏面可与土路肩左侧边缘线或路缘石左侧立面重合,立柱外侧土路肩保护层厚度不应小于25cm;中央分隔带分设型和组合型波形梁护栏宜以道路中心线为轴对称设置,当中心线位置内有构造物、地下管线时可适当调整护栏的横向设置位置或改变护栏形式;护栏的任何部分不得侵入公路建筑界限以内。

(4)路侧波形梁护栏沿道路的纵向设置如图 3-30 和表 3-17 所示。波形梁板在立柱处应搭接连接,搭接方向为:行车方向下游的波形梁板接头应被压在上游波形梁板接头的下方,以避免车辆碰撞时下游波形梁板的端面刺破驾驶舱。

路侧波形梁护栏沿道路的纵向设置参数(单位:mm) 表 3-17

防撞等级	L	L_1	L_e	h	防撞等级	L	L_1	L_e	h	防撞等级	L	L_1	L_e	h
B、A	4000	2000	450	600	SA	3000	1500	467	697	SB、SS	2000	1000	467	697

注:在路侧土方小半径路段,小桥、通道、明涵路段,石方,挡土墙小半径路段,立柱间距采用 L_1;其余路段立柱间距采用 L。

中央分隔带波形梁护栏沿道路的纵向设置如图 3-31 和表 3-18 所示。波形梁板搭接方向的要求与路侧波形梁护栏相同。

中央分隔带波形梁护栏沿道路的纵向设置参数(单位:mm) 表 3-18

防撞等级	L	L_1	h	防撞等级	L	L_1	h
Am	4000	2000	600	SBm、SAm	2000	1000	697

注:在中央分隔带土方小半径路段,小桥、通道、明涵路段,石方,挡土墙小半径路段,立柱间距采用 L_1;其余路段立柱间距采用 L。

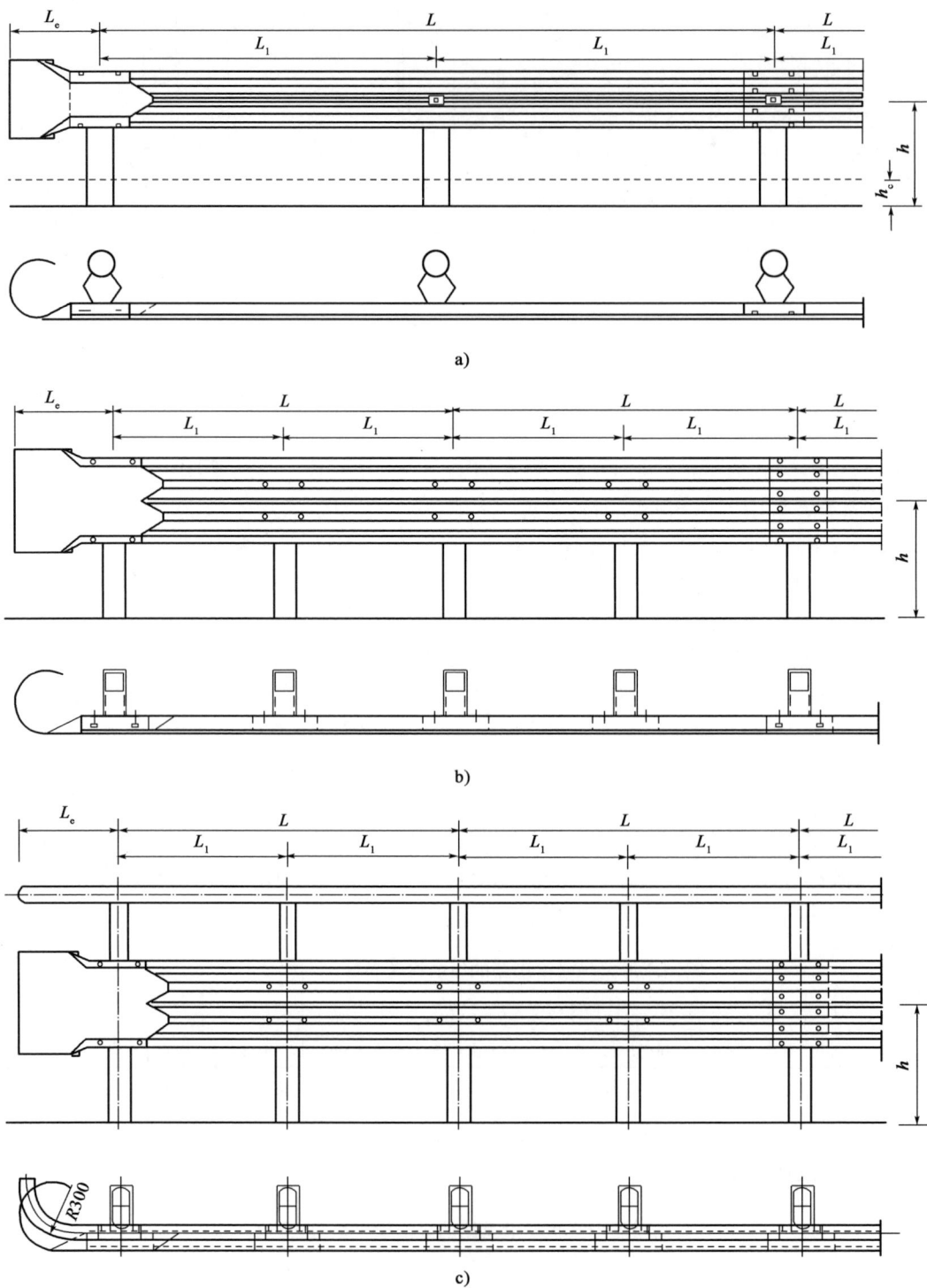

图 3-30　路侧波形梁护栏纵向设置(尺寸单位:mm;h_c 为路缘石高度)

a) A 级;b) SB 级;c) SS 级

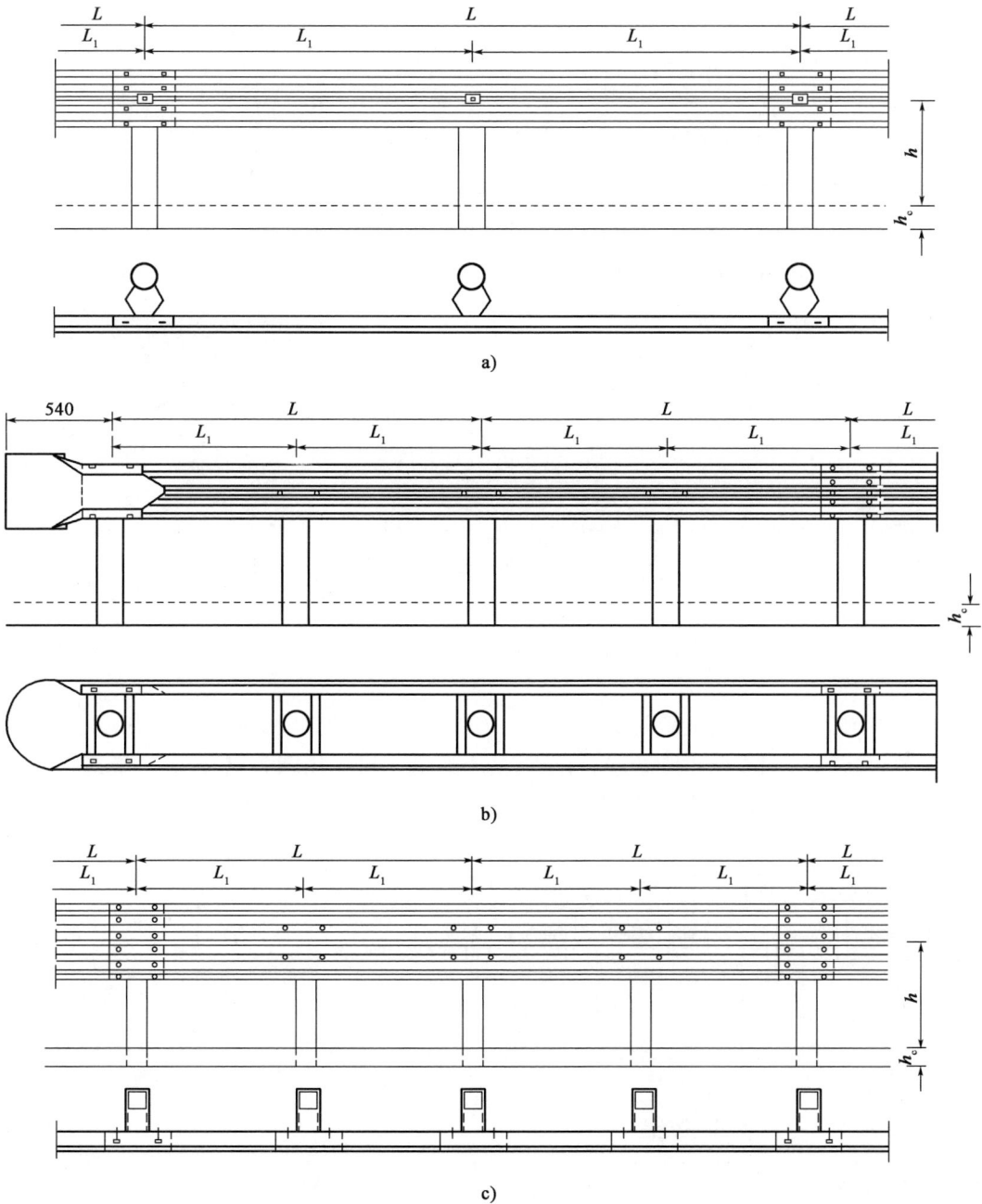

图 3-31　中央分隔带波形梁护栏纵向设置(尺寸单位:mm;h_c 为路缘石高度)
a)Am 级(分设型);b)Am 级(组合型);c)SBm 级

(5)波形梁护栏立柱的埋深(从路面起算)应符合表 3-19 的规定。

(6)波形梁护栏横梁中心高度应符合下列规定:波形梁护栏二波梁中心(与立柱连接的螺栓孔中心)高度从路面算起为 600mm,三波梁中心(中间波纹的顶点)高度从路面算起为 697mm;如果护栏面与路缘石左侧立面不重合,上述高度还应增加路缘石的高度。

波形梁护栏立柱的埋深
表 3-19

埋设基础		防撞等级	埋深(cm)
土基		B	≥125
		A	≥140
		SB、SBm、SA、SAm、SS	≥165
混凝土基础	小桥、通道、明涵等	各级	≥30
	石方、地下有管线等路段	各级	≥40

（7）波形梁护栏在起、讫点和开口处应进行端头处理。护栏端头主要有圆头式和地锚式（图3-32），两者又都可以做成直线和外展两种纵向布设形式（图3-32所示均为直线式布设）。

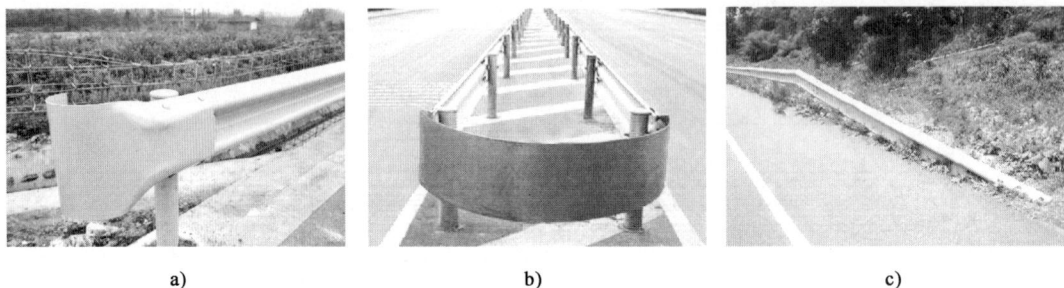

a)　　　　　　　　　　　b)　　　　　　　　　　　c)

图 3-32　波形梁护栏端头形式

a)圆头式（路侧）；b)圆头式（中央分隔带）；c)地锚式

①路侧护栏。

路侧护栏在行车方向的上游端头宜设置为外展地锚式（图3-33）或外展圆头式（图3-34），端头与护栏标准段之间应设置渐变段；行车方向下游端头可采用圆头式，并与标准段护栏成一直线设置，如图3-35所示；在填挖路基交界处护栏起点端头的位置，应从填挖零点向挖方延伸20m，并设置为外展圆头式。

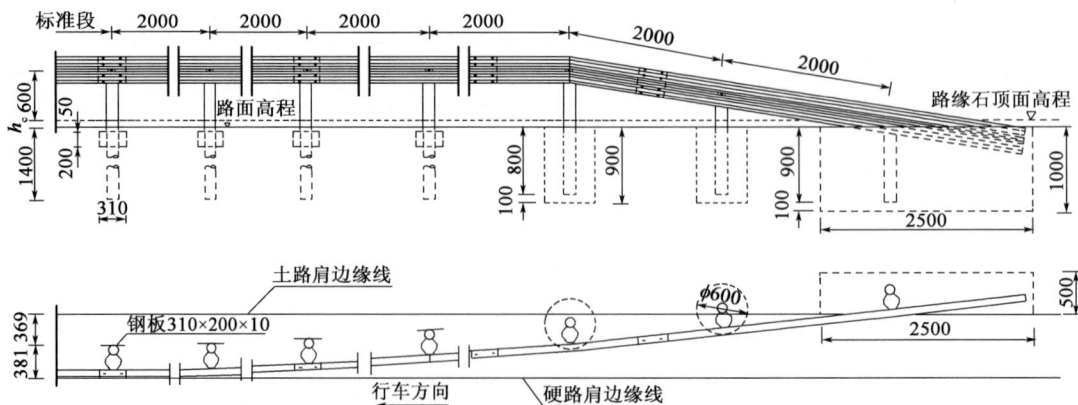

图 3-33　路侧波形梁护栏外展地锚式端部设置（尺寸单位：mm；h_c 为路缘石高度）

交通分流处三角地带的波形梁护栏构造应与路侧护栏相一致，并根据三角地带的线形和地形进行布设，其中靠道路主线一侧8m范围内和靠匝道一侧8m范围内立柱间距应减半，并用圆形端头把三角地带两侧的护栏连接起来；在迎交通流方向的危险三角地带范围应设置缓冲设施，如图3-36所示。

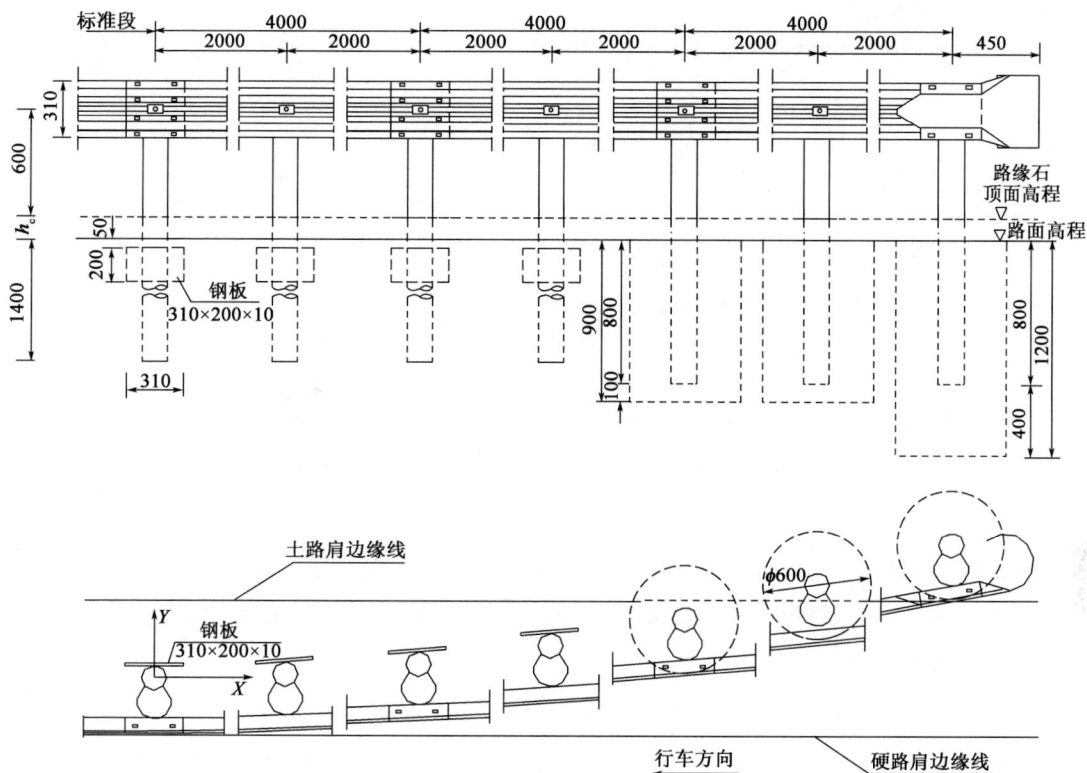

图 3-34 路侧波形梁护栏外展圆头式端部设置(尺寸单位:mm;h_c 为路缘石高度)

图 3-35 行车方向下游路侧波形梁护栏的端部设置

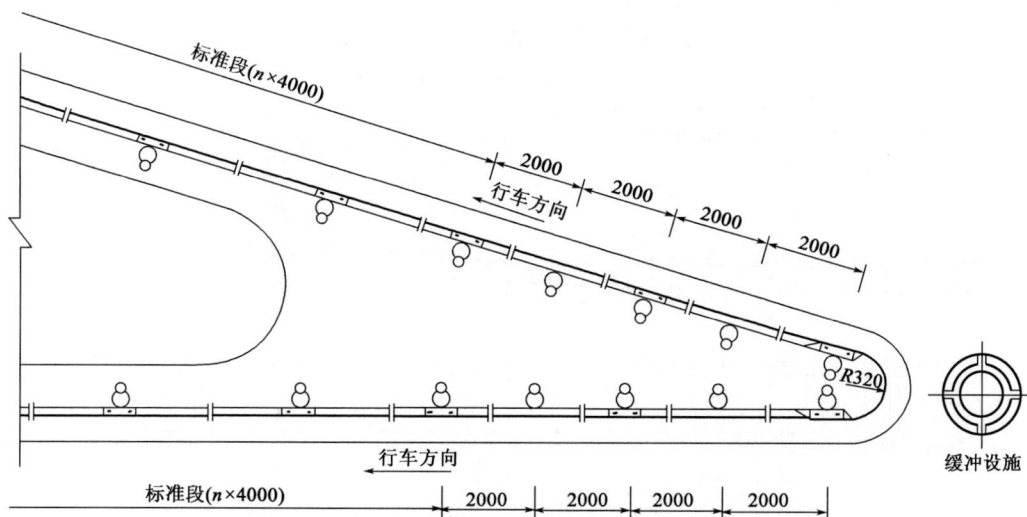

图 3-36 交通分流区波形梁护栏端部设置(尺寸单位:mm)

路侧设有紧急电话处,护栏应留有开口并进行端头处理。开口处应位于行车方向下游距紧急电话 1～2m 处,如图 3-37 所示。

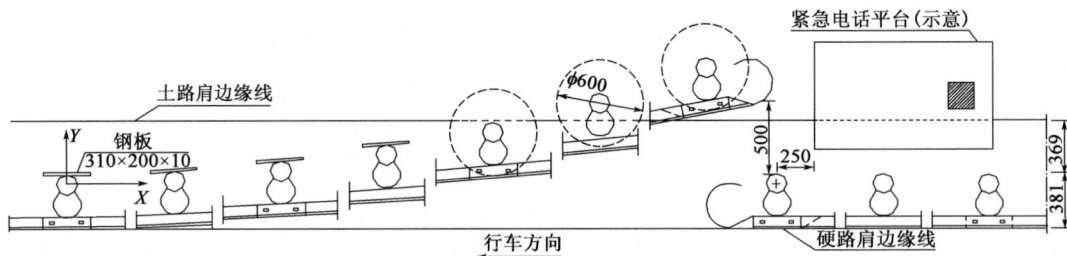

图 3-37　紧急电话处路侧波形梁护栏端部设置(尺寸单位:mm)

隧道入口处的路侧波形梁护栏端部,宜以抛物线形向洞口壁延伸并设置圆形端头,如图 3-38 所示;隧道出口处的路侧波形梁护栏可采用与隧道壁搭接的方式,端部护栏板应进行斜面焊接处理。

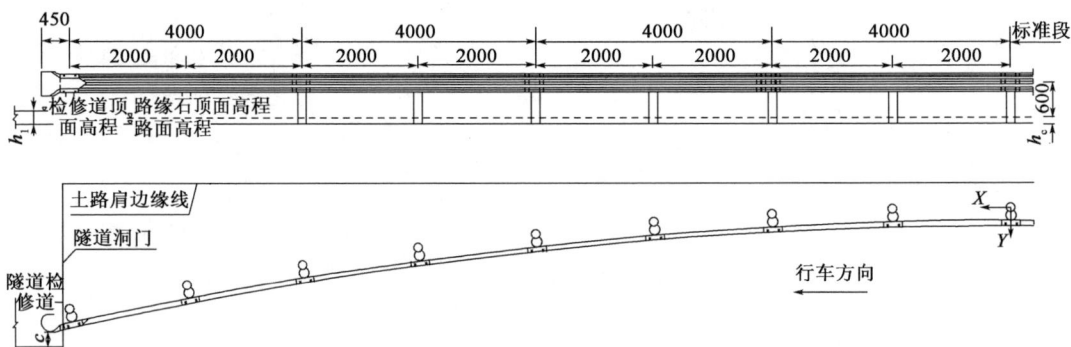

图 3-38　隧道洞口处路侧波形梁护栏端部设置(尺寸单位:mm;h_c 为路缘石高度)

②中央分隔带护栏。

中央分隔带波形梁护栏端头通常采用圆头式。标准路段采用分设型波形梁护栏时,其端头及过渡段线形应与中央分隔带相一致,立柱间距为 2m,如图 3-39a) 所示;标准路段采用组合型波形梁护栏时,可以圆形端头开始或结束,如图 3-39b) 所示。

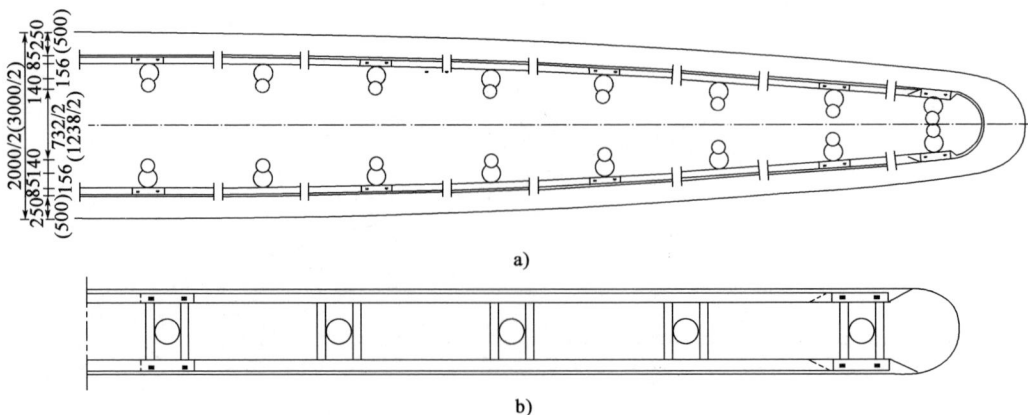

图 3-39　中央分隔带波形梁护栏端部设置(尺寸单位:mm)
a)分设型;b)组合型

3. 缆索护栏

（1）常用路侧缆索护栏按防撞等级分为 B、A 两级。由于在车辆碰撞时会产生很大的横向动态变形,缆索护栏通常不用于桥梁和中央分隔带（特别是宽度小于 4.5m 的中央分隔带）,而只用做路基路侧护栏。

（2）缆索护栏沿道路横断面设置的位置应符合下列规定:路侧缆索护栏应位于道路土路肩内,护栏面可与土路肩左侧边缘线或路缘石左侧立面重合,立柱外侧土路肩保护层厚度不应小于 25cm;中央分隔带缆索护栏宜以道路中心线为轴对称设置,当中心线位置内有构造物、地下管线时可适当调整护栏的横向设置位置;护栏的任何部分不得侵入公路建筑界限以内。

（3）路侧缆索护栏沿道路的纵向设置如图 3-40 所示。设置于直线路段土基中的中间立柱间距 L 不宜大于 7m,曲线路段根据表 3-20 调整立柱间距;设置于混凝土基中的中间立柱间距 L 不宜大于 4m。

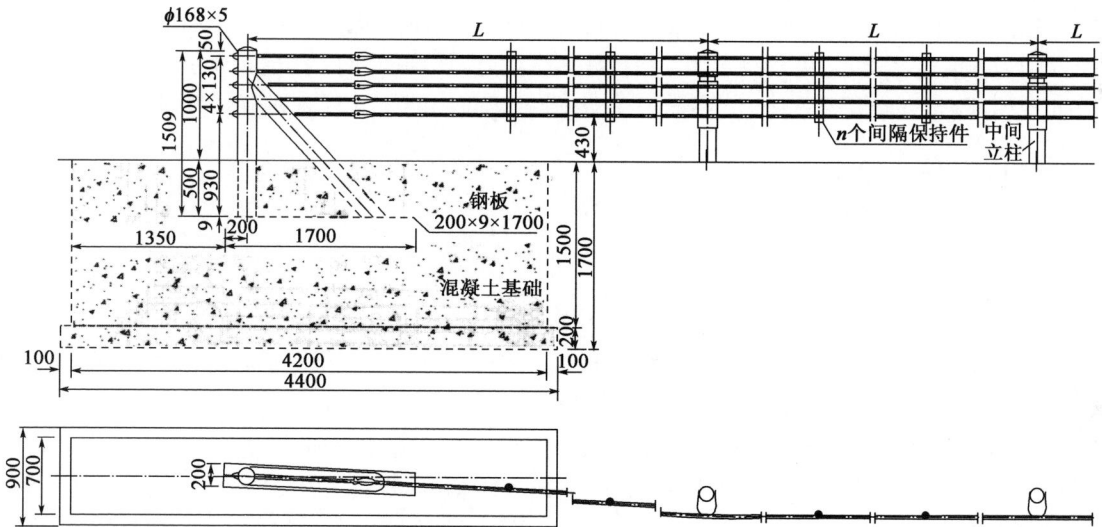

图 3-40　路侧缆索护栏（B 级）纵向设置（尺寸单位:mm）

曲线路段缆索护栏中间立柱在土基中的间距　　　　表 3-20

防撞等级	道路曲线半径 $R(m)$	立柱间距 $L(m)$	防撞等级	道路曲线半径 $R(m)$	立柱间距 $L(m)$
B、A	$120 \leqslant R \leqslant 200$	4	B、A	$R > 300$	6
	$200 \leqslant R \leqslant 300$	5		$R = \infty$	$\leqslant 7$

当缆索护栏的设置长度超过 300m（人工施工）或 500m（机械施工）时,应设置中间端部立柱。中间端部立柱需要成对设置,可以按图 3-17 所示的"背靠背"方式布设,一对中间端部立柱形成直线式结构;也可以采用相互交叠的方式布设,就是下一段护栏的中间端部立柱后退 3 跨,与上一段护栏在接续处相互交叠 12～21m,一对中间端部立柱形成交叠式结构。

（4）缆索护栏端部立柱、中间端部立柱和中间立柱的埋设结构和尺寸如图 3-40 和表 3-21 所示。在通过小桥、通道、明涵等无法打入缆索的路段,有地下管线的路段,或其他不能达到规定埋深的路段,中间立柱可设置于混凝土基础中。

路侧缆索护栏立柱埋设结构参数 表3-21

立柱类型	防撞等级	地面以上高度（cm）	埋入深度①（cm）	混凝土基础			
				长度（cm）	宽度（cm）	高度（cm）	体积（m³）
端部立柱	B	100	—/50	420	70	150	4.4
	A	113	—/55	500	70	160	5.6
中间端部立柱	B	100	—/50	420	70	150	4.4
	A	113	—/55	500	70	180	6.3
中间立柱②	B	100	165/40	50	50	50	0.125
	A	113	165/40	60	60	50	0.18

注:①埋入深度表示为"土基埋入深度/混凝土基埋入深度"。

②中间立柱的混凝土基础尺寸不包括预埋套筒和预埋地脚螺栓两种方式。

（5）缆索护栏最上面一根缆索的高度为950mm（B级）或1080mm（A级），最下面一根缆索的高度均为430mm；如果护栏面与路缘石左侧立面不重合，上述高度还应增加路缘石的高度。

（6）路侧缆索护栏立柱外侧土路肩保护层厚度小于25cm时，宜设置加强板或混凝土基础。中央分隔带立柱采用棍凝土基础时，宜将同一断面的两个立柱基础联成整体。

六、桥梁护栏设置

（一）设置原则

（1）高速公路桥梁的外侧和中央分隔带必须设置桥梁护栏。

（2）一级、二级干线公路的桥梁必须设置路侧护栏和中央分隔带护栏；一级、二级集散公路的桥梁应设置路侧护栏，宜设置中央分隔带护栏。

（3）跨越深谷、深沟、江河湖泊的三、四级公路桥梁应设置路侧护栏，位于其他路段经综合论证可不设置护栏的桥梁应设置视线诱导设施或人行栏杆。

（4）根据车辆驶出桥外或冲入对向车行道有可能造成的交通事故等级，按表3-22的规定选取桥梁护栏的防撞等级。因桥梁线形、运行速度、桥梁高度、交通量和车辆构成等因素易造成更严重碰撞后果的路段，应在表3-22的基础上提高护栏的防撞等级。

桥梁护栏防撞等级的适用条件① 表3-22

公路等级	设计速度（km/h）	车辆冲到桥外可能造成的交通事故等级	
		重大事故或特大事故	二次重大事故或二次特大事故
高速公路	120	SB、SBm	SS
	100、80		SA、SAm
一级公路	100、80		
	60	A、Am	SB、SBm
二级公路	80、60	A	SB
三级公路	40、30	B	A
四级公路	20		

注:①二级及以上技术等级公路的小桥、通道、明涵的护栏防撞等级宜与相邻的路基护栏相同。

（5）分离式桥梁的中央分隔带宽度大于标准段时,护栏应按路侧桥梁护栏的防撞等级进行设计。

（6）通常缘石不要与护栏一起使用;如果必须一起使用,则应把缘石设在护栏的内侧或与护栏内立面对齐,并且缘石的高度尽可能低。

（7）桥梁护栏的任何部分不得侵入公路建筑界限以内。

（二）形式选择

桥梁护栏的形式包括钢筋混凝土墙式、钢筋混凝土梁柱式刚性护栏,金属梁柱式半刚性护栏,以及组合式护栏。桥梁护栏形式的选择对其在安全、美观、耐用性、养护等方面的作用具有很大影响。选择桥梁护栏形式时,主要考虑下列因素:

1. 安全性

桥梁护栏必须严格阻止失控车辆冲出桥外或进入对向车道,受碰撞后的最大动态变形量不应超过可容许的变形距离。常用路侧桥梁护栏的防撞等级可采用 B、A、SB、SA、SS 五级,中央分隔带桥梁护栏的防撞等级可采用 Am、SBm、SAm 三级。

未设置专用人行道或人行道未与车行道隔离设置的桥梁,应在综合分析车辆冲出桥外是否发生二次事故的基础上,按表 3-22 选取护栏防撞等级。人行道与车行道隔离设置的桥梁,在人行道与车行道分界处,应按车辆冲出桥外可能造成重大、特大事故的等级按表 3-22 选取护栏防撞等级;在人行道外侧边缘,应设置高度为 110～120cm 的人行栏杆。

如果单排护栏不能达到设计要求的防撞等级,可采用设置双排护栏的方法,双排护栏的防撞等级选择可参照有人行道桥梁护栏的设置原则。

从减小桥梁自重、减轻车辆碰撞荷载对桥面板影响的角度考虑,宜采用金属梁柱式护栏。条件成熟时,可采用新型结构和轻型材料,以提高桥梁护栏的防撞性能、减少桥梁的自重。

2. 环境因素

桥梁护栏应充分考虑当地环境和气象条件。跨越大片水域的特大桥或桥下净空 ≥10m 时,宜采用组合式护栏或混凝土墙式护栏;积雪严重的地区宜采用金属梁柱式护栏或组合式护栏。

3. 景观要求

桥梁护栏应与桥梁形式、周围景观相协调,起到美化桥梁建筑的作用。通常,钢桥应采用金属梁柱式桥梁护栏;对景观有特殊要求的桥梁宜选用梁柱式护栏或组合式护栏;二级及以上等级公路小桥、通道、明涵由于跨径较短,宜采用与相邻路基护栏同样的形式。

4. 经济性

虽然护栏的建造成本只占桥梁总建造费用的很小一部分,但其服役时间较长,应考虑桥梁护栏的全寿命周期成本,除初期建设成本外,还应考虑投入使用后的养护维修等综合成本。

（三）设置方法

1. 混凝土墙式护栏

（1）混凝土墙式护栏沿桥梁横断面的设置位置如图 3-41 所示,图中尺寸参数与相应形式的混凝土墙式路基护栏相同（参见表 3-6）。未经试验验证,不得随意改变护栏迎撞面的截面形状,但其背面可根据实际情况采用合适的形状。护栏迎撞面混凝土的钢筋保护层厚度不得小于4.0cm。

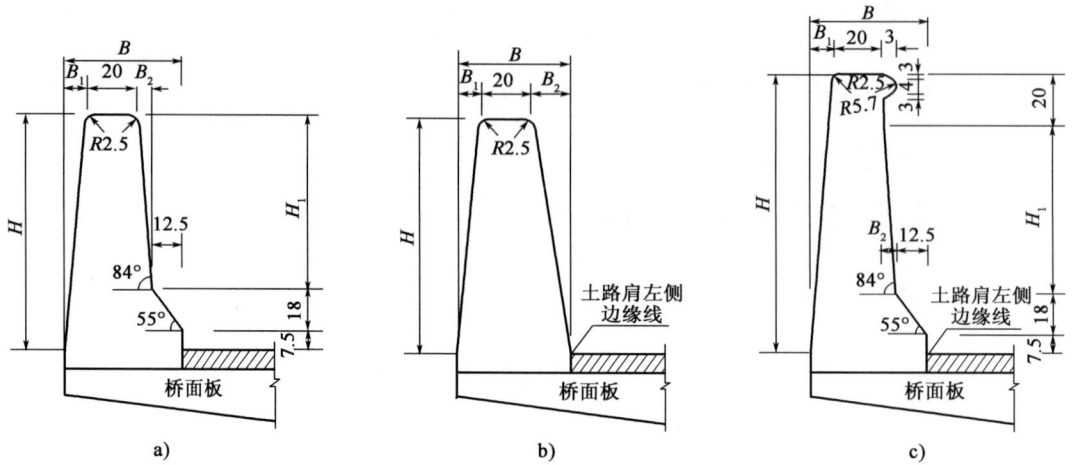

图3-41 混凝土墙式护栏在桥梁横断面的设置(尺寸单位:cm)

a)F型;b)单坡型;c)加强型

(2)混凝土墙式护栏在桥面伸缩缝处应断开,其间隙不应大于桥面伸缩缝的设计位移量。

(3)当桥梁护栏与路基护栏的结构形式不同时,应设计过渡段。过渡段应采用设置端部翼墙或将半刚性护栏搭接在刚性护栏上的方式,如图3-42、图3-43所示。端部翼墙可由桥梁护栏端部改造而成,也可在路基段独立设置;采用搭接方式时,路基段护栏应进行加强处理,长度不宜短于10m。

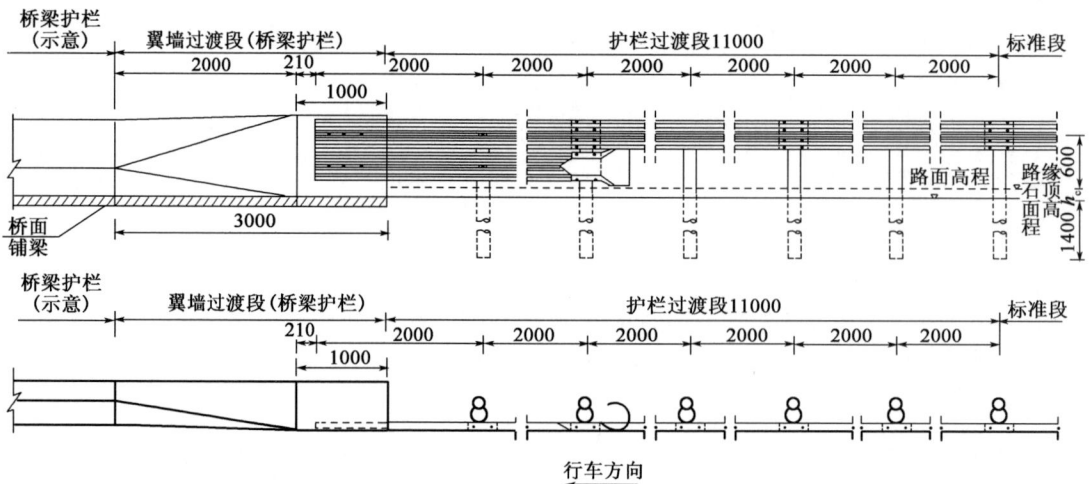

图3-42 混凝土墙式护栏在桥梁横断面的设置(尺寸单位:mm;h_c为路缘石高度)

当靠近桥头的路基段没有设置安全护栏时,应按路基护栏设置条件设计路基段护栏,再进行过渡段设计。

(4)混凝土墙式桥梁护栏采用现浇法施工时,与桥面的连接应通过护栏钢筋与桥梁预埋钢筋连接在一起的方式形成整体;采用预制件施工时,通过锚固螺栓等连接件将桥梁与护栏连接在一起形成整体。

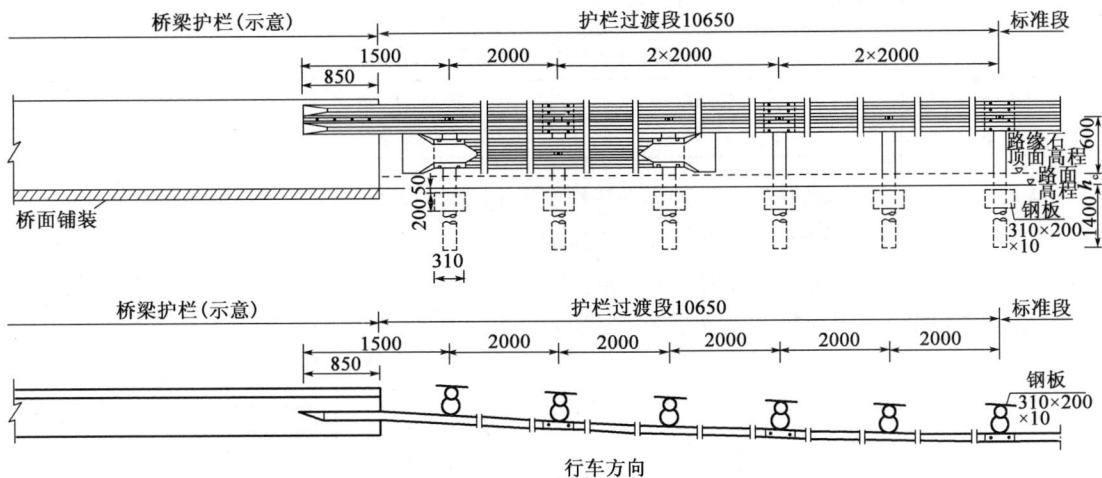

图 3-43 混凝土墙式护栏在桥梁横断面的设置(尺寸单位:mm;h_c 为路缘石高度)

2.混凝土梁柱式护栏

(1)B、A、Am 防撞等级的桥梁护栏可以采用钢筋混凝土梁柱式护栏。

(2)混凝土梁柱式护栏沿桥梁横断面的设置位置参见图 3-8 和表 3-8。

(3)混凝土梁柱式护栏在桥面伸缩缝处应断开,其间隙不应大于桥面伸缩缝的设计位移量;在伸缩缝两端应设置端部立柱。

(4)混凝土梁柱式护栏与桥面的连接可采用混凝土墙式护栏与桥面的连接方法。

3.金属梁柱式护栏

(1)高速公路、一级公路的桥梁不宜设置缘石(护轮带);否则,缘石高度 D 宜控制在 5 ~ 10cm 之间,金属梁柱式桥梁护栏内立面宜与缘石内侧面对齐,如图 3-44 所示。

(2)应采用阻挡式金属梁柱护栏,这种护栏横梁向内突出于立柱立面,在碰撞时避免翻车及车辆被立柱绊阻方面,比非阻挡式金属梁柱护栏(横梁与立柱处于同一立面)性能更好,如图 3-45 所示。

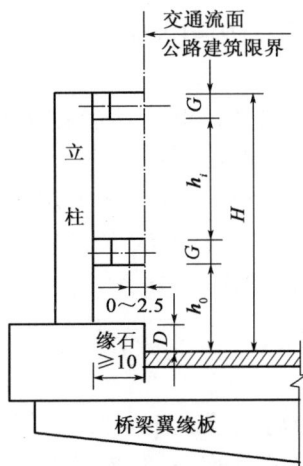

图 3-44 金属梁柱式护栏在桥梁横断面设置(尺寸单位:cm)

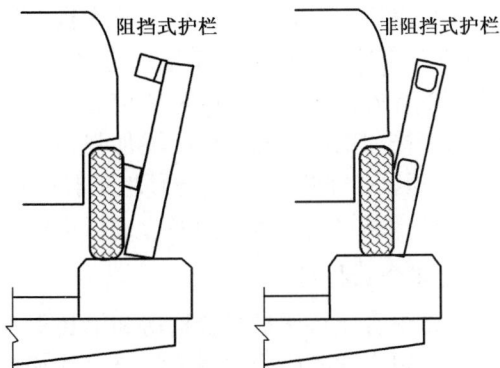

图 3-45 阻挡式与非阻挡式金属梁柱护栏

（3）金属梁柱式桥梁护栏立柱间距应符合表3-23的规定。

金属梁柱式桥梁护栏立柱间距　　　　表3-23

防撞等级	立柱间距(m)	防撞等级	立柱间距(m)
B、A	≤2	SB、SA、SS	≤1.5

（4）金属梁柱式桥梁护栏与波形梁路基护栏的过渡段设计如图3-46所示。

（5）金属梁柱式桥梁护栏的最小高度应满足图3-47的要求,图中的阴影区高度内宜设置横梁。在桥梁护栏兼做人行栏杆时,应增加护栏的总高度,其最上面横梁顶面的高度应不小于1.1m。各种级别的金属梁柱式桥梁护栏高度设置参见图3-44和表3-24。

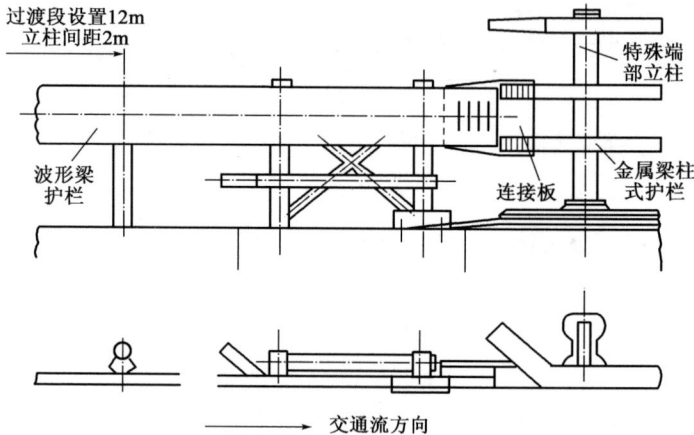

图3-46　金属梁柱护栏与波形梁护栏过渡

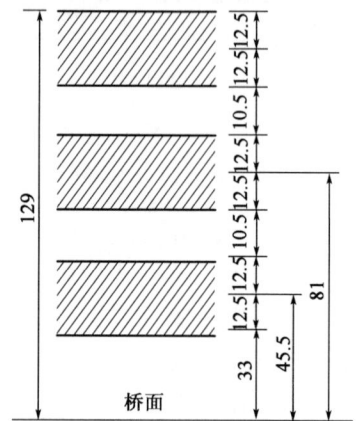

图3-47　金属梁柱桥梁护栏高度
要求(尺寸单位:cm)

金属梁柱式桥梁护栏高度设置参数(单位:cm)　　　　表3-24

防撞等级	横梁数量	H	h_i	h_0	G	防撞等级	横梁数量	H	h_i	h_0	G
B	2 根	≥90	≤45	≤35	≥10	SB、SA	4 根	≥125	≤30	≤35	≥5
A、SB	3 根	≥100	≤30	≤35	≥5	SA、SS	4 根	≥150	≤28.5	≤30	≥10

当缘石内侧面突出护栏内立面的距离≥25cm且缘石高度D≥10cm时(参见图3-44),桥梁护栏高度H应在表3-24的基础上增加D。

（6）金属梁柱式护栏立柱与桥面板的连接,可采用直接埋入或螺栓连接的方式,有条件时也可以采用抽换式的特殊基座。直接埋入式适用于桥面边缘厚度满足立柱埋入30cm以上的情况,在结构物混凝土浇筑时预留安装立柱的套筒,其孔径宜比立柱直径或斜边方向宽4～10cm,套筒周围的结构物应配置加强钢筋;螺栓连接式适用于立柱埋深不足30cm的情况,在立柱底部焊接加肋法兰盘,与预埋地脚螺栓或透穿螺栓连接,如图3-48所示。

（7）金属梁柱式桥梁护栏应进行构件强度和变形验算。

4.组合式护栏

（1）组合式桥梁护栏的构造和沿桥梁横断面的设置位置与混凝土墙式护栏类似,可参见图3-9。组合式护栏中混凝土护栏迎撞面的截面形状不得随意改变,但其背面可根据实际情况采用合适的形状;迎撞面的钢筋保护层厚度不得小于4.0cm。

（2）组合式桥梁护栏中混凝土部分应符合墙式护栏中有关伸缩缝设置的规定，金属结构部分应符合金属护栏中有关伸缩缝设置的规定。

（3）组合式桥梁护栏与桥面的连接可采用混凝土墙式护栏与桥面的连接方法。

（4）金属横梁及其与混凝土墙体的连接应进行受力验算。

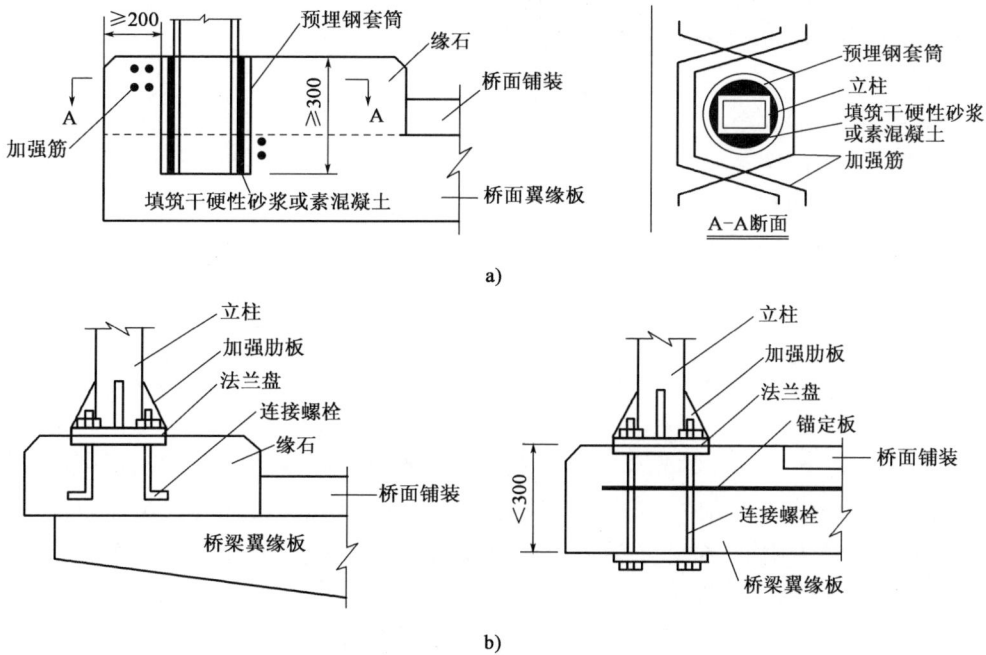

图 3-48　金属梁柱式护栏立柱与桥梁的连接（尺寸单位：mm）
a）直接埋入式；b）螺栓连接式

第二节　防 眩 设 施

一、概述

（一）眩光

行车方向前方的强烈光线（特别是夜间对向来车的前照灯光），会导致驾驶员视觉机能降低、心理不适、紧张、疲劳、注意力分散，甚至看不清、看不见前面道路和周围环境，从而诱发交通事故。眩光就是指在视野范围内，由于亮度的分布或范围不适宜，在空间或时间上存在极端的亮度对比，导致驾驶员视觉机能或视距降低的现象。

人眼视网膜上有两种感光细胞——锥细胞（感受强光，有色感）和柱细胞。锥细胞主要感受强光，有颜色感觉；柱细胞主要感受弱光，但无色感。明暗强烈对比造成的眩光，本质上是这两种感光细胞适应外界刺激、交替发挥作用的过程；长时间处于高亮度环境造成的眩光，则是由于锥细胞出现不适应状态甚至损伤（人眼最大能承受的亮度约为 10^6cd/m^2），以及眼球内产生光散射,形成光幕而致。

眩光按其视觉效应可分为不适眩光和失能眩光。前者不损害视觉,但造成视觉不舒适;后者严重影响视觉功能,甚至导致暂时失明。不适眩光又称为心理性眩光,失能眩光又称生理性眩光,它们的影响不同,但无严格的界限。随着亮度由弱而强,眩光会由不适眩光转为失能眩光。夜间会车时远光灯的照射,多半会导致失能眩光,从而危害行车安全。

人眼睛对眩光感觉的强弱与下列因素有关:

(1)光源的强度。

(2)光源表面积的大小。

(3)光源的背景亮度。

(4)光源与视线的相对位置。

(5)视野内光束发散度的分布。

(6)眼睛受到的照度。

(7)眼睛的适应性。

(二)防眩设施

在道路交通中,产生眩光的光源主要有对向来车的前照灯、太阳光、道路照明光源、广告或标志照明、路面反光镜或其他物体表面的反射光等。对太阳光,可在驾驶员座位前安装遮阳板,或者驾驶员配戴太阳镜;对道路照明光源,可采用截光型或半截光型灯具来调整光源光线的分布,以减小眩光影响;对广告或标志照明,可采用发光柔和的低压荧光灯、外部投光照明或内部照明;而对于对向车辆前照灯带来的眩光影响,就需要设置专门的防眩设施。

防眩设施就是设置在道路中央分隔带上用于消除对向车辆前照灯夜间眩光影响的交通安全装置,有板条式的防眩板、扇面状的防眩扇板、网格状的防眩网、防眩棚等人工构造物,也包括栽植的树木。

设置防眩设施可有效地防止对向车辆前照灯的眩光影响,保护驾驶员的视觉健康,对减少交通事故、提高行车安全、改善夜间行车环境、提高道路通行能力有着积极的作用。

(三)防眩设施设计

防眩设施的设计可按照下列顺序实施:

(1)收集道路沿线中央分隔带宽度、护栏结构形式、各类构造物及相邻路网的分布数据、道路平纵曲线数据。

(2)确定防眩设施实施地点和实施方案。

二、防眩设施形式和结构

(一)防眩设施的形式

在道路上设置的防眩设施有很多种形式,在《公路交通安全设施设计细则》(JTG/T D81—2006)中推荐了防眩板、防眩网和植树防眩三种防眩设施,以防眩板和植树为主。图3-49为几种防眩设施的实物形式。

a)

b)

c)

d)

图 3-49   防眩设施的形式
a)防眩板;b)防眩扇板;c)防眩网;d)防眩植树

表 3-25 为若干防眩设施综合性能的比较。

若干防眩设施的综合性能比较 表 3-25

特　　点	防眩板	防眩网	植　　树		特　　点	防眩板	防眩网	植　　树	
			密集型	间距型				密集型	间距型
美观	好	较差	好		经济性	好	较差	差	好
驾驶员心理影响	小	较小	小	大	施工难易	易	难	较难	
风阻	小	大	大		养护工作量	小	小	大	
积雪	严重	小	严重		横向通视性	好	好	差	较好
自然景观配合	好	差	好		阻止行人穿越	差	好	较好	差
防眩效果	好	较差	较好		景观效果	好	差	好	

我国科研人员发明了一种"人"字形防眩板结构,与连接件形成稳定的三角支撑结构,如图 3-50 所示,增强了防眩板的抗风载效果。

(二)防眩设施的结构

防眩板的基本结构实际是把一定厚度、宽度的板条按一定间隔固定在中央分隔带护栏上,或固定在单独设立的基础和立柱上,连接件可采用型钢、钢管或钢板。防眩板及其连接件的尺寸应结合结构和景观等因素确定,一般板条高度为 700 ~ 1000mm,宽度为 80 ~ 250mm,厚度为 1.5 ~ 4.0mm(视材质而定);连接件如采用方形型钢,外形尺寸通常为 40mm × 40mm ~

$65mm \times 65mm$,壁厚可为 $2\sim3mm$。一种防眩板的结构如图 3-51 所示。

图 3-50　人字形防眩板

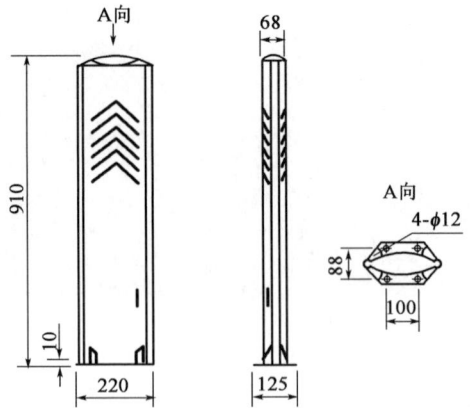

图 3-51　一种防眩板结构(尺寸单位:mm)

防眩板各部件可采用钢材、塑料或其他不易变形、耐久性强的材料加工制作。现在防眩板基板大多采用塑料或塑料基复合材料(如玻璃钢)制件,也可采用薄钢板或钢带制造;纵向构件可采用方形型钢制造。近年来,美国将高分子弹性材料应用到防眩板上,生产出柔性与刚性完美结合的防眩板,在抗风、避撞、减小碰撞二次伤害、降低维护费用等方面具有优良的性能。

钢制防眩板构件应用热浸镀锌、热浸镀铝、涂塑或涂漆等方式进行表面防腐处理,推荐采用热浸镀锌。采用热浸镀锌处理时,防眩板基板镀锌量应大于 $350g/m^2$;如镀锌后再采用双涂层,镀锌量应大于 $270g/m^2$。采用涂塑或喷塑工艺进行处理时,热塑型涂料单涂层厚度应达到 $0.38\sim0.80mm$,双涂层厚度应达到 $0.25\sim0.60mm$;热固型涂料单涂层厚度应达到 $0.076\sim0.15mm$,双涂层厚度应达到 $0.076\sim0.12mm$。采用涂刷油漆处理时,应在金属构件表面涂刷两道防锈漆后,再涂刷两道以上油漆,外层漆干燥后的颜色应符合有关规范要求。

目前,为了提高防腐性能,与周围景观协调、不给人以单调感,钢制防眩板多半在热浸镀锌的基础上再进行涂塑或涂漆。全部板条是否都涂刷油漆、其颜色如何搭配等,应视具体的道路情况确定。但无论如何,防眩设施的表面不得反光。

三、防眩设施设计原理

防眩设施既要有效地遮挡对向车辆前照灯的眩光,也应使横向通视好,能看到斜侧方的对向车道和周围景物,以提供行车参考、减小对驾驶员的心理影响。当相会两车非常接近(纵向距离小于 50m)时,对向车灯光线与驾驶员前视方向成较大夹角,不会产生眩光而影响视距;但当两车纵向距离远到某一数值时,即可形成较强的眩光,对视距产生较大的影响。因此,防眩设施不需要把对向车辆前照灯的光线全部遮挡,只需部分遮光即可;相反,若采用完全遮光,则缩小了驾驶员视野,产生压迫感,同时也影响巡逻管理车辆对对向车道的观察。

防眩网在侧向相当大的范围内具有很好的通视性,但当视线与防眩网纵向夹角小到某一程度时,网股的宽度和厚度能够阻挡光线穿过,同时将光束分散反射、减少光束强度,从而防止对向车灯眩目。防眩板及防眩扇板等则是利用板条的宽度、高度和间距,部分阻挡对向车灯的光束,起到防眩作用。下面以防眩板为例,说明防眩设施的设计原理。

防眩板的结构设计要素有遮光角、设置高度、板宽、板间距等。

1. 遮光角

如图 3-52 所示,在道路中央分隔带上纵向连续设置间距为 L、宽度为 b 的板条,当与前照灯主光轴的水平夹角为 $\beta = \beta_0$ 的光线照射到防眩板上时,刚好被相邻两块板条所阻挡;只有水平夹角 $\beta > \beta_1$ 的光线能穿过防眩板,而 $\beta < \beta_0$ 时光线将被全部遮挡。β_0 即为防眩遮光角。

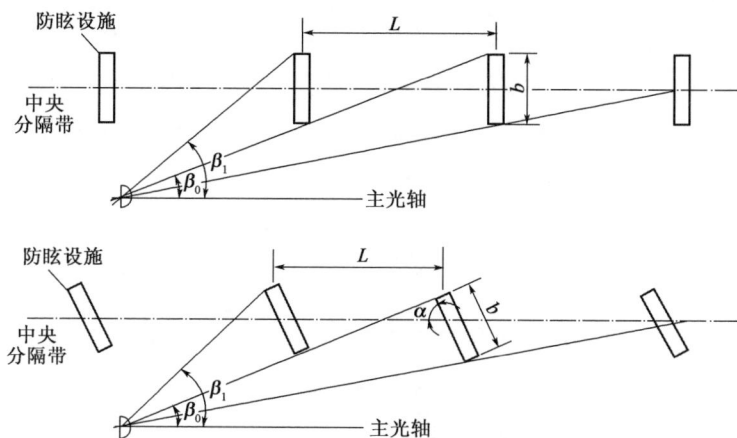

图 3-52 防眩板遮光原理

在直线路段,当防眩板与设置中线(通常是中央分隔带中心线)垂直时:

$$\beta_0 = \tan^{-1} \frac{b}{L} \tag{3-16}$$

当防眩板与设置中线偏转 α 角时:

$$\beta_0 = \tan^{-1} \frac{b\sin\alpha}{L - b\cos\alpha} \tag{3-17}$$

式中:β_0——防眩遮光角,度(°);

b——防眩板的宽度,m 或 cm;

L——防眩板的间距,m 或 cm;

α——防眩板的偏转角,度(°)。

防眩网网股的宽度和间距同样适合式(3-16)和式(3-17)的关系。

在平曲线路段,车辆前照灯的光线沿曲线切线方向射出,因而内侧车道车辆的前照灯光线将直接射向外侧车道,使外侧车道上的驾驶员产生严重的眩光现象。通常照射到外侧车道上驾驶员眼睛的光量与平曲线的曲度成正比,为了在弯道上获得和直线路段同样的遮光效果,应增大弯道上防眩设施的遮光角:

$$\beta_0' = \cos^{-1}\left(\frac{R - B_2}{R}\cos\beta_0 \right) \tag{3-18}$$

式中:β_0'——平曲线路段的防眩遮光角,度(°);

R——平曲线半径,m;

B_2——车辆与防眩设施中心线的横向距离,m。

根据《公路工程技术标准》(JTG B01—2014),通常 B_2 不超过十几米;当 R 值大于不设超高的最小半径规定值(指路面摩擦力足以保证汽车沿不设超高的双向路拱外侧路面安全稳定行驶时所规定的最小半径,我国高速公路和一级公路这一规定值在 1500 ~ 7500m 之间)时,由于$(R - B_2)/R$的值趋近于1,可不考虑平曲线曲率的变化对遮光角的影响。

遮光角是一个非常重要的技术参数,它是防眩设施设计的重要依据。防眩设施宜按部分遮光原理进行设计,根据遮挡光线的效果、经济性和横向通视的要求,直线路段防眩设施的遮光角β_0不得低于8°,平、竖曲线路段防眩设施的遮光角为8°~15°。采用植树防眩时遮光角以10°为宜。

2. 设置高度

防眩设施的高度与车辆前照灯高度、驾驶员视线高度、道路纵断面曲线及前照灯的最小几何可见角、配光性能、车型组合等因素有关,图3-53是防眩设施最小高度理论计算图式。假定道路是平坦无横坡的直线段,则防眩设施最低高度可按驾驶员恰好看见对向车前照灯这一几何关系进行计算。

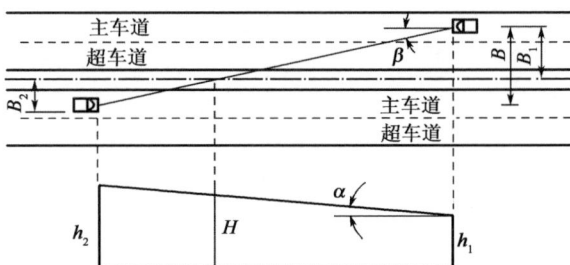

图3-53 防眩设施最小高度计算图示

当防眩设施设置在中央分隔带时,则:

$$H = h_1 + \frac{(h_2 - h_1)B_1}{B} \qquad (3\text{-}19)$$

或

$$H = h_2 + \frac{(h_2 - h_1)B_2}{B} \qquad (3\text{-}20)$$

式中:H——防眩设施最小安装高度,m;

h_1——汽车前照灯高度,大型车取1.0m,小车型取0.8m;

h_2——驾驶员视线高度,大型车取2.0m,小车型取1.3m;

B_1、B_2——两车分别与防眩设施中心线的距离,m;

B——B_1与B_2之和,m。

可见,会车的车型不同,对防眩设施的高度也有很大影响。一般只要使组合频率较高的小车与小车、小车与大车相遇时具有良好的遮光效果即可。平直路段适宜的防眩设施高度一般为1.6~1.7m。表3-26列出了不同车辆组合时平直路段上防眩设施最小高度的理论值,可参考使用。

不同车辆组合时防眩设施最小高度   表3-26

超车道	主车道	防眩设施高度(m)	超车道	主车道	防眩设施高度(m)
小型车 小型车		1.09	大型车 大型车		1.50
小型车	大型车	1.27	大型车	小型车	1.62
大型车 大型车		1.50	小型车	小型车	1.16
小型车	大型车	1.40	大型车	大型车	1.68

平曲线路段应按图 3-54 和式(3-21)验算防眩设施高度对停车视距的影响:

$$H < \left[D - \left(R + \frac{m}{2} \right) \cdot \cos\gamma \right] \frac{h_2 - h}{D + h} \tag{3-21}$$

式中: H——防眩设施高度,m;

D——驾驶员与障碍物通视的直线距离, $D = 2R \cdot \sin(S/2R)$,m;

R——曲线半径,m;

m——中央分隔带宽度,m;

γ——驾驶员位置偏角的余角,度(°);

h_2——驾驶员视线高度,大型车取 2.0m,小车型取 1.3m;

h——障碍物高度,m;

S——停车视距,m,按《公路路线设计规范》(JTG D20—2006)取值。

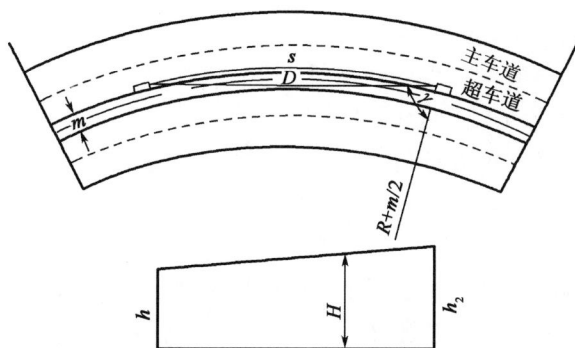

图 3-54 平曲线路段防眩设施高度验算图示

弯道上设置的防眩设施如果经检验影响了视距,则可考虑降低防眩设施的高度;另外也可考虑将防眩设施的设置位置偏向曲线内侧(主要用于较大半径的曲线路段)。

竖曲线路段防眩设施高度应根据前后纵坡情况进行适当调整,以满足遮光要求。但总的来说,除凹曲线路段外,一般最大安装高度≤2m,以防产生压迫感和倒伏到车行道上的危险。

对密集植树防眩而言,主要应控制树木的高度,一般以 1.2~1.4m 为宜;而以一定间距植树防眩时,由于树枝稀疏透光,其遮光角可增大为 10°,树木高度则应在 1.8m 以上,才具有良好的遮光效果。

3. 宽度

防眩板宽度可按式(3-22)或式(3-23)计算,参见图 3-52。当防眩板与设置中线垂直时:

$$b = L \cdot \tan\beta_0 \tag{3-22}$$

当防眩板与设置中线偏转 α 角时:

$$b = L \cdot \frac{\tan\beta_0}{\sin\alpha + \cos\alpha \cdot \tan\beta_0} \tag{3-23}$$

式中: b——防眩板的宽度,cm;

β_0——防眩板遮光角,度(°);

L——防眩板间距,cm;

α——防眩板的偏转角,度(°)。

4. 间距

防眩板间距通常设计为 50～100cm,这主要是为了与护栏立柱的设置间距相吻合,同时也有利于加工制作,另外以此间距计算出的板宽能很好地与护栏顶部宽度尺寸相配合。

四、防眩设施设置原则

(一)设置依据

下列情况可以考虑作为设置防眩设施的依据:

(1)夜间相对白天事故率较高的路段。

(2)夜间交通量较大,特别是货车等大型车混入率较高的路段。

(3)不寻常的夜间事故(如尾撞、碰撞路侧结构物或从弯道外侧越出路外)较多的路段。

(4)中央分隔带宽度小于 3m 的路段。

(5)平曲线半径小于一般最小半径的路段。

(6)夜间事故较集中的凹形竖曲线路段。

(7)道路侧用者对眩光程度的评价。

(二)设置原则

高速公路、一级公路在符合下列条件之一的路段上,应设置防眩设施:

(1)中央分隔带宽度小于 9m 的路段。

(2)夜间交通量较大,服务水平达到二级以上的路段。

(3)圆曲线半径小于一般值的路段。

(4)凹形竖曲线半径小于一般值的路段。

(5)公路路基横断面为分离式断面,上下车行道高差小于或等于 2m 时。

(6)与相邻公路或交叉公路有严重眩光影响的路段。

(7)连拱隧道进出口附近。

此外,服务区、停车区和互通立交前后各 2km 的路段,无照明的大桥、特大桥、高架桥及其连接线,车辆交织运行路段,大型车混入率较高的路段,以及驾驶员普遍认为需要设置的路段等,也可以考虑设置防眩设施。

而在下列情况下,对向来车产生的眩光影响小,可以不设置防眩设施:

(1)中央分隔带宽度大于 9m 的路段。驾驶员眩光的程度与会车时的横向距离有很大关系,当两车横向距离达 14m 以上时,车灯不会使驾驶员眩目;当中央分隔带宽度大于 9m 时,一般都能有效地降低眩光对驾驶员的影响。所以,提供足够的横向距离以减轻对向车灯产生眩光是理想的防眩设计。

(2)上下行车道路面高差大于 2m 的路段。当上下行车道不在同一水平面时(例如分离式路基),理论计算和实际经验都表明,会车时驾驶员受眩光的影响很小,加之护栏的遮光作用,不必设置专门的防眩设施。

(3)配有连续照明设施的路段。车辆在这类路段行驶一般都只使用近光灯,会车时眩目影响甚微,可以不设置防眩设施。

五、防眩设施设置方法

(一)形式选择

经过几十年的发展和淘汰,目前在世界各国使用最广泛的主要是防眩板及防眩网两种形式。我国科研人员通过大量资料分析和调查研究,从有效减少对向车灯眩光、对驾驶员心理影响、经济性、美观性、施工和养护方便性、风阻、积雪、防止人为破坏和车辆损坏、通视效果等多方面对防眩设施的性能进行了综合比较,认为防眩板是一种经济、美观、风阻小、积雪少、对驾驶员心理影响小的防眩设施,尤其是适当宽度的防眩板与混凝土护栏配合使用效果更好,是防眩设施的最佳形式。植树与防眩板一同被作为我国道路上防眩设施的两种基本形式,植树除具有防眩功能之外,还兼有美化道路景观、生态环保、降低噪声和诱导交通等多种作用。

就防眩板和植树两种形式而言,当中央分隔带宽度较小时,应以防眩板为主;而在中央分隔带较宽、地形变化较大、需要保护自然景观并且气候条件也较适宜植树时,可采用植树防眩。从经济、景观、养护和克服单调性等方面综合而言,防眩板与植树相结合是比较理想的形式,宜两者交替设置。

进行防眩设施形式选择时,还应注意以下几点:

(1)防眩设施的形式选择应结合当地公路的平纵线形设计、车辆构成、自然环境等因素经综合论证后确定。

(2)中央分隔带宽度≥2m 的路段及桥梁、通道和明涵等构造物路段,宜采用防眩板形式;在地形富有变化、植树易于成活的地区,当中央分隔带宽度≥2m 时,宜结合道路景观设计采用植树防眩的形式。

(3)在设置缆索护栏的路段,最好采用植树防眩。

(4)植树防眩应根据中央分隔带的宽度合理选择树种,若植树需侵占道路净空时应改为人工防眩设施防眩。

(5)长区段设置防眩设施时,一般每隔5km 左右宜适当改变形式或颜色,以避免驾驶员行车的单调感和乏味感。

(二)设置方法

(1)防眩设施沿道路横断面应设置在中央分隔带上,通常设置在中央分隔带的横向中心线上,如图 3-55 所示,也可靠中央分隔带的一侧设置。

(2)防眩设施沿道路的纵向设置大致如图 3-56 所示。

①防眩设施的纵向设置应考虑连续性,避免在两大段防眩设施之间留有短距离空缺,否则可能导致驾驶员在空缺处突然眩光,毫无思想准备,易诱发交通事故。

②非控制出入的一级公路平面交叉、中央分隔带开口两侧各 100m(设计速度≥80km)或60m(设计速度 60km)范围内应逐渐降低防眩设施的高度,由正常高度降至开口处的 0 高度,否则不宜设置防眩设施。

③防眩设施不应减少公路的停车视距。设置防眩设施后,应逐段按停车视距的规定进行验算,不符合停车视距的路段必须采取相应的技术措施。

④为制造、安装、更换维修的方便和减轻碰撞损坏的严重程度,在设计时防眩设施沿公路纵向应分割成一段段的独立单元,各段互不相连。这样既有利于加工制作和运输、安装,也有利于防止温度应力破坏。防眩设施每一独立单元的长度可与护栏立柱的设置间距相协调,可选4m、6m、8m或12m(通常≤12m),视采用材料、工艺和护栏的情况而定。

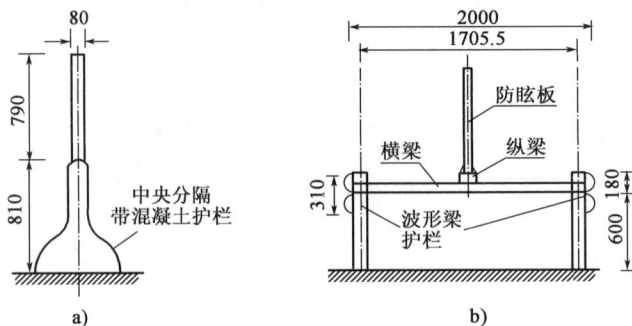

图3-55　防眩设施在道路横断面设置(尺寸单位:mm)
a)整体式混凝土护栏与防眩板位置;b)分设型波形梁护栏与防眩板位置

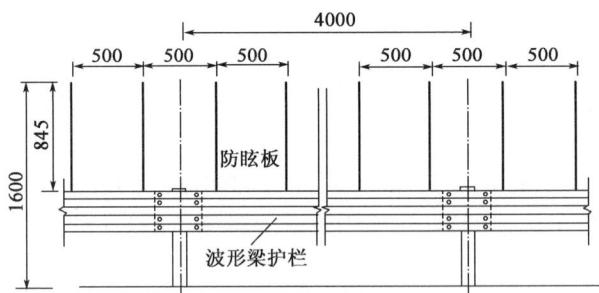

图3-56　防眩设施纵向设置(尺寸单位:mm)

(3)防眩设施的设置高度原则上应全线统一;其高度、位置、结构形式发生变化时应设置渐变过渡段,过渡段长度以50m为宜。不同防眩结构的连接应注意高度的平滑过渡,不要出现突然的高低变化。

(4)防眩板的安装主要有三种结构:一是安装在混凝土护栏上,二是安装在波形护栏上,三是安装在独立基础上。

防眩板安装在混凝土护栏上[参见图3-55a)],主要是通过预埋在护栏顶面上的地脚螺栓来实现;在已有混凝土护栏上安装防眩板,可以采用打入膨胀螺栓的办法。

在波形梁护栏上安装防眩板,可在分设型护栏每对立柱间固定金属横梁,然后上面搭设纵梁,将防眩板按需的间距安装在纵梁上[参见图3-55b)];也可在组合型护栏立柱上搭设纵梁,然后在纵梁上安装防眩板。

防眩板安装在独立基础上,是将单独设置的立柱埋入中央分隔带的土中或混凝土基础中,立柱上端搭设纵梁,将防眩板按需的间距安装在纵梁上(图3-57)。

防眩设施宜与护栏配合设置。一般在需设置防眩设施的路段,基本上也需设置中央分隔带护栏,因而可利用护栏作为支撑结构,可大大节省防眩设施的投资、降低造价;同时,还可利用护栏的保护作用,节省养护维修费用。

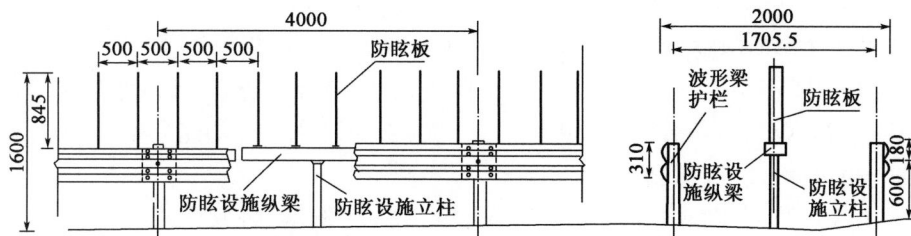

图 3-57 防眩板安装在独立基础上(尺寸单位:mm)

(5)防眩网通常在中央隔离带中单独设置立柱支撑,立柱可直接埋入土中或埋于混凝土基础中;也可将立柱通过连接件附着固定在护栏立柱上。

(6)防眩设施与各种护栏结构组合设置时,要根据不同地区的情况,结合防风、防雪、防眩、景观等多方面的综合要求,考虑设置组合结构的合理性。

(7)防眩设施只要满足构造要求,一般能抵抗风力的破坏,可不进行力学校核;但在经常遭受台风袭击的沿海地区,以及常年风力较大、会刮倒树木或破坏道路设施的地区,应对防眩板及其连接部件或基础进行力学验算。

(8)防眩植树分为密集植树和间距植树两种。密集植树防眩效果好,但通视性差、阻挡景观;间距植树则往往形成路面阴影,明暗晃动,导致视觉疲劳和人影错觉。为克服两者的弊端,国外有时采用一种新的间距植树防眩的方式:树木栽植间距按泊松分布规律设计(平均间距为 5~6m),形成随机分布状态,其视觉影响与会车的规律相似,驾驶员比较容易适应。

(9)植树防眩的高度及树丛间距应根据树冠高度及有效直径大小灵活选用。中央分隔带护栏间距小于树冠直径时,或植树对中央分隔带通信管道有影响时,不宜采用植树防眩。

(10)采用植树防眩时,应根据当地气候条件,选择易成活、根系发达且对埋土深度要求较浅、枝叶茂密、落叶少、养护工作量少、有成功应用经验的树种。

第三节　隔离封闭设施

一、概述

(一)封闭隔离设施

隔离封闭设施是为阻止人、畜进入公路或其他禁入区域,防止非法侵占公路用地,拦阻公路上方坠物、落石等而设置的人工构造物的统称。其作用在于排除横向干扰和落物对高速行车的危险,避免由此产生的交通延误或交通事故,保障公路交通安全和运输效益的发挥。

隔离封闭设施包括设置于公路两侧用地界线边缘的隔离栅,设置于上跨公路、铁路的立交桥或人行天桥两侧的桥梁护网,以及设置于公路两侧上方易发生滑坡、落石山坡上的边坡护网。

隔离栅能阻止无关人员、牲畜以及野生动物进入、穿越公路或其他不允许进入的区域,防止公路用地被非法侵占、垦殖等现象发生,有效地排除对行车的横向干扰。

公路、铁路上跨桥和人行天桥上有人向下抛扔物品,或桥上杂物被风吹落到公路、铁路上,或桥上行驶车辆装载的物品散落到下面的公路、铁路上时,非常容易引发交通事故,因而需要在上述构造物的两侧设置桥梁护网。

在有些山区公路,一侧或两侧上方的山坡会经常发生松动、滑坡、落石、泥石流等自然灾害现象,严重威胁行车安全、影响交通顺畅;采用防护网可以拦阻落石,固定松动的岩体和土壤,稳定边坡。

在城市道路,也有一些区域禁止穿越或进入,如分隔带、绿化地等;一些交通管理和控制措施,如交通流分离、交通渠化等;城市道路立交桥、人行天桥等,都需要设置一些隔离封闭设施。

(二)封闭隔离设施设计

封闭隔离设施的设计可按照下列顺序实施:

(1)收集公路路侧至公路用地范围内的地形资料和全线管理养护机构的位置、互通式立体交叉、桥隧涵洞、服务设施、沿线城镇村庄分布的资料。

(2)确定合理、有效、美观、经济的设计方案。

二、隔离封闭设施种类和结构

(一)隔离栅

隔离栅有金属网、刺铁丝网和常青绿篱三大类;其中金属网按网面加工方式和材料的不同,又可进一步分为电焊网、钢板网、编织网等形式。常青绿篱在南方地区与刺铁丝网配合使用,具有降低噪声、美化路容和节约投资的功效。隔离栅的分类见表3-27。

隔 离 栅 类 型　　　　　　表3-27

隔离栅类型		埋 设 条 件	支 撑 结 构
金属网	电焊网	埋入混凝土基础或土中	钢支柱
	钢板网		
	编织网		
刺铁丝网		埋入混凝土基础或土中	钢筋混凝土支柱或钢支柱
常青绿篱		土中	栽植

图3-58是几种金属网和隔离栅的实物形式。

隔离栅主要由立柱、网片、基础、斜撑、连接件、张力钢丝等构件组成,其组成及各构件形式如图3-59所示。

1. 网片

隔离栅的网片一般采用钢板网、电焊网、编织网或刺铁丝网。常用金属网隔离栅的规格列于表3-28。刺铁丝的规格列于表3-29。刺铁丝的规格用"线号　刺间距"来表示,常选用的刺铁丝主要是"12　100"或"12　125"。

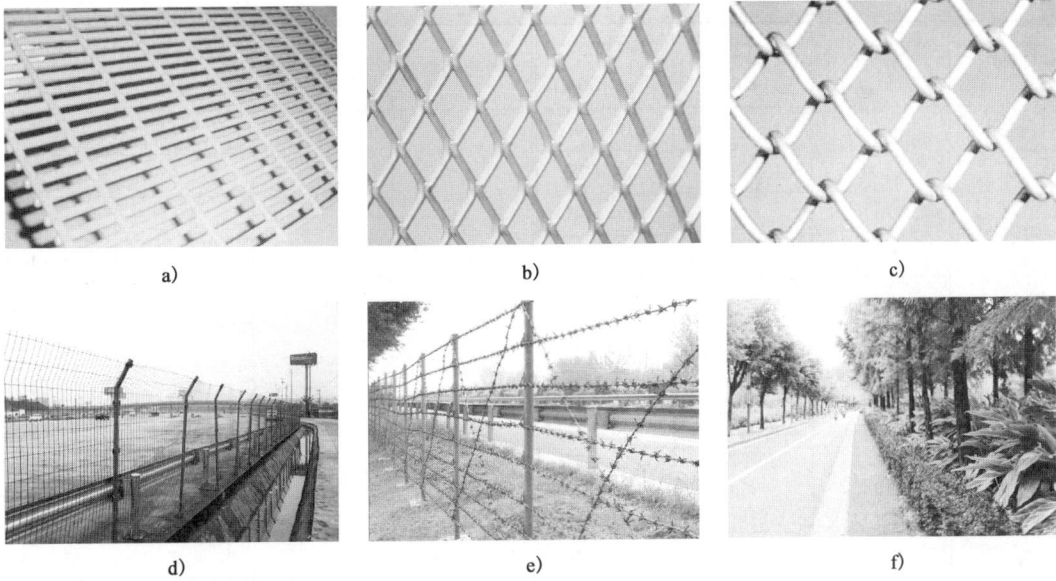

图 3-58　隔离栅实物

a)~c)电焊网、钢板网、编织网;d)~f)金属网隔离栅、刺铁丝网隔离栅、绿篱隔离栅

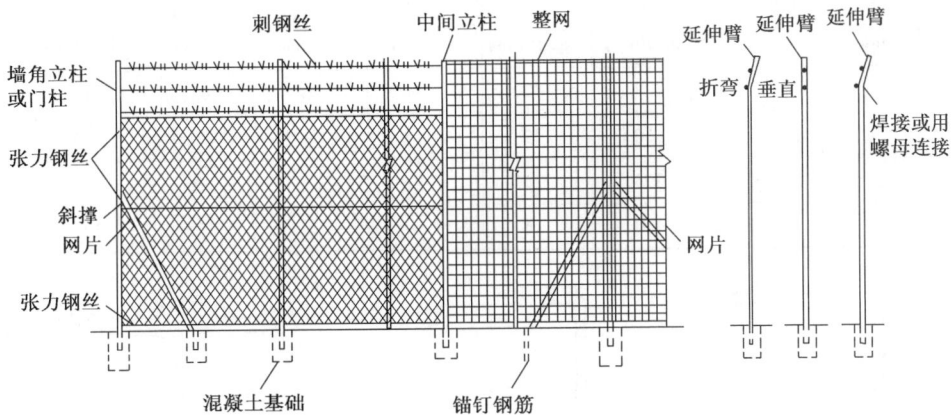

图 3-59　隔离栅构造

2.立柱、斜撑的构造

钢板网、电焊网及编织网立柱、斜撑可采用直缝焊接钢管、等边槽钢、等边内卷边槽钢、Y 形钢及其他断面形状的钢管或型钢;刺钢丝网的立柱、斜撑可采用与金属网相似的钢管或型钢,也可采用混凝土柱等。图 3-60 给出了几种隔离栅立柱常用型钢的横截面形状。

3.连接件

隔离栅的连接件主要有挂钩、螺母、垫片、抱箍、条形钢片、上横框、下横框、竖框等,通过这些构件将网片连接、固定在立柱和斜撑上。

隔离栅可直接挂在型钢立柱上冲压而成的挂钩上或混凝土立柱中预埋的钢筋弯钩上,挂钩的距离要与网格大小相匹配,大小要能满足固定网片的要求。

金属网规格 表3-28

网片种类	线号	钢丝直径（mm）	网格尺寸（mm×mm）	网片种类	板厚（mm）	丝梗宽（mm）	节距（mm×mm）
编织网	12	2.8	100×50	钢板网	2.0	2.1	150×50
			150×75			2.5	22×60
	10	3.5	160×80			3.2	29×80
			150×75			4.1	36×100
	8	4.0	150×75			5.0	44×120
			100×50		2.5	3.2	29×80
电焊网	12	2.8	100×50			4.1	36×100
			150×75			5.0	44×120
	10	3.5	100×50		3.0	4.1	36×100
			150×75			5.0	44×120
	8	4.0	150×80			4.9	55×150
			150×75			4.6	65×180

刺铁丝规格 表3-29

线号（BWG）	钢丝直径（mm）	刺间距离（mm）	长度（m/50kg）	质量（kg/100m）	线号（BWG）	钢丝直径（mm）	刺间距离（mm）	长度（m/50kg）	质量（kg/100m）
12	2.8	65	320	152	14	2.2	65	545	91.8
		75	360	139			75	575	86.9
		100	395	127			100	650	76.9
		125	430	116			125	700	71.4

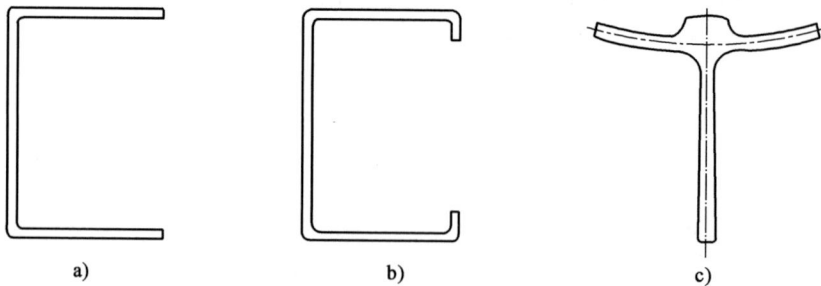

图3-60 隔离栅立柱常用型钢截面
a)冷弯等边槽钢;b)冷弯内卷边槽钢;c)Y形钢

通过螺栓、螺母、垫片、抱箍、条形钢片等连接附件将网片与立柱、立柱与斜撑连接。条形钢片用于网片端头与立柱的连接,其厚度不小于4mm;抱箍用于钢管立柱与网片的连接,针对钢管的外径进行设计。

上横框、下横框、竖框用于网片固定,其宽度不小于40mm,厚度不小于1.5mm,横框、竖框与网片之间用铁铆钉固定,立柱与斜撑及网框用螺栓连接。

4.张力钢丝

将编织网串联成整体需用三根张力钢丝,底部一根靠近地面,顶部一根靠近网边,张力钢丝用直径小于3.5mm的低碳钢丝。

5.延伸臂

延伸臂用于增加攀爬的难度,挂刺钢丝或金属网,通常向公路外侧与立柱呈40°~45°角。延伸臂长为250~300mm,可由立柱直接折弯;或另外设计,通过焊接或螺栓与立柱连接。

6.基础

立柱采用混凝土基础,基础的尺寸通常为30cm×30cm×50cm或30cm×40cm×60cm。

(二)桥梁护网

桥梁护网的主体结构和连接件与金属网隔离栅基本相同,但网片还可以采用实体板。图3-61是一种桥梁护网的实物形式。桥梁护网的主要功能是防止抛物,通常无须刻意防止攀爬,所以立柱上部不设延伸臂;立柱下部通常预埋在桥梁护栏或桥面上,或通过预埋连接件固定,不做独立基础。

由于在空旷的原野上,上跨立交桥往往是周围地物中的最高点,在桥上设置金属防护网后,其遭雷击的危险性大大增加,因而桥梁护网应做防雷接地处理,防雷接地的阻抗应小于10Ω。对交通量大、临近城镇厂矿的桥梁更应引起设计者的注意。

图3-61 桥梁护网

(三)边坡护网

边坡护网可分为主动式护网和被动式护网,如图3-62所示。主动式边坡护网是将钢丝绳网等柔性网覆盖包裹在道路两侧上方的斜坡或岩石上,限制坡面岩石的风化剥落、危岩崩塌、土体松动,或将土石约束在一定范围内运动的封闭隔离设施。被动式边坡护网是将钢丝绳网等柔性网以栅栏方式设置于道路两侧上方的斜坡上,拦截落石、滑坡、泥石流等的封闭隔离设施。前者主要起加固和围护作用,后者主要起拦截作用。

a)

b)

图3-62 边坡护网
a)主动式边坡护网;b)被动式边坡护网

　　边坡护网改传统的刚性结构(如砌浆挡墙等)为柔性结构。柔性网具有足够的强度和很大的缓冲能力,张紧后能够在一定程度、一定范围预防松动的岩石和土体将势能转化为冲击动能,或者有效地吸收和分散冲击动能,从而增强道路边坡防护的效果。而且,柔性防护技术能够适应多种复杂的地形地貌环境,避免或尽可能降低因开挖所造成的环境破坏和对边坡稳定性的危害,不影响道路景观和植被生长,还可以实施人工绿化,将边坡防护与环境保护和改造融为一体。这项技术自1995年引入我国以来,已成功地应用于险峻山区道路的封闭隔离及其他工程防护。

　　主动式边坡护网由柔性网、支撑绳、锚杆、缝合绳、扣压件、搭接件等构成,如图3-63所示。柔性网主要是钢丝绳网和金属网,金属网通常与钢丝绳网叠加配合使用,拦截小尺寸土石;但有一种由高强度钢丝编织的单层金属网,又称TECCO网(钛克网),也可以单独使用。支撑绳用于将柔性网网片连接起来、对柔性网施加张力并将张力传递到锚杆上,纵向支撑绳与横向支撑绳如同经纬线一样,形成方格网状;网片用缝合绳缝合在每个方格四周的支撑绳上并预张拉,从而形成具有预应力裹覆作用的大面积柔性网。锚杆有钢丝绳锚杆和钢筋锚杆,一端锚固在稳定的岩石或土体上,另一端锁紧支撑绳,将支撑绳的张紧力以及岩石、土体松动下坠的重力、冲击力,分散传递到稳定的岩石或土体上。支撑绳、缝合绳、锚杆等对柔性网进行的预张拉作业,使柔性网紧紧裹覆在被防护面上,形成了抑制岩土体发生松动或局部位移的预应力,从而实现主动防护(加固)功能。

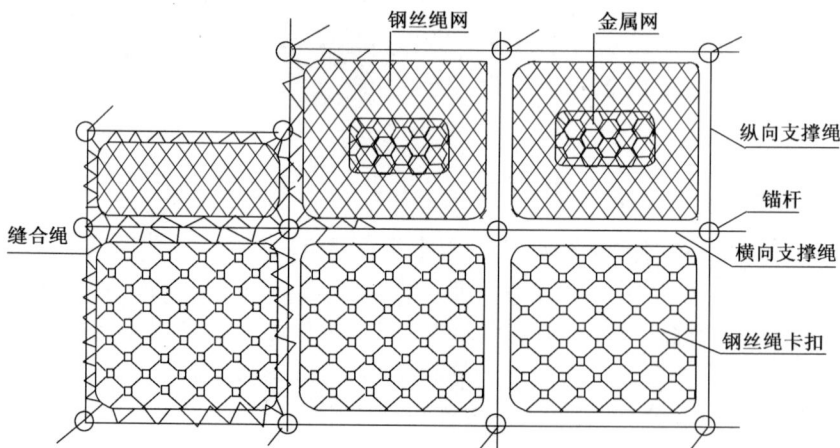

图3-63　主动式边坡护网结构

　　被动式边坡护网由柔性网、支撑绳、钢立柱、基座、拉锚绳、锚杆、消能环、缝合绳、扣压件、搭接件等构成(图3-64),在需要拦截小块落石时还应在柔性网上附加一层小孔径的金属网。柔性网、支撑绳、缝合绳的结构和作用与主动式护网大致相同,其中柔性网除常用的钢丝绳网外,还有一种环形网,是由钢丝绳制成环状相互嵌套连接而成的柔性网,在冲击过程中自身能发生较大的几何形态改变,具有更高的抗冲击性能、更突出的柔性特征;支撑绳不是直接锁定在锚杆上,而是张紧在钢立柱之间,通过缝合绳固定柔性网。与隔离栅立柱不同,被动式护网的立柱通常采用工字钢柱铰接在稳定的基座上,再用若干拉锚绳张紧固定在锚杆上,形成可在一定范围内变形的缓冲消能结构。消能环也称减压环、缓冲环,是钢管制成的开口环,拉锚绳从管中穿过形成环状,受到冲击张力时钢管被拉锚绳束紧变形,从而消解一部分冲击能量,使系统的抗冲击能力得到进一步提高。钢立柱与柔性网连接组合构成一个整体,对所防护的边坡区域形成面防护,阻止崩塌岩石土体直接坠落到道路上。

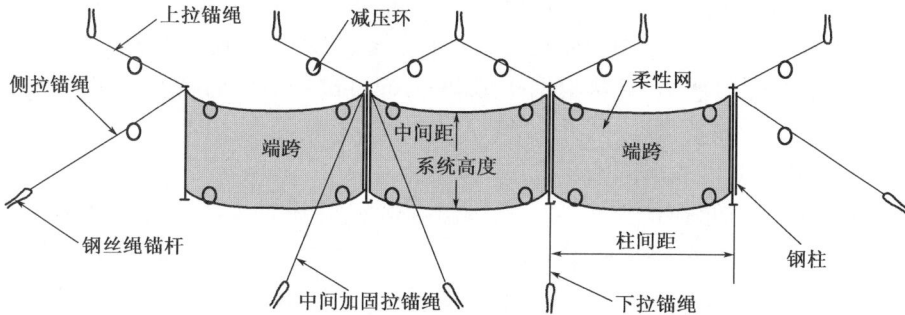

图 3-64 被动式边坡护网结构

(四)城市道路隔离封闭设施

城市道路隔离封闭设施功能丰富,形式多样。有隔离上行与下行交通、机动车与非机动车交通、主辅道路、行人与车辆交通、不同方向交通的设施,有封闭道路绿地、防止乱穿道路、防止桥上抛物的设施,有配合交通控制的封闭设施等。

城市道路隔离封闭设施按设置时间长短,可分为临时性隔离封闭设施和永久性隔离封闭设施两类;按材料及外形不同,可分为铸铁格栅式隔离设施、钢管护栏式隔离设施及混凝土墩座链条式隔离设施等,在气候温暖的城市绿篱使用也较多。

城市道路桥梁的隔离封闭设施使用板式的居多,通常采用透明的塑料板或钢化玻璃板,能隔离交通噪声,防止桥上抛物危害交通安全,而且视觉通透性好;距居民区较近的桥梁往往结合使用吸音降噪的吸音板;在立交桥或人行天桥上,也有采用广告板兼做封闭设施的。

图 3-65 表示出几种城市道路隔离封闭设施的实际形式。

图 3-65 城市道路隔离封闭设施
a)铸铁格栅式隔离设施;b)绿地封闭隔离栅;c)桥梁封闭消音板

三、隔离封闭设施设计依据

(一)隔离栅高度

隔离栅高度是隔离栅设计当中的一个重要指标,其取值大小直接影响使用性能、工程造价和性价比,必须结合实际的地域地形、道路两侧人口的稠密程度以及人口流动分布情况等诸多因素综合分析确定。为了保证隔离栅的整体美观效果和设计施工的便利性,高度根据特殊的地形和其他特殊的因素而产生间断式的变化,但变化不宜太频繁。

隔离栅的高度在一般城市道路上是以成人高度为参考标准,取值范围在 1.5 ~ 1.8m 之间。在城市及郊区人口密度较大的路段,特别是青少年较集中的地方如中小学、体育场等,隔离栅的设计高度应取上限值,并且可根据实际需要,通过进一步增加高度和适当的结构设计使人无法攀越;在人烟稀少的农村或郊外,由于人流较小,攀登隔离栅穿越公路的可能性远远低于城市道路,其设计高度可取下限值。

桥梁护网宜与桥梁横断面比例协调,避免给人压抑感,设置高度宜为 1.8 ~ 2.1m,在交通量大、行人密度高、临近城镇厂矿等地点可取上限,反之则取下限。如桥梁两侧设置混凝土护栏时,网面可从护栏顶部开始设置;如设置桥梁栏杆,则网面应从桥面开始设置。

上跨高速铁路的桥梁两侧须设置防护网(板),防护网(板)设于路侧护栏上,其总高度不低于桥面以上 4m,其中,2.5m 高度以下到桥面的部分采用封闭式金属防护板,以上采用防护网,防护网顶部向道路内侧弯折。

(二)隔离栅稳定性

隔离栅和桥梁护网的结构稳定性直接关系到使用效果和寿命,在设计中应以考虑风力的影响为主,对人、畜造成的破坏作用可通过结构手段如防盗措施等加以解决。

隔离栅所受风力可按下式计算:

$$P = w \cdot S = \rho w_0 \cdot S \tag{3-24}$$

式中:P——设计风力,N;

S——迎风面积(每片隔离栅的外轮廓面积),m^2;

w——设计风压,Pa,$w = \rho \cdot w_0$;

w_0——基本风压,Pa,按《公路桥涵设计通用规范》(JTG D60—2004)的规定取值;

ρ——隔离栅网孔结构的折减系数,一般 $\rho = 0.50 \sim 0.85$,$\rho_{max} = 1.0$。

隔离栅和桥梁护网的迎风面为网孔结构,ρ 值的确定需要考虑网面孔隙率的大小,还应考虑隔离栅一般均有野外攀藤植物依附,使网片的透风性降低,在南方枝叶常青地区宜取上限,甚至取最大值,而北方地区则可取中值或下限。

上跨高速铁路桥梁的护网(板)的风荷载计算所采用的风速必须不小于 30m/s。

根据计算的风力,可进行隔离栅稳定性验算,由此确定立柱的截面尺寸。隔离栅立柱的截面尺寸可参照表 3-30 的要求确定。

隔离栅立柱截面要求   表 3-30

立柱类型	截面要素	立柱类型	截面要素	立柱类型	截面要素
钢立柱	截面面积≥3.3cm²	钢筋混凝土立柱	截面面积≥10cm×10cm	烧制圆木	截面直径≥9cm

(三)隔离栅网孔尺寸

隔离栅网孔尺寸的大小主要根据以下几个因素选定:

(1)不利于人攀越。

（2）结构整体的配合要求。

（3）网面的强度（绷紧程度）。

（4）性能价格比。

在实际应用中，综合考虑不利于人为攀越、结构整体的配合要求、网面的强度三个因素，金属网的网孔尺寸一般不宜大于 150mm×150mm；桥梁护网所采用的金属网网孔规格不宜大于 50mm×100mm，上跨高速铁路桥梁的护网网孔尺寸不大于 25mm×25mm，钢丝直径不小于 4mm；刺铁丝网面上两道相邻刺铁丝之间的间距不宜大于 250mm，一般以 150～200mm 为宜。在保证封闭功能、网片自身强度和刚度的前提下，网孔应尽量选大值，以减少工程费用，提高隔离栅的性能价格比。

（四）绿篱树种选择

隔离封闭用绿篱首先起到阻挡、隔离的作用，防止行人和动物进入引发交通事故；其次起到淡化工程痕迹、协调景观等作用。因此，绿篱主要以带刺、封闭性强的花灌木或攀缘植物为主，如枸桔、枸骨、火棘、马甲子、玫瑰、枳壳、沙棘、龙柏、龙爪槐、丁香、紫叶李、爬山虎等；还有观赏性较强的法国冬青、红叶石楠等；也可以灌木、乔木高低结合栽植。同时，应选择适宜当地自然环境、容易生长和养护的树种。此外，因隔离栅附近与原生生态环境最接近，可考虑选栽一些适宜的原生优势种，利于同背景的协调统一。

四、隔离封闭设施设置方法

（一）设置原则

（1）隔离封闭设施的设置应以交通安全为原则，有效地阻止人、畜或物品进入公路用地范围或公路建筑限界以内。

（2）除特殊路段外，高速公路、需要控制出入的一级公路沿线两侧必须连续设置隔离栅，其他公路可根据需要设置。

（3）凡符合下列条件之一者，可不设置隔离栅：

①高速公路、需要控制出入的一级公路的路侧有水渠、池塘、湖泊等天然屏障的路段。

②高速公路、需要控制出入的一级公路的路侧有高度大于 1.5m 的挡土墙或砌石等陡坎的路段。

③桥梁、隧道等构造物，除桥头、洞口需与路基隔离栅连接以外的路段。

（4）隔离栅遇桥梁、通道时，应在桥头锥坡或端墙处围死，不应留有人、畜可以钻入的空隙。

（5）由于地形原因隔离栅前后不能连续设置时，就以该处作为隔离栅的端部，并处理好端头的围封。

（6）为便于公路维修和养护，隔离栅宜在适当地点开口，以方便人员和设备进出。开口处均应设门，以便控制出入。

（7）城市道路隔离设施的设置与否应根据道路等级、交通组成及干扰程度等确定。一般快速路都应设置；主干路原则上应该设置；非机动车，特别是人力三轮车较多的路段，可设机非隔离设施。

(二)形式选择

在造价方面,钢板网、电焊片网、电焊卷网、编织片网、编织卷网、刺钢丝网的单位面积造价顺序降低。

在养护维修方面,钢板网、电焊网、刺钢丝网在网面及局部破坏后易修补,维修费用低;编织网在局部破坏后,将影响整张网,不易修补,维修费用高。

在地形适应性方面,钢板网、片网(电焊网、编织网)爬坡性能差,在起伏较大的路段施工较困难,一般用于平坦路段;卷网(电焊网、编织网)爬坡性能较好,但施工需要专门的机械设备;刺铁丝网适应地形能力强,爬坡性能好,在地势起伏较大的地形条件下,无需特殊的施工机具,施工方便。

在外观方面,金属网美观大方,是城镇沿线、互通区、服务区、风景旅游区等处首选的隔离栅形式;刺铁丝网单独使用美观性能较差,但在南方气候温暖、湿润地区,树木常青,用刺铁丝配绿篱,可增加其美观性,且与道路周围景观协调性好。

表 3-31 集中比较了几种常用隔离栅的性能。

隔离栅性能比较   表 3-31

隔离栅类型	造价	养护维修	适 应 地 形	外观效果	施工条件
钢板网	高	易修补,费用低	爬坡性能差,适用于平坦路段	外观效果好,美观大方	施工方便
电焊片网	较高				施工方便
电焊卷网	较高		爬坡性能较好		需专用设备
编织片网	较高	不易修补,费用高	爬坡性能差,适用于平坦路段	外观效果差	施工方便
编织卷网	中		爬坡性能好,适用于起伏较大路段		需专用设备
刺钢丝网	低	易修补,费用低			施工方便

隔离栅形式选择应根据隔离封闭的功能要求,对其性能、造价、美观、与道路周围景观的协调、施工条件及养护维修等因素进行综合比较。金属网可在靠近城镇人口稠密地区的路段,经过风景区、旅游区、著名地点路段,互通立交、服务区、停车区、管理养护机构两侧等路段选用;刺铁丝网一般用于人口稀少的路段、公路预留地、跨越沟渠需要封闭的路段等;在条件合适和有要求的地区,可采用常青绿篱和隔离墙等其他形式的隔离栅。金属网隔离栅也可与常青绿篱或小乔木配合使用,具有隔音、降噪、美化路容的综合功效。

(三)设置方法

(1)隔离栅的中心线应沿公路用地范围界限以内 20~50cm 处设置,这样立柱的基础能落在公路界以内,避免因侵占界外用地发生纠纷。如有辅道时可设置在辅道内侧。为了边沟清扫维修方便,也可将隔离栅设在边沟内侧。

(2)隔离栅沿道路纵向的布设如图 3-66 所示。

(3)在地形起伏较大,隔离栅不易施工的路段,可根据需要把隔离栅设计成阶梯的形式,如图 3-67 所示。

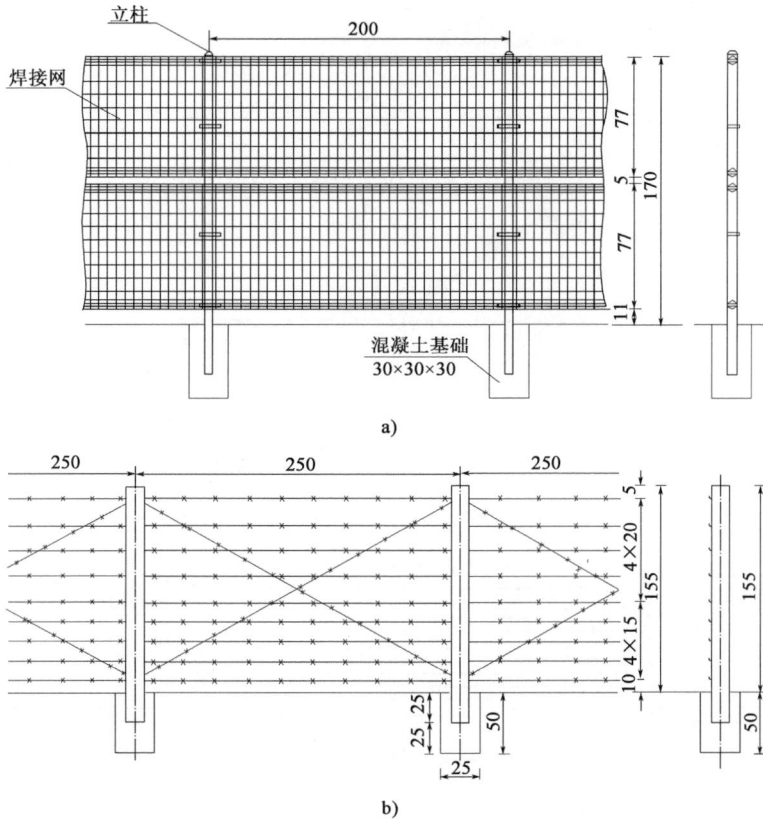

图 3-66 隔离栅纵向布设

a)圈状端头电焊网隔离栅;b)刺铁丝网隔离栅

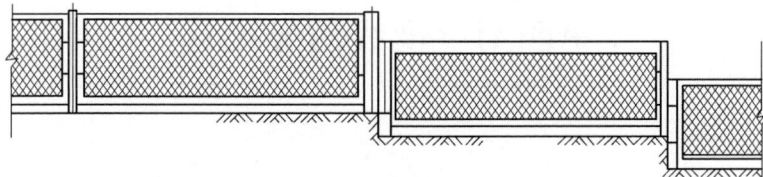

图 3-67 隔离栅在起伏较大地形的设置方法

（4）隔离栅遇到小桥,可以沿桥头锥坡爬上,在桥头处围封,也可沿端墙围封,如图3-68 所示。在通道的进出口,由于过往人、畜较多,需特别注意人为破坏的可能性,应选择强度高,人、畜无法爬入的结构进行围封。

（5）隔离栅遇尺寸较小、流量不大的涵洞时,如河渠较窄可直接跨越,但在跨越处需作一定的围封处理,如图 3-69 所示;如沟渠较宽,隔离栅难以跨越时,也可采取类似桥梁、通道的方式处理。跨越涵洞时,立柱可适当加强、加深。

（6）为便于养护维修人员的日常工作,隔离栅需要在适当地方设门。隔离栅活动门的规格大小,可根据进出大门的设备、人员情况进行设计,形式应力求简易、实用。大门的形式一般可分为单开门和双开门两种,单开门用于人员的出入,门宽设计尺寸不应大于 1.5m;双开门用于机修设备及车辆的出入,总宽不应超过 3.2m。门宽不大于 1.2m 的门柱也可采用断面尺寸为 125mm × 125mm 的钢筋混凝土立柱。

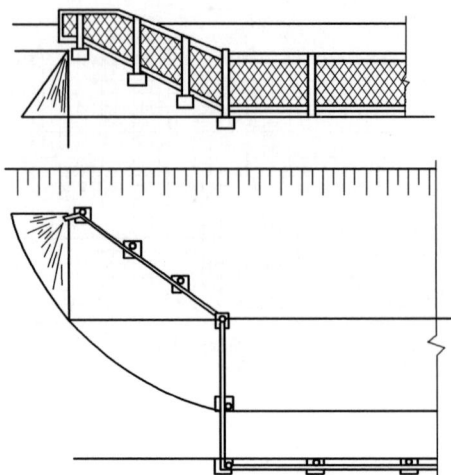

图 3-68　隔离栅在桥头的端部处理

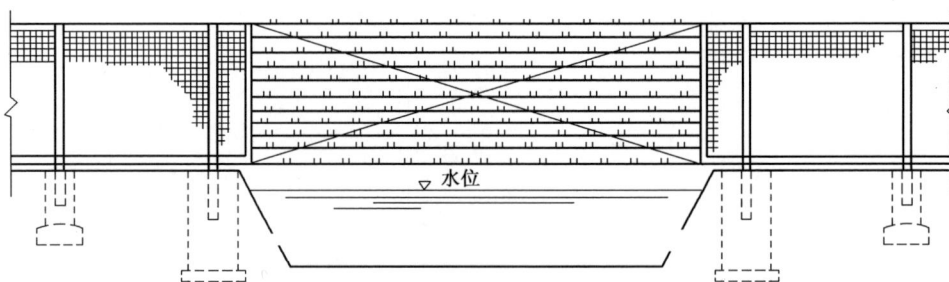

图 3-69　隔离栅跨越沟渠处理方法

第四节　视线诱导设施

一、概述

公路和城市快速路上车辆运行速度很高,安全行车需要驾驶员综合判断周围情况,特别是前方道路线形等情况;在夜间行驶时,车辆自身位置、速度、前方道路的方向等信息尤其重要,但仅有前照灯照明有时还远远不够,需要视线诱导设施帮助驾驶员获得位置感、速度感和方向感。

视线诱导设施是沿车行道两侧设置,用于标示道路方向、线形、车行道边界及危险路段位置,诱导驾驶员视线的设施。视线诱导设施主要包括轮廓标、线形诱导标等,如图 3-70 所示。轮廓标以指示道路线形轮廓为主要目标,线形诱导标以指示改变行驶方向为主要目标。它们以不同的侧重点来诱导驾驶员的视线,使行车更趋于安全、舒适。

二、轮廓标

轮廓标是沿道路两侧边缘设置的、用于指示道路前进方向和边界的、具有逆反射性能的交通安全设施。设置轮廓标是诱导驾驶员视线,标明道路几何线形的有效办法。通过轮廓标,驾驶员能明了前方道路边界和线形,从而能快速、安全地行驶,减少交通事故。

图 3-70 视线诱导设施
a)轮廓标;b)线形诱导标

轮廓标设计可按照下列顺序实施:

(1)收集道路沿线各类护栏的设置资料及桥隧构造物的分布资料。

(2)确定轮廓标的设置形式及间距。

(一)轮廓标构造

轮廓标可分为独立式和附着式两种。

1. 独立式轮廓标

独立式轮廓标又称柱式轮廓标,设置于土中,主体结构为三角形断面立柱,由柱体、反射器和混凝土基础等部分组成。柱体为白色,在柱体上部涂一圈25cm高的黑色标记,黑色标记的中间镶嵌一块4cm×18cm的反射器,如图3-71所示。反射器可由反光片、反光膜制作,反光等级应为二级以上,分白色和黄色两种,白色安装于行车方向的右侧,黄色安装于行车方向的左侧或中央分隔带上;当道路设有中央分隔带时,轮廓标为单面。柱式轮廓标可直接埋入土中,也可以装配在混凝土基础上。

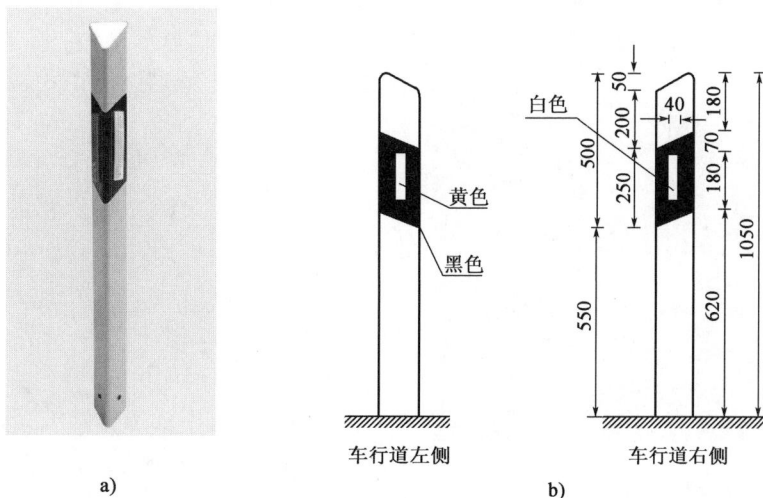

图 3-71 独立式轮廓标(尺寸单位:mm)
a)独立式轮廓标实物;b)独立式轮廓标构造

2.附着式轮廓标

附着式轮廓标附设在各类路侧构造物上,如各种护栏,隧道、挡墙、桥墩台的侧墙等。附着式轮廓标由反射器、支架和连接件组成,反射器可由反光片、反光膜制作,反光等级应为二级以上。附着式轮廓标可根据构造物种类及附着部位的不同,采用不同的形状和连接方式。例如,附着于波形梁护栏波形梁中间的槽内时,轮廓标的形状为梯形,支架做成封闭式,固定在护栏与立柱的连接螺栓上,如图3-72a)所示;附着于波形梁上缘时,轮廓标的形状可采用圆形,通过专用工具把轮廓标支架夹紧在波形梁上边缘,如图3-72b)所示。又如,附着在缆索护栏上时,轮廓标一般为圆形或者梯形,采用夹具直接固定在缆索上,如图3-72c)所示,在中夹分隔带可采用两面反射的结构。

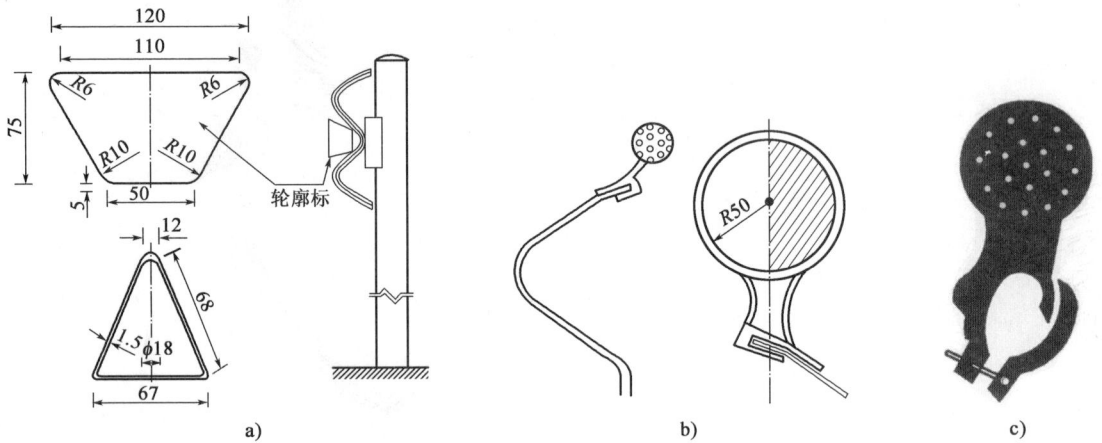

图3-72　附着式轮廓标(尺寸单位:mm)

a)附着于波形梁槽中的轮廓标;b)附着于波形梁上缘的轮廓标;c)附着于缆索上的轮廓标

随着LED照明技术、荧光技术的发展,多种多样的自发光、荧光轮廓标在城市道路乃至公路上应用,大大丰富了轮廓标的形式。由于LED光源亮度高、方向性较强,在设计时应注意发光轮廓标的角度、高度和亮度,避免产生眩光效应。轮廓标有时与百米桩、里程碑(牌)结合起来,在上面标示里程、距离等(图3-73)。

图3-73　轮廓标与百米桩结合

(二)轮廓标设置原则

(1)在高速公路、一级公路的主线及其互通式立体交叉、服务区、停车区等处的进出匝道,特别在小半径曲线上,应全线两侧连续设置轮廓标。

(2)在二级及以下等级公路的视距不良路段、设计速度≥60km/h的路段、车道数或车道宽度有变化的路段、连续急弯陡坡路段,宜设置轮廓标;其他路段视需要可设置轮廓标。

(3)应特别注意从直线段过渡到曲线段的路段,或由曲线段过渡到直线段的路段,使轮廓标视线诱导连续、平顺过渡。

（4）轮廓标在正常入射角、观察角条件下，必须保持恒定、充足的亮度，应能满足大、小型车在近光和远光灯照射下的识别要求；在气候条件恶劣（如经常有雾、风沙、雨、雪天气出现）的地区，或线形条件复杂的路段，应设置反光性能高、反射器尺寸较大的轮廓标。

（5）双向行驶的道路和隧道两侧需要设置轮廓标时，应设置双向反光轮廓标。

（6）各种类型的轮廓标设置高度宜保持一致。

（三）轮廓标设计

（1）轮廓标在道路两侧对称设置。

（2）轮廓标沿道路纵向的设置间距应根据道路线形而定，在直线路段不应超过50m，平曲线路段和匝道不应大于表3-32的规定；公路路基宽度、车道数量有变化的路段及竖曲线路段，可适当减小轮廓标的间距。

平曲线路段轮廓标的设置间距 表3-32

平曲线半径（m）	设置间距（m）	平曲线半径（m）	设置间距（m）
≤89	8	375~999	32
90~179	12	1000~1999	40
180~274	16	≥2000	48
275~374	24		

（3）在竖曲线路段，可根据竖曲线的不同半径，在保持轮廓标诱导连续性的前提下，对设置间距作适当调整，如表3-33所示。

竖曲线路段轮廓标的设置间距 表3-33

竖曲线半径（m）	设置间距（m）	竖曲线半径（m）	设置间距（m）
<800	5~16	3000~4000	47~50
800~1500	16~21	>4000	50
1500~3000	21~31		

（4）轮廓标反射器中心线距路面的高度应为60~70cm。在特殊情况下（例如路面经常积雪很厚的路段），经论证可适当加高。其他路段有特殊需要时，也可采用其他高度。

（5）轮廓标反射器应面向交通流，其表面法线应与公路中心线成0°~25°夹角。

三、线形诱导标

线形诱导标是设置于急弯、视距不良、作业区路段或构造物端部，用来提示道路线形变化，引导行车方向，注意谨慎驾驶的设施。

设于一般道路上易发生事故的弯道、小半径匝道、视线不好的T形交叉口等处的线形诱导标如图3-74a)所示，为蓝底白图案；在高速公路上采用绿底白图案。

设于中央隔离设施端部、渠化设施端部、桥头等处的线形诱导标如图3-74b)所示，为红底白图案。

设于道路施工、养护、维修、事故处理等作业区路段的线形诱导标，图案形状和规格与弯道线形诱导标、构造物端部线形诱导标一样，但颜色为橙黄底黑图案，如图3-74c)所示。

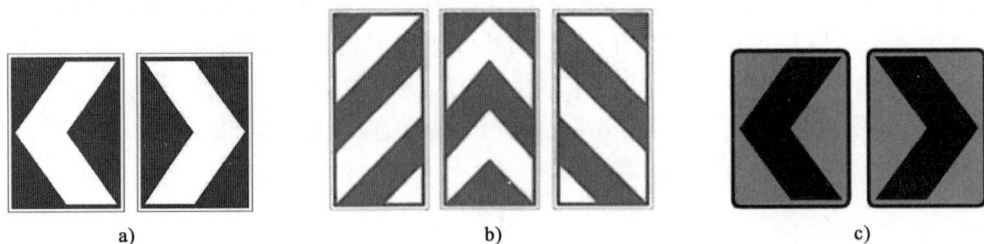

图 3-74　线形诱导标(基本单元)

a)平曲线路段线形诱导标;b)构造物端部线形诱导标;c)作业区线形诱导标

(一)线形诱导标构造

线形诱导标可分为独立式和附着式两种。

1.独立式线形诱导标

独立式线形诱导标由标志面、底板、立柱、连接件和基础组成。标志面主要采用反光膜,也可以采用反光片或发光体;现在发光体多采用 LED 光源组成图案或图案轮廓。底板通常采用铝合金板或塑料板等。底板与立柱用抱箍、槽钢等通过螺栓连接,立柱埋置于混凝土基础中,如图 3-75 所示。

2.附着式线形诱导标

这类线形诱导标所附着的构造物以护栏为主。附着于护栏上的线形诱导标由反射器、底板、立柱和连接件组成,线形诱导标立柱通过抱箍与护栏立柱连接固定,如图 3-76 所示,除基础不同外,其他与独立式类似。工程实际中还有采用直接将线形诱导标涂画于构造物端部的形式。

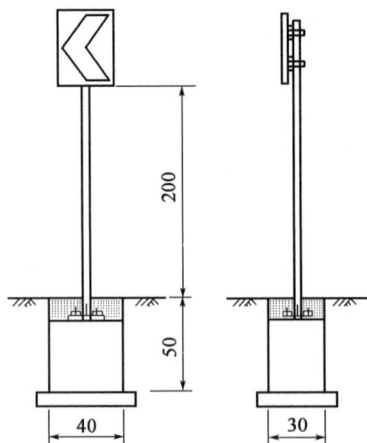

图 3-75　独立式线形诱导标构造(尺寸单位:cm)

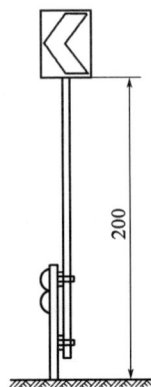

图 3-76　附着式线形诱导标构造(尺寸单位:cm)

(二)线形诱导标设计

(1)设于弯道的线形诱导标基本单元的标志面图案及其规格如图 3-77 和表 3-34 所示。Ⅰ型用于设计速度≥80km/h 的道路,Ⅱ型用于设计速度<80km/h 的道路,Ⅲ型为最小尺寸。

设于构造物端部的线形诱导标基本单元的标志面图案及其规格如图 3-78 和表 3-35 所示。

弯道线形诱导标的规格（单位：mm） 表 3-34

类　　型	A	B	C	D	E
Ⅰ	600	800	300	400	2×20
Ⅱ	400	600	200	300	2×15
Ⅲ	220	400	110	200	2×10

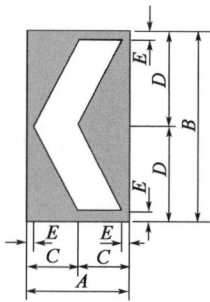

图 3-77　弯道线形诱导标图案

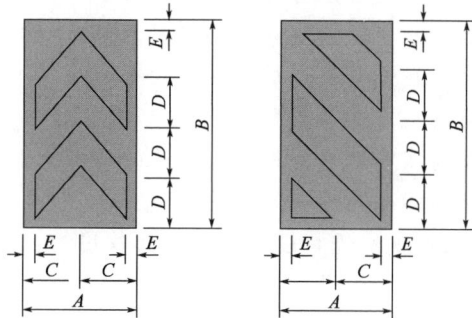

图 3-78　构造物端部线形诱导标图案

构造物端部线形诱导标的规格（单位：mm） 表 3-35

类　　型	A	B	C	D	E
Ⅰ	600	1200	300	300	2×20

（2）在平曲线路段使用的线形诱导标,应设置在半径小于一般最小半径,或通视较差、对行车安全不利的曲线路段外侧。偏角≤7°的曲线路段,可在曲线中点位置设 1 块线形诱导标；偏角 >7°、曲线较长的弯道,可根据需要设置若干块线形诱导标,并应保证驾驶员在曲线范围内连续看到不少于 3 块诱导标。

（3）在道路施工、养护、维修、事故处理等作业区路段使用的线形诱导标,设置于因作业区围挡而形成的弯道路段的外侧。

（4）在中央隔离设施端部、渠化设施端部、桥头等处使用的线形诱导标,应竖向设置,如图 3-79 所示。

（5）线形诱导标板的下缘至地面的高度应为 120~200cm,标志板应尽可能垂直于驾驶员视线。

（6）线形诱导标的基本单元可以单独使用,也可以将若干基本单元组合在一起使用,如图 3-80 所示。

图 3-79　端部线形诱导标

图 3-80　组合线形诱导标

【思考题】

1. 什么是路侧安全净区？什么是路上危险物？

2. 交通安全设施主要包括哪些类型？

3. 护栏的功能是什么？

4. 护栏按刚度可分为哪些类型？刚性护栏怎样减轻碰撞损害？

5. 在选择护栏时需要考虑哪些因素？

6. 什么是眩光？眩光与哪些因素有关？

7. 防眩设施有哪些类型？

8. 公路与城市道路封闭隔离设施的作用分别是什么？

9. 公路封闭隔离设施有哪些类型？

10. 什么是视线诱导设施？起什么作用？主要有哪几种类型？

第四章

交通管理设施设计

第一节　道路交通标志

一、交通标志的种类

（1）按作用分类。

交通标志按作用可分为主标志和辅助标志两大类。

主标志包括警告车辆、行人注意危险地点的警告标志，禁止或限制车辆、行人交通行为的禁令标志，指示车辆、行人行进的指示标志，传递道路方向、地点、距离信息的指路标志，提供旅游景点方向、距离的旅游区标志，通告道路施工区通行的道路施工安全标志，告知路外设施、安全行驶信息以及其他信息的告示标志。

辅助标志是附设在主标志下，对主标志进行辅助说明的标志。

（2）按显示位置分类。

按显示位置，交通标志可分为路侧和车行道上方两种，对应的支撑结构形式为柱式、路侧附着式、悬臂式、门架式、车行道上方附着式。

（3）按光学特性，交通标志可分为逆反射式、照明式和发光式三种，其中照明式又分为内部照明式和外部照明式。

（4）按版面内容显示方式，交通标志可分为静态标志和可变信息标志。

（5）按设置的时效，交通标志可分为永久性标志和临时性标志。

（6）按传递信息的强制性程度，交通标志可分为必须遵守标志和非必须遵守标志。禁令标志和指示标志为道路使用者必须遵守的标志；其他标志仅提供信息，如指路标志、旅游区标志；禁令、指示标志套用于无边框的白色底板上，为必须遵守的标志；停车让行、减速让行标志不得套用于无边框的白色底板上；禁令、指示标志套用于指路标志上，仅表示提供相关禁止、限制和遵行信息，只能作为补充说明或预告方式，并应在必要位置设置相应的禁令、指示标志。

二、交通标志设计原理

（一）交通标志三要素

驾驶状态下识读交通标志是从颜色、形状判别开始的，因此，赋予交通标志以不同颜色和形状，可增加信息量，提高易读性。为了获得较理想的标志设计，世界各国的交通工程师、工程心理学家长期以来进行了大量的试验研究，包括对标志的顺色、形状、图符等编码成分的研究，对标志的可见性、易读性、亮度、设置位置的研究以及对标志效能的评价和测试方法的研究等。所有这些研究工作，为标志设计提供了充分的理论依据。研究表明，交通标志的颜色、形状和图符是影响其效果的三个重要因素，被称为交通标志三要素。

1. 颜色

人眼可以看见的色光波长范围在 380 ～ 780nm 之间。不同的波长引起不同的颜色感觉，如短波范围 470nm 产生蓝色感觉，中波范围 530nm 产生绿色感觉，长波范围 700nm 产生红色感觉。此外，在各波长间还有各种中间色，如橙黄色、黄绿色等。

颜色是标志的重要构成因素，可以使标志从背景中凸显出来，吸引驾驶员的注意，帮助驾驶员迅速识别标志的种类和含义。并且，标志的视觉清晰度与其颜色和背景的对比度有很大关系，为了在标志板与符号之间获得最大的对比度，一般采用亮色（如白、红、黄等）与暗色（如蓝、绿、黑等）搭配，这时标志的视认清晰度最佳。人眼对不同颜色的感受是不同的，这种差异的一种重要表现为：在一定的观察距离下，不同颜色获得等效视觉清晰度所需要的面积不同。表 4-1 是在观察距离为 230m 时，可以探测出不同颜色的最小面积。

人眼对颜色的探测能力 表 4-1

颜　色	观察距离	颜　色	观察距离
黄	1.3	蓝	1.9
白	1.5	绿	2.0
红	1.7	黑	3.3

辨别颜色的正确性还依赖于颜色面积的大小。一般说来，面积越大，颜色辨认得越准确。根据英国的研究，在郊外背景条件下，30m 观察距离最小需要约 0.3m² 的白板面积。

人对不同颜色感受差异的另一种表现为，不同颜色对人们带来的心理影响也不一样：红色可以产生危险感觉的强刺激，通常作为"禁止""停车"的信号；黄色具有警戒的感觉，通常作为

"注意危险"等警告信号;绿色使人产生和平、安全的感觉,通常作为"安全""行进"的信号;蓝色使人产生沉静、安宁的感觉,通常作为"指示"的信号;黑色和白色对比度好,大部分标志中都有使用。道路交通标志多用红、黄、绿、蓝、黑等颜色,不用中间色。

一般情况下交通标志颜色的基本含义如下:

(1)红色:表示禁止、停止、危险,用于禁令标志的边框、底色、斜杠,也用于叉形符号和斜杠符号、警告性线形诱导标的底色等。

(2)黄色或荧光黄色:表示警告,用于警告标志的底色。

(3)蓝色:表示指令、遵循,用于指示标志的底色;表示地名、路线、方向等的行车信息,用于一般道路指路标志的底色。

(4)绿色:表示地名、路线、方向等的行车信息,用于高速公路和城市快速路指路标志的底色。

(5)棕色:表示旅游区及景点项目的指示,用于旅游区标志的底色。

(6)黑色:用于标志的文字、图形符号和部分标志的边框。

(7)白色:用于标志的底色、文字和图形符号以及部分标志的边框。

(8)橙色或荧光橙色:用于道路作业区的警告、指路标志。

(9)荧光黄绿色:表示警告,用于注意行人、注意儿童警告标志。

2. 形状

驾驶员在道路上认读标志是从它的形状、颜色判别开始的,因此交通标志的设计赋予其形状和颜色以一定的意义,增加了传递信息的内容。驾驶员发现标志后,首先可根据其形状和颜色判别出其属于哪一类,可以提前做些准备。

根据对交通标志形状视认性的研究成果,在同等面积条件下,三角形的视认效果最好,其次是菱形、正方形、圆形、六角形、八角形等。这说明具有同等面积的不同形状的标志,其视认性是不同的。不过,在决定道路交通标志的形状时,除考虑其形状对视认性的影响外,还要考虑不同形状标志牌可容纳的信息量的多少、使用习惯等因素。根据国际标准草案《安全色和安全标志》(DLS 3864.3—2012)中关于几何图形的规定,正三角形表示"警告",圆形表示"禁止"和"限制",正方形和矩形表示"提示"。参考联合国及很多国家的交通标志标准,除美国、日本、澳大利亚、加拿大、墨西哥等少数国家的警告标志的形状为菱形外,绝大多数国家的警告标志采用正三角形。

交通标志形状的一般使用规则如下:

(1)正等边三角形:用于警告标志。

(2)圆形:用于禁令和指示标志。

(3)倒等边三角形:用于"减速让行"禁令标志。

(4)八角形:用于"停车让行"禁令标志。

(5)叉形:用于"铁路平交道口叉形符号"警告标志。

(6)方形:用于指路标志,部分警告、禁令和指示标志,旅游区标志,辅助标志,告示标志等。

除个别标志外,标志边框的颜色应与标志的图形或字符的颜色一致,除指示标志外,标志衬边的颜色应与标志底色一致。个别标志除外。各类标志的边框和衬边如表4-2所示。

各类标志边框和衬边   表 4-2

标志类别	边框	衬边	备　注
警告	黑色	黄色	叉形符号和斜杠符号除外
禁令	红色	白色	个别标志除外
指示	白色	白色	白色衬边外无蓝色
指路	白色	蓝色或绿色	
旅游区	白色	棕色	
道路作业区	黑色	橙色	道路作业区所用禁令、指示灯标志不变,只针对警告、绕行等标志
辅助	黑色	白色	
告示	黑色	白色	

3. 图符

研究表明,在低亮度、快速行进等困难的视觉条件下,图符在辨认速度和辨认距离上优于文字;而且,图符信息还不受文字交流的限制,不同国家和民族的驾驶员都可理解、识读。因此,以符号为主的标志受到联合国的推荐,并被世界上绝大多数国家采用。

工程心理学中采用视角来表示图形的大小,视角的大小由图形尺寸和观察距离决定。同样尺寸的图形,观察距离近,则视角大,反之则视角小。视角大者看得清楚,视角小者则看得模糊,视角低于一定的阈值者,则看不清楚。

人借助于视觉器官完成一定视觉任务的能力通常称为视觉功能,反映视觉功能的基本指标包括视敏度(区分对象细节的能力)和分辨力(辨别对比的能力),其中观察距离、细节尺寸及细节间的间隔等对分辨力影响较大。

道路交通标志的字符应规范、正确、工整。按从左至右、从上至下顺序排列。一般一个地名不写成两行或两列。

根据需要,可并用汉字和其他文字。标志上的汉字应使用规范汉字,除有特殊规定之外,汉字应排在其他文字上方。

如果标志上使用英文,地名用汉语拼音,规定第一个字母大写,其余小写;专用名词用英文,第一个字母大写,其余小写,根据需要也可全部大写。除特殊规定外,指路标志汉字高度一般值应根据设计速度,按表4-3选取。汉字字宽和字高相等。汉字高度可根据设置路段的运行速度(V_{85})进行调整。

汉字高度与速度的关系   表 4-3

速度(km/h)	汉字高度(cm)	速度(km/h)	汉字高度(cm)
100~120	60~70	40~70	35~50
71~99	50~60	<40	25~30

(二)交通标志设置原则

(1)应通盘考虑,整体布局,做到连贯性、一致性,给道路使用者提供全面资讯。

(2)应确保行驶的安全、快捷、通畅。应以完全不熟悉周围路网体系的外地驾驶员为设计对象,通过标志的引导,能顺利、快捷地抵达目的地,不允许发生错向行驶。

(3)应给使用者提供正确、及时的信息,防止出现信息不足或过载的现象,对于重要的信息应给予重复显示。

(4)应根据标志类别确定标志的设置位置;应充分考虑道路使用者对标志感知、识别、理解、行动的特性,根据速度和反应时间确定合适的设置地点。

(5)注意标志的视认性,特别是附属设施、构造物、行道树及绿篱枝叶对标志视认性的影响和遮挡。

(6)静态的交通标志应该与动态的可变标志相配合。二者应相辅相成,互相配合,统一布局,形成整体。

(7)应避免交叉路口标志林立,影响驾驶员视野。交叉口处一般以指路标志和禁令标志为多,对于指路标志,可采用前置预告的方法把位置错开;禁令标志可采用组合方式或加辅助标志的办法,以减少标志数量。

(8)交通标志具有法律效力,应根据相应法规及标准正确设计和设置标志;必须避免由于标志设置不当对交通造成不利影响或给管理带来麻烦。

(9)标志不得侵占道路建筑限界。标志牌不应侵占路肩或人行道,应确保侧向余宽和净空高度。

(三)交通标志设置位置

1. 纵向、横向和竖向位置

驾驶员在读取标志信息时,要经过发现、认读、理解和行动等过程,这一过程需要花费一定的时间,行驶一定的距离。因此,在确定标志的纵向位置时,应当考虑驾驶员的视觉特性和行为特性。

如图 4-1 所示,驾驶员要从匝道驶出高速公路,在视认点 A 处发现标志 BZ,在始读点 B 处开始读取标志信息,到读完点 C 读完标志信息;之后要决定是否采取行动,然后在行动点 G 开始转向操作;在 F 点完成行动。B、C 之间距离 l 称为读标志距离,C、G 之间的距离 j 称为判断距离,C 到 BZ 之间的距离 K 称为读完后距离。

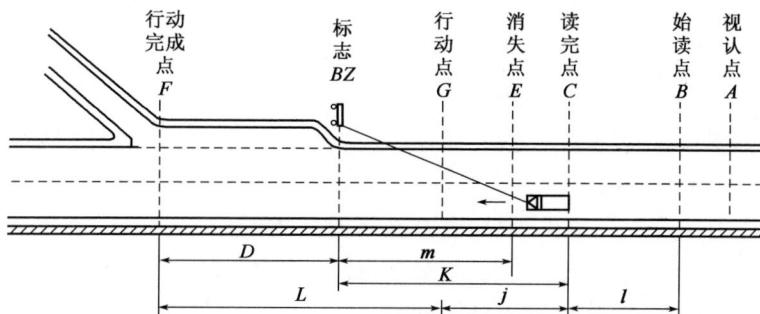

图 4-1 交通标志视认过程

在正常驾驶情况下,驾驶员尚未到标志下面之前,标志已在视野中消失,E 称为消失点,E 到 BZ 之间的距离 m 称为消失距离。显然,如果距离 $K < m$,则驾驶员难以读完标志。标志的设置位置应满足 $K \geqslant m$ 的条件。

试验表明,驾驶员要看清标志内容,一般需要时间不少于 2.6s,于是上述距离就都与设计行车速度有关。

驾驶员的反应特性、车辆运动学和标志的几何位置结合起来,可以得出标志的前置距离、横向位置和竖向位置的约束条件。

标志的前置距离:

$$D \geqslant (n-1)L' + \frac{1}{2a(v_1^2 - v_2^2)} + t'v_1 - K \tag{4-1}$$

式中:D——标志的前置距离,m;

n——车道数,条;

L'——变换一次车道所需的距离,m,$(n-1)L'$ 为变换车道所需的距离;

a——减速度,m/s^2,一般 $a = 0.75 \sim 1.5m/s^2$,85% 位车速时 $a = 1.0m/s^2$;

v_1——发现标志时的车速,m/s,可使用 85% 位车速或道路限速值;

v_2——到达匝道处的车速,m/s,$1/[2a(v_1^2 - v_2^2)]$ 为减速所需距离;

t'——判断时间,s,一般 $t' = 2 \sim 2.5s$;

K——读完后到标志的距离,m。

标志的横向位置和竖向位置:

由图 4-2 可知,应有 $L + j \geqslant D + m$;考虑最不利情形:当 $D = 0$,$j = 0$ 时,应有 $L \geqslant m$,则:

$$d = m \cdot \tan\theta \leqslant L \cdot \tan\theta \tag{4-2}$$

$$h = m \cdot \tan\alpha \leqslant L \cdot \tan\alpha \tag{4-3}$$

式中:θ——消失点与路侧标志的夹角,度(°),通常 $\theta = 15°$;

α——消失点与路上方标志的夹角,度(°),通常 $\alpha = 7°$。

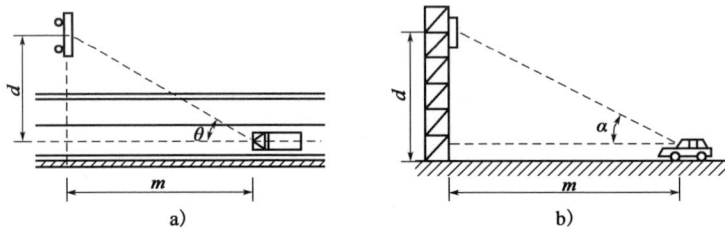

图 4-2　标志的横向和竖向位置
a)路侧标志(俯视图);b)路上方标志(正视图)

警告标志前置距离一般根据道路的设计速度选取;也可考虑所处路段的最高限制速度或运行速度等,按表 4-4 进行适当调整。

禁令、指示标志应设置在禁止、限制或遵循路段开始的位置。部分禁令、指示标志开始路段的交叉口前适当位置应设置相应的指路标志提示,使被限制车辆能够提前绕道行驶。指路标志设置位置应符合每一指路标志的具体规定。

2.设置角度

标志板面的法线应尽可能与道路中线平行或呈一定角度,并可根据实际情况如道路平、竖曲线线形等在一定范围内调整,以方便驾驶员识读和减少板面眩光。如图 4-3 所示,通常路侧标志板面的安装角度对禁令或指示标志宜为 0° ~ 10°(特殊情况需增大时不应超过 45℃),指路和警告标志宜为 0°～10°;道路上方标志如门架式、悬臂式、车道上方附着式等,标志板面的安装角度应与道路中线垂直,板面宜向下倾斜 0°～15°(特别是在容易降雪地区)。

指示标志的尺寸与计算行车速度的关系 表4-4

速度 (km/h)	减速到下列速度(km/h)										
	条件 A	条件 B									
	0	10	20	30	40	50	60	70	80	90	100	110
40	*	*	*	*								
50	*	*	*	*	*							
60	30	*	*	*	*							
70	50	40	30	*	*	*	*					
80	80	60	55	50	40	30	*	*				
90	110	90	80	70	60	40	*	*	*			
100	130	120	115	110	100	90	70	60	40	*		
110	170	160	150	140	130	120	110	90	70	50	*	
120	200	190	185	180	170	160	140	130	110	90	60	40

注:1.条件 A 为道路使用者有可能停车后通过警告地点,典型的标志如注意信号灯标志、交叉口警告标志、铁路道口标志等。

2.条件 B 为道路使用者应减速后通过警告地点,典型的标志如急弯路标志、连续弯路标志、陡坡标志等。

3. * 表示不提供具体建议值,视当地具体条件确定。

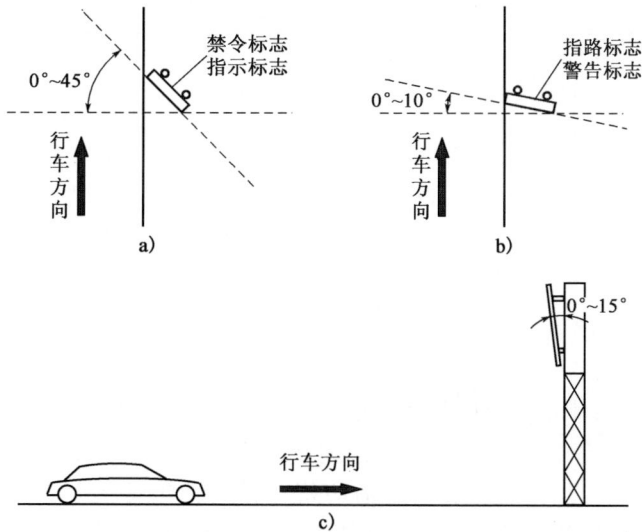

图 4-3 标志的安装角度
a)路侧禁令和指示标志;b)路侧指路和警告标志;c)门架、悬臂、车行道上方附着式标志

3.标志板并设

并设指若干标志板在一根杆柱上竖列设置或在悬臂、门架上并排设置。交通标志要尽量避免并设,以避免信息过载;同种类型的标志,特别是警告标志,原则上不应并设,但在下述两种情况下,可考虑标志并设:

（1）原有道路标志附近需要增设新的标志，或需新增两块以上标志时。

（2）由于道路构造上的原因，需要进行交通限制，必须一起设置警告标志与禁令标志时。

路侧式标志并设时，上下并设不宜超过两层；在一根立柱上并设 3 块标志应采用"品"字形布置，且按标志重要程度由上到下、由左到右布置。

悬臂式或门架式标志并设时，指路标志按重要程度自道路内侧向外侧依次布置；指示车道去向或用途的标志应设在相应车道上方，如果与其他种类标志并设，则其他标志应设在最右端。

三、交通标志版面设计

1. 警告标志

警告标志是警告车辆、行人注意道路交通的标志，用于提示道路沿线存在的危险或应该注意的路段，使道路使用者提高警觉并准备防范措施。警告标志的内容大多与道路的几何线形、构造物有关，如道路交叉、急弯、陡坡、窄路、隧道、渡口、驼峰桥等；其余的警告标志多与道路沿线的环境有关，如行人、儿童、信号灯、村庄、牲畜等。

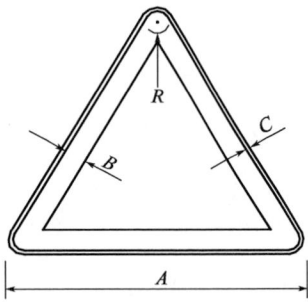

图 4-4　警告标志尺寸代号

警告标志的颜色为黄底、黑边、黑图案，形状为顶角朝上的正等边三角形。其尺寸代号如图 4-4 所示，边长、边宽的一般值应根据设计速度按表 4-5 选取，可考虑设置路段的运行速度 V_{85} 进行调整；设置在胡同、隔离带的警告标志如采用柱式，设置空间受限制时可取最小值，但边长最小值不应小于 60cm。

警告标志汉字高度与速度的关系　　　　　　　　　　表 4-5

速度(km/h)	三角形 A(cm)	黑边宽度 B(cm)	黑边圆角半径 R(cm)	衬边宽度 C(cm)
100~120	130	9	6	1.0
71~99	110	8	5	0.8
40~70	90	6.5	4	0.6
<40	70	5	3	0.4

2. 禁令标志

禁令标志是禁止或限制车辆、行人交通行为的标志，用来表示禁行、禁止、限制等规定，必须严格遵守。

除个别标志外，禁令标志的颜色为白底、红圈、红杠、黑图案，图案压杠；形状为圆形，但"停车让行标志"为八角形，"减速让行标志"为倒等边三角形（顶角向下）。禁令标志的尺寸代号如图 4-5 所示。其各部分尺寸的一般值应根据设计速度按表 4-6 选取，可考虑设置路段的运行速度 V_{85} 进行调整；设置在胡同、隔离带的禁令标志如采用柱式，设置空间受限制时可取最小值，但圆形标志的直径和八角形标志的对角线长度最小值不应小于 50cm，三角形标志的边长最小值不应小于 60cm。

3. 指示标志

指示标志是指示车辆、行人应遵循的标志，用来指示行进的信息。常设于车行道的入口处。指示标志主要指示准许行驶的方向，如向左（右）转弯、靠右（左）侧道路行驶等；也用于指示机动车道或非机动车道、步行街等。

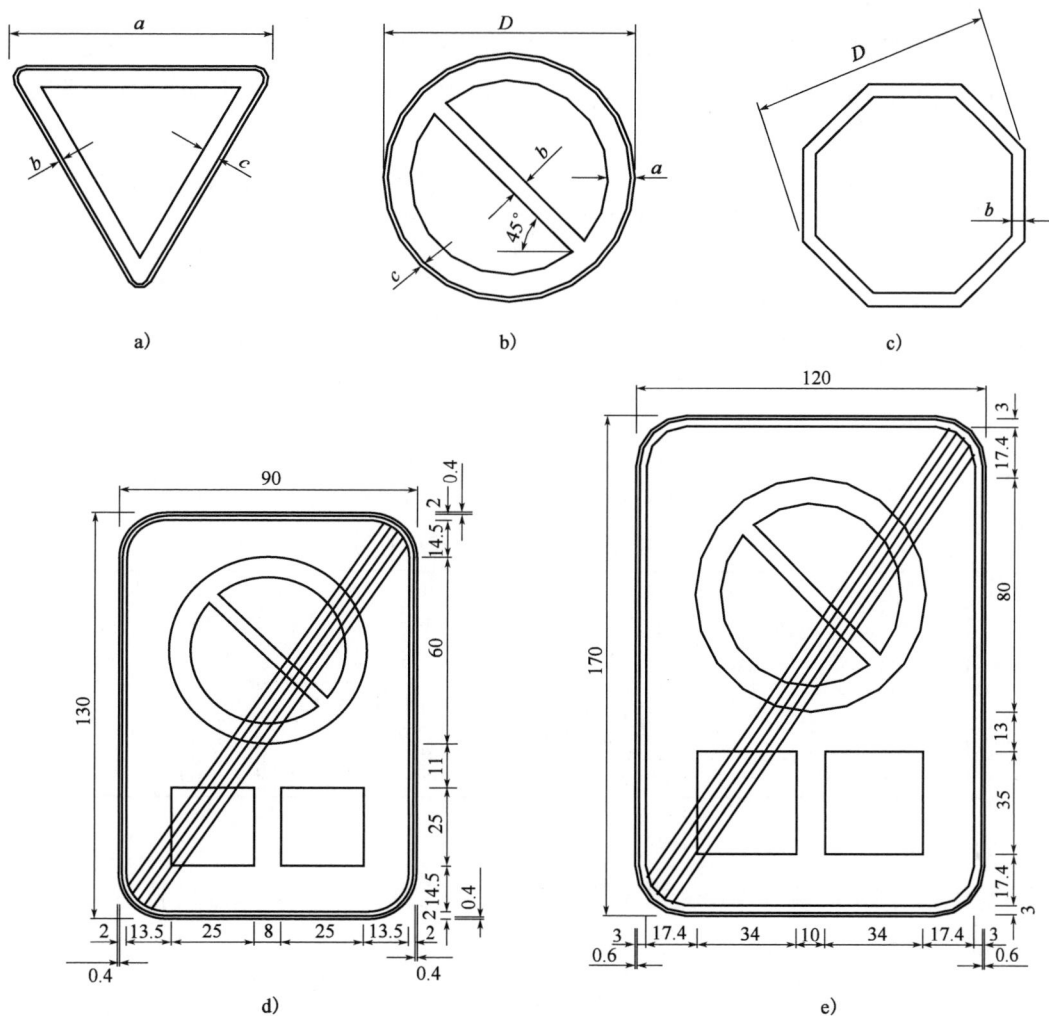

图 4-5　禁令标志各部分尺寸(尺寸单位:cm)
a)三角形标志;b)圆形标志;c)八角形标志;d)、e)矩形标志

禁令标志尺寸与速度的关系

表 4-6

速度	圆形标志(cm)				三角形标志(减速让行标志,cm)		
(km/h)	标志外径 D	红边宽度 a	红杠宽度 b	衬边宽度 c	三角边长 a	红边宽度 b	衬边宽度 c
100~120	120	12	9	1.0	—	—	—
71~99	100	10	7.5	0.8	—	—	—
40~70	80	8	6	0.6	90	9	0.6
<40	60	6	4.5	0.4	70	7	0.4
速度	矩形标志(区域限制和解除标志,cm)				八角形标志(停车让行标志,cm)		
(km/h)	长 a	宽 b	黑边框宽度 c	衬边宽度 d	标志外径 D		衬边宽度 c
100~120	—	—	—	—	—		—
71~99	—	—	—	—	—		—
40~70	120	170	3	0.6	80		3.0
<40	90	130	2	0.4	60		2.0

指示标志的颜色为蓝底、白图案,其形状分为圆形、长方形和正方形,尺寸代号如图 4-6 所示,各部分尺寸的一般值应根据设计速度按表 4-7 选取,可考虑设置路段的运行速度 V_{85} 进行调整;设置在胡同、隔离带的指示标志如采用柱式,设置空间受限制时可取最小值,但直径(或短边边长)最小值不应小于 50cm。

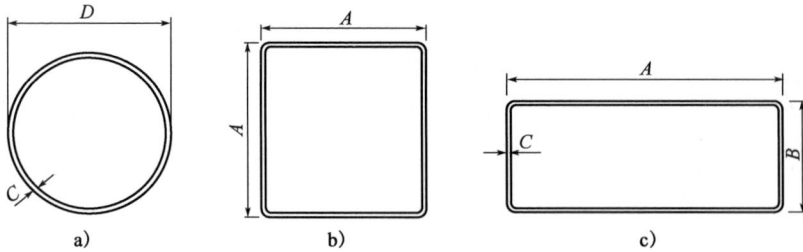

图 4-6 指示标志各部分尺寸代号

a)圆形标志;b)正方形标志;c)矩形标志

指示标志的尺寸与计算行车速度的关系 表 4-7

速度 (km/h)	圆形 (直径 D,cm)	正方形 (边长 A,cm)	长方形 (边长 $A \times B$,cm)	单行线标志 (长方形边长 $A \times B$,cm)	会车先行标志 (正方形 A,cm)	衬边 (宽度 C,cm)
100 ~ 120	120	120	190 × 140	120 × 60	—	1.0
71 ~ 99	100	100	160 × 120	100 × 50	—	0.8
40 ~ 70	80	80	140 × 100	80 × 40	80	0.6
<40	60	60	3	—	60	0.4

4. 指路标志

指路标志是提供道路沿线经过的道路、相关城镇、重要公共设施、服务设施、地点、距离和方向等信息的标志。

指路标志的颜色一般道路为蓝底、白图案,高速公路为绿底、白图案;其形状除地点识别标志、里程碑外,为长方形和正方形。指路标志的汉字采用标准黑体(简体),汉字高度应符合表 4-3 的规定,字宽与字高相等;阿拉伯数字、拼音字、拉丁字或少数民族文字的高度应根据汉字高度确定,与汉字高度的关系应符合表 4-8 的规定;汉字或其他文字的间隔、行距等见表 4-9。除另有规定外,指路标志的大小应根据字数、文字高度及排列情况确定,其外边框和衬底边的尺寸见图 4-7。

指路标志版面其他文字与汉字高度的关系 表 4-8

其 他 文 字		与汉字高度(h)关系	其 他 文 字	与汉字高度(h)关系
拼音字、拉丁字 或少数民族文字	大写	$h/2$	字高	h
	小写	$h/3$	阿拉伯数字 字宽	$0.6h$
千米符号	k	$h/2$	笔画粗	$h/6$
	m	$h/3$		

指路标志版面文字间隔、行距等规定 表 4-9

文 字 设 置	与汉字高度(h)关系	文 字 设 置	与汉字高度(h)关系
字间隔	≥$h/10$	字行距	$h/3$
笔画粗	$h/10$	距标志边缘最小距离	$2h/5$

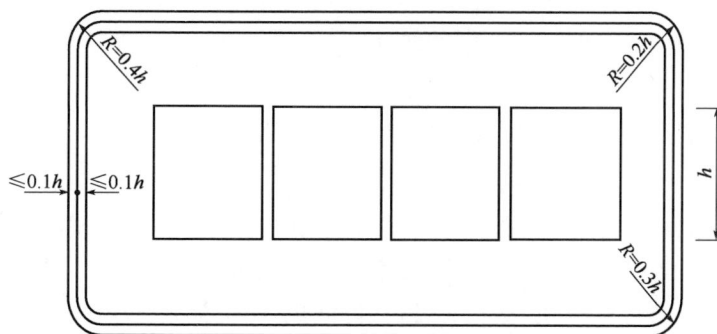

图 4-7 指路标志外边框和衬边尺寸

5.旅游区标志

旅游区标志是提供旅游景点方向、距离、类别的标志。为吸引和指示人们前往旅游区,应在沿途和交叉口设置一系列旅游标志,使人们能方便地识别通往旅游区的方向和距离,了解旅游项目的类别。

旅游区标志分为指引标志和旅游符号两大类。指引标志上具有旅游区名称、旅游区方向和距离、代表性图案,设在道路出口附近及通往旅游区各连接道路的交叉口附近;旅游符号上具有旅游项目类别、旅游景点指引、代表性符号,设在道路通往旅游景点的交叉口附近,或在大型服务区内通往各旅游景点的路口,也可在指路标志上附旅游符号,旅游符号下可附加辅助标志,指示前进方向或距离。

旅游区标志的颜色为棕色底、白色字符。指引标志的形状为矩形,应根据设计速度确定字高,再根据字高、字数和图案确定版面大小;旅游符号为正方形,尺寸一般为60cm×60cm,也可根据需要放大或缩小。

6.作业区标志

作业区标志是通告道路交通阻断、绕行等情况的交通标志,分别属于警告标志、禁令标志、指示标志及指路标志,其中作业区警告标志为橙色底、黑图案,作业区指路标志为在已有的指路标志上增加橙色绕行箭头或者为橙色底黑图案。

作业区标志设在道路施工、养护等路段前适当位置,一般应与其他交通安全设施如路栏、锥形交通标、施工警告灯、移动性施工标志等配合使用。

7.告示标志

告示标志是告知路外设施、安全行驶信息以及其他信息的标志,用以解释、指引道路设施、路外设施,或者告示有关道路交通安全法规的内容。

告示标志一般为白底、黑字、黑图案、黑边框,如果需要图案标识可采用彩色图案。

告示标志的设置不应影响警告、禁令、指示和指路标志的设置和视认。告示标志与警告、禁令、指示、指路标志设置在同一位置时,禁止并设在一根立柱上,需设置在其外侧。

8.辅助标志

辅助标志是补充说明主标志内容的标志。在主标志无法完整表达或指示其规定时,应设置辅助标志。辅助标志颜色为白底、黑字、黑边框;内容包括表示时间、方向、车辆种类、区域或距离、警告或禁令理由,以及上述内容的组合,但组合的图案不宜多于三种;形状为长方形,板面尺寸由字高、字数确定,字高 10cm 为下限值,字间距、行距等按统一规定执行,如有需要可增加板面的尺寸。

辅助标志安装在主标志下面,紧靠主标志下缘,一般不单独设置。

9. 可变信息标志

可变信息标志是一种可根据交通、道路、气候等状况的变化而改变显示内容的标志,一般显示限速、车道控制、道路状况、气象状况等,主要用于高速公路、城市快速路的信息显示。可变信息标志的显示方式有多种,如发光二极管、灯泡矩阵、翻板式、字幕式、光纤式等显示屏,可根据标志的功能要求、显示内容、控制方式、环保节能、经济性等进行选择。

可变信息标志显示的警告、禁令、指示等标志的图形、字符、形状等应符合《道路交通标志和标线》(GB 5768.1~5768.3—2009)的有关规定,字体、字高、间距等按照清晰、易辨、安全的原则确定。主动发光可变信息标志可按普通标志的颜色规定执行,也可按表4-10设计。

主动发光可变信息标志的颜色　　　　　　　表4-10

类　别	显示内容	底　色	边　框	图形、符号、文字
文字标志	道路一般信息	黑色	—	绿色
	道路警告信息		—	黄色
	道路禁令信息		—	红色
图形标志	警告标志	黑色	黄色	黄色
	禁令标志	黑色	红色	黄色
	指示标志	黑色	蓝色	绿色
	指路标志	黑色	绿色	绿色
	作业区标志	黑色	随类型	黄色
	辅助标志	黑色	—	绿色
	潮汐车道标志	黑色	—	红色×、绿色↓
	可变导向车道	蓝色*	—	绿色或黄色
	交通状况	蓝色或绿色*	—	红、黄、绿等色
	其他信息	视需要		

注:*为不可变部分的颜色。

四、交通标志结构设计

(一)交通标志的构造

标志底板及支撑结构宜选用轻型材料和结构,并因地制宜采用经济、适用的材料和结构。标志底板可用铝合金板、薄钢板、合成树脂类板材、木板及其他板材制作。板材的相关指标应符合《道路交通标志板及支撑件》(GB/T 23827—2009)和国家相关标准的规定。标志板背面宜选用美观大方的颜色,铝合金板可采用原色。矩形标志板的四个端角宜为圆弧形端角,指路标志板的圆弧半径如图4-7所示,其他标志板端角圆弧半径为4cm。

标志结构设计基本风速应采用当地空旷平坦地面上离地10m高,重现期为50年10min平均最大风速值,并不得小于 22m/s。

(1)标志底板可用铝合金板、合成树脂类板材(如塑料、硬质聚氯乙烯板材或玻璃钢等)材料制作。铝合金板材的抗拉强度应不小于 289.3MPa,屈服点不小于 241.2MPa,延伸率不小于 4% ~ 10%。大型标志的板面结构,宜采用挤压成型的铝合金板拼装而成。推荐的挤压成型标志底板断面见图 4-8。

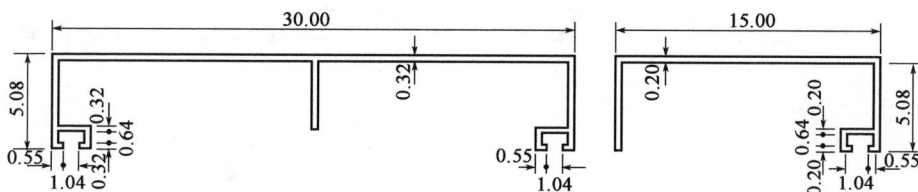

图 4-8 挤压成型标志底板断面图(尺寸单位:cm)

标志板厚度参照表 4-11 选择。挤型铝合金板的厚度按图 4-8 的尺寸要求执行。

标志板厚度(单位:mm)

表 4-11

标 志 名 称		铝合金板	合成树脂板	标 志 名 称		铝合金板	合成树脂板
警告标志	大型	1.5	3	指示标志	大型	1.5	3
	小型	2.0	4		小型	2.0	4
禁令标志	大型	1.5	3	指路标志	大型	2.0 ~ 3.0	4
	小型	2.0	4		小型	3.0 ~ 3.5	5
辅助标志		1.5	3				

(2)交通标志立柱可选用 H 形钢、槽钢、钢管及钢筋混凝土管等材料制作,临时性的可用木柱。钢柱应进行防腐处理,钢管顶端应加柱帽。标志柱应考虑与基础的连接方式。

钢制立柱、横梁、法兰盘及各种连接件,可采用热浸镀锌。立柱、横梁、法兰盘的镀锌量为 $550g/m^2$,紧固件为 $350g/m^2$。

各种标志立柱的断面尺寸,连续方式、基础大小等,应根据设置地点的风力、板面大小及支撑方式由计算确定。

(3)标志板和立柱的连续应根据板面大小、连接方式选用多种方法。在设计连接部件时,应考虑安装方便、连接牢固、板面平整。

(4)各种标志立柱的埋设深度,决定于板面承受外力的大小及地基的承载力。一般应浇筑混凝土基础。立柱的金属预埋件应进行防腐处理。

(二)标志的图符材料

现代道路标志的图案、符号、文字等通常采用逆反射材料制作,或者采用发光材料、安装照明装置等。

1.逆反射材料

逆反射也称回归反射(Retro-reflection),是指能够将光线从接近入射方向反射回去并且当入射光线方向在较大范围内变化时仍能保持这种性质的现象。用于标志图案的逆反射材料主要为反光膜,其产生逆反射作用的微观构造是玻璃微珠或微棱镜,前者是传统类型的反光膜,但后者由于性能优越、经济环保,自20世纪90年代初发明以后发展非常迅速,目前已经被广泛应用于各等级公路和城市道路,渐有取代前者之势。

根据《道路交通反光膜》(GB/T 18833—2012),反光膜按光度性能、结构和用途可分为Ⅰ~Ⅶ七种类型(表4-12),其逆反射性能基本上是由弱到强(其中Ⅶ类逆反射系数大体介于Ⅳ类与Ⅴ类之间,它主要体现柔韧性特点)。

反光膜类型、反光性能和用途 表4-12

反光膜类型①	常用称谓	微观结构形式②	最小逆反射系数③ (cd·lx⁻¹·m⁻²)		用　　途
			观测角0.2°	观测角0.5°	
Ⅰ类(四级)	工程级	透镜埋入式 玻璃珠型	50(白),11(红)	23(白),5.3(红)	用于永久性交通标志和作业区设施
Ⅱ类(三级)	超工程级		110(白),22(红)	39(白),8.0(红)	
Ⅲ类(二级)	高强级	密封胶囊式 玻璃珠型	210(白),42(红)	90(白),18(红)	
Ⅳ类(二级)	超强级	微棱镜型	265(白),48(红)	111(白),20(红)	用于永久性交通标志、作业区设施和轮廓标
Ⅴ类(一级)	大角度		348(白),52(红)	252(白),38(红)	
Ⅵ类(无)	—	微棱镜型 有金属镀膜	550(白),96(红)	118(白),21(红)	用于轮廓标和交通柱;无镀膜时也可用于作业区设施和字符较少的交通标志
Ⅶ类(无)	—	微棱镜型 柔性材质	350(白),49(红)	155(白),22(红)	用于临时性交通标志和作业区设施

注:①括号内为原标准《道路交通反光膜》(GB/T 18833—2002)的分级。

②各类反光膜结构为通常使用的典型结构,不排除会有其他结构存在,如棱镜型工程级反光膜为Ⅰ类反光膜。

③入射角为15°时的数值。

反光膜的选用应根据道路环境(车速、交通量、背景复杂度)、标志种类(警告、禁令、指示)和设置位置(路侧、路上)等因素来综合考虑,以适合为原则,而不是单纯将反光膜类型和反光亮度与道路级别完全对应,这是《道路交通反光膜》(GB/T 18833—2012)将反光膜由之前五个等级改为现在七种类型的一个考虑。例如,Ⅰ~Ⅴ类是适合应用于耐久性交通标志,要同时满足远距离显著性和近距离识读性,所以其逆反射系数要求覆盖0.2°、0.5°、1.0°全系列观测角;Ⅵ类主要用于轮廓标,只需提供远距离的轮廓线形,不需近距离识读,所以不要求1.0°大观测角性能;Ⅶ类主要用于临时性交通标志和作业区设施,性能要求类似于Ⅵ类,但需要材料柔韧性好,以便适合应用于交通锥、交通柱等的曲面。

反光膜观测角是另一个重要考虑。实践表明,在高速公路、城市快速路等车速很快的道路上,驾驶员阅读标志的时间很短,如果标志大观测角的反光亮度不够,则很容易导致驾驶员因为来不及阅读而错过信息,所以反光膜大观测角性能对于夜间的标志识认具有重要作用。《道路交通反光膜》(GB/T 18833—2012)对于高速公路、城市快速路普遍应用的Ⅴ类反光膜的1.0°大观测角逆反射系数的要求最高。

此外,还应考虑标志性能的均匀性,避免同一道路的不同路段标志亮度差异很大,甚至同一标志版面明暗不均、对比度失调,导致标志的识认性下降。

具体而言,选择反光膜可以参考以下原则或因素:

（1）标志背景环境影响大、车辆行驶速度快、交通量大的道路宜选用逆反射性能好的反光膜。

（2）门架式、悬臂式等车行道上方标志，宜选用比路侧标志逆反射性能好的反光膜。

（3）四级及以下公路、交通量很小的道路，可选用逆反射性能较低的反光膜。

（4）同一道路宜使用同一品牌的反光膜；同一标志相同图符要素应使用同一类型的反光膜。

（5）城市快速路、主干路的交通标志应采用Ⅲ～Ⅴ类反光膜；次干路及以下等级道路的交通标志可选用Ⅰ～Ⅳ类反光膜。

（6）在城市快速路小半径曲线路段、立交小半径匝道路段，交通复杂、视距不良、观测角过大的交叉口或路段，以通行大型车辆为主的道路，禁令、指示、警告标志宜采用Ⅴ类反光膜。

（7）当采用Ⅴ类反光膜也无法保证识认时，宜增加标志照明系统。

2. 图案照明

交通标志图案的照明应采用白色光源。安装于标志板结构内部或上方或其他适当位置。

（1）内部照明为将光源安装于标志板结构内部的照明方式，分单面显示和两面显示两种。内部照明标志应根据板面大小、所受风力等进行结构设计；要确保标志面照度均匀，在夜间具有 150m 以上的视认距离。

（2）外部照明为将光源安装于标志板上部的照明方式。外部照明光源应进行专门设计，在标志面上的照度应均匀，最大照度与最小照度之比应小于4，在夜间具有 150m 以上的视认距离；显色指数 Ra 一般应不小于 80，灯具及其阴影不能影响标志认读；不应造成眩目。

3. 发光材料

主动发光标志的主动发光部分可采用高亮度发光二极管（LED）等器件或材料。主动发光标志应确保在夜间具有 150m 以上的视认距离；频闪应同步；其非主动发光图案部分宜采用逆反射材料制作。

（三）交通标志支撑方式

1. 柱式

柱式一般有单柱式、多柱式。柱式标志内边缘不应侵入道路建筑限界，一般距车行道或人行道的外侧边缘或土路肩不小于 25cm。

标志板下缘距路面的高度一般为 150～250cm。设置在小型车比例较大的城市道路时，下缘距地面的高度可根据实际情况减小，但不宜小于 120cm。设置在有行人、非机动车的路侧时，设置高度应大于 180cm。

单柱式是标志板安装在一根立柱上，如图 4-9a）所示，适用于中、小型尺寸的警告、禁令、指示标志和小型指路标志。

多柱式是标志板安装在两根及两根以上立柱上，如图 4-9b）所示，适用于长方形的指示或指路标志。

2. 悬臂式

悬臂式是标志板安装于悬臂上，如图 4-10 所示。标志下缘离地面的高度应大于该道路规定的净空高度。悬臂式适用于以下情况：

（1）柱式安装有困难。

（2）道路较宽、交通量较大、外侧车道大型车辆阻挡内侧车道小型车辆视线。

（3）视距或视线受限制。

（4）景观上有要求。

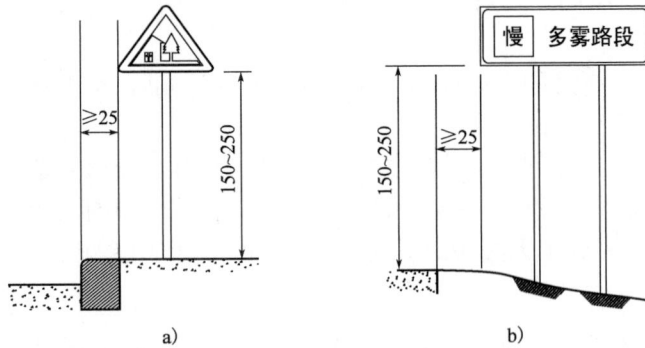

图 4-9　柱式标志牌（尺寸单位：cm）

a）单柱式；b）双柱式

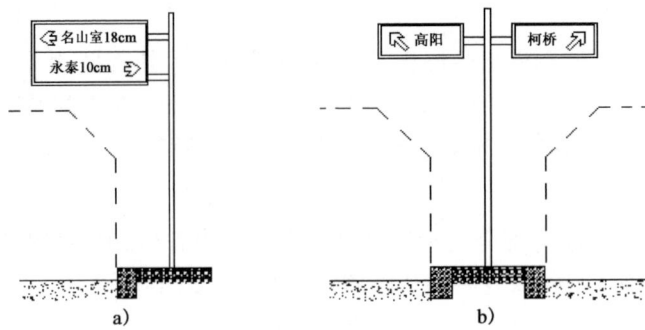

图 4-10　悬臂式标志牌（虚线为道路净空范围）

a）单悬臂式；b）双悬臂式

3. 门架式

门架式是标志安装在门架上，如图 4-11 所示。标志下缘距地面的高度应大于该道路规定的净空高度。门架式标志适用于以下情况：

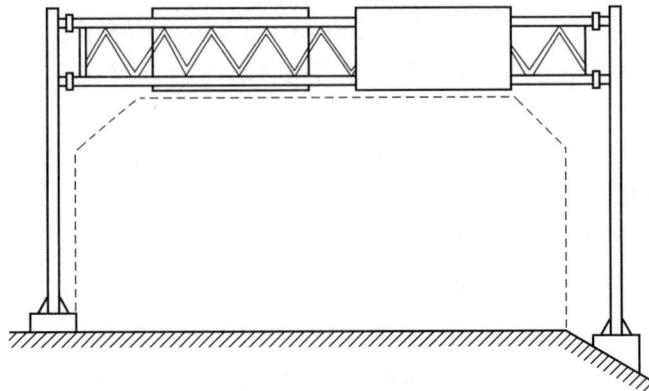

图 4-11　门架式标志牌（虚线为道路净空范围）

（1）多车道道路（同向三车道以上）需要分别指示各车道去向。

（2）交通带较大、外侧车道大型车辆阻挡内侧车道小型车辆视线。

（3）交通流在较高运行速度下发生交织、分流和合流的路段，如互通式立交间距较近标志设置较密处、高速公路与高速公路相交的互通立交主线区域等。

（4）受空间限制，柱式、悬臂式标志安装有困难。

（5）出口匝道在行车方向的左侧。

（6）景观上有要求。

4.附着式

（1）标志附着安装在上跨桥和附近构造物上，如图 4-12 所示。按附着板面所处位置不同分车行道上方附着式、路侧附着式两种。

（2）附着式标志的安装高度应符合柱式标志和门架式标志安装高度的规定。

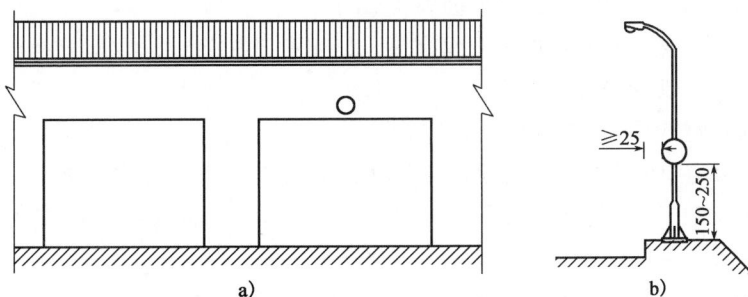

图 4-12　附着式标志牌（尺寸单位：cm）

a）车行道上方附着式；b）路侧附着式

如果标志支撑结构位于路侧净区内，应确保其不对驶离道路的车辆构成危害，否则宜采用解体消能结构或设置相应的防护、警告设施。

（四）交通标志的结构性能计算

交通标志的结构性能计算主要包括五方面内容：荷载的计算与组合；立柱与横梁的强度验算；立柱与横梁的刚度验算；连接螺栓的强度验算；基础的设计与验算。下面择要介绍。

1.荷载的计算与组合

（1）标志板所受的风载

$$F_{wb} = \frac{\gamma_0 \cdot \gamma_Q \cdot \rho C v^2 \sum_{i=1}^{n}(W_{bi} \times H_{bi})}{2000} \qquad (4-4)$$

式中：F_{wb}——标志板所受的风载，kN；

γ_0、γ_Q——γ_0 为结构重要性系数，取为 1.0；γ_Q 为可变荷载（主要为风载）分项系数，采用 1.4；

ρ——空气密度，一般取 1.2258N · s^2 · m^{-4}；

C——风力系数，标志板 $C = 1.2$；

v——风速，m/s，应采用当地比较空旷平坦地面上离地 10m 高统计所得的 50 年一遇 10min 平均最大风速值，当缺乏风速观测资料时，可经实地调查核实后采用全国各气象台站的基本风速和风压值的有关数据，但 v 值不得小于 22m/s；

n——标志板的数量;

W_{bi}——第 i 块标志板的宽度,m;

H_{bi}——第 i 块标志板的高度,m。

(2)立柱(横梁)所受的风载

$$F_{wp} = \frac{\gamma_0 \cdot \gamma_Q \cdot \rho C v^2 \sum\limits_{j=1}^{m} (W_{pj} \times H_{pj})}{2000}$$ (4-5)

式中:F_{wp}——立柱(横梁)所受的风载,kN;

C——风力系数,圆管型立柱 $C = 0.8$,薄壁矩形立柱 $C = 1.4$,其他型钢及组合型立柱 $C = 1.3$;

v——同式(4-4);

m——立柱(横梁)的数量;

W_{pj}——第 j 个立柱(横梁)的迎风面宽度,m;

H_{pj}——第 j 个立柱(横梁)的迎风面高度,m,注意应扣除被标志板遮挡的部分。

2. 立柱(横梁)的设计与强度验算

(1)柱式、双悬臂式标志的立柱设计与验算

立柱在这类结构中承受横向力作用,在其横截面上将产生正应力和剪应力,应分别进行验算。另外,还应对处于复杂应力状态下的危险点进行验算,然后根据形状改变比能理论(第四强度理论),建立强度条件。

(2)悬臂式标志的横梁设计与验算

与立柱相比,横梁在设计与验算时,还应考虑其自重(永久荷载)的影响,由于重力与风力作用方向不同,因此应对其进行组合或叠加。

相应地,横梁根部所承受的剪力亦有两个,一个是由风载引起(Q_w),一个是由自重引起(Q_G),由于不同方向、不同力产生的最大剪应力值或同一位置由不同力产生的剪应力值有一定差距,因此在进行验算时,应取其最大值。

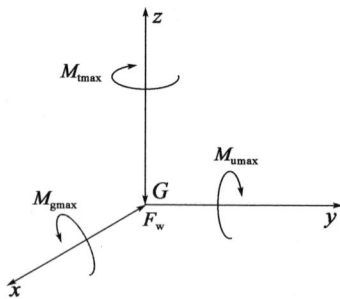

图4-13 单悬臂式标志的立柱根部受力

横梁根部危险点的位置与立柱相同,在计算危险点的正应力和剪力时,应注意作用力的组合或叠加,最后根据第四强度理论建立强度条件。

(3)单悬臂式标志的立柱设计与验算

单悬臂式标志的立柱根部受到两个力和三个力矩的作用,如图4-13所示。

风力:

$$F_w = F_{wb} + F_{wp}$$ (4-6)

重力:

$$G = \gamma_0 \gamma_G \left[\sum_{i=1}^{n_w} (W_{bi} \times H_{bi} \times T_{bi} \times u_{bi}) + \sum_{j=1}^{m} (H_{pj} \times u_{pj}) \right]$$ (4-7)

由风载引起的弯矩:

$$M_{wmax} = F_{wb} \times \left(H_p - \frac{\sum\limits_{i=1}^{n_h} W_{bi}}{2} \right) + F_{wp} \times \frac{H_p}{2}$$ (4-8)

由风载引起的扭矩(大小等于所有横梁根部承受的弯矩):

$$M_{tmax} = F_{wb} \times \left(H_p - \frac{\sum_{i=1}^{n_w} W_{bi}}{2} \right) + F_{wp} \times \left(H_p - \frac{\sum_{i=1}^{n_w} W_{bi}}{2} \right) \tag{4-9}$$

由横梁和标志板自重引起的弯矩为:

$$M_{Gmax} = \gamma_0 \gamma_G \left[\sum_{i=1}^{n_w} \left(W_{bi} \times H_{bi} \times T_{bi} \times u_{bi} \times \frac{H_{pj} - W_{bi}}{2} \right) + \sum_{j=1}^{m} \left(H_{pj} \times u_{pj} \times \frac{H_{pj}}{2} \right) \right] \tag{4-10}$$

式中:F_w——立柱根部所受的风载,kN;

G——立柱根部所受的重力,kN;

γ_0——结构重要性系数,$\gamma_0 = 1.0$;

γ_G——永久荷载(结构重量)分项系数,$\gamma_G = 1.2$;

T_{bi}——第 i 块标志板的厚度,m;

u_{bi}——第 i 块标志板的比重,kN/m³;

H_{pj}——立柱的高度或横梁的长度,m;

u_{pj}——立柱或横梁单位长度的重量,kN/m;

n_w——沿横梁长度方向的标志板数量;

M_{wmax}——风载在立柱根部引起的弯矩,kN·m;

n_h——沿立柱高度方向的标志板数量;

M_{Gmax}——重力在立柱根部引起的弯矩,kN·m;

m——横梁的数量。

一般情况下,标志立柱属于薄壁杆件。由于单悬壁标志立柱所受外力不通过截面的剪力中心,因此它将同时受到弯曲和扭转的共同作用,并且,除圆管形立柱外,其他形式的立柱受扭后,其横截面在纵轴方向不能自由地凸凹翘曲,纵向纤维有了轴向变形,这种扭转称为约束扭转。此时,薄壁截面除有弯曲应力外,还将产生可以与基本应力达到相同数量级的扭转正应力和扭转剪应力。

因此,单悬臂型标志结构立柱的强度验算分为两部分,一部分按横力弯曲的方法进行计算,另一部分按约束扭转的薄壁杆件理论计算(圆管形立柱除外),然后将结果进行叠加。横力弯曲的方法同横梁,这里主要介绍扭转正应力和扭转剪应力的计算。

根据薄壁杆件的约束扭转理论,扭转正应力和扭转剪应力分别为:

$$\sigma_{\overline{W}} = \frac{B_{\overline{W}} \overline{W}}{I_{\overline{W}}} \tag{4-11}$$

$$\tau = \frac{L}{\Omega\delta} = \frac{\overline{M}_{\overline{W}} \overline{S}_{\overline{W}}}{\delta} \tag{4-12}$$

式中:$\sigma_{\overline{W}}$——约束扭转正应力,MPa;

$B_{\overline{W}}$——双力矩,在截面内自相平衡,kN/m²;

$\overline{W}$——广义扇形面积,$\overline{W} = \omega - \rho\, \overline{S}$,其中,$\omega$ 为以扭转中心为极点的扇形面积,m²,$\rho = \Omega / \oint \frac{ds}{\delta}$,$\overline{S} = \int_0^s \frac{ds}{\delta}$;

$I_{\overline{W}}$——广义主扇形惯矩,$I_{\overline{W}} = \oint \overline{W}^2 dF$,m⁶;

τ——约束扭转剪应力,MPa;

L——立柱所受扭矩,$L = M_{tmax}$;

Ω——立柱横截面中线所围面积的 2 倍,m^2;

δ——立柱横截面的壁厚,m;

$\overline{M}_{\overline{w}}$——弯扭力矩,$M_{\overline{w}} = \dfrac{dB_{\overline{w}}}{dz}$,$kN \cdot m$;

$\overline{S}_{\overline{w}} = S_{\overline{w}} - \dfrac{1}{\Omega}\oint_{\overline{w}} dW$,其中,$S_{\overline{w}} = \int_0^5 \overline{W} dF$ 为广义扇形静矩,$N \cdot m$。

(4)门架式标志的立柱与横梁设计与验算

门架式标志的结构形式较多,以如图 4-11 所示双横梁双立柱形式的门架为例,在恒载作用下,门架的任一截面上将只产生绕门架法线方向的弯矩和门架平面内的轴力、剪力;在风载作用下,门架的任一截面上只有三种内力:绕位于门架平面内的主轴的弯矩、垂直于门架平面的剪力和扭矩。根据结构的对称性,分别选择图 4-14a)、b)为基本结构,采用力矩法进行计算。

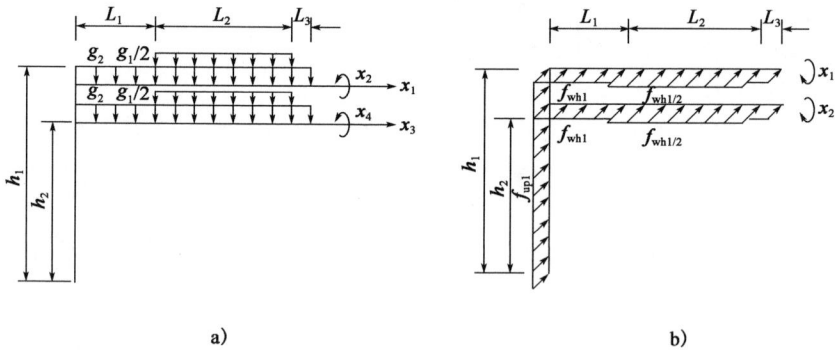

图 4-14　双横梁双立柱形式门架受力图
a)轴力、剪力图;b)剪力和扭矩图

未知力求出后,即可按叠加法求得各横梁和立柱的弯矩、扭矩和剪力等内力,然后再根据前述方法进行横梁和立柱的设计与验算。

3. 立柱(横梁)的刚度验算

按照强度条件设计的立柱或横梁截面往往过于单薄,不一定能满足刚度要求,弹性变形较大。因此,对标志构件的变形验算是必不可少的,这也是其有别于其他土建结构物的一个显著特点。对于悬臂式和门架式标志,由于在自重作用下,横梁会自然下垂,因此变形的验算也可为横梁预拱度的设计提供依据。

在工程实践中,立柱或横梁的容许挠度通常用挠度 γ 与跨长 H_p 的比值 $[\gamma/H_p]$ 衡量,如图 4-15所示。一般控制 $[\gamma/H_p]$ 在 1/150 ~ 1/100 范围内,既能满足使用要求,又不致过分增加造价。

立柱或横梁的变形验算,可分别求得每项荷载单独作用下梁的挠度 γ 和转角 θ,然后进行叠加。

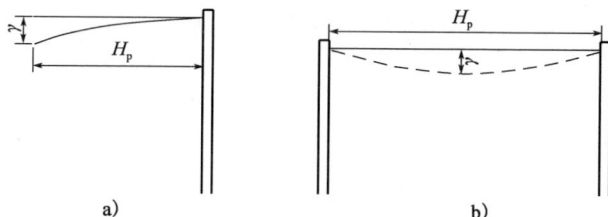

图 4-15 标志横梁(立柱)的挠度示意

a)悬臂式标志支撑横梁;b)门架式标志支撑横梁

4.立柱与横梁的连接螺栓、立柱与基础的地脚螺栓的设计与强度验算

作为连接件的普通连接螺栓和地脚螺栓均将承受拉力的作用,应使其所承受的最大拉力满足承载力设计值的要求:

(1)柱式、双悬臂式标志立柱与基础的连接

立柱根部承受轴心力(自重)和力矩(由风载引起的弯矩)的作用,应使:

$$N_{max} \leqslant N_t^b \tag{4-13}$$

式中:N_{max}——单个地脚螺栓所承受的最大拉力值,N;

N_t^b——单个地脚螺栓的承载力设计值,N。

(2)悬臂式标志立柱与横梁的连接

横梁根部承受由水平方向的风载引起的剪力和弯矩及由垂直方向的重力引起的剪力和弯矩,不同方向的剪力和弯矩经组合后,应满足:

$$\sqrt{\frac{N_\gamma}{N_\gamma^b} + \frac{N_{max}}{N_\gamma^b}} \leqslant 1 \tag{4-14}$$

$$N_\gamma \leqslant N_c^b \tag{4-15}$$

式中:N_γ——每个普通螺栓所承受的剪力平均值,N;

N_γ^b——每个普通螺栓按受剪力计算的承载力设计值,N;

N_c^b——每个普通螺栓按承压计算的承载力设计值,N。

(3)单悬臂式标志立柱与基础、门架式标志立柱与横梁和立柱与基础的连接

单悬臂式标志立柱与基础连接处、门架式标志立柱与横梁和立柱与基础连接处将承受由水平方向的风载引起的剪力、弯矩和扭矩及由垂直方向的重力引起的轴心力和弯矩,应满足的强度条件同式(4-14)、式(4-15),但 N_γ 应计及扭矩的影响。

第二节 道路交通标线

道路交通标线是交通管理设施的重要组成部分,由标划或安装于道路上的各种线条、箭头、文字、图案、立面标记、实体标记、突起路标等构成。交通标线的作用是向道路使用者传递有关交通的规则、警告、指引等信息。交通标线可以单独使用,也可以与标志配合使用。

一、交通标线的种类和形式

(一)交通标线的种类

1.按标线形态分类

(1)线条:施划于路面、缘石或立面上的实线或虚线。

（2）字符：施划于路面上的文字、数字及各种图形、符号。

（3）突起路标：安装于路面上用于标示车道分界、边缘、分合流、弯道、危险路段、路宽变化、路面障碍物位置等的反光或不反光体。

2. 按标线设置方式分类

（1）纵向标线：沿道路行车方向设置的标线。

（2）横向标线：与道路行车方向交叉设置的标线。

（3）其他标线：字符标记或其他形式标线。

3. 按标线功能分类

标线按功能可分为指示标线、禁止标线和警告标线三类。

（1）指示标线：指示车行道、行车方向、路面边缘、人行道、停车位、停靠站及减速丘等的线。指示标线的种类及形式见表4-13。

（2）禁止标线：告示道路交通的遵行、禁止、限制等特殊规定的标线。禁止标线的种类及形式见表4-14。

（3）警告标线：促使道路使用者了解道路上的特殊情况，提高警觉准备防范应变措施的标线。警告标线的种类及形式见表4-15。

指示标线的种类及形式　　　　　　　　　　　　　　　　　　　表4-13

序号	标线名称	标线形式	设置方式
1	可跨越对向车行道分界线	黄色虚线	纵向标线
2	可跨越同向车行道分界线	白色虚线	纵向标线
3	潮汐车道线	两条黄色虚线	纵向标线
4	车行道边缘线	白色实线或虚线	纵向标线
5	左弯待转区线	白色虚线、实线、箭头	纵向标线
6	交叉口导向线	白色或黄色圆曲（或直）虚线	纵向标线
7	导向车道线	白色实线	纵向标线
8	人行横道线	白色平行粗实线（斑马线）	横向标线
9	车距确认线	白色折线或白色半圆	横向标线
10	道路出入口标线	白色实线、虚线、折线	其他标线
11	停车位标线	白色、蓝色或黄色实线或虚线	其他标线
12	停靠站标线	白色虚线、实线或填充线	其他标线
13	减速丘标线	白色反光标线	其他标线
14	导向箭头	白色箭头	其他标线
15	路面文字标记	黄色、白色文字	其他标线
16	路面图形标记	白色图形	其他标线

禁止标线的种类及形式　　　　　　　　　　　　　　　　　　　表4-14

序号	标线名称	标线形式	设置方式
1	禁止跨越对向车行道分界线	双黄实线、黄色虚实线和单黄实线	纵向标线
2	禁止跨越同向车行道分界线	白色实线	纵向标线
3	禁止停车线	黄色虚线、黄色实线	纵向标线
4	停止线	白色实线	横向标线
5	停车让行线	白色实线、白色"停"字	横向标线
6	减速让行线	白色虚线和一个倒三角形	横向标线
7	非机动车禁驶区标线	黄色虚线、实线	横向标线

续上表

序号	标线名称	标线形式	设置方式
8	导流线	白色或黄色单实线、V形线和斜纹线	其他标线
9	网状线	黄色	其他标线
10	专用车道线	黄色虚线及白色文字	其他标线
11	禁止掉头（转弯）线	黄色导向箭头和黄色叉形标记	其他标线

警告标线的种类及形式   表 4-15

序号	标线名称	标线形式	设置方式
1	路面（车行道）宽度渐变段标线	黄色双实线	纵向标线
2	接近障碍物标线	外廓实线、内部填充线	纵向标线
3	近铁路平交道口标线	白色反光	纵向标线
4	减速标线	白色反光虚线	横向标线
5	立面标记	黄黑相间倾斜线	其他标线
6	实体标记	黄黑相间的倾斜线条	其他标线

（二）交通标线的形式

道路交通标线的颜色为白色、黄色、蓝色或橙色，以白色和黄色为主，特殊需要也可采用红色；路面图形标记中可出现红色或黑色的图案或文字。

道路交通标线的形式、颜色及含义如表 4-16 所示。

道路交通标线的形式、颜色及含义   表 4-16

序号	名称	图例	含义
1	白色虚线		画于路段中时，用以分隔同向行驶的交通流；画于交叉口时，用以引导车辆行进
2	白色实线		画于路段中时，用以分隔同向行驶的机动车、机动车和非机动车，或指示车行道的边缘；画于交叉口时，用作导向车道线或停止线，或用以引导车辆行驶轨迹；画为停车位标线时，指示收费停车位
3	黄色虚线		画于路段中时，用以分隔对向行驶的交通流或作为公交车专用车道线；画于交叉口时，用以告示非机动车禁止驶入的范围或用于连接相邻道路中心线的交叉口导向线；画于路侧或缘石上时，表示禁止路边长时停放车辆
4	黄色实线		画于路段中时，用以分隔对向行驶的交通流或作为公交车、校车专用停靠站标线；画于路侧或缘石上时，表示禁止路边停放车辆；画为网格线时，标示禁止停车的区域；画为停车位标线时，表示专属停车位
5	双白虚线		画于交叉口，作为减速让行线
6	双白实线		画于交叉口，作为停车让行线
7	白色虚实线		用于指示车辆可临时跨线行驶的车行道边缘，虚线侧允许车辆临时跨越，实线侧禁止车辆跨越

147

序号	名　称	图　例	含　义
8	双黄实线		画于路段中,用以分隔对向行驶的交通流
9	双黄虚线		画于城市道路路段中,用于指示潮汐车道
10	黄色虚实线		画于路段中时,用以分隔对向行驶的交通流。实线侧禁止车辆越线,虚线侧准许车辆临时越线
11	橙色虚、实线		用于作业区标线
12	蓝色虚、实线		作为非机动车专用道标线;画为停车位标线时,指示免费停车位
13	其他路面线条、图形、图案、文字、符号、凸起路标、轮廓标等		

二、交通标线设计原理

道路交通标线的视认性取决于其颜色对比度和标线长、宽的尺寸。

1. 标线的颜色

道路交通标线主要采用白色,因为白色比较醒目,尤其在沥青路面上的色度对比下,它的视认性效果较好。白色标线具有指示、控制等意义。近年来许多国家在交通标线中使用了具有禁止、警告等意义的黄色标线,作为分隔限制道路上对方向车流的相互跨越和干扰。黄色标线改善了标线的单调色彩,能够缓解驾驶员长途驾驶后的疲劳感,对交通安全是一个有利的因素;但黄色标线亮度仅为白色标线的43%,对光的反射性是白色标线的47%,有雾、黎明和黄昏时可见性会明显降低,而且单位造价高于白色标线,因此,我国道路上广泛使用白色标线,而较少使用黄色标线,一般在同方向有两条以上机动车道且道路照明条件较好的情况下才使用。

2. 标线的宽度

研究表明,纵向标线的宽度对道路交通和驾驶员心理、生理影响不大。宽标线具有视觉强化作用;但标线过宽会增加费用、减小路面摩擦力。纵向标线线宽通常为15cm/10cm/20cm;车行道边缘线采用15cm/20cm;个别交通量很小的道路、专属专用公路可采用8cm。

横向标线宽度应比纵向标线宽。因为横向标线一般沿行驶方向不连续设置,驾驶员在行车中发现横向标线往往是由远到近,尤其在距横向标线较远的时候其视角范围很小,加之远小近大的原理,加宽横向标线是很有必要的。一般横向标线宽度为20~40cm,人行横道线(斑马线)为40~45cm。

3. 虚线线段与间隔的长度

道路上的虚线是驾驶员速度感的重要参照物,而且行驶速度直接影响线段与间隔长度的视觉效果。线段与间隔距离太短,会造成闪现频率过高而使虚线出现连续感,对驾驶员产生过分刺激;但若线段间隔距离太远,闪现频率太低,则提供的信息量太少,起不到应有的作用,甚至使人昏昏欲睡。

所以,线段与间隔长度及其比例应与设计行车速度以及驾驶员心理、生理等因素联系起来。大部分驾驶员认为,在公路上通常控制车速使线段闪现频率≤4 次/s 是可以接受的,在2.5~3.0 次/s时效果较好;在城市道路上线段闪现频率可以达到不大于 8 次/s。线段的最小长度为 2m。

4. 导向箭头的最佳形式

由于受视线高度和视角的限制,标划在路面上的箭头平面形状会与观察距离成正比例拉长,所以形状与正常箭头有所不同;尺寸也因设计车速不同而不同,随设计车速的增大,箭头的尺寸也应逐渐增大。

通过对各种箭头的认读速度和错误率的统计分析,效果最好的直行箭头的箭头宽度约为箭杆宽度的 3 倍,箭头长度要比箭杆短;转弯箭头是在不对称的行驶过程中显示方向,要保持箭头的转弯部分清晰。

三、交通标线设计

(一)交通标线设计内容

交通标线设计内容主要包括确定标线的类型、功能、颜色、形态(虚线或实线、单线或双线、普通标线或特殊标线等)、规格(线条长度、宽度和图案尺寸等)、位置;绘制标线平面图;撰写设计说明;等等。

1. 标线的形态和规格

道路交通主要标线的颜色、宽度、线段与间隔长度见表4-17。

标线的形态和规格规定　　　　　　　　表 4-17

类别	名　　称	形态	颜色	线段宽(cm)	线段长(cm)	线段间隔(cm)
纵向标线	车行道中心线	虚线	黄	15/10[①]	400	600
		实线	黄	15/10[①]	—	—
		双实线	黄	15/10[①]	—	10~30[②]
		虚实线	黄	15/10[①]	400	600
	车道分界线	虚线	白	10/15/8[①]	200/600[③]	400/900[③]
		双虚线	黄	15	200/600[④]	400/900[④]
	车行道边缘线	虚线	白	15/20/10[①]	200	400
		实线	白	15/20/10[①]	—	—
	导向车道线	虚实线	白	15/20/10[①]	200	400
		实线	白	10/15/8[①]	—	—

续上表

类别	名 称	形态	颜色	线段宽(cm)	线段长(cm)	线段间隔(cm)
横向标线	停止线	实线	白	20/30/40	—	—
	停车让行线	双实线	白	20	—	20
	减速让行线	双虚线	白	20	60	20
	车距确认线	双折线	白	40/45	300⑤	500⑤
	人行横道线	实线	白	40/45	≥300	60

注:①线宽10cm、8cm适于交通量非常小的农村公路、专属专用道路等特殊应用情况。

②为双实线之间的间距。

③线长200cm、间隔400cm适于设计速度<60km/h的道路,线长600cm、间隔900cm适于设计速度≥60km/h的道路。

④适于标示潮汐车道,线长、间隔适用条件同③。

⑤线段长300cm为折线所构成的图案的长度,线段间隔500cm为双折线的间距;折线夹角为60°,尖角指向车辆前进方向。

2. 标线的位置

车行道中心线用于分隔对向行驶的交通流,一般标划在道路纵向的中间位置,但不一定是在道路的几何中心线上。

按公安部2005年颁发的《城市道路交通标志标线设置指南》(公交管〔2005〕23号)的规定,如果车行道中心线为双实线,则车道分界线的位置以一侧单实线线宽的中心为基准计算;如果车行道中心线为单实线,则以线宽的中心为基准计算。车道分界线和车行道边缘线均以线宽的中心为基准确定位置,详见图4-16。

图4-16 车道宽度计算界限

其他横、纵向标线和特殊标线的位置如停止线、人行横道线、箭头、文字、图案等,可按《道路交通标志和标线 第3部分:道路交通标线》(GB 5768.3—2009)和《城市道路交通标志和标线设置规范》(GB 51038—2015)中的相应规定设计。

3. 车道宽度

按照《公路路线设计规范》(JTG D20—2006),我国公路车道宽度与设计行车速度有关,详见表4-18。通常,高速公路和一级公路车道设计宽度为3.75m,二级及以下等级公路车道设计宽度为3.75m或3.5m。

按照《城市道路工程设计规范》(CJJ 37—2012),我国城市道路机动车道最小宽度如表4-19所示,非机动车道宽度如表4-20所示。通常,城市快速路机动车道设计宽度为3.75m或3.50m,其他道路动车道设计宽度为3.50m或3.25m。

平面交叉口进口道受道路宽度限制时,每条机动车道宽度可采用3.50m、3.25m、3.00m或2.75m,当大型车辆混入率小于15%时可取下限,特殊情况其宽度不应小于2.5m;出口道每条机动车道宽度不应小于3m,但只有一条车道时不应小于3.25m。

公路车道宽度   表4-18

设计速度(km/h)	车道宽度(m)	设计速度(km/h)	车道宽度(m)
120	3.75	40	3.50
100	3.75	30	3.25
80	3.75	20	3.00
60	3.50		

注:1. 设计速度为20km/h且为单车道时,车道宽度应采用3.50m。
　　2. 高速公路为八车道时,内侧车道宽度可采用3.50m。

城市道路机动车道最小宽度   表4-19

设计速度(km/h)	车道宽度(m)	
	大型车或混行车道	小客车专用车道
>60	3.75	3.50
≤60	3.50	3.25

城市道路非机动车道宽度   表4-20

车辆种类	车道宽度(m)	车辆种类	车道宽度(m)
自行车	1.0	三轮车	2.0

注:与机动车道合并设置的非机动车道,车道数单向不应小于2条,宽度不应小于2.5m。

4. 标线的平面图设计

标线的平面设计图应包括下列内容:

(1)标线类型及内容。

(2)标线在道路横、纵平面中的设置位置、设置宽度。

(3)平面交叉口、出入口、导流岛等复杂标线大样图。

5. 标线的设计说明

标线设计说明一般应包括以下内容:

(1)标线设计的依据、原则。

(2)标线材料技术要求及施工工序。

(3)标线数量汇总。

(二)交通标线设计示例

1. 导向箭头

导向箭头用于指示车辆的行驶方向,设置于交叉口进口车道或路段,白色。在行驶方向受限制的交叉入口车道内,车道数减少路段的缩减车道内,设有专用车道的交叉口或路段,畸形、复杂的交叉口,渠化后的车道内应设置导向箭头。

图4-17给出了设计速度为$40km/h < v_D \leq 60km/h$的道路上一些导向箭头的形式和尺寸示例。导向箭头的形式和尺寸在《交通标志和标线　第3部分:道路交通标线》(GB 5768.3—2009)中均有规定,设计时应遵照执行。

交叉口进口车道应有导向箭头标明各车道的行驶方向,并且应重复设置。如图4-18所示,距路口最近的第一组导向箭头在距停止线 3~5m 处设置;第二组在车道导向线的起始位置设置,箭头起始端部与导向车道线起始端部平齐;第三组及其他作为预告箭头,与第一组箭头间隔 30~50m 设置,其指示方向应与前方导向车道允许行驶方向保持一致。

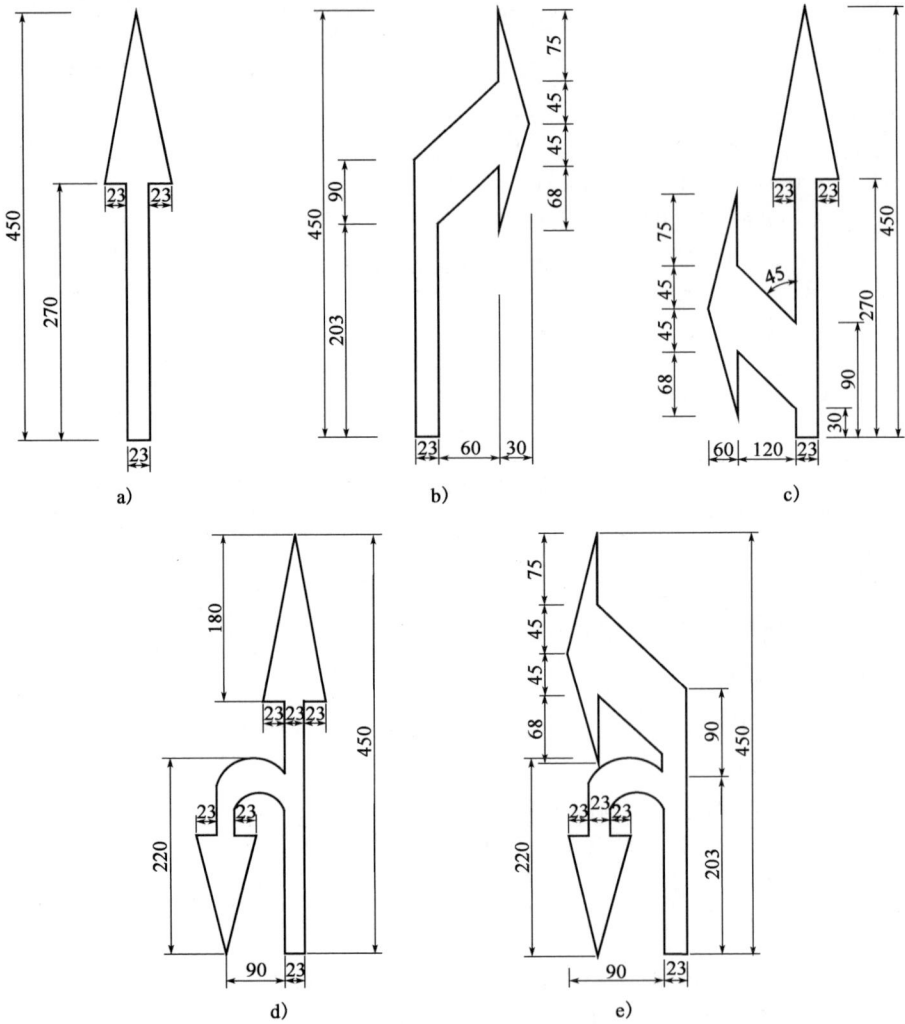

图 4-17 导向箭头尺寸、箭头形式(尺寸单位:cm)
a)直行;b)右转;c)直行左转;d)直行调头;e)左转调头

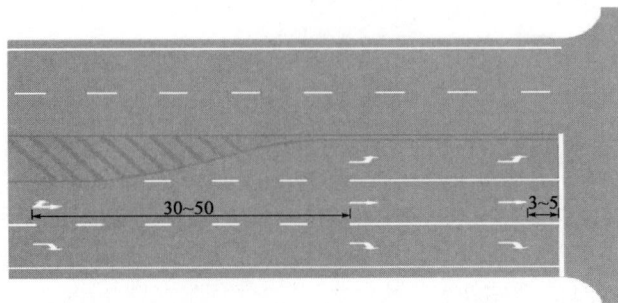

图 4-18 导向箭头在交叉口的布设(尺寸单位:m)

导向箭头在设计速度 $v_D \geqslant 100km$ 道路的交叉口进口车道需重复设置 3 次及以上,在 $40km/h < v_D < 100km$ 的进口车道需重复设置 3 次,在 $40km/h \leqslant v_D$ 的进口车道需重复设置 2 次及以上。

2. 平面交叉口标线

平面交叉口交通流向多,冲突点、交织点多,混行交通严重,交通状况复杂,需要采用多种标线管理和控制交通,是标线种类比较集中的地方。

平面交叉口标线包括车行道中心线、车行道边缘线、车道分界线、导向车道线、停止线、导向箭头、交叉口导向线、左转弯待转线、人行横道线等,图4-19所示为交叉口的主要交通标线。应根据平面交叉口的形状、交通量、车行道宽度、转弯车辆的比率及交通组织、实际需要等情况,合理设置标线。

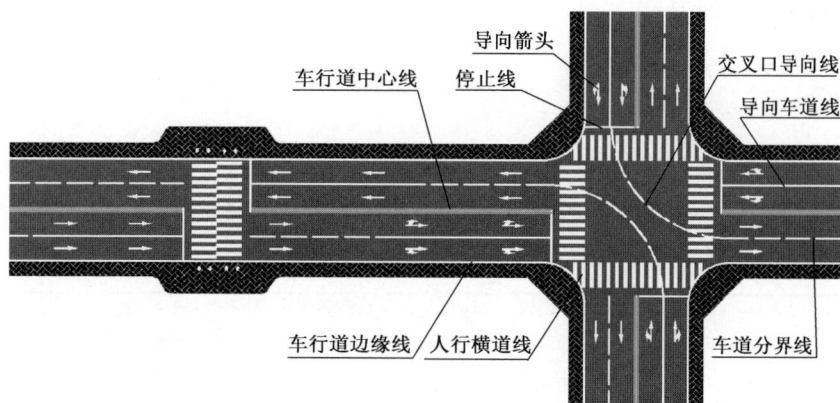

图 4-19　平面交叉口标线设置示例

交叉口进口应设置导向车道线,在导向车道线内禁止车辆变换车道。导向车道线的长度应根据路口的几何线形及交通管理需要确定,一般不小于30m。

根据交叉口交通流量、流向等情况,可增设附加专用车道,使交叉口进口道的机动车道数尽可能大于其相连路段上的机动车道数;一般出口道的机动车道数不应少于任何一个信号相位进口道与其对应方向的机动车道数(无专用右转信号控制的右转车流不计)。

附加专用车道的长度是停止线前等候车辆排队长度与减速变换车道渐变段长度之和,其计算方法如图4-20和式(4-16)所示。

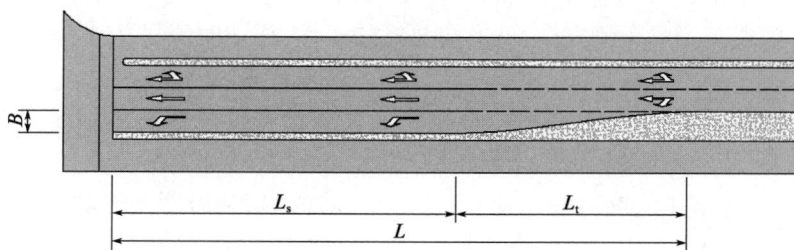

图 4-20　交叉口进口道附加专用车道长度设计图

$$L = L_{s} + L_{t} \tag{4-16}$$

式中：L——附加专用车道的长度；

L_{s}——停止线前等候车辆排队长度，应以不小于 $L_{s} = 2MS$ 计算确定，其中 M 为平均一个周期的红灯和黄灯时间内到达等候车道的车辆数，S 为等候车辆平均车头间距（一般小型车 6m，大型车 12m，铰接式公交车辆 17m）；

L_{t}——渐变段长度，应不小于 $L_{t} = vB/3$ 计算，其中 v 为进口道行车速度，km/h，B 为附加车道宽度，m。

进口道的车行道中心线、车行道边缘线、导向车道线等均应设置到停止线为止；对向出口道的车道分界线和车行道边缘线，应设置到停止线的延长线为止；T 形交叉口无横向交叉道路的一侧，其车行道边缘线应连续设置。

四、交通标线材料及设备

（一）交通标线材料

1. 标线材料

路面标线材料包括涂料、贴附材料和标线器。路面标线材料的分类见表 4-21。

路面标线材料的分类 表 4-21

序　号		分　　类		施　工　条　件
1	标线涂料	溶剂型	常温涂料	常温施工
			加热涂料	加热施工
		熔融型	热熔涂料	熔融施工
2	贴附材料		贴附成型标带	粘贴施工
			热熔成型标带	加热施工
			铝箔标带	粘贴施工
3	标线器		突起路标	粘贴或埋入施工
			分离器	螺旋固定施工

2. 标线涂料

标线涂料是最常用的标线材料。所涂敷的标线应具有优良的耐久性和耐候性，能经受车轮长久磨耗、日晒雨淋，不产生明显裂纹，在使用期内不易变色，反光性能不显著下降；应具有一定的防滑性能，避免影响车辆安全行驶；应具有快干性，作业时能尽量减少对交通的干扰；应具有良好的施工性，标线边缘整齐，表面平整，作业安全、无毒、无污染。

《路面标线涂料》（JT/T 280—2004）根据路面标线涂料型号将路面标线涂料分为溶剂型涂料、热熔型涂料、双组分涂料、水性涂料 4 种类型。路面标线涂料的分类见表 4-22。

路面标线材料按施工温度可分为常温型（冷用）、加热型和熔融型 3 类。前两者均属于溶剂型涂料，常温下呈液态；其中加热型涂料固体成分略多一些，而且溶剂比较黏稠，需加热到 50~80℃ 才能施划，涂层较厚，标线比常温型耐久。熔融型涂料又称热塑型或热熔型涂料，是颗粒与粉末的混合物，需加热到 180~220℃ 的较高温度才能熔融施划。路面标线涂料的特性见表4-23。

路面标线涂料的分类 表4-22

型 号	规 格	玻璃珠含量和使用方法	状 态
溶剂型	普通型	涂料中不含玻璃珠,施工时也不撒布玻璃珠	液态
	反光型	涂料中不含玻璃珠,施工时涂布涂层后立即将玻璃珠撒布在其表面	
热熔型	普通型	涂料中不含玻璃珠,施工时也不撒布玻璃珠	固态
	反光型	涂料中含18%~25%的玻璃珠,施工时涂布涂层后立即将玻璃珠撒布在其表面	
	突起型	涂料中含18%~25%的玻璃珠,施工时涂布涂层后立即将玻璃珠撒布在其表面	
双组分	普通型	涂料中不含玻璃珠,施工时也不撒布玻璃珠	液态
	反光型	涂料中不含(或含18%~25%)玻璃珠,施工时涂布涂层后立即将玻璃珠撒布在其表面	
	突起型	涂料中含18%~25%的玻璃珠,施工时涂布涂层后立即将玻璃珠撒布在其表面	
水性	普通型	涂料中不含玻璃珠,施工时也不撒布玻璃珠	液态
	反光型	涂料中不含(或含18%~25%)玻璃珠,施工时涂布涂层后立即将玻璃珠撒布在其表面	

标线涂料的特征 表4-23

涂料类型	主要成分	涂料状态	涂料温度	敷设方法	耐磨耗性	除雪影响	干燥速度	有效寿命
常温型	合成树脂、绝缘漆(凡立水)、骨材	液态	常温	滚涂、刷涂、喷射	弱	无	慢(3~20min)	4~8个月
加热型	着色颜料、添加剂、溶剂	液态	加热50~80℃	空气喷射、无气喷射	中	无	中(3~15min)	8~15个月
热熔型	合成树脂、着色颜料、体质颜料、骨材、添加剂、玻璃珠	粉块装	加热熔融180~220℃	人工标线机涂敷;自动式机械、无气法、离心法	强	较小	快(1~3min)	10~20个月

由于标线涂料的技术性能、经济性能和养护周期各不相同,所以,应根据道路的技术等级、交通流量,标线的耐久性、防滑性、反光性、经济性、施工性、维护性、环保性以及道路所在的气候区等因素,综合考虑选择涂料的类型。

二级及以上等级的公路应采用反光型涂料;无照明设施的三、四级公路宜采用反光型涂料,有照明设施的三、四级公路可采用非反光型涂料。高速公路车行道边缘线、斑马线等处可采用热溶反光喷涂型标线(涂层厚度为0.7~1.0mm),车道分界线可采用热熔反光刮涂型标线(涂层厚度为1.5~2.5mm)。事故多发路段可采用树脂防滑型标线和热熔突起型标线。水泥混凝土路面采用热熔喷涂型标线性价比较高。对环保要求高的公路,最好采用水性涂料。

根据不同的地域和道路交通条件,标线涂料可按照表4-24选择。

标线材料的适用性 表4-24

道路分类	路面状况及路面标线的划分		温暖地带		寒冷地带	
			交通量大	交通量小	交通量大	交通量小
一般道路	一般路面	纵向标线	M	M,H	M,H	H
		纵向标线、文字记号	M	M	M	M
	临时路面	纵向标线	C	C	C	C
	龟裂多的路面	纵向标线	H,C	H,C	H,C	H,C
	石、砖路面	纵向标线	C	C	C	C
高速公路	一般路面	纵向标线、横向标线、文字记号	H,M	H	H	H
	立面标记		C	C	C	C

注：C-常温型；M-加热型；H-热熔型。

3. 突起路标

突起路标是固定于路面上起标线作用的突起标记块,可在道路上用来模拟标线,或配合标线使用。突起路标有多种形状,典型的如图4-21所示。

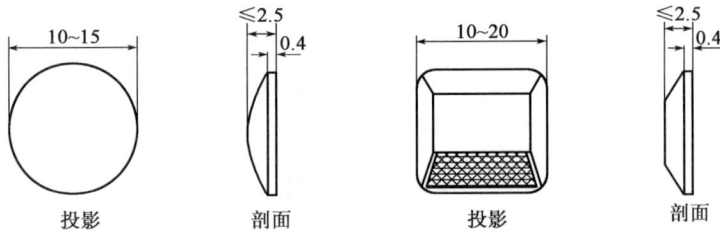

图4-21 突起路标(尺寸单位:cm)

突起路标与涂料标线配合使用时,应选用定向反光型或主动发光型,其颜色应与标线颜色一致,一般设置在标线的空当中,也可依据实际情况适当加密;与边缘线和中心单实线配合使用时,突起路标应设置在标线的侧面。突起路标单独用作车道分界线时,其布设间距推荐值为1~1.2m,也可依据实际情况适当加密,壳体颜色应与标线颜色一致。图4-22为采用突起路标模拟道路标线的一些形式。

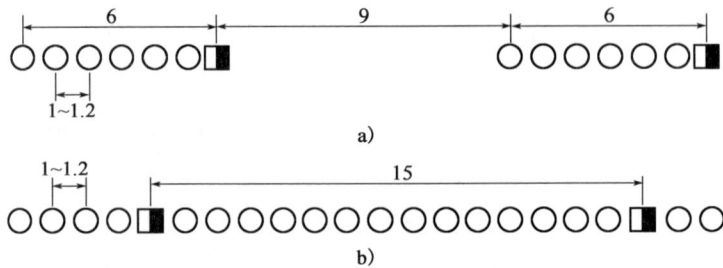

图4-22 突起路标模拟道路标线(尺寸单位:m)
a)模拟虚线;b)模拟实线

设置于路面中心线的突起路标应选用双面反光型。由于在发生交通事故、火灾等紧急事件时,隧道内有可能变成逆向行车,故设置于隧道内的突起路标也应选用双面反光型。

在北方降雪频繁的气候区,由于突起路标对机械除雪的影响,或者说机械除雪对突起路标的损坏作用,应慎重考虑突起路标的适用性。

(二)道路标线设备

按照功能和适用的标线材料,道路标线设备可分为热熔标线设备、常温标线设备、双组分标线设备、旧线清除设备和辅助设备等。

热熔标线设备主要包括热熔标线机、热熔化料釜,以及下涂剂喷涂机、预标线机、风力净路机等辅助设备。

常温标线设备通常以喷涂方式施划标线,可分为高压无气喷涂和空气辅助喷涂两种类型标线设备,其中高压无气喷涂是目前最环保、节省、高效的施工方式,喷涂效率比空气辅助式标线设备快两倍以上。

由于交通管理方案改变、重新标划等原因,有时需要将原有的道路标线清除掉。旧线清除设备按工作原理可分为若干种,如打磨清除设备、铣刨清除设备、抛丸清除设备、刷擦清除设备、苏打喷射清除设备、高压水枪清除设备等。在选择道路标线清除设备时,不但要考虑经济性,还要综合考虑对道路交通的影响,以对及施工人员安全、环保方面的影响。应针对不同的实际情况,选择适合的标线清除设备并制定合理的施工方案。表4-25为各种标线清除设备的主要优缺点对比分析。当然,通常的旧线清除方法会对路面造成一定损坏,所以,道路标线方案和图纸的设计一定要慎重。

标线清除设备优缺点比较 表4-25

清除设备	优　　点	缺　　点
打磨清除	设备操作简单,对道路交通影响小,适用于多种标线及路面形式	路面有磨痕,需要外接吸尘装置减小尘土
铣刨清除	设备操作简单,对道路交通影响小	有损路面,印痕明显,对安全行车不利
抛丸清除	标线清除彻底,效率高	对路面有一定损伤,有尘土
刷擦清除	设备操作简单,标线清除彻底,对路面没有损伤	标线清除效率较低
苏打喷射	对路面没有损伤,较为环保	作业流程较为复杂,需要相关专业人员
高压水枪	对路面无损害,标线清除彻底,环保无尘,效率高	需要配备废水处理设备,设备昂贵

标线辅助设备包括标线测距仪、水线机、底油机和路面清扫机等。标线测距仪、水线机用于画线前的测量和预画线;底油机用于喷涂增强标线涂料和路面黏合性的下涂剂;路面清扫机用于画线前清理路面灰尘。

按照工作方式,标线设备可分为手推式标线机、自走式标线机、车载式标线机和驾乘式标线机。

手推式标线机依靠人力推动前进,具有投资少、质量轻、易装运、易操作、好维护等优势,适合道路、停车场、运动场、工厂等场所热熔标线作业。

自走式标线机依靠发动机动力驱动行走,操作人员站在标线机上面或步行跟随标线机前进,用方向盘或扶手控制标线机行驶方向,具有质量轻、易操作、省力、高效等优势,适合道路、停车场、运动场、工厂等场所热熔标线作业。

车载式标线机将储料装置、化料装置、画线装置、控制装置等集中搭载在中小型货车的车厢上,依靠车辆转运、画线行走,具有较高的施工效率、标线质量、安全性、环保性和较低的成本投入；而且便于机车分离，在没有画线业务时不影响车辆用于其他工作。

驾乘式标线机依靠发动机动力驱动行走，操作人员乘坐在标线机上控制行走和画线操作，具有自动化程度高、施工效率高、劳动强度低、容易操作、安全性好等特点，适于工程量较大的道路标线施工。

图 4-23 为若干热熔标线机的实物图片。

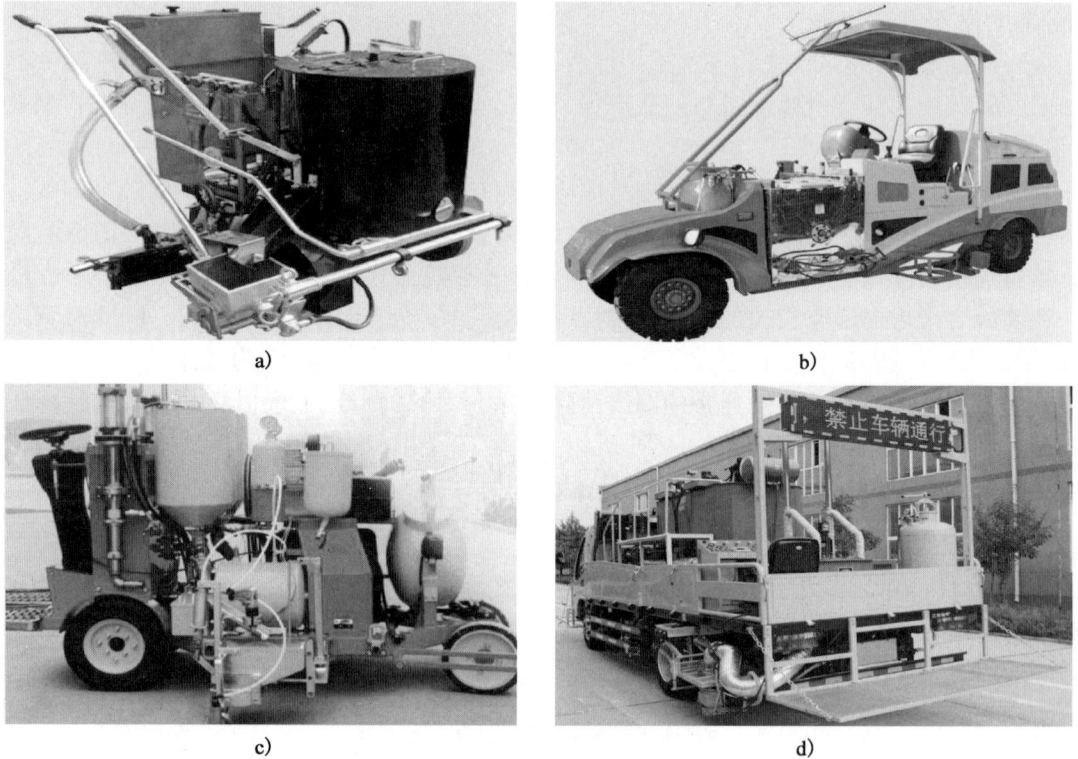

图 4-23　不同工作方式的热熔标线设备
a) 手推式；b) 乘驾式；c) 自走式；d) 车载式

第三节　道路交通信号

一、交通信号灯种类

在道路上，凡是用来传送具有法定意义、指挥车辆通行或停止的灯光、声响、手势，都是交通信号。道路上常用的交通信号有手势信号和灯光信号，手势信号由交通管理人员用规定的手势动作或指挥棒来指挥交通；灯光信号是通过交通信号灯的灯色变化来指挥交通，现代交通信号灯由信号控制机控制。

交通信号灯按灯色分可分为红色信号灯、黄色信号灯、绿色信号灯。按功能可分为非闪灯、闪烁灯和箭头灯。按用途可分为机动车信号灯、非机动车信号灯、人行横道信号灯、车道信号灯、方向指示信号灯、闪光警告信号灯、道路与铁路平面交叉道口信号灯等。按控制方式可分为定时控制、感应控制、自适应控制,其中感应控制又分为半感应控制、全感应控制。按控制范围可分为孤立交叉口信号控制、干道信号协调控制、区域信号协调控制,即通常所谓的点控制、线控制、面控制,点控制是单个交叉口独立控制方式,分为离线点控制和在线点控制,是最基本的信号控制方式;线控制是对主干道若干交叉口的交通信号实行协调控制,从而保障干道交通顺畅的控制方式;面控制是对某个区域或整个城市的交叉口实行信号协调控制,以获得区域交通整体效益最佳的控制方式。

二、交通信号灯构造

交通信号灯系统由灯具、计时器、支撑或悬挂结构、信号控制机、配电装置等构成,面控制信号灯系统还需要车辆检测系统、通信系统、控制中心计算机系统等支持。

(一)传统光源信号灯

传统信号灯采用白炽灯作为光源,通过滤色片形成红、绿、黄三种灯色。灯具的构造一般由光源、反射镜、镜片(滤色片)、灯箱、遮光罩、支架等构成。

(1)光源。由高功率白炽灯或白炽灯矩阵构成。单个白炽灯作为光源需要借助反射镜提高亮度。灯泡应为耐震动、耐久型。

(2)反射镜。采用旋转抛物面反光镜,将光源置反光镜的焦点,经反射后得到功率集中的平行光束,再经镜片棱镜折射向左右及下方发散。信号灯的亮度须满足在昼夜从前方100~150m距离处即可看清;光束的发散角向左右及下方均在45°以上,即自45°方向识别的正确率应达到99%。

(3)镜片。采用玻璃或有机玻璃制成,圆形凸面,有效直径为20~30cm,一般采用25cm,内面做成棱镜。镜片的重要作用是通过滤色使光源的白光变成红、黄、绿三色;此外通过散射使信号灯满足发散角要求。

(4)灯箱。一般采用薄铁板、轻合金或塑料等材质制成,背面封闭以防透光,白昼时加强对信号的视认,晚间防止来自背后各种灯光的干扰。

(5)遮光罩。安装在每个色灯上面的挡板,防止因背景亮度过大看不清信号。遮光罩置于镜面上方且前伸,长度应较镜片直径稍长,内侧涂成黑色以吸收外部来光。

(二)LED光源信号灯

LED光源信号灯采用发光二极管矩阵作为光源,由于发光二极管本身具有红、绿、黄三种灯色,而且像素小、亮度高、色泽纯正、方向性好,所以LED信号灯的结构有了很大简化,功能得到很大丰富。它不再需要反射镜和滤色片,灯箱可以做得很薄;LED以像素形式构成面光源,可以做出图案甚至动画效果,还可以将一个灯做成多色信号。此外LED信号灯能耗小、寿命长,运行和维护费用低。

LED信号灯由LED光源矩阵、灯箱、遮光罩、支架等构成。LED的光强分布通常是旋转对称的,为了更有效地利用光通量,可以先用凸透镜或菲涅耳透镜将LED发出的光校正为平行光,再用用楔形透镜将光向下方偏折。但实际应用的LED信号灯很多都省略了透镜。

三、交通信号灯布设

(一)信号灯布设原则

(1)对应于交叉口某进口,可根据需要安装一个或多个机动车信号灯组。信号灯组指用于指导交叉口某进口所有机动车交通流通行的信号灯的最小集合。

(2)信号灯可安装在交叉口出口左侧、上方、右侧或进口左侧、上方、右侧。若只安装一个信号灯组,应安装在出口处。

(3)驾驶员在位于表4-26规定的范围内时,应确保能清晰观察到至少一个指示本车道的信号灯组,否则应设置相应的警告标志。

交叉口视距要求 表4-26

道路设计速度(km/h)	距停车线最小距离(m)	道路设计速度(km/h)	距停车线最小距离(m)
30	50	60	110
40	65	70	140
50	85	80	165

(4)悬臂式机动车灯杆的基础位置(尤其悬臂背后)应尽量远离电力浅沟、窨井等,同时与路灯杆、电杆、行道树等相协调。

(5)设置的信号灯和灯杆不应侵入道路通行净空限界范围。

(二)信号灯安装位置

1. 平面交叉口

如图4-24所示,交叉口信号灯的安装位置主要有A、B、C三种形式。

A式信号灯应安装在道路右边进入交叉口转角圆曲线的起点,并尽量使信号灯的位置前移,以缩小交叉口范围,便于车辆迅速通过。在设有机非隔离设施的路口,灯杆应置于隔离设施处;在非机动车道必须设立非机动车交通信号灯。

B式信号灯安装在交叉口出口道的右边,即对面路口的右边。这种安装位置的优点在于:一是视角低,容易在驾驶过程中和停车线前看到;二是便于合理安排人行横道和停止线;三是避免被信号灯树木遮挡,便于识别。

C式信号灯安装在交叉口中央。较宽的交叉口可将信号灯安装在中心岗亭或岗台顶部;较窄的交叉口则可采用悬吊的方法,吊灯制作简单、安装方便、价格也便宜。这种安装位置可减小驾驶员在观察信号时的视线偏心角,有利于信号的识别。

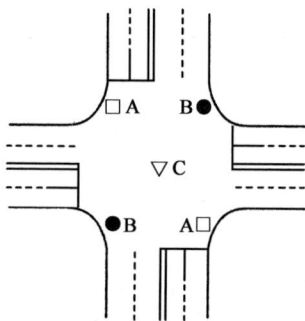

图4-24 信号灯的安装位置
□-A式;●-B式;▽-C式

2. 环形交叉口

环形交叉口设置信号灯对进出环岛的车辆进行控制。在环岛内设置四个信号灯组分别指示进入环岛的机动车,在环岛外层设置四个信号灯组分别指示出环岛的机动车。

3. 左弯待转区信号灯

平面交叉口或桥下交叉口设有左弯待转区时,如果进入左弯待转区的车辆不容易观察到本方向的对面信号灯时,宜在另一方位的对面增设一组左转信号灯。

无论是哪种安装方式,信号灯均应保持适当的高度和角度。机动车信号灯最低处到路面的净空高度一般道路必须确保不小于4.5m,高速公路必须确保不小于5.0m,立交桥下不得低于桥体净空,铁路道口不应低于3m;信号灯的角度应与车行道距停车线150m处相对;单向2~3个以上车道的较宽道路,信号灯应与中心线有2°~3°的转角。非机动车信号灯安装高度为2.5~3m,人行横道信号灯安装高度为2~2.5m。

在横向位置上,当道路较宽时,信号灯可采用悬臂式安装在道路右侧人行道上,但悬臂长度对机动车信号灯不应超过最内侧车道中心,也不应小于最外侧车道中心;对非机动车信号灯应保证位于非机动车道上空。当道路较窄时(机非道路总宽12m以下)时,可采用柱式安装在道路两侧人行道上。

(三)信号灯安装数量

(1)当进口道停车线与B式信号灯的距离大于50m时,应在进口处增设至少一个信号灯组;距离大于70m时,对面的信号灯应选用发光单元透光面尺寸为φ400mm的信号灯。

(2)如果出口处的信号灯组中某组信号灯指示车道较多,所指示车道从停车线至停车线后50m不在以下三种范围内时,应相应增加一组或多组信号灯,如图4-25所示。

①无图案宽角度信号灯基准轴左右各10°。

②无图案窄角度信号灯基准轴左右各5°。

③图案指示信号灯基准轴左右各10°。

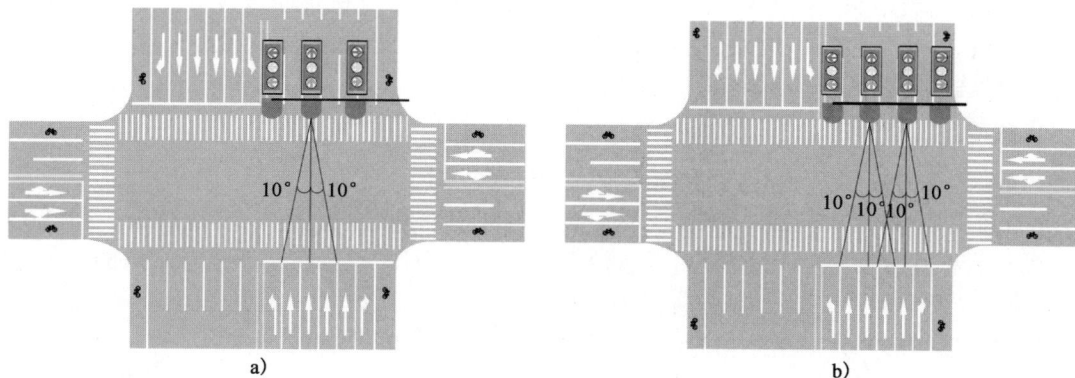

图4-25 信号灯安装数量
a)信号灯组中仅一组直行方向信号灯;b)信号灯组中增加一组直行方向信号灯

(四)信号灯安装形式和灯色排列

每个信号灯可制成单独的一面发光的灯具,分别安装在灯架上;亦可用双灯前后连接成两面发光的灯具;或将三色灯光安装在一个整体的灯箱内,单面或两面发光。设在交叉口中央的信号灯则需按交叉道路条数制成三面或四面发光的灯箱。图4-26所示为信号灯的若干安装形式。

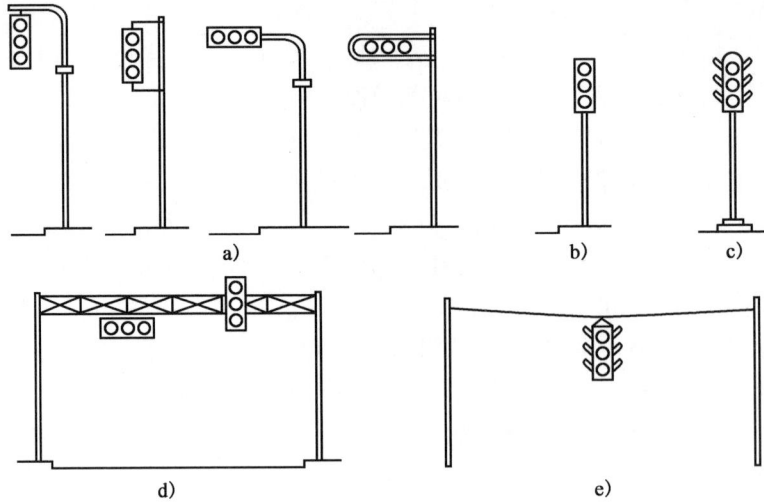

图 4-26　信号灯安装形式

a)悬臂式;b)柱式(路侧);c)柱式(交叉口中央);d)门架式;e)悬挂式

交通信号灯灯色排列的形式总体上分为横式和竖式两种;具体灯色的排列次序有统一规定,原则就是将重要的灯色放在重要的位置,以便于驾驶员分辨。横式信号灯重要灯色位于道路中间,竖式信号灯重要灯色位于上方。

1. 横式

(1)普通信号灯:灯色排列由道路内侧向外依次为红、黄、绿。

(2)箭头信号灯:单排式一般由道路内侧向外依次为红、黄、左转箭头、直行箭头、右转箭头,或红、黄、左转箭头、绿,或红、黄、绿、右转箭头;双排式一般在普通信号灯的下方再设一排箭头信号灯,箭头信号灯由道路内侧向外依次为左转箭头、直行箭头、右转箭头。

弯道处的非机动车信号灯一般采用横式。

2. 竖式

(1)普通信号灯:灯色排列自上而下依次为红、黄、绿。

(2)箭头信号灯:单列式一般自上而下依次为红、黄、绿、直行箭头、左转箭头、右转箭头,如果同时装有直、左、右三个箭头灯,可省掉普通绿灯;双列式一般在普通信号灯内侧加装左转箭头,或左转和右转箭头,或左、直、右三个箭头灯。

机动车信号灯和方向指示信号灯各种排列顺序、说明和图示见表 4-27。

机动车信号灯和方向指示信号灯排列顺序　　表 4-27

序号	排　列　顺　序	图　　示
1	竖向安装,从上向下应为红、黄、绿	
2	横向安装,由左至右应为红、黄、绿	
3	竖向安装,分为三组:左边一组为左转方向指示信号灯,从上向下应为红、黄、绿;中间一组为机动车信号灯,从上向下应为红、黄、绿;右边一组为右转方向指示信号灯,从上向下应为红、黄、绿	

序号	排列顺序	图示
4	竖向安装,分为两组,左边一组为左转方向指示信号灯,从上向下应为红、黄、绿;右边一组为机动车信号灯,从上向下应为红、黄、绿	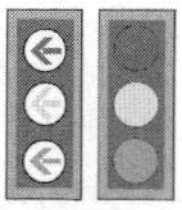
5	竖向安装,分为两组,左边一组为机动车信号灯,从上向下应为红、黄、绿,右边一组为右转方向指示信号灯,从上向下应为红、黄、绿	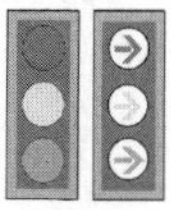
6	采用左、直、右三组方向指示信号灯,竖向安装,信号灯排列顺序由上向下应为红、黄、绿	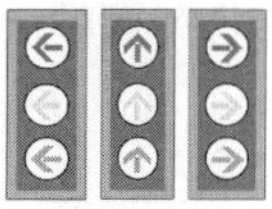
7	采用左、直、右三组方向指示信号灯,横向安装,信号灯排列顺序由左至右应为红、黄、绿	

非机动车信号灯通常采用竖式,灯色排列顺序由上向下应为红、黄、绿。

人行横道信号灯通常也采用竖式,灯色排列顺序应为上红、下绿。

四、交通信号灯控制设备

(一)车辆检测器

感应交通信号系统或智能交通信号系统,需要通过车辆检测器实时掌握本交叉口或区域各交叉口的交通流状况。车辆检测器可以作为本地信号控制机的交通信息来源和控制依据,对信号相位进行切换;也可以将信息传输给控制中心主控计算机,以便优化区域或干道交叉口信号控制、发布交通诱导信息、调节阻塞路段的交通流量等。

车辆检测器主要有环形线圈检测器、超声波检测器、微波检测器、视频检测器等。在交通控制系统中,环形线圈是目前使用最广泛的车辆检测器,一般埋设在停车线上游60m处,当车辆通过时,检测器的电感特性发生变化,从而可测定出相应的交通信息。

(二)信号控制机

1.信号控制机的功能

交通信号灯主要通过信号控制机控制运行。现代信号控制机可以实现以下基本功能:

(1)根据预设的配时方案或感应控制方案控制信号灯灯色变换。

(2)将车辆检测器送来的信号处理后按预设方案控制信号灯。

(3)接收主控制机或主控计算机的指令,并根据指令按预设方案控制信号灯。

(4)采用小型计算机或微处理机的信号控制机(智能信号机),还可以收集、存储、处理检测器信号,把这些数据上传给主控计算机。

2. 信号控制机的类型

按控制方式,信号控制机可分为定时信号控制机、半感应信号控制机和全感应信号控制机三类。

(1)定时信号控制机:是最简单、最经济的一种控制机,使用可靠、易于维护。这种控制机以设定的配时方案操纵信号灯,以固定周期和灯色时间轮流启闭各向信号灯。定时信号控制机又可分为机电型和电子型两类,机电型控制机一般装有 1~3 个刻度盘,每个刻度盘上设置一套配时方案,故最多可设置 3 套配时方案,通常用于早高峰、晚高峰和平峰三个时段;电子型控制机采用集成电路,配时方案做成线路板,插入选定配时的槽内。可设定较多的配时方案。

(2)半感应信号控制机:包括机电式和集成电路式两种,但大都采用后者。半感应信号机根据车辆检测器提供的信息进行信号控制,具体可采用两种方式:一种是对主要道路进行感应控制,另一种是对次要道路进行感应控制。这种信号控制机包括了定时信号控制机的一切特点,还增加了几个继电器以提供相位跳过功能。

(3)全感应信号控制机:全感应信号控制机对所有信号相位都执行感应控制。全感应信号控制机在交叉口的所有进口道都设置检测器进行交通检测,并根据各个进口道的交通状况实施控制方案。

3. 主控制机与智能信息机

(1)主控制机:在线控或面控系统中用于操纵系统内其他交叉口的信号控制机。为此,在主控机与其操纵的控制机之间必须有通信联系,各交叉口的数据传送到主控机,主控机接收到数据做出控制方案后,再下传到其他控制机。所以这种控制机也称为上位机,受它操纵的控制机称为下位机。在交通控制中心的主控制机通常采用功能比较强大的计算机控制的信号控制机,即主控计算机。

(2)微处理器信号控制机:微处理器信号控制机是第三代的智能信号机,具有交通量检测、环境监测、多时段多相位控制、自适应协调控制、通信联网功能、路况信息发布功能的综合系统。其大部分功能由软件实现,通常用键盘输入编制的程序,配时程序储存在随机存取存储器(RAM)中,其他编程数据和控制机本身的操作程序储存在可编程序只读存储器(EPROM)中。所以这些软件修改十分方便,即使有些固化在只读存储器(ROM)内的专用软件,也易于通过更换 ROM 芯片来改变,使其灵活性和扩展性大为提高,所以可做成多功能的通用控制机。此外,这种控制机都具有信号冲突与设施故障自检与显示的功能,可靠性高、体积小、性价比超过集成电路控制机。

集成电路控制机及微处理器控制机一般都可用作主控机。

4. 信号控制机的性能要求

交通信号控制机的基本性能一般要求如下:

(1)在 0~40℃条件下,信号机内部的时钟误差不超过 ±20s/10d。

(2)如无特殊规定,信号持续时间的调节步长均为 1s。

(3)黄闪信号频率为 55~65 次/min,其中信号亮暗时间比为 1∶1;采用卤钨灯光源的闪光信号频率允许降低,但不得低于 30 次/min,信号亮暗比不大于 1∶1。

(4)绿闪信号频率、信号亮暗比与黄闪信号的要求相同。

(5)在控制方式转换、配时方案变化时,信号显示状态应实现平滑过渡。

【思考题】

1. 道路交通标志按功能可分为哪些类型？ 主标志包括哪几种？
2. 各类交通标志的颜色、形状有哪些特点？
3. 辅助标志主要表达哪些内容？
4. 交通标志有哪几种支撑方式？ 如何进行选择？
5. 如何确定交通标志在分流点、交叉口等处的设置位置？
6. 道路标线材料有哪几种？
7. 道路标线涂料有哪几种？ 各适用于哪些类型标线的施划？
8. 交通标线设计包括哪些内容？
9. 路段与平面交叉口一般要施划哪些标线？
10. 交通信号灯的安装位置有哪些？ 各自的特点与适用性如何？
11. 信号灯的排列顺序是如何规定的？
12. 交通信号控制设备有哪些？

第五章

道路收费设施设计

收费是筹集道路建设资金的一种行之有效的方法,我国通过若干年的实施,明确认可了道路收费,并正逐步完善道路收费制度。征收车辆通行费用以偿还贷款,补偿道路交通基础设施建设所耗的巨额资金,维持养路管理费用支出,是当今世界上多数国家发展道路交通的通用做法,亦是我国明确肯定的行为,给道路建设的发展注入了生机和活力。

第一节 概　　述

一、收费道路及其分类

为偿还道路工程建设贷款、筹集道路运营养护费用或以道路建设作为商业投资目的,对过往车辆征收通行费的道路,称为收费道路。一般按道路的长度、性质、过往车辆的类型、地区属性等对车辆进行收费,并在适当的位置设置收费站。

收费道路是对使用者收取服务费的公共或私人道路,主要是为了弥补道路的建设与维护经费,等同一种税收,或者是回收投资效益。通常使用于高速公路、特大桥梁隧道等重要性较高的道路设施。我国大陆的高速公路、一级公路绝大部分属于收费道路,而其他道路也有少量是收费的。

根据车辆通行费征收主体性质的不同,收费道路可以划分为公营和私营两类。公营(我国称为政府还贷道路)的收费主体是政府所属机构,私营(我国称为经营性道路)的收费主体是以营利为目的的企业法人。两者主要区别在于:公营收费道路的通行费收支需要纳入政府财政预算,私营收费道路的收费期限、定价和盈利水平需要接受政府的管制。实践中,也存在公私合营的收费道路。

根据车辆通行费征收制度的不同,收费公路可以划分为开放式、封闭式和混合式三类。开放式收费也称栅栏式收费或路障式收费,收费站通常设置在公路主线上,间距一般为40~60km不等,车辆按通过次数支付通行费,多用于非控制出入的道路、独立桥梁及隧道;封闭式收费公路多用于控制出入的高速公路,车辆用户根据行驶距离和车型支付通行费;混合式收费公路可用于部分路段控制出入、部分路段非控制出入的道路。

根据收费目的的不同,收费道路可以划分为收费还贷道路、收费经营道路和收费控制道路三种类型:

1. 收费还贷道路

收费还贷道路是指依靠贷款修建的道路,其收费的目的是在贷款偿还期内筹措足够的资金用于偿还贷款本息。由于修建道路所需的贷款一般由政府出面筹措或政府担保并指定某事业单位执行,因而收费还贷实质上是政府行为。对于收费还贷公路而言,必须符合下列技术等级和规模之一,并经由省、自治区、直辖市人民政府批准后,方可设置收费站(点):

(1)连续里程30km以上的高速公路以及城市市区至本地机场的高速公路。

(2)连续里程50km以上的一级公路。

(3)长度800m以上的二车道独立桥梁、隧道;长度500m以上的四车道独立桥梁、隧道。

(4)中西部省、自治区、直辖市连续里程60km以上的二级公路。

但全部由政府投资或者社会组织、个人捐资建设的公路,不得收取车辆通行费;技术等级为二级以下(含二级)的公路不得收费;高速公路以及其他控制出入的收费公路,除两端出入口,以及省(自治区、直辖市)界确需设置的收费站以外,不得在主线上设置收费站;非控制出入的收费公路同一主线上,相邻收费站的间距不得少于50km。

2. 收费经营道路

收费经营道路是指由国家特许依法成立的道路企业法人组织负责建造和经营,以营利为目的的收费道路。收费经营道路主要包括两种形式:建设—运营—管理方式(即BOT方式,Build-operate-transfer)和收费有偿转让方式。

BOT方式是指公司得到特许后,投资建设、拥有并在规定期内运营管理道路,规定期结束后移交政府管理部门的收费经营方式。收费有偿转让方式是指由国家投资建设,建成后某特许公司从国家管理部门收购现成的道路,并在规定运营期内收费。

国内外经济组织投资建设经营的道路,可以设置收费站(点)的技术等级和规模与收费还贷道路相同。但实施收费经营权益转让的道路,有下列情形之一的,不得转让收费权:

(1)长度小于1000m的两车道独立桥梁和隧道。

(2)二级公路。

(3)收费时间已超过批准收费期限的2/3。

3.收费控制道路

由于高等级道路具有较高的级差效益而使大量交通从一般道路向高等级道路转移,高等级道路交通量不断增加,从而造成高等级道路使用成本增加;相形之下,与高等级道路平行的一般道路则会因交通量损失而得不到合理利用。解决这一矛盾的有效措施是实施控制收费,从而使整个区域交通量在道路网上得到合理的分配,最大限度地提高道路网的使用效益。目前,道路拥挤收费的政策还主要适应于大城市拥挤的中心市区,是通过对交通高峰时段道路进行定价收费,使道路交通拥挤产生的外部成本内部化,合理调节道路交通需求,新加坡(于1975年)、奥斯陆(于1990年)、伦敦(于2003年)、斯德哥尔摩(于2007年)等城市先后实施了拥挤收费政策,但也有香港、纽约等城市的拥挤收费方案被否决。

二、道路收费设施及其作用

在道路上用于收取过往车辆通行费的一切交通设施,称为道路收费设施,包括土建工程和机电工程设施。收费道路通常采用收费站方式来征收通行费,不停车收费系统也在越来越多的收费站投入使用。

设立道路收费设施的主要目的在于向过往的车辆收取通行费,其作用主要表现在以下四个方面:

1.为道路建设、发展筹集资金

交通运输是社会经济发展的前提和基础,它必须先于经济的发展而发展。随着我国大力发展市场经济,国民经济以前所未有的高速度发展。在发展市场经济的同时带来商品的大量流通,商品的大量流通又对交通运输产生巨大的需求。从道路运输方面看,关键在于修建更多、等级更高的道路,来适应日益增长的车辆的需求,以提高道路运输网的服务水平,求得更好的经济效益和社会效益;而道路建设,特别是高等级公路建设,需要筹集巨额的资金。

2.为道路养护、运营管理筹集资金

随着经济社会的不断发展,道路通车里程不断增长,需要投入大量资金,用以对道路进行维修养护,或者经营管理。在这种情况下,以传统的养路费、车辆购置附加费,加上国家财政拨款等方式对通车道路进行养护、维修、管理,存在着资金有限的困难。因此,"谁用路,谁出钱"的道路收费方式,成为道路养护、运营管理资金的重要来源。

3.为道路规划、建设和管理提供交通量基础数据

道路的规划、建设的整个过程,需要道路交通量的观测和预测资料。道路建成以后,如果需要对道路进行控制管理,如养护人员配置、服务设施设置等,也需要道路的交通量资料。道路收费设施,除了能够对过往车辆征收通行费外,还是进行交通调查的有力工具。

4.作为道路交通管理的辅助手段

开放式收费站可作为交通警察设卡查车的地点;封闭式收费站可以通过开放和关闭入口收费车道对道路,特别是高等级道路的主线交通量进行调节,实现匝道控制功能。同时,在入口车道,还能够有效限制行人、非机动车以及慢速车辆进入高等级公路,避免混合交通的形成和干扰。设置于收费站的闭路电视,也可以作为交通管理的辅助工具。

三、道路收费设施的设计原则

道路收费设施的设计,应遵循以下原则:

1. 满足道路收费功能的要求

一切道路收费设施的设计,首先应满足收费使用功能的要求。所有收费设施,无论是土建设施还是机电设施,都必须直接或间接为道路收费服务。

2. 形成一个完整的收费系统

收费系统是指从车辆进入收费道路开始到交纳通行费、费款安全进入存储点的全过程中能够提供各种收费服务及信息的设施和人员的集合。现代化收费设施通过计算机联网的方式,将收费车道、收费站、收费中心连接成一个计算机网络系统。在进行道路收费设施的设计时,应保证收费系统的完整性。

3. 与道路其他设施相协调

收费设施设计应同其他道路设施的设计相结合,形成一个协调的整体,并同道路机电工程(通信系统、监控系统和供电系统)的设计相结合。

4. 尽量减少对道路的交通干扰

在进行收费设施总体设计时,应根据该道路的观测交通量和预测量,确定收费车道和收费站规模,并选择合适的收费制式、收费方式。收费设施在满足收费功能的前提下,要保证收费车辆尽快通过,避免或减轻因收费系统导致的交通延误和阻塞,维持一定的服务水平。

5. 技术先进可靠

由于电子、通信和计算机技术的发展日新月异,产品更新换代快,所以道路收费设施的设计,应该考虑到道路建成通车后短时期内,所选用的产品、设备是否可能已落后或被淘汰,以及将来维修、购置易损零配件和消耗品的难易程度。为了保证道路收费的准确性、连续性,避免财务漏洞的出现,在设计时应考虑所选设备的可靠性。

6. 国产化程度高

由于进口设备的价格高,且在人员培训、设备维修、保养等售后服务上不方便,因此在设计时,应尽可能选用市场占有率高、性能优良、故障少且经过鉴定信得过的国内产品。

7. 有利于防止收费作弊

为了有效防止道路收费作弊,除了加强对收费员的职业道德教育和道路营运公司的管理外,还应该在收费设施的设计中充分考虑如何防止作弊。

8. 多方案设计优化比选、分期实施

道路收费设施的建设,应该根据道路的性质、地域、建设年限、建设规模、交通状况等多种因素,经多方案设计、优化比选,以寻求最佳方案,做到既满足功能、达到一定服务水平,又节省投资。此外,还应该按近、远期划分设计目标,一次规划分期分批实施,充分发挥各种收费设施的效能,减少早期资金的投入。

第二节　道路收费系统设计

一、收费制式和收费标准

(一)收费制式

收费制式就是指道路收费的原则和制度。如前所述,根据收费制式的不同,道路收费系统可分为开放式、封闭式和混合式三种。

1. 开放收费制式

开放式收费只控制主线及部分匝道的进入或驶出,不计车辆的行驶里程,根据(或不计)车型的不同,每次通行收取固定费额。具体又可分为均一式和分段均一式,其收费站布设大致如图 5-1 所示(为简化起见,互通立交画成喇叭形或菱形,以下类同)。均一式收费只在道路主线的入口或出口(通常设在入口)设收费站,其他出入口不设收费站;车辆进入(或驶出)道路时按车型一次性收取固定费额,然后就可以在道路内自由行驶。分段均一式收费将道路划分成若干路段,车辆进入或驶出该路段时收取固定费额,可以在该路段内自由行驶,又称广义开放式。两者都可以分车型收费或不分车型收费。

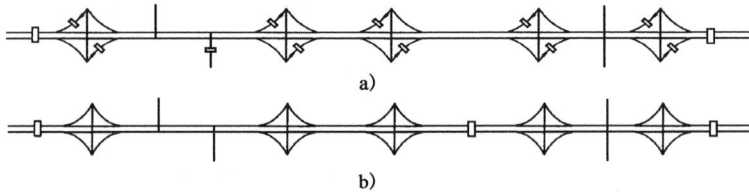

图 5-1　开放收费制式收费站布设
a)均一式;b)分段均一式

均一收费制式的主要特点是:

(1)车辆只需一次停车交费且收费标准单一,手续简便、效率高,对交通影响小。

(2)只需要较小规模和很少数量的收费广场就可以保证服务水平,节省土建投资和运营费用。

(3)设在入口的收费站可兼顾入口交通管理,通过限制通过量或关闭部分收费车道来实现道路的交通流量控制;设在出口的收费站可兼顾道路通道交通管理,通过限制驶出量或关闭部分收费车道来实现通道范围的交通流量调节,缓解通道交通拥挤。

(4)由于实行入口一次性收费,对不同行驶里程的道路使用者收取相同的费用不够公平。

(5)在非控制出入的互通立交或平面交叉口,不可避免地存在漏收现象。

均一式收费制式比较适合于道路出入口(互通式立交)多而且间距小,车辆行驶里程差距不大而交通量很大的道路,例如城市高速公路;在一般公路建成初始、收费系统未完善时,也可以采用这种收费制式。

分段均一式收费的主要特点除类似于均一式以外,还有:多次缴费可以缓解驾驶员长时间连续驾驶的困倦,有利于行车安全;可以通过收费站获取路段的交通流量、流向、车型结构等交通信息;容易改造成免费道路等。

2. 封闭收费制式

封闭式收费是在道路的主线和匝道所有出入口均设有收费站,车辆进出道路都要经过收费站,即全部控制出入,道路对外界环境呈"封闭"状态,根据车辆类型和行驶里程收取通行费。其收费站布设大致如图5-2所示。其中道路起终点的收费站一般建在主线上,称主线收费站,其形式与开放式类似;中间的收费站通常建在出入口匝道上,称匝道收费站。

图5-2 封闭收费制式收费站布设

国内出现过两种封闭式收费的管理方法:一种是入口发卡、出口交费,另一种是入口收费、出口验票。目前后者已经很少使用。入口发卡、出口交费的收费过程是:车辆进入道路时,在收费站的入口车道领取一张通行券,上面记录着车型、收费站的名称(或编号)、进入时间等信息;当车辆驶离道路时,当地收费站出口车道读取并校核通行券记录的信息,根据车型和行驶里程两个因素计价收费。

封闭式收费的主要优点是:

(1)严格按车型和行驶里程收费,公平合理。

(2)杜绝漏收现象。

(3)可兼顾收费道路出入口的交通管理。

(4)借助通行券可获得多种交通信息,如各出入口交通量、全线各互通式立交的交通分配量,进而可以推算各路段交通量和路段平均车速等。

封闭式收费制式的主要缺点是:

(1)出入口均需停车,入口处理效率较高,每辆车平均服务时间为6~8s;但出口需验卡收费,手续复杂,效率较低,对交通影响较大。

(2)因出口效率低,所需收费车道为入口的1.5~2倍,所以收费站总体规模大、投资多、运营费用高。

(3)为减少匝道收费站的数量,通常普遍采用喇叭形互通式立交,导致占地面积较大,喇叭内圈的通行能力较差。

(4)封闭式收费系统的设备较复杂、昂贵,初期投资和运营维护费用都比较高。

一般说来,封闭制式收费适应于道路距离较长、互通立交较多、车辆行驶里程差距较大的场合。这种收费制式目前在我国应用较多。

3. 混合收费制式

在同一条道路的某些路段采用封闭式收费、某些路段采用开放式收费,称作混合收费制式(图5-3)。混合式收费适用于各路段技术等级不一、收费条件不同、里程较长、互通立交间距较大的道路。

图5-3 混合收费制式收费站布设

（二）收费制式的选择

开放式、封闭式和混合式收费制式各有其自身的特点，表 5-1 从收费效率与运营费用、收费站建造成本、收费管理难易程度、扩（增）建收费站难易程度、道路使用者付费的原则、行驶里程计算、短程交通管理、疏解短途交通、对道路主线交通的影响、对非高速公路交通的影响、防止贪污作弊以及交通安全性等几个方面对上述三种收费制式进行定性比较。

各种收费制式的特点 表 5-1

项　　目	开　放　式		封闭式	混　合　式
	均一式	分段均一式		
收费效率	高	高	最低	较低
运营费用	高	最低	最高	较高
建造成本	高	最低	最高	低
管理难易度	难	最容易	最难	容易
立交增建难易度	难	最容易	最难	略难
使用者付费	不完全	不完全	完全	完全
按行驶里程计费	最差	不完全	最佳	佳
对地区交通的影响	严重(上)/甚微(下)	甚微	严重	局部严重(上)/甚微(下)
对主线交通的影响	甚微(上)/严重(下)	最严重	甚微	严重
短程交通管制	最有效	无效	有效	有效
缓解市区短程交通	较难	可以	甚难	较难
收费站数量	较多	少	最多	多
收费车道数量	较多	少	多	较少
安全性	好	差	较好	最差
延误	最小	大(长途)	小	最大
兼顾交通管理	较好	无	好	较差

收费制式对道路的建设标准、规模、投资及运营管理有着很大的影响，在规划设计阶段应根据路网特点、地区特点、工程投资和管理费用等合理选择收费制式。

（1）在城市出入口路段、环城路段、市内路段、短途城际路段，以及里程短、出入口密集、交通量大、收费站受限制的路段，宜采用均一式收费。

（2）在里程较短或互通立交稀少的高速公路以及收费桥梁、隧道和非封闭的收费道路等，可采用开放式收费。

（3）高速公路里程较长、互通立交较多以及车辆行驶里程差距较大时，可考虑采用封闭式收费。

（4）跨接两个及以上大中城市、两端互通立交比较密集、中间不设或很少设置收费站的高速公路，可采用混合制式收费；对于欠发达地区，或近期预测交通量较小、不具备收费站设置条件，或分期修建的高速公路，也可采用混合式收费。

（5）省域进行联网收费时，所有联网公路必须统一采用封闭制式收费，以统一管理收费并合理分配通行费。

(三)收费标准

目前,国内外对该收费标准的确定主要有成本反算法、类比法、消费水平测算法、级差效益法、收费弹性系数法五种方法。

1.成本反算法

成本反算法是根据贷款额、贷款利率、贷款偿还期年限及道路养护管理成本、大中修成本等计算收费额,然后根据不同年份和不同车型的交通量进行反算确定收费标准方案。此方法最为直观,因此是目前使用最广泛的收费标准确定方法。该方法是以预测交通量不变为前提条件的,而未来年份的交通量与预测交通量之间会有一定的偏差。因此,这种"固定不变的"假设可能会出现不切实际的情况。

收费标准的高低取决于高速公路交通量的大小,而交通量在高速公路未开通前只能靠预测获得。

2.类比法

类比法是参照已建成道路的收费标准,按地区发展水平、交通量的大小、投资结构等进行类比分析,并经调整后确定的收费方案。该收费标准具有一定的实践依据,但在很大程度上含有经验和主观判断的成分。因此,其准确性和可靠性较难量化。

3.消费水平测算法

消费水平测算法是按人们的收入水平对收费的承受能力(也称收费负担度)测算并确定收费标准的方法。收费负担度等于收费收入与人均收入之比,消费水平测算法将使用收费道路看成一种消费活动,试图站在消费者的角度将收费标准定位于市场价格的范畴。

私家车作为一种高档消费品,在我国还不十分普及。因此,车辆出行中大量的还是生产性、公务性和公交性的出行行为,与个人消费不存在明显的相关关系,所以此法目前在实际应用上有较大困难。

4.级差效益法

级差效益法根据用户收益价值的大小确定收费标准。收费道路的级差效益界定了分车型收费标准的上限。世界银行建议选取使用者所获得的总效益的30%~50%作为收费道路的车辆通行费标准,亚洲开发银行建议收费标准不应超过使用者所获效益的30%。级差效益法计算简便,但考虑因素比较单一。

5.收费弹性系数法

国外在确定道路收费费率时常以收费弹性(敏感度)为依据:即根据交通量随收费标准的变化情况来确定收费标准。收费弹性系数法需要有较完善的收费历史、社会经济发展状况和道路使用者对费用的承担能力等方面的资料,因此,不太适合现阶段我国,但就国外确定收费标准的经验来看,这种方法是较合理的。

二、收费方式

收费方式是指收费过程中人工参与的程度及一系列操作过程。按收费方式不同,收费系统可以分为人工收费、半自动收费、全自动收费。

（一）人工收费

人工收费是指收费全过程包括判别车型、计算里程、确定费额、收费、开发票、开启栏杆等全部或基本由人力手工操作完成的收费方式。典型的收费操作程序分为目测识别车型并发放通行券、验看通行券并收取通行费、发放收据和开启栏杆放行车辆四个步骤。人工收费是最简单的收费方式,开放式、封闭式收费均可采用,但主要用于开放式。其优点是所需的基本设备简单,资金投入少;缺点是劳动强度大、服务水平低、管理复杂,容易发生少收、漏收、作弊、闯关等现象。

（二）半自动收费

半自动收费是指人和机械电子设备相互配合,共同完成收费工作的收费方式。一般是由人工判别车型、发卡、收卡、收费,计算机读卡、校验车型、打印票据、统计数据、控制车道设备等。半自动收费方式是在人工收费方式基础上发展起来的,不仅大大提升收费效率、降低劳动强度,而且能够有效抑制作弊、减少收费误差。目前,我国大部分收费道路采用的是半自动收费方式。

（三）全自动收费

全自动收费是指收费全过程均由机械电子设备完成,只需人工管理设备、维持秩序、处理特别事件的收费方式。可分为硬币式、IC 卡式和 ETC 式,其中 ETC 是目前全自动收费的主流方式,车辆不停车通过 ETC 收费车道时,ETC 收费系统自动读取车载应答器信息并自动收取通行费用(扣除账户中预存款)。ETC 收费效率高(可达 8 ~ 12 条半自动收费车道的通行能力)、通过车速高(可达 40 ~ 250km/h),但造价也较高。目前,我国高速公路基本上全部覆盖了 ETC 收费系统,也就是在收费站设置了 ETC 收费车道。

三、收费介质

收费介质就是携带高速公路名称、车辆类型、入口站名或编号、入口收费员号、通过入口站的日期及时间等信息的载体,又称通行券。

收费介质根据材料使用方式可分为一次性使用和可重复性使用。一次性使用的收费介质在出口处回收,下班后清点入库,最终销毁。重复性使用的收费介质在出口处回收,下班分类清点后,由收费站集中上缴到管理处,再根据印刷在通行券上的入口站名分发回各收费站。

根据信息读出的方式,收费介质又可分为接触式和非接触式两大类,纸质通行券、磁性通行券、接触式 IC 卡属于接触式通行券;非接触式 IC 卡和 ETC 收费系统中使用的车载应答器是非接触式通行券。

（一）纸质通行券

纸质通行券是根据设计好的图样事先由印刷厂印制好的各种规格的通行券。一次性使用的通行券上除印有高速公路名称外,还印有入口站名和车辆类型,入口车道号、收费员及通过日期不是印刷的,可以由收费员人工盖章记录,也可以由打印机自动打上。重复使用的纸质通行券为了周转方便,印刷的信息只能是高速公路名称、入口站名和车辆类型等。

采用纸质通行券,每个收费站需印刷的通行券种类分为 N 种[N 为车型分类 + 特殊车辆种类(公务、军务等)],一条封闭式收费的高速公路需印刷的通行券种类为 $N \cdot M$ (M 为收费站数量)对于道路长、收费站多的高速公路,通行券的印刷量和类别是比较多的,尤其是高速公路成网后,通行券的印刷量和类别将更多,这样必将给管理带来很大的麻烦。

(二)磁性通行券

磁性通行券收费系统在 20 世纪 80 年代曾获得迅速发展,至今已在世界上许多国家使用,是一项成熟的技术。

磁性通行券可分为一次性使用和重复性使用两种。一次性使用的磁性通行券又称磁票或纸质磁券,是在厚度为 0.18mm 的优质纸上涂磁性材料制成的。对纸质磁券的材料、几何尺寸、物理性能等要求,国际上均有通用标准。驾驶员在入口领取通行券,在出口交给收费员插入磁卡机,读出车辆通行信息。京津塘高速公路最初曾引进西班牙磁票收费设备,通行券的成本每张在 0.1 元以上,由于每车一券且一次性使用,磁票耗费量很大,运行费用很高。重复性使用的磁性通行券是在塑料卡片基材上涂一层磁性材料制成,类似于银行卡,因此这种磁性通行券常称作磁卡。磁卡上记录车辆通行信息,入口发放、出口回收,入口由发卡机在磁卡上记录信息,出口由读卡机识别信息。与一次性使用的通行券比较,其不同之处是在出口回收后,经检验、刷新后继续循环使用。

由于磁卡具有较高的信息存储能力,从工作原理上讲,它具备银行卡同样的能力,因此在国内少数高速公路上已经开通用银行卡支付通行费的设备。

磁性通行券在发达国家已成功运用多年,20 世纪 90 年代初开始在我国一定程度的应用;但由于我国公路和车辆状况差,特别是空气灰尘含量大,早期几条使用进口磁券收费设备的高速公路如京津塘、太旧等,设备故障率高、可靠性低,运行费用和维护费用均很高,没有取得预期效果,目前在国内已趋淘汰。

(三)IC 卡通行券

我国于 1996 年开始引入接触式 IC 卡通行券,并在一些高速公路进行试验;1997 年将非接触式 IC 卡通行券引入高速公路收费系统,1997 年 11 月在沪宁高速公路 19 个收费站、150 条收费车道的收费系统中获得成功应用。非接触式 IC 卡为解决封闭式收费出入口信息记录提供了一种比较好的手段。

非接触式 IC 卡又称为射频卡,它解决了无源(卡中无电源)和免接触这一难题,是电子器件领域的一大突破。与纸质通行券、磁性通行券及接触式 IC 卡相比较,非接触式 IC 卡具有以下优点:

1. 可靠性高

非接触式 IC 卡与读写器之间无机械接触,避免了由于接触读写而产生的粗暴插入、非卡物插入、灰尘或污染导致接触不良等各种故障。此外,非接触式 IC 卡表面无裸露的芯片,无须担心芯片脱落、静电击穿等,既便于卡片的印刷,又提高了卡的使用可靠性。

2. 操作方便快捷

由于非接触通信,读写器在 10cm 范围内就可以对卡片进行读写操作,所以不必插拔卡,非常方便用户使用。非接触式 IC 卡使用时没有方向性,卡以任意角度掠过读写器表面即可完成操作,大大提高了操作速度。

3. 防冲突

非接触式 IC 卡中有防冲突机制,能防止卡片之间出现数据干扰。

4. 用途多样

非接触式 IC 卡存储器的结构特点使它便于一卡多用,在道路收费系统中既可作通行券使用,又可作充值卡付通行费使用;还可用于公共汽车、地铁自动售票系统、电子钱包等。

5. 加密性能好

非接触式 IC 卡的序列号是唯一的,制造厂家在产品出厂前已将此序列号固化,不可再更改。非接触式 IC 卡也验证读写器的合法性。非接触式 IC 卡在处理前要与读写器进行三次相互认证,而且在通信过程中所有的数据都加密。此外,卡中各个扇区都有自己的操作密码和访问条件。

由于非接触式 IC 卡具有其他通行券难以比拟的优点,在道路收费系统中已经得到广泛应用。

四、收费系统构成

(一)广义的道路收费系统

广义的道路收费系统由收费政策、法规、收费标准、收费管理机构、收费人员、收费对象、付款方式、收费车道、站、中心、银行后台等组成。

我国现行的收取车辆通行费的政策依据是 2003 年原交通部颁布的行业标准《收费公路车辆通行费车型分类标准》(JT/T 489—2003)和 2004 年国务院颁布的《收费公路管理条例》,其中规定了收费站设置、收费期限、收费标准、车辆通行费车型分类、收费公路经营管理等。2012年,交通运输部出台了 7 座及以下小型载客汽车在春节、清明节、劳动节、国庆节 4 个重大法定节假日及其连休日免费通行政策。2015 年,国家根据经济社会和收费公路的发展情况,开始修订《收费公路管理条例》,新条例将于 2017 年出台。

车辆通行费的收费标准,应当根据公路的技术等级、投资总额、当地物价指数、偿还贷款或者有偿集资款的期限和收回投资的期限以及交通量等因素计算确定。收费对象分别按客、货车的座位和吨位划分成 5 类:客车 7 座以内(含 7 座)、货车载重小于 2t(含 2t)的属于第一类;客车 8 ~ 19 座(含 19 座)、货车载重 2 ~ 5t(含 5t)的属于第二类;客车 20 ~ 39 座(含 39 座)、货车载重 5 ~ 10t(含 10t)的属于第三类;客车超过 40 座、货车载重 10 ~ 15t(含 15t),以及 20ft 集装箱车属于第四类;货车载重超过 15t,以及 40ft 集装箱车属第五类。付款方式包括现金、预付款、信用卡和银行转账,收费款均交于各商业银行。

(二)狭义的道路收费系统

收费车道、收费站、收费中心构成狭义的收费系统,包括土建工程和机电工程两部分。

现代道路收费系统的机电工程可以看作是一个由计算机硬件、软件和机械电子设备组成的计算机网络系统,包括收费车道、收费站、收费中心三大子系统。收费车道子系统包括车道控制机和收费车道附属设备;对于封闭式收费系统,收费车道包括入口收费车道和出口收费车道。收费站子系统包括计算机子系统、收费监视与控制子系统等。收费中心子系统包括计算机子系统、通信子系统、供电子系统和辅助设施子系统等。

五、收费系统土建设施

(一)收费广场设计原则

在目前普遍采用的收费技术限制下,收费广场在设计时应注意以下原则。

(1)收费广场不得成为安全障碍。互通立交匝道上的收费广场不能影响主线上的交通;若在高速公路主线上设置路障式收费广场,应在 2km、1km 和 500m 以外设立醒目的预告标志。另外,应尽量避免将收费广场设置在容易超速的凹形曲线底部;在收费广场车辆行驶范围内,除收费岛以及前方缓冲物之外不应出现任何障碍物。

(2)收费广场不应成为交通"瓶颈"。收费广场要备有足够的收费车道数和停车空间供交通高峰期使用;此外,如果从收费广场出口到连接道路的距离较短,则可能由于交叉口交通不畅使壅塞车辆越过收费广场而影响主线交通(参见图 5-5),所以收费广场的车辆驻留容量和交叉口的通行容量都应该满足高峰期间的需求。

(3)收费广场应尽量设置在平坦且为直线的路段上,保证车辆停车和起动安全、容易,收费方便。同时也要给收费员提供一个安全、舒适的工作环境。

(4)收费广场的设计要适应收费业务和交通管理业务的要求。一般在收费制式和系统方案、设备确定之后,按其工艺要求进行一次设计、分期施工,做好土建预留、预埋工作,并留有扩展余地。

(二)收费广场和收费车道平面布局

1. 一般规定

(1)收费广场的建设,原则上不应影响干线交通运行。收费广场应设置在通视良好,通风、易排水、环境优美、易于运营管理和交通、生活便利的地点。

(2)收费广场应尽可能设置在平坦的直线路段。不得将收费广场设置在易超速的凹形竖曲线的底部或长下坡路段的下方。

(3)收费广场设置应满足收费业务和管理业务的要求。一般宜在收费方案确定后,按照系统要求和工艺要求进行收费广场规划和设计,规划布局力求合理,适应公路建设总体发展需求。

(4)主线收费广场距特大桥、隧道应大于 1km。

(5)"两省一站"的收费广场不宜设置在边界附近,其位置应在满足相关技术要求的前提下,综合工程投资、景观、管理和生活条件等多方面因素进行比选后确定。

(6)分期修建的收费场区,其收费广场路基、收费天棚、地下通道(地下管道)等必须一次建设到位,而其他配套设施、收费设备等可按公路开通后第五年预测远景交通量计算配置。

2. 广场设计标准

(1)收费广场应优先设置在直线路段。主线收费广场采用的最小平曲线半径宜大于或等于表 5-2 中的一般值,特殊情况方可采用表列极限值。匝道收费广场采用的平曲线半径一般应大于 200m。

（2）主线收费广场采用的竖曲线半径宜大于或等于表5-2中一般值的要求，特殊情况方可采用表列极限值。匝道收费广场采用的竖曲线半径一般应大于800m，特殊情况下也不得低于700m。

收费广场过渡段要素表　　　　　　　　　　　　　　表5-2

计算行车速度（km/h）	最小平曲线半径（m）		最小竖曲线半径（m）			
	一般值	极限值	凸曲线一般值	凸曲线极限值	凹曲线一般值	凹曲线极限值
120	2000	1500	45000	23000	16000	12000
100	1500	1000	25000	15000	12000	8000
80	1100	700	12000	6000	8000	4000
60	500	350	6000	3000	4000	2000
40	250	200	2000	1500	3000	1500

（3）收费广场中心线两侧各50m（设计车速大于80km/h的主线收费站广场中心线两侧各100m）的范围，纵坡原则上不得大于2.0%，特殊情况下也不得大于3.0%。

（4）收费广场的横坡标准值为1.5%，最大值为2.0%。

（5）收费广场必须采用钢筋混凝土路面。路面设计及施工按《公路水泥混凝土路面设计规范》（JTG D40—2011）执行。

（6）收费广场钢筋混凝土路面的铺设范围：主线收费站为收费广场中心线两侧各50～150m，推荐值100m以上；匝道收费站为收费广场中心线两侧至少各30～100m，推荐值50m以上。钢筋混凝土路面的宽度与广场中心线所需宽度同宽，两端向路基标准宽度过渡（图5-4），并应满足表5-3要求。线形过渡应平滑、圆顺，不得使车辆行驶轨迹过于勉强。

收费广场过渡段要素表　　　　　　　　　　　　　　表5-3

设 计 要 素	推 荐 值		一 般 值	
	主线	匝道	主线	匝道
L_0(m)	100	50	50～150	30～100
S/L	1/6～1/7	1/4～1/5	1/5～1/8	1/3～1/7
l(m)	10	10	5～20	5～20

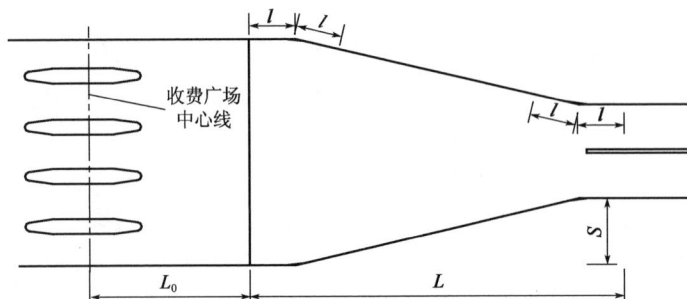

图5-4　收费广场过渡平面图
L_0-广场钢筋混凝土路面长度；L-广场过渡长度；S-广场过渡宽度；l-端部转角切线长度

（7）一般情况下，匝道收费站收费广场中心线至匝道分岔点的距离不得小于75m（图5-5），至被交叉公路的平交点距离不少于100m。收费车道数大于8条时，上述数值宜增加25%～50%，条件允许时宜尽量采用较大值。

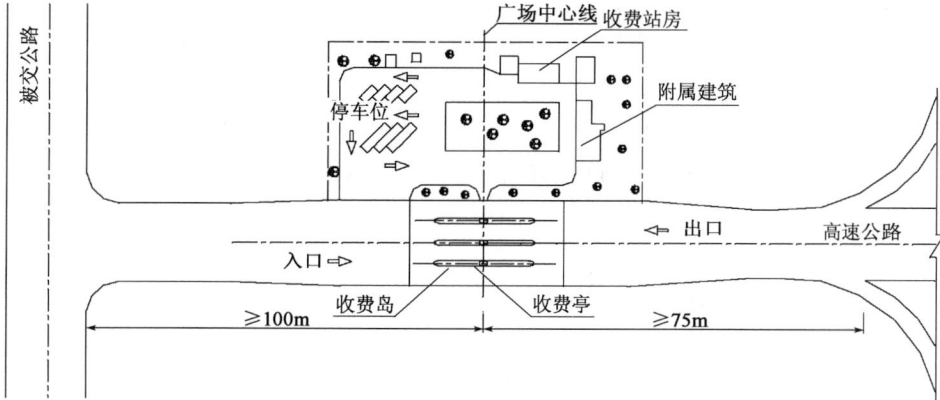

图 5-5 广场中心线至分岔点最小距离

3. 收费车道布局

（1）通道宽度。收费车道的标准宽度规定为 3.20m，条件受限制时可采用 3.00m；每方向右侧最外侧通道作为超大型车及维护施工车辆的通道，其标准宽度采用 4.50m，条件受限制时可采用 4.00m。

（2）最少通道数。收费广场每个方向最少应设置两条收费车道，一旦该车道发生故障关闭时，交通不致中断。使用年限少于两年的临时性简易收费站如根据式（5-1）计算仅需 1 条通道即满足通行要求，该方向可仅设置 1 条收费车道。

（3）通道路面。收费车道路面应与广场路面一样，采用水泥混凝土路面，且在岛长范围内应采用素水泥混凝土路面结构，以利安装环行线圈车辆检测器等设备。

4. 广场路基排水及防护

（1）收费广场路基排水、边坡防护等应纳入路线路基排水及防护整体设计，且应符合《公路排水设计规范》（JTG/T D33—2012）和《公路路基设计规范》（JTG D30—2015）等的有关规定。

（2）在南方雨水较多的地区，大型收费广场可结合收费天棚的排水设计（参见图 5-8），在收费岛沿纵向排水的上流一侧设置横向排水边沟，避免广场雨水纵向流入收费车道。

5. 其他

（1）在收费广场路面过渡段范围内不设置硬路肩，仅设置与相邻路基同宽的土路肩。如在土路肩上需设置设施时，土路肩宽度可放大至 1.00m。硬路肩的渐变在广场过渡长度内完成。

（2）防护栏、隔离栅、路面标线等设施在收费广场范围内宜连续设置，如需更换其他形式的设施，也应保证连续和美观。

（3）有条件的收费广场可设置军车专用通道，且设置在收费广场的外侧或与超宽通道合并设置。

（4）收费广场应按国标《道路交通标志和标线》（GB 5768.1～5768.3—2009）等标准的有关规定设置减速标线等相关设施。

（5）在大、重型车辆比率较大的地区，可考虑在收费广场设置车重及车高检测设施，必要时可设置专门通道及联络通道，限制超重、超高车辆进入公路。

（6）收费广场上闭路电视、照明、车高计、轴重计、标志等各种设施的设置应一次规划，做好预埋设计，各种管道应一次埋设到位并留有余地，原则上电力与信号电缆应分开铺设。每类管道的预埋数量最少为两孔。

（7）收费站区应进行整体绿化景观设计，大型收费广场可设置通风设施。

（8）有条件的收费广场可因地制宜设置便民服务设施，并设置无障碍设施。

（三）收费岛

（1）收费岛分为岛头、岛尾和岛身三部分，岛身的中轴线位置应与广场道路中心线重合，收费岛的主要尺寸见表 5-4。

收费岛主要尺寸（单位:m）   表 5-4

收费站类型		长　度	宽　度	岛面高度
主线收费站	一般值	36.00	2.20	0.20
	变化值	28.00 ~ 36.00	2.00 ~ 2.40	0.15 ~ 0.30
匝道收费站	一般值	28.00	2.20	0.20
	变化值	18.00 ~ 36.00	2.00 ~ 2.40	0.15 ~ 0.30
严寒地区 或特殊情况	一般值	36.00（28.00）	2.60	0.20
	变化值	15.00 ~ 36.00	2.00 ~ 2.70	0.15 ~ 0.30

表 5-4 中，一般值为通常情况下的采用值。岛长和岛宽，对地形受限制、采用人工收费方式、临时性、简易性等情况下的收费站，可采用变化值的低限；出于保暖或隔热的需要，必须加大收费亭的厚度或设置取暖设备而使收费亭加宽时，方可取用宽度值的高限。

（2）收费岛岛头（迎来车方向）应设计成流线型，高度在 1.2m 以下，长度不超过 9m。岛头应按《道路交通标志和标线》（GB 5768.1 ~ 5768.3—2009）的规定设置黄黑相间的反光立面标志，多雾地区一般情况下宜设置雾灯，并可设置必要的引导及防撞设施。图 5-6 给出了收费岛一种常用的样式。

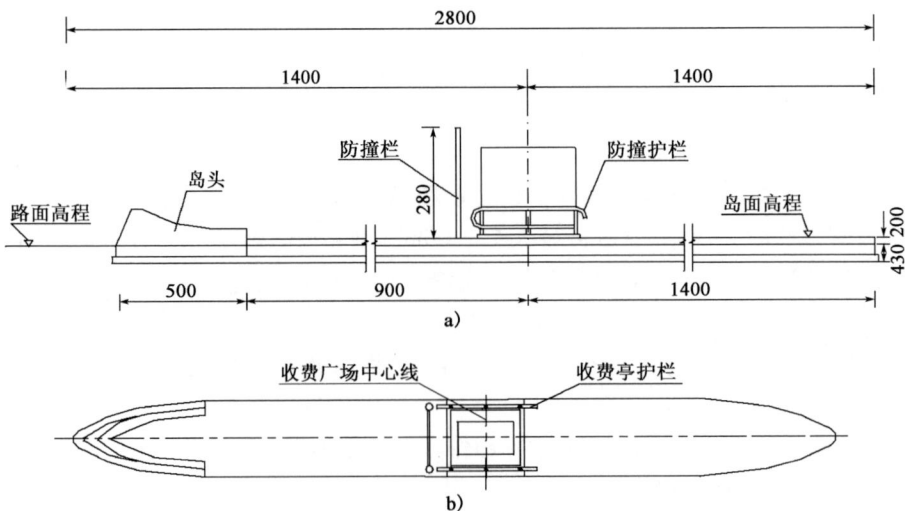

图 5-6　收费岛（尺寸单位:mm）
a）立面;b）平面

（3）收费岛岛尾设计成流线型，岛尾高出岛身，也可与岛身同高，长度不超过3.3m。

（4）收费岛应按照收费系统机电设施总体设计要求预埋收费设施管线、设备基础和地下通道出口。

（5）在收费岛收费亭的两侧应设置防撞护栏，其前方设置防撞立柱。防撞护栏用150mm×75mm×5mm的槽钢或φ150mm×5mm的钢管或钢筋混凝土制作，防撞立柱用不低于φ200mm×5mm的钢管制作，且应高出收费亭250mm。

（四）收费亭

（1）高速公路上使用的收费亭可参考《公路收费亭》（GB/T 24719—2009）的有关规定。

（2）收费亭的外形尺寸如表5-5所示。当收费岛宽度发生变化时，收费亭宽度应相应改变，其变化的原则是保持收费岛侧外缘与收费亭的间距等于或大于0.30m。

收费亭外形尺寸（单位:m）　　　　　　　表5-5

收费亭类型		长 度	宽 度	高 度
单向亭	推荐值	2.5	1.6	2.6
	变化值	2.4~2.8	1.4~2.0	2.4~2.8
双向亭	推荐值	3.8（无隔断），4.4（有隔断）	1.6	2.6
	变化值	3.6~4.4	1.4~2.0	2.4~2.8

表5-5中的一般值为正常情况下的采用值；地形受限制、临时性、简易性和一般收费公路上的收费亭等可采用表中变化值的低限；"两省一站""两公司一站"、北方地区和因设备布置需要等情况可采用表中变化值的高限。

（3）收费亭应采用耐腐蚀、符合环保要求的材料制作，具有良好保温性能和密封性能；整体强度好，外形美观大方。高速公路及一、二级收费公路上不得采用砖混结构修建收费亭。

（4）收费窗口应推移灵活可靠，无卡滞现象。

（5）收费亭玻璃窗应具有安全性强、隔热效果好和防霜、防凝水、防结冰的功能，保证收费员通视良好；中空玻璃应使用安全玻璃，原片玻璃应使用安全钢化玻璃或夹胶玻璃。

（6）收费亭内应配备必要的配电箱、线槽，具备安装收费设备和取暖、空调或通风等设施的条件。

（五）收费天棚

1.外形尺寸

（1）收费天棚的总长度原则上与广场宽度保持一致并能覆盖广场最外侧超宽车道。

（2）天棚宽度按表5-6确定，其最小值为14.00m。一般情况下天棚的投影面积应大于收费岛长度与收费广场宽度之积的60%为宜，以保证良好的防雨、防晒效果。

（3）收费天棚的净高应大于5.00m，如图5-7a）、b）所示。

收费天棚宽度参考值（单位:m）　　　　　　　表5-6

地 区	宽 度	地 区	宽 度
一般地区	16~18	大型广场	20~24
沿海地区	18~20		

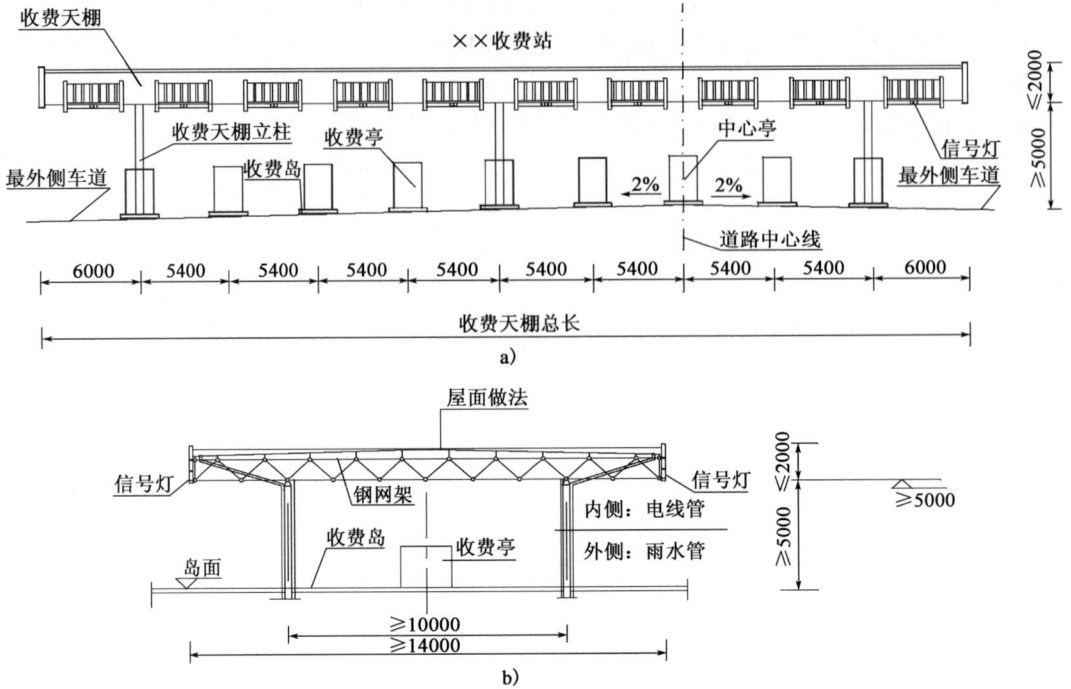

图 5-7 收费天棚(尺寸单位:mm)
a)正立面;b)剖面

2.建筑形式

(1)收费天棚正立面造型宜简洁明快、实用、庄严大方,体现当地建筑风格,具有时代气息。天棚顶部应布设视觉良好的站址名牌以利驾驶员明了所处位置。收费天棚上不宜设置广告标牌,避免分散驾驶员注意力。

(2)天棚立柱的数量应尽量减少,立柱断面尺寸不得过大,中间立柱一般情况下应小于0.40m。在宽度方向的柱距宜大于10m,以保证收费员和驾驶员通视良好。

(3)收费天棚建筑构造应有利于广场空气流通及减轻广场汽车废气的污染。

3.结构

(1)收费天棚宜采用钢网架、轻钢或其他大跨径结构形式,不得采用砖混结构。

(2)收费天棚结构设计应符合国家相关技术规范的要求。

4.天棚设施

在收费天棚正立面的前后,收费车道的正上方位置应设置通行信号灯,天棚下部设置照明灯具,应综合考虑各类设施管线的布置,缆线敷设应隐蔽,不得采用明线敷设方式。

5.天棚排水

收费天棚屋面排水应统一排向收费广场路基边沟,并应与收费广场及站房区周边公路的排水系统统一设计。天棚排水不得流入收费车道而影响收费业务,如图5-8所示。

(六)广场电缆管道及地下通道

(1)收费站房至收费广场应修建电缆管道,直至广场中心线横穿收费广场,如图5-9及

表 5-7 所示。电缆管道可用钢管或塑料管或玻璃钢管铺设,埋深应大于 0.60m。有条件的收费广场可修建半通行式地下电缆沟。

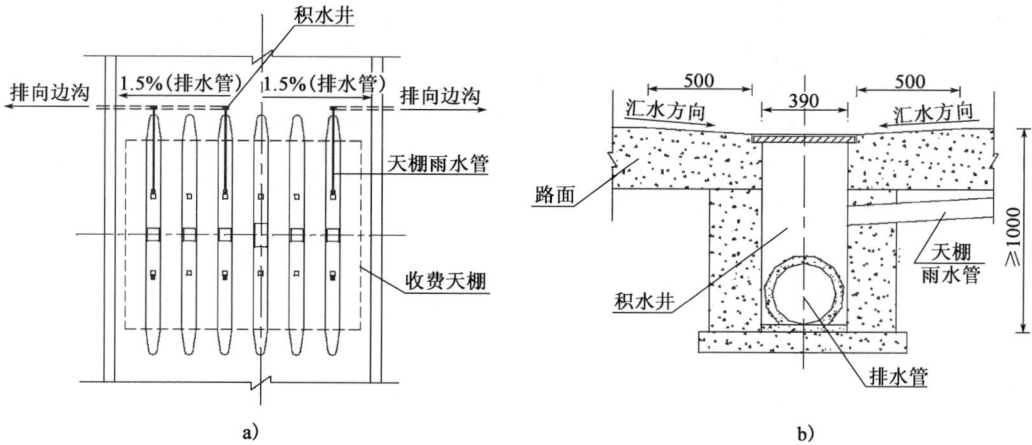

图 5-8 收费天棚排水(尺寸单位:mm)
a)积水井位置;b)积水井断面

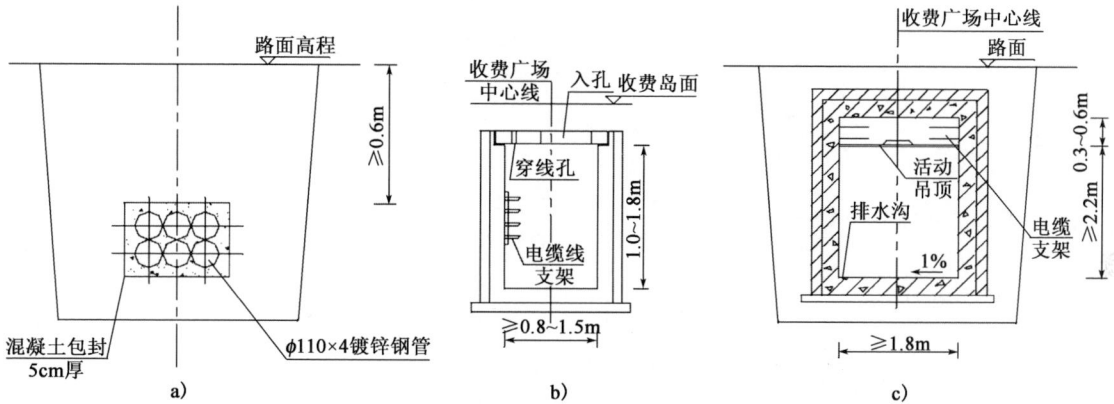

图 5-9 地下管道、通道示意图
a)地下管道;b)地下电缆沟;c)地下通道

收费管道(通道)形式   表 5-7

收费车道总数(条)	管道(通道)结构形式及数量
≤4	设置 4～6 孔内径 ϕ90mm 管道
5～7	设置 6～9 孔内径 ϕ90mm 管道,或采用半通行式地下电缆沟
≥8	地下通道或天桥,设置电缆托架或 2 个 200mm×300mm 尺寸的管箱

(2)收费车道超过 8 条的收费广场应修建供收费员上下岗和敷设电缆用的地下通道,并每隔一个收费岛设置一处人行上下阶梯。

(3)因地下水位或排水等原因不能设置地下通道的收费广场,可将通道设置于收费天棚上,即采用天桥的形式。天桥构造应有利于缆线的敷设。

(4)电缆管道应铺设到收费站进线室。

（5）地下通道由主通道、主出入口和分出入口构成。主通道净宽不少于 1.80m,分上、下两层,并应采用活动吊顶分隔。上层两边应设置电缆支架或电缆管箱,净空高度在 0.30 ~ 0.60m之间,并预留向各收费岛的出线孔(槽)。下层为人行通道,净高应不低于 2.00m。

主出入口应布置在站房区为宜,如有条件将其设置进收费站房一楼更好。地下通道的另一端应延伸至外侧路基边缘。分出入口布置在各收费岛上或每间隔一条收费岛设置一处,且位于收费亭的后部,即收费岛尾一侧。分出入口的形式应方便收费员出入收费亭和上下主通道,可采用直通式或回转式。分出入口净宽宜大于 0.70m,如图 5-10 所示。

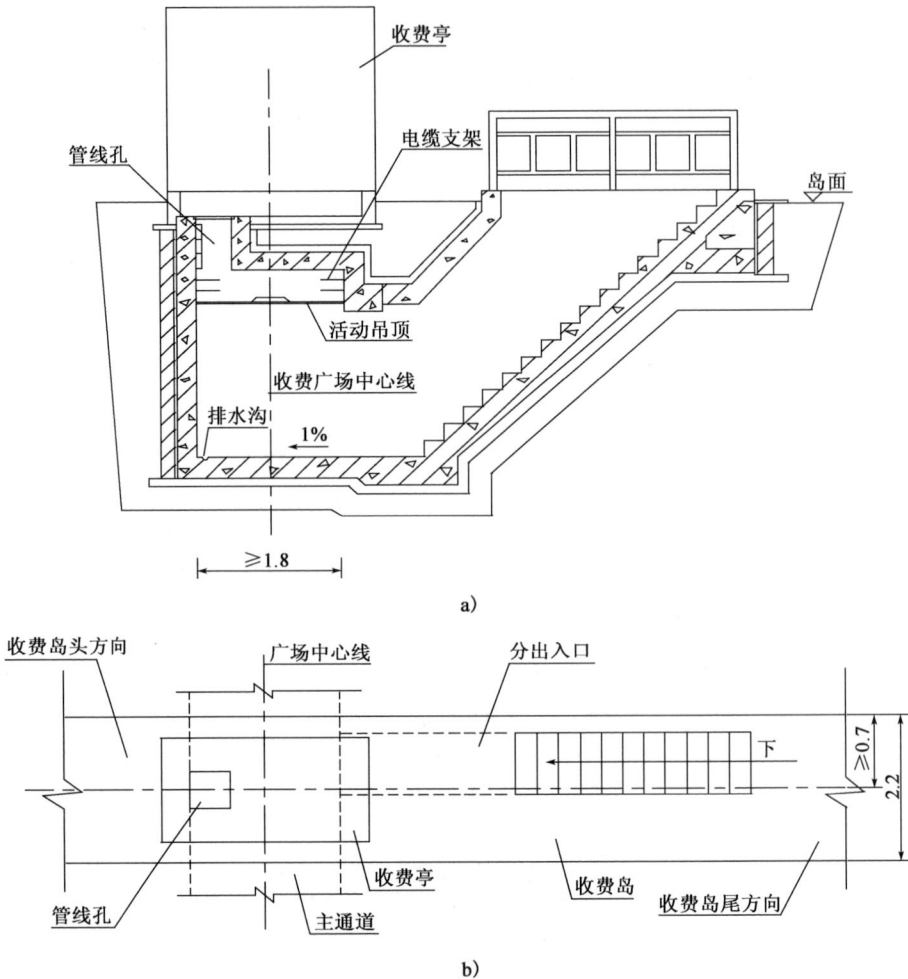

图 5-10　地下通道分出入口示意图(尺寸单位:m)

a)立面;b)平面

(七)收费站房

1.建设规模

（1）收费站房建设规模按住房和城乡建设部、国土资源部、交通运输部等编制和颁布的《公路工程项目建设用地指标(2011 年)》的相关规定执行。其中建筑面积仅指为开展正常的收费业务而必须设置的主体站房面积,不包含其他附属建筑物如泵房、配电房、食堂及车库等的数量。附属建筑物的面积可依据各地管理体制的具体需求和相关法规确定,但原则上不得超过主体建筑面积的40%。

(2)当匝道站采用主分站的形式布置时,主站建筑规模应满足第(1)条要求,而分站建筑规模应比规定数值降低25%或更低为宜。

(3)当收费站与其他管理设施合并设置在一个区域时,部分公共设施可共用,其建筑面积可适当降低。

2.站房平面布置

(1)收费站业务用房

收费站房主要由下列各业务用房构成:

①监控室:要求通视良好,易于观察到收费广场的全貌,一般应布置在站房的二楼。不得将监控室、通信机房、进线室分别布置在楼层的两端、走廊的两侧等相距较远的位置。

②通信机房:应按计算机机房标准设计,满足温湿度、荷载等方面要求。一般应布置在监控室的正下方一楼或紧邻监控室布置在同一楼层的同一侧面。

③站长室:通视良好,易于观察到收费广场的全貌。一般应布置在站房的二楼并与监控室相邻。

④收费票库、财务室:应具有较好的安全性和隐蔽性。一般应布置在站房二楼的一端以保证其安全性。

⑤进线室:连接来自场区的各种设备管线的房间。一般布置在站房的一楼,通信机房的侧面或与通信机房合并设置;如通信机房布置在二楼以上楼层,则其应设置在通信机房正下方的一楼。

(2)站房区布置要求

①参见图5-5,收费站房宜布置在广场出口一侧,靠近收费广场,且使监控室与广场中心线有较大夹角(30°~60°),利于观察和控制广场及收费车道的工作情况。站房与广场边缘的间距应大于15m,在此范围内不得修建永久性建筑物及有碍视线的构筑物。

②站房应设计成2层或2层以上楼房,且将监控室及站长室布置在第2层或以上楼层。监控室及站长室应正对收费广场,采用大开间玻璃窗,保证通视良好。

③配电房、水泵房、食堂、车库等附属建筑物应与收费站房分开布置,一般设置在站房区的后部或侧面。

④站房区应设有一定的停车位和出入车道,设置良好的绿化、环保及安全等设施,使出入站房区的工作车辆流向合理,安全、顺畅、方便。大型收费站区宜设置必要的生活和文体活动场所。

3.机房设计

(1)机房面积

这里所谓机房是收费站监控室和通信室的统称。机房使用面积规定如下:

①监控室使用面积以40~100m²为宜。一般收费车道在8条及以下的收费站监控室选择40~60m²,8条以上的控制在80m²左右,省际及16条车道以上的大站为100m²左右。

②有人通信室使用面积在60m²左右,无人通信室在30m²左右为宜。

(2)设计要求

机房设计应按国家有关计算机机房设计的规定执行,并着重满足以下条件:

①环境要求：温度 18~25℃，相对湿度 35%~75%，照度≥200lx。

②设计荷载采用 450kN/m²。

③机房的长宽比例以 4：3 为宜；机房内不宜设置立柱。

④机房内应设置独立的设备用电回路，设置设备专用配电箱。

⑤有人通信室宜设置双扇外开门，门的宽度不应小于 1.20m；无人通信室门的宽度不应小于 1.00m。

⑥机房应采用双层密封窗，并贴遮阳膜或设置遮阳窗帘。

⑦机房应铺设防静电地板，照明灯具应采用嵌入式（嵌入吊顶内）或吸顶式，并设置应急照明装置。机房装修后的净高宜根据机房面积确定，不宜给人压抑的感觉，一般情况下不应小于 3.20m。

⑧机房应按国家二级防火标准设计。

（3）其他

①收费站业务电话布线建议统一采用五类线，电话总组线箱应设置在通信机房。一般办公室布置两路电话，重要办公室及监控室可适当增加。

②收费站区应按相关规范和消防法规设置足够的消防设施，各机房、财务、票证室等为重点布防区。

（八）站房区管道综合布置

1. 站房区管道综合布置图

收费站房设计必须包括站房区域各种管道的综合布置设计，标明电力、通信电缆、供排水、供暖等各类管道的路由和人（手）孔的位置、数量、埋深、形式、纵横关系等。

2. 场区管道设计

场区管道分入局（室）和出局（室）两个路由。通信电缆入局管道指公路干线电缆进入通信机房的管道，出局管道指由机房通向收费广场设备和监控外场设备的管道。电力电缆入室指由电网供电点引入收费站区配电室的路由，出室管道指由配电室通向收费广场设备和监控外场设备的管道。

（1）电力管道、通信电缆管道必须按相关技术要求分开设置，两种管道不得共用一个人井或手孔，在地下通道、电缆沟及竖井内也应分开布设。一般情况下两者边缘间距应大于 0.50m，特殊情况下也宜大于 0.20m。

（2）场区通信入局管道应按机电系统总体设计要求计算确定，一般情况下有人通信站不应少于 8 孔（管道内径为 90mm，下同），无人通信站不应少于 6 孔。通向收费广场的场区管道数量应按表 5-7 设计，8 条收费车道以上的按 9~12 孔设计。

（3）场区通向收费广场的出室电力管道：8 条收费车道以下的收费站房区为 4 孔；8 条以上（含 8 条）为 6 孔；16 条以上者为 8 孔；并可另加两孔作为备用。

（4）各种管道的路由应尽量避开场区车辆通道尤其是站房区施工期间车辆的通道，以免管道遭受破坏导致路由不通。不能躲避时，该处管道必须采用钢管敷设。

3. 电缆沟设计

（1）场区电缆也可采用电缆沟的形式敷设。采用电缆沟方式敷设时，沟内电缆不宜少于 6

根,也不得多于 12 根。

（2）电缆沟的尺寸根据电缆数量确定,电缆支架的垂直间距为 200mm,沿电缆沟的纵向设置间距为 1000mm,在沟壁的悬出长度为 250～300mm,以确保电缆敷设后相互间的平行间距不小于 100mm,垂直间距不小于 150mm。

（3）电缆沟壁应用防水水泥砂浆抹面,沟内应每隔 50m 设置一个积水坑,其尺寸以400mm×400mm×400mm 为宜,积水坑内设置排水管以及时将积水排出。沟底应有 1‰的纵坡。

（4）电缆沟应平整,保持干燥,并能防止地下水浸入。

（5）室内电缆沟盖板应与地面持平。室外电缆沟无覆盖时,盖板应高出地面 100mm［图 5-11a）］;有覆盖层时,覆盖层厚度应大于 300mm［图 5-11b）］。盖板间搭接应有防水措施。一般情况下应采用无覆盖层的形式,电缆沟横穿道路或因高程等需要方可采用有覆盖层的形式。

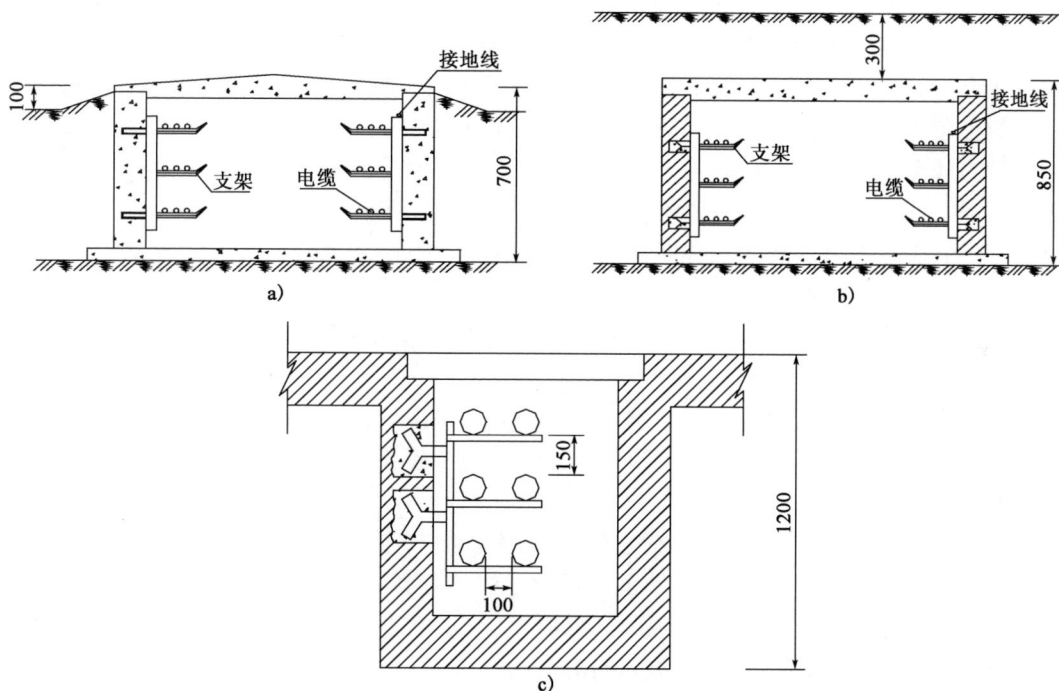

图 5-11　电缆沟(尺寸单位:mm)
a)室外电缆沟(无覆盖层);b)室外电缆沟(有覆盖层);c)室内电缆沟

（6）电缆支架可用 36mm×36mm×5mm 的角钢自行加工,加工完的支架应平直,无毛刺、卷边和明显变形。支架应安装牢固,横平竖直并保持同一水平面。钢支架必须进行防腐处理。

（7）敷设在电缆沟内的电缆,按电压等级排列:高压在上层,低压在下,控制与通信电缆在最下层。当沟两侧设置电缆支架时,则电力电缆与控制、通信电缆分别设在两侧支架上。

4. 竖井设计

（1）当机房设置在一楼时,机房内应设置进线手井或电缆地槽。手井尺寸可采用0.40m×0.40m,电缆地槽尺寸可采用 0.60m×1.00m。8 条收费车道以下的收费站可采用手井,8 条及

8 条以上者可采用电缆地槽。

（2）当机房设置在二楼及以上楼层时,进线手井或电缆地槽设置在进线室。从进线室往上至机房应设置电缆竖井,电缆竖井尺寸可为 $1.00\text{m} \times 0.40\text{m}$。在竖井内应分别设置两个独立的电缆桥架,电缆桥架可采用尺寸为 $0.40\text{m} \times 0.20\text{m}$ 的镀锌金属线槽。

（3）竖井、电缆地槽或手井应尽量设置在房间的角落处。当各机房布置在同一楼层时,各机房及与进线室相互间的隔墙上应预留穿线孔或 9 孔左右管道。穿线孔宜布置在机房一角地板下,尺寸可采用 $0.40\text{m} \times 0.20\text{m}$。

六、收费系统机电设施

（一）收费系统计算机网络设计

典型的道路收费计算机网络系统,由收费车道、收费站、收费中心（分中心）组成二级或三级计算机网络系统。一般来说,可以将收费站到收费车道组建成一个局域网（LAN）,收费中心到各收费站组成一个远程网络（WAN）,这就是一个二级计算机网络。整个系统自上而下采用主从方式,收费中心定时轮询收费站,收费站定时或实时从收费车道获取信息。收费车道计算机的主要作用是控制车道读写设备及车道附属设备,具有独立工作能力,当上一级计算机发生故障或线路故障时,收费车道仍然能独立运转;故障排除以后,中断的信息能及时恢复传送。

在进行收费系统计算机网络设计时,首先应对道路的等级、交通量、收费制式、收费方式、网络传输数据量、可靠性要求、实时要求等进行分析;其次,本着消除传输瓶颈,全面提高可靠性和性能价格比的原则,对该系统网络所采用技术的先进性、可移植性、升级扩充能力、人机交换界面的亲和性、易操作易维护性进行反复比选和论证。

收费系统的计算机网络设计一般应遵循如下的原则:

（1）符合国际开放式（CLIENT/SERVER）标准,包括操作系统标准、图形界面标准等。

（2）符合 TCP/IP 网络通信标准。

（3）采用分布式系统,功能按节点分布、数据库也按节点分布,任一节点可独立运作。

（4）网络具有合理的拓扑结构,如采用星形或树形互联。

（5）所有节点计算机装载多任务操作系统。

（6）能远程在线诊断用户系统的运行情况。

（7）人机界面友好,易于操作和管理。

（8）在寿命周期内操作系统能向上、向下兼容。

（9）符合工业标准的结构化布线系统。

（二）收费系统计算机软件设计

1. 系统软件设计原则

（1）普遍性。软件设计应考虑收费过程中出现的种种特殊情况,符合中国各地区具体的道路收费特点。

（2）准确性。系统软件的设计应每次收费都能正确进行,并且具有准确的记录。

（3）安全可靠性。系统软件的设计应具有较高的可靠性,具有防止各种危害系统行为的能力,如保密性、防病毒能力和数据多重备份等。

（4）可扩充性。增加新的收费车道、收费站、新的设备,或增加新的业务功能,系统软件仍然能够正常运行。

（5）高效性。具有较高的处理收费、通信和监控能力,服务水平高。

（6）可维护性。系统应具有自检功能,具备多种工具。

（7）通用性。符合国际上多种操作系统界面标准及人机交互界面标准,网络为开放式系统,能在常用的计算机硬件或网络上运行。

（8）界面友好性。所有应用软件人机交换界面应汉化;尽可能采用图形界面形式,美观、易操作管理。

（9）国产化。软件设计尽可能在国内进行,所采用的技术在国内有足够的技术支持。

（10）设备无关性。保证以后对设备升级时,不会降低系统性能。

2. 系统软件分类及设计

按功能,道路收费系统计算机软件可分为平台软件、应用软件、网络及通信软件等。

平台软件应选用功能完善、成熟的操作系统,如 SCOUNIX/XENIX, UNIX WARE, WINDOWS 等,并根据收费中心、收费站、收费车道不同的功能和操作要求选择相应的底层软件。数据库管理软件可采用 STSBASE/ORACLE、FOXPRO 等。编程语言可采用 C 语言或 JAVA 等移植性好、功能强、易阅读的编程语言。

应用软件包括收费车道系统应用软件、收费站系统应用软件和收费中心系统应用软件。收费车道系统应用软件主要包括系统管理模块、收费员操作管理模块、数据传输模块、基本输入输出模块、读写设备管理模块等。收费站系统应用软件主要包括数据存储处理模块,统计、检索、制表模块,车道监视模块,系统管理模块,编程开发及工具模块,数据录入模块,以及防病毒软件等。收费中心系统应用软件包括数据存储处理模块,统计、检索、制表和打印模块,系统参数调整模块,系统自检模块,编程应用及工具模块,通行券、储值卡、电子标签和身份卡等后台管理模块,银行结算及黑名单管理模块,防病毒软件等。所有应用软件界面应汉化,人机交换界面尽可能采用图形界面形式,要求美观、易操作管理。

网络及通信软件包括整体网络管理软件,横向网络(内部局域网)软件,纵向通信软件,网络防病毒软件等。整体网络管理软件的设计应做到:

（1）支持多种网络操作系统,如 UNIX、WINDOWS 等。

（2）软件为系统每个部分提供定时或在线备份及存取。

（3）支持多种新型存储系统。

（4）支持桌面微机及服务器等硬件设备。

（5）提供档案资料恢复和完善的密级账户。

（6）支持 UPS 安全值守工作。

（7）监控网络运行及文档处理情况。

（8）在线远方诊断用户系统运行情况。

（9）友好的中文人机交互界面。

（10）网络工具齐全,便于对整体网络系统进行协调管理等。

横向网络软件的设计应做到:

（1）符合国际开放式网络操作系统标准及图形界面标准。

（2）软件易于移植、扩充和维护。

（3）实现收费中心或收费站的各项网络业务职能。

（4）实现通信计算机与监控计算机之间的通信。

（5）操作界面必须汉化,且尽量采用图形界面等。

纵向通信软件设计的一般要求为:

（1）支持远程用户。

（2）易于修改其应用模块以满足不同的要求。

（3）内设安全检查功能,防止数据被盗用、篡改等。

（4）能在常用的计算机硬件和网络上运行。

（5）容许用户使用其他桌面软件等。

(三)收费车道设备

收费车道设备主要包括车道控制机、收费员终端、通行券读写器、手动栏杆、自动栏杆、信号灯、车辆检测器、车辆分类判别装置、费额显示器、车型显示器、打印机、声光报警器、对讲设备等。常见的封闭式收费系统设备布置如图5-12所示。对于封闭式收费,由于入口车道与出口车道的流程不同,所以设备配置也不尽相同:入口车道负责对进入本站的车辆判别车型,将

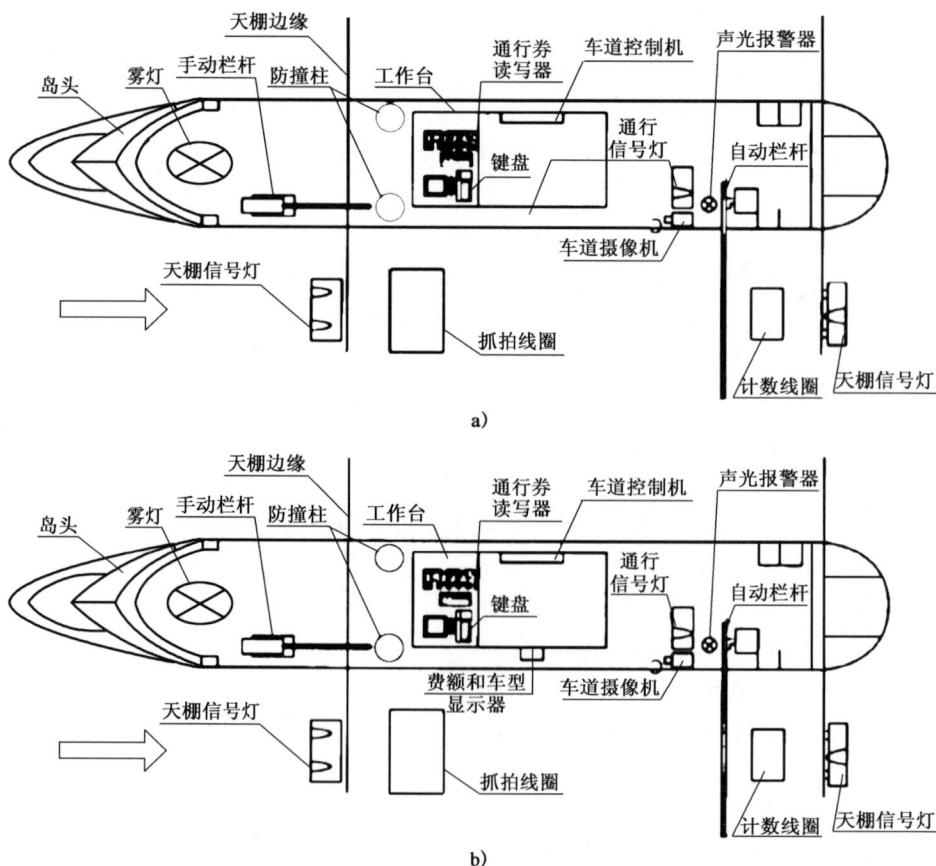

图5-12 封闭式收费车道设备及其布局

a)入口;b)出口

车辆信息和本站信息写入通行券中,然后放行车辆;出口车道主要是检验车辆携带的通行券,校核车型并计算、收取通行费,打印收费票据,放行车辆,因此出口比入口增加了费额显示器、收费票据打印机和字符叠加器,而且由于出口收费涉及现金,通常要求必备性能较好的收费监控摄像机和对讲机。

1. 车道控制机

车道控制机的主要作用是控制车道读写设备及车道附属设备。车道读写设备由读写控制器和读写头(如磁头、微波天线、红外线发射头)等组成;车道附属设备包括自动栏杆、信号灯、费额显示器、数据打印机等。车道控制机以工业化微型计算机为基础,其构造包括若干控制意义明确的模块,模块与微处理器(CPU)相接,CPU协调和排定各个模块处理器的工作。车道控制机可以是单片机,也可以是多模块化组件。CPU具有如下接口:

(1)驱动所有串行接口的实时接口板。

(2)控制车道外围设备的数字输入/输出板。

(3)专用键盘灯。

车道控制机主要技术指标包括:

(1)CPU的型号及主频。

(2)CPU主板或子板布局方式,一般要求主板具有电磁兼容设计、自检报警提示、可外接网卡、功耗低。

(3)散热、通风、冷却模块。

(4)内存容错能力。

(5)硬盘容量。

(6)机箱类型、抗腐蚀、抗冲击、耐磨损特性。

(7)扩展槽插口数及类型。

(8)通信接口型号及通信速率。

(9)工作环境的温度、湿度范围。

(10)无故障连续运行时间等。

2. 收费员终端

收费员终端包括键盘和显示器。

键盘是一专用键盘,它通过标准接口与车道控制机连接。键盘上各功能键的设置可根据实际需求确定。键盘上各键的布置应便于收费员快速操作,且不易发生错误。键盘应具有逻辑锁定功能,按键具有一定的操作力,并标有相应的文字和符号。键盘的主要技术指标包括:

(1)防水、防尘性能。

(2)压力式或触摸式操作。

(3)保护等级。

(4)操作温度。

(5)单键使用寿命。

(6)平均无故障工作时间、平均维修时间等。

显示器用于向收费员提供系统运行信息,并提示收费员进行下一步操作。显示器应显示以下四类信息:

（1）系统工作状态信息。

（2）设备状态信息。

（3）业务处理情况信息。

（4）帮助系统信息。

显示器的主要技术指标包括：

（1）显示器类型和尺寸。

（2）分辨率。

（3）工作环境的温度、湿度范围。

（4）抗振动、抗冲击能力。

（5）平均无故障工作时间、平均维修时间。

3. 通行券读写器

对应于不同通行券和储值卡，读写器可分为磁卡读写器、接触式 IC 卡读写器、非接触式 IC 卡读写器等多种类型。读写器一般由机箱、读/写核心单元、读/写头、机械传动装置等器件组成。读写器应具有极强的抗干扰能力、准确性和可靠性。

读写器主要的技术指标包括：

（1）收费介质的类型，如磁票、PVC 硬质磁卡、接触式 IC 卡、非接触式 IC 卡等。

（2）读写信息所采用的通信方式。

（3）读写器有效的读写范围。

（4）工作环境温度、湿度等工作环境条件。

（5）读写器与车道控制机所采用的接口方式，传输速率等。

（6）读写错误率。

（7）读写速度，或称为读写时间。

（8）平均无故障工作时间、平均维修时间。

4. 车辆检测器

车辆检测器的主要作用包括检测车辆存在、车辆通过、占有率、车辆速度等。对于收费车道来说，主要用于检测车辆的通过和存在。常见的车辆检测器有环形线圈检测器、磁性检测器、雷达检测器、超声波检测器、光电检测器、摩擦电检测器等，其中使用最为广泛的是环形线圈检测器。环形线圈检测器的原理是：通过线圈的电流产生磁场，车辆的铁质构件会干扰磁场，并由检测器的电子装置进行检测。环形线圈检测器的优点在于它不会因检测器性能衰减而影响准确性。环形线圈检测器的主要技术指标包括：

（1）线圈截面积。

（2）工作电压、电流要求。

（3）埋设后的绝缘电阻。

（4）灵敏度。

（5）工作频度。

（6）工作温度、湿度范围等。

5. 信号灯

信号灯包括天棚信号灯和车道信号灯。天棚信号灯安装在每一个车道上方的天棚上，包括绿色箭头灯"↓"和红色叉形灯"×",绿色"↓"灯亮表示车道开放,红色"×"灯亮表示车道关闭。车道信号灯安放在收费岛后端,绿灯亮表示允许车辆通行,红灯亮表示禁止车辆通过。

信号的主要技术指标包括:

(1)光源类型,如LED灯、白炽灯等。

(2)亮度和方向性。

(3)尺寸。

(4)电源要求。

(5)平均无故障工作时间、平均维修时间。

6.栏杆

包括手动栏杆和自动栏杆。手动栏杆安装在收费岛的前端,作用同天棚信号灯,可以用来开闭收费车道;自动栏杆安装在收费岛的末端,在车辆完成交费后自动开启。自动栏杆的主要技术指标为:

(1)平均无故障起落次数。

(2)电源要求。

(3)功耗。

(4)使用寿命等。

7.费额显示器和车型分类显示器

费额显示器安装在收费亭尾部或侧边,作用是向驾驶员传递本次交费的处理信息。车型分类显示器安装在收费亭顶上或天棚边缘,作用是使收费站控制室人员在任何条件下都能清楚地看到显示的内容,以便对收费员的操作进行监督和控制。两种显示器的主要技术指标包括:

(1)显示器类型。

(2)尺寸。

(3)显示内容。

(4)工作环境要求。

(5)平均无故障工作时间等。

8.打印机

打印机的作用是为驾驶员打印收费凭证。主要技术指标为:

(1)打印方式,如喷墨、针式打印或激光打印。

(2)打印速度和分辨率。

(3)接口类型。

(4)纸张类型和尺寸。

(5)切纸方式。

(6)工作环境参数。

(7)平均无故障工作时间等。

(四)收费站设备

收费站主要设备包括收费管理计算机、终端设备、通信设备(如通信服务器、调制解调器、多站访问单元等)、收费监控设备、UPS 电源系统等。

1. 收费管理计算机

收费管理计算机的主要作用为车道监视,统计、检索、打印报表,收费校核等。所采用的计算机必须具有较高的计算速度、较大的硬盘容量、多类型的驱动器以及网络接口,其主要技术指标包括:

(1)CPU 型号和主频。

(2)内存大小。

(3)硬盘容量等。

2. 终端设备

终端设备包括彩色显示器、键盘、鼠标、打印设备等,一般采用高质量的激光打印机。

3. 通信服务器

通信服务器的主要功能是:

(1)不断轮询车道设备,实时搜集车道控制机的原始数据。

(2)将数据传输至收费中心的计算机系统中。

(3)接收收费中心的指令参数,并下传至车道控制机。

(4)存入收费数据。

(5)统一全线车道控制机的时钟等。

通信服务器的主要技术指标包括:

(1)CPU 型号、主频等。

(2)主板类型。

(3)内存大小。

(4)硬盘容量,为提高数据恢复功能,通常采用双镜像硬盘。

(5)显示器。

(6)网卡类型。

(7)光驱型号。

(8)内置接口标准等。

4. 收费监控设备

收费监控包括三方面功能:

(1)对违章车辆进行监控。

(2)对车道收费员进行监控。

(3)对收费站财务室进行监控。

收费监控设备主要包括车道和收费站内的摄像头,以及控制室中的显示器。

(五)收费中心设备

收费中心的主要设备包括:

(1)管理工作站和终端输出设备。

(2)通信服务器及其他辅助通信设备。

(3)收费监控设备。

(4) UPS 电源等。

1. 管理工作站

管理工作站是一种高性能的通用微型计算机,具有强大的图像处理能力、并行任务处理能力等。管理工作站的主要功能是:

(1)对收费站数据进行汇总、统计、输出查询等。

(2)产生时钟、收费价格表、收费分类表、系统运行参数表等。

(3)管理收费介质。

2. 通信服务器

通信服务器的作用是:

(1)定时或实时轮询收费站数据。

(2)传输中心参数至收费站。

(3)与银行后台进行数据交换。

(4)存储数据库等。

收费中心的管理工作站、通信服务器及其他设备的主要参数参考收费站设备。

(六)不停车收费系统简介

1. ETC 收费系统

ETC 是一种不停车自动收费系统,它是在车辆运动的情况下,通过无线通信技术使安装在车辆上的车载装置(On Board Unit,简称 OBU,又称车载单元)与设置在收费车道或路侧的装置(Road Side Unit,简称 RSU,又称路侧单元)之间进行通信和信息交换,根据车载装置中存储的收费相关数据,即时计算并收取通行费用。ETC 收费过程一般不用现金方式,而是使用电子记账式系统(如 IC 卡)或银行账户式收费。一般情况下,车辆只要按照一定速度要求直接驶过 ETC 收费口,就可以自动完成收费操作过程,从而大大提高了收费效率,实践表明,1 条 ETC 收费通道的通行能力能达到 MTC 收费通道的 5 ~ 10 倍。

ETC 系统的基本运行过程是:首先客户在收费管理部门申请成为 ETC 不停车自动收费系统用户,建立个人账户,预存一定数额通行费(或采取事后付费方式);管理部门将车主、车型、存款金额等相应信息写入车载单元并安装在用户车辆适当位置上(通常是前风挡玻璃)。车辆驶入收费站时,在规定的限速范围内通过 ETC 收费车道,识别子系统识别出该车辆所属类型,传送给控制单元;通信子系统通过天线与车载单元进行通信,核对用户合法性、余额等信息,根据车型、里程确定收费金额并在用户账户中扣除,改写车载单元存储的余额信息或记账,完成收费操作。如果用户不合法,则控制单元将启动强制子系统,拦截或拍照有问题车辆,进行当时罚款或事后追缴。每次操作完成后,收费的相关数据都将上传收费站计算机或收费中心计算机,进行分类处理,正常收费汇总生成收入报表;事后付费的收费数据上传收费中心计算机,生成转账清单或请求金融机构支付;违规车辆信息将立即上传收费中心计算机,以便及时处理并生成"黑名单"。

在 ETC 收费系统中,金融机构也是重要的参与者,它负责提供金融服务,包括管理各类账户、处理转账、清账事务等,还可参与车上单元的发行。同时,它要向系统定期提供不良信用账号的"黑名单"以及业务结算报告等信息。

ETC 收费系统主要由车载单元、路侧单元、车载单元与路侧单元的通信系统、路侧单元与收费中心的通信系统、收费中心管理系统、账户系统、监测系统等组成。其中,车载单元指安装在车辆上带有车辆信息且能与路侧单元实现通信的装置,一般包括车载机和用户标记卡(如IC 卡)或仅有标记卡;路侧单元主要指与车载单元通信的带辅助天线的路侧阅读器及本地操作控制器,它是完成收费与控制操作的核心部件;收费中心管理系统对整个收费进行操作、管理和监视;账户系统负责收费业务的存储和账户结算;监测系统判断收费操作是否正常进行,并对违章或无效车辆进行图像捕捉和拍摄记录,为后续处理提供依据;车载单元与路侧单元采用无线通信,而路侧单元与管理中心一般采用有线通信。

依据所采用的技术和管理要求,电子收费系统的应用可以分为以下两种主要模式:

(1)与半自动收费系统(MTC)结合使用的模式

这种模式依然保留现有的收费广场和收费岛,而将其中的若干收费车道开辟为 ETC 专用车道,以标志和信号指示车辆驶入并按规定速度行驶,车道侧面装有路侧阅读器,在车辆驶入特定区域时启动工作,与车载单元通信,并将信号立即在本地控制器进行辨别处理,然后将数据传往收费管理中心。同时,车道后部还与半自动收费一样设有通行信号灯、报警器和电动栏杆,并设有导向人工收费车道的出口或对无效车辆拍摄记录的装置。当本地控制器判断通过车辆传递的信息有效时,控制信号灯转绿,栏杆升起予以放行;若信息无效或车辆未安装车载单元,则发出警报,由控制信号将车辆导入人工收费车道处理或进行拍照记录,将其外形特征和牌照传输到管理中心,事后索取通行费。这种模式目前使用比较广泛,一段时期之内在我国实施的 ETC 收费系统也多将采用此模式。

(2)全电子收费模式

这种模式将不再需要传统收费系统所需要的收费广场和收费车道等设施,而只通过沿线路侧或车道上空设置的 ETC 设备对正常行驶的车辆自动进行识别、通信和计费操作,并对无效车辆自动进行牌照识别、拍摄记录等操作,从而真正实现收费业务的全自动化。由于这种模式的技术要求和系统集成度较高,特别是对无效车辆的稽查和处理不易实现,因而暂时在我国还未得到广泛应用,但它是未来电子收费应用发展的趋势。

2. VPS 收费系统

VPS 是另一种不停车自动收费系统,它以 3G 技术(GPS、GSM、GIS)为基础,通过车载单元与管理中心的通信,利用自动定位技术追踪车辆,完整记录每辆车辆走过的路径,自动计算其中收费路段的长度,并收取相应的通行费用。因而 VPS 收费系统可以完全不用设置收费车道或卡门,车辆全程都可以按道路设计速度行驶,从而完全消除收费过程的影响。图 5-13 为 VPS 收费系统的总体构架。

VPS 收费系统的基本运行过程如下:

用户在收费管理部门申请成为 VPS 不停车自动收费系统用户,预存通行费或设立事后付费账户,用户和车辆相应信息被写入 VPS 车载单元(OBU)中。当车辆驶入收费道路时,OBU上的 GPS 模块实时接收车辆定位坐标,并与存储的虚拟收费节点坐标进行比对,如果判定需要付费,则启动 GSM 通信模块建立无线通信通道,自动从 OBU 上的 IC 卡中扣除所需金额,并将由 IC 卡取得的扣款凭证资料、车号、卡号、节点、日期、时间等信息传送给 VPS 管理中心服务器;或者将车辆行驶路线及须付费用等数据传输到管理中心,由中心扣款。管理中心服务器接收数据并审查通过后,远程应答 OBU 付费成功信息;若审查数据有误则将相应错误信息回复到 OBU,同时将该收费数据储存到数据库中。OBU 收到交易成功信息后即显示出来,否则显示交易失败信息,同时自动挂断通信模块;若付费失败,OBU 仍将继续记录和保存经过的虚拟收费节点。当车辆驶离收费道路时,如果检测到 OBU 付费成功则正常通过;若处于交易失败状态则进入追缴欠费程序;若未检测到 OBU 状态则进入执法系统。

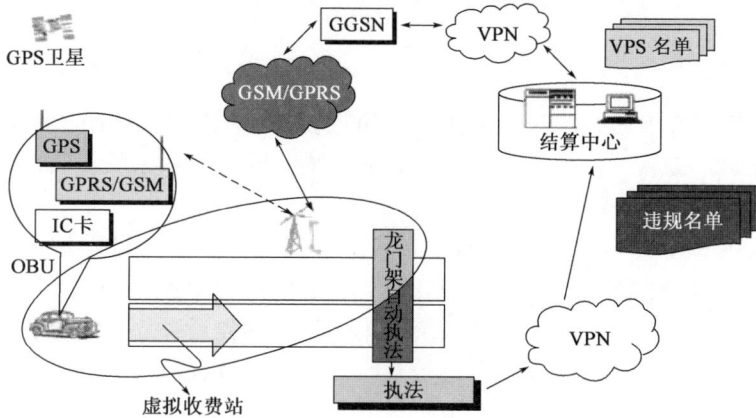

图 5-13　VPS 收费系统总体构架

　　VPS 收费系统主要由收费管理中心 TCC(Toll Collection Center)、车载单元 OBU、执法系统 VES(Video Enforcement Systems)、全球定位系统 GPS 等组成。其中,TCC 包括客户服务中心和清分结算中心;OBU 包括 GPS 定位模块、GSM 通信模块、IC 卡模块;VES 包括固定检测装置或者便携式检测仪、摄像机、通信模块;GPS 是一种面向全球公众、采用广播方式免费发送实时定位信息的三维空间定位系统,主要包括定位卫星系统、地面控制站和用户接收机三个部分。

　　VPS 系统主要有两种收费模式:实时支付或先使用后支付。前者当车辆驶离收费道路时,实时从 OBU 上的 IC 卡中扣除相应费用,余额不足限定值时提示充值;后者车辆资料和累计费用通过 GSM 系统传送到管理中心数据库,用户可定期到管理中心或指定机构交纳费用。无论哪种收费模式均可在缴费时传递收费数据,然后依据收费数据通过银行或指定收费机构对收缴费用进行拆分、结算,划拨到各道路经营公司账户中。

　　VPS 收费系统除对道路通行能力和车辆运行速度几乎没有影响外,还具有以下优势:

　　(1)路上设施降低到最少,建设和维护费用很低。

　　(2)收费区域和支付方式十分灵活。

　　(3)容易扩展实现导航、车队管理、移动商务、车辆保全、交通信息服务等多种功能。

　　(4)可解决联网收费中多路径识别问题。

　　VPS 系统最主要的缺点是目前 OBU 成本较高,影响推广应用。此外,在城市道路中 GPS 信号容易受高层建筑物、立交桥、隧道等遮蔽,需要辅助系统支持;由于采用精确的路径追踪技术和储存用户详细信息,可能触及或泄露用户的隐私,这也是一些国家暂时没有考虑 VPS 收费的一个原因。

　　VPS 收费系统作为新一代的道路收费系统,是道路收费的一种发展方向,相信不久的将来,VPS 收费技术可以服务于我国的收费道路,使之更加高效、便捷、通畅。

七、收费车道规模设计

收费车道数量是设计收费设施的关键因素,它决定了收费站土建工程、机电设备和收费人员的规模。影响收费车道数量的主要因素是道路交通量、收费过程需要的时间和容许等待收费的车队数量。收费车道规模计算的理论基础是排队理论。

(一)收费车道排队理论

收费排队是指因要求通过收费站的车辆数超过收费站的容量,致使车辆得不到及时服务而出现的排队现象。排队不包括正在接受服务的车辆。收费排队系统是指要求通过收费站的车辆、正在接受服务的车辆和收费站的总称。

排队系统由输入过程、排队规则和服务方式三部分组成。输入过程是指车辆到达收费站的规律,目前大部分研究都认为道路收费站的车辆到达服从泊松分布。排队规则是指车辆按什么规律接受服务,一般来说,收费排队系统按车辆到达的先后顺序接受服务,即先到先服务。服务方式是指同一时刻的收费站收费车道数及收费时间长度,收费站的收费车道一般有多个,服务时间一般服从负指数分布。

对于一般排队系统,通常采用肯道尔符号来表示排队模型,其表达式为:到达过程/服务过程/服务台数/系统容量/顾客源容量/排队规则。上述模型去掉后两项或后三项可以简化为:X/Y/Z/∞ 或 X/Y/Z。这两种形式默认系统与顾客源容量都为无限,即采用先到先服务的排队规则。

(二)收费车道数量设计

在实际设计工作中,通常基于收费车道排队理论,通过确定收费车道影响因素(交通量、收费时间和排队车辆数),可以计算出收费车道的数量,并制成表格直接查询。

1. 设计小时交通量

设计小时交通量以 DHV 表示。为了保证在规划期内绝大多数时间车辆能顺畅通过收费站,不至于发生严重阻塞,同时避免车流量过低,投资效益不高,要选择适当的小时交通量作为设计小时变通量。调查统计和研究结果表明,取第 30 位小时交通量作为设计小时交通量比较合适,通常第 30 位小时交通量附近是一个拐点,小于此位数则小时交通量急剧增加,大于此位数小时交通量却减少缓慢(参见图 1-9)。实际设计工作中,收费站设计小时交通量一般采用道路开通后第 10 年的第 30 位小时交通量预测值。

如果实际调查数据不充分或难以预测,DHV 可按式(5-1)计算。注意 DHV 指拟建收费站所在道路断面单方向的当量小客车交通量,收费站出入口应按各自方向的 DHV 设计收费车道数量;中型载重汽车应折算成 2 辆小客车。

$$DHV = AADT \cdot K \cdot D \tag{5-1}$$

式中:DHV——道路开通后第 10 年的预测设计小时交通量,pcu/h,主线收费站按上下行两个方向分别计算,匝道收费站按入口和出口两个方向分别计算;

AADT——道路开通后第 10 年的预测双向年平均日交通量,pcu/d;

K——设计小时交通量系数,参照表 5-8 和表 5-9 确定,一般可取 $K=0.12$;

D——方向不均匀系数,取值范围为 $0.55 \sim 0.65$,一般可取 $D=0.6$。

全国 K 值参考表　　　　　　表 5-8

气候区号 AADT(pcu/d)	一	二	三	四	五	六
≤1500	0.136	0.142	0.136	0.136	0.128	0.144
3000	0.133	0.139	0.133	0.133	0.125	0.141
5000	0.129	0.135	0.129	0.129	0.121	0.137
7000	0.125	0.131	0.125	0.125	0.117	0.133
9000	0.121	0.127	0.121	0.121	0.113	0.129
≥1000	0.119	0.125	0.119	0.119	0.111	0.127

注:若采用的 AADT 在表中两相邻值之间时可按内插法计算 K 值。

全国气候分区表　　　　　　表 5-9

气候区号	省、自治区、直辖市	气候区号	省、自治区、直辖市
一	北京、天津、河北、山西、内蒙古	四	河南、湖北、湖南、广东、广西、海南
二	辽宁、吉林、黑龙江	五	四川、贵州、云南、西藏、重庆
三	上海、江苏、山东、安徽、浙江、江西、福建	六	陕西、宁夏、甘肃、青海、新疆

注:台湾省的气候分区待定。

2. 服务时间

收费车道的服务时间是指收费员完成一台车收费操作过程所需要的平均时间,也就是收费时间,以 ST 表示。服务时间因收费制式、收费方式、收费设备和车辆类型不同而有所差异,如表 5-10 所示,我国通常封闭式收费入口 ST = 6 ~ 8s,出口 ST = 14 ~ 20s;开放式(包括均一式、混合式)收费 ST = 12 ~ 14s;省(市、自治区)界联合收费站 ST = 20 ~ 26s。

收费服务时间(单位:s)　　　　　　表 5-10

收费制式		服务时间	收费制式	服务时间
封闭式	入口	6 ~ 8	开放式、均一式、混合式	12 ~ 14
	出口	14 ~ 20	省(市、自治区)界联合收费站	20 ~ 26

3. 服务水平

排队等待交费的平均车辆数(不包括正在交费的车辆)称为收费车道的服务水平,以 SC 表示。一般情况下服务水平取 SC = 1 辆;在地形困难等情况下,可放宽取值为 2,最大值为 3。

4. 收费车道数量

设计小时交通量 DHV、服务时间 ST 和服务水平 SC 三个因素确定后,可查表 5-11 或表 5-12 确定所需收费车道的数量。

根据《公路工程技术标准》(JTG B01—2014)规定,收费广场征地按道路开通后 15 年的 DHV 设计;路基、路面、收费车道按道路开通后 10 年的 DHV 设计;收费机械按道路开通后 5 年的 DHV 设计。必要时应做敏感度分析,将预测交通量适量上浮(例如 10%),考察收费车道数量的变化情况,以充分考虑未来一定时期外界条件变化导致交通量的不确定性变化。

收费车道数设计建议值($K=0.12, D=0.60$ 时) 表5-11

SC (veh)	ST (s)	DHV (veh/h) 72	180	360	540	720	900	1080	1260	1440	1620	1800
1.0	6	(1)	(1)	2	2	2	3	3	3	4	4	4
	8	(1)	(1)	2	2	3	3	4	4	4	5	5
	10	(1)	(1)	2	2	3	3	4	4	5	5	6
	14	(1)	2	2	3	4	5	5	6	7	7	8
	16	(1)	2	2	3	4	5	5	6	7	8	9
	18	2	2	3	4	5	6	6	7	8	9	10
3.0	6	(1)	(1)	(1)	2	2	2	3	3	3	3	4
	8	(1)	(1)	2	2	2	3	3	3	4	4	5
	14	(1)	(1)	2	3	4	4	5	6	6	7	8

SC (veh)	ST (s)	DHV (veh/h) 1980	2160	2340	2520	2700	2880	3060	3240	3420	3600	3780
1.0	6	4	5	5	5	6	6	6	7	7	7	8
	8	5	6	6	7	7	8	8	8	9	9	10
	10	6	6	7	7	8	8	9	9	10	10	11
	14	9	10	10	11	12	12	13	14	15	15	16
	16	10	11	12	13	14	15	15	16	17	18	19
	18	11	12	13	14	15	15	16	17	18	19	20
3.0	6	4	4	5	5	5	6	6	6	6	7	7
	8	5	6	6	6	7	7	8	8	8	9	9
	14	8	9	10	11	11	12	13	13	14	15	15

注:1. 括号中为理论数值,即使计算出某方向只需1条收费车道,最低限度也要设置2条,其中1条备用,一旦该车道发生故障关闭时,交通不致中断。

2. 如果计算出的DHV数值介于表中两相邻数值之间时,应浮动到上一级DHV后取对应的收费车道数值。

车道数与DHV关系表(单位:veh/h) 表5-12

收费车道数	ST(s) 6 SC(veh) 1.0	3.0	8 1.0	3.0	10 1.0	3.0	12 1.0	3.0	18 1.0	3.0	20 1.0	3.0
1	300	450	230	340	180	270	130	190	100	150	90	140
2	850	1040	640	780	510	620	360	440	280	350	250	310
3	1420	1630	1070	1230	850	980	610	700	480	550	430	490
4	2000	2230	1500	1670	1200	1340	860	960	670	740	600	670
5	2590	2830	1940	2120	1550	1700	1110	1210	860	940	780	850
6	3180	3430	2380	2570	1910	2060	1360	1470	1060	1140	950	1030
7	3770	4020	2830	3020	2260	2410	1620	1720	1260	1340	1130	1210
8	4360	4630	3270	3470	2620	2780	1870	1980	1450	1540	1310	1390

续上表

收费车道数 \ ST(s) \ SC(veh)	6		8		10		12		18		20	
	1.0	3.0	1.0	3.0	1.0	3.0	1.0	3.0	1.0	3.0	1.0	3.0
9	4960	5220	3720	3920	2980	3130	2130	2240	1650	1740	1490	1570
10	5560	5820	4170	4370	3330	3490	2380	2490	1850	1940	1670	1750
11	6150	6420	4610	4820	3690	3850	2640	2750	2050	2140	1850	1930
12	6740	7020	5050	5270	4040	4210	2890	3010	2250	2340	2020	2110
13	7340	7620	5510	5720	4400	4570	3150	3270	2450	2540	2200	2290
14	7940	8220	5954	6170	4760	4930	3400	3520	2650	2740	2380	2470
15	8530	8820	6400	6620	5120	5290	3660	3780	2840	2940	2560	2650

上述各参数对最终确定收费车道的数量有直接影响并涉及整个收费广场的建设规模,所以在选择参数时应十分慎重。必要时应选择几组参数反复测算,并进一步与本地区实际应用的情况相比较后确定。在大型车混入率比较高的路段,收费车道数应适当增加。

"两省一站"或"两种不同的收费方式一站"的收费站,其收费车道数量可视具体情况在计算值的基础上适当增加。

以上方法计算出来的是单方向收费车道数量,上、下行两个方向需分别计算。由于车流量可能在上、下行方向具有统计上的不均匀性,方向不均匀系数 D 就是主要行车方向日交通量与双向日交通量之比(两方向 D 值之和为1.0),以此系数校正所要设计方向上的实际车流量。通常 D 在主要行车方向的取值大一些,例如国外按某些城市道路交通状况统计结果,可以取 $D=0.6$;当然,如果难以确定哪个方向车流量占统计优势时,可以取 $D=0.5$。

【思考题】

1. 道路收费设施有哪些作用?
2. 有哪些收费制式? 各自的主要特点是什么?
3. 有哪些收费方式?
4. 纸券、磁卡和非接触IC卡作为收费介质各有什么优缺点? 现在常用哪种收费介质?
5. 收费广场的设计原则是什么?
6. 收费车道机电设施主要有哪些?
7. 简述ETC收费过程。
8. 怎样确定收费车道数量? 为什么以第30位小时交通量作为设计依据?

第六章

交通监控设施设计

第一节 概　　述

一、交通监控系统的作用

道路本身在规划设计过程中已经充分考虑到要使车辆快速、安全、舒适地行驶,道路走向、平纵断面线形、车道数、车道宽度、路面材料、铺装工艺、道路结构物的布置和形式等都是以上述目标作为设计的出发点。道路主体工程和安全设施等静态设施为稳定交通流提供了基本保障,但是,道路建成后的交通状况和环境状况不是一成不变的,在很大程度上呈现随机性,这种随机性主要表现在以下三个方面:

(1)交通流本身具有随机性。交通流量、行驶速度、车流密度等在不同时间、不同路段都是变化的,车辆的驾驶行为如加减速、变换车道等呈现着更大的随机性。

(2)交通干扰具有随机性。交通事故、车辆抛锚、物品散落、道路维修工程等都对高速公路交通流产生严重干扰,这些事件发生的时间、地点都是随机的。

(3)道路环境具有随机性。如天气、昼夜、设施等都对驾驶员及其驾驶行为造成随机影响。

上面这些问题都是道路主体工程和静态的安全设施所难以完全考虑的。道路监控系统正是针对这些变化着的道路交通状态而设置的,它将进一步确保交通的高速、安全和舒适。

根据道路监控系统的设置宗旨,它应当具备三方面主要作用:第一,信息采集,即实时地采集变化着的道路交通状态,包括交通信息、气象信息、交通异常事件信息等;第二,信息分析处理,包括对交通运行状态正常与否的判断、交通异常事件严重程度的确认、交通异常状态的预测,对已经发生或可能发生的异常事件处置方案的确定等;第三,信息发布及交通控制,包括向驾驶员提供道路状况信息,对行驶车辆发出限制、劝诱、建议性指令,为交通事故和其他异常事件的处理部门提供处置指令,向信息媒体或社会提供更广泛的道路交通信息。具体包括:

(1)信息采集。

(2)数据处理、统计、查询和显示。

(3)信息发布。

(4)信息处理决策。

(5)交通诱导与控制。

(6)系统自动诊断。

(7)数据备份和系统恢复。

(8)安全管理。

(9)信息传输。

(10)事故、事件输入。

在某种意义上,城市道路交通监控网络还是城市治安监控系统的骨架。作为道路交通管理的主力军,交通警察承担了城市道路交通电视监控、机动车交通违法监测抓拍、智能卡口等系统的建设和管理工作,这三个系统的监控范围都是机动车道,监控对象都是机动车辆,是城市道路监控网络系统的重要组成部分,对构建城市治安防控网络系统都有着十分重要的作用。

智能化是交通监控系统的发展方向。为缓解交通拥挤局面,各城市正在逐步推广实施各重要交叉口区域实时交通状况图像监控系统计划,通过图像传输通道将路面交通情况实时上传到交通监控指挥中心,监控中心值班人员可以据此及时了解各区域路面状况,以便调整各道路、交叉口交通流量,确保交通通畅;车辆的违章、事故等情况,都会被电子警察和监控设备记录下来,及时发现并安排处理。交通监控系统还可以利用先进的GPS定位技术和成熟的移动通信技术以及强大的数据库技术等,对出租车辆进行实时动态信息采集,并根据对这些信息的综合处理结果,对出租车辆进行智能化、人性化管理。在高速公路、城市快速路、过境公路、省际市际出入口、城区组团之间、城乡接合部位采用智能卡口监控系统,更有利于实现对所有过往机动车辆的全天候自动记录、智能识别和布控缉查。

二、交通监控系统的构成

交通监控系统一般由信息采集系统、信息传输系统、信息处理决策系统、信息发布及控制系统组成。信息采集系统设施包括沿道路分布的各类传感器、摄像机、紧急电话、巡视车等;信息处理决策系统设施包括监控中心(分中心)的计算机网络系统及相应软件、综合控制台等;信息发布及控制系统包括外场的交通信号、可变信息板、可变限速标志、交通广播、互联网等;上述系统之间的信息交换通过信息传输系统,即局域和长途通信系统实现。交通监控系统构成如图6-1所示。

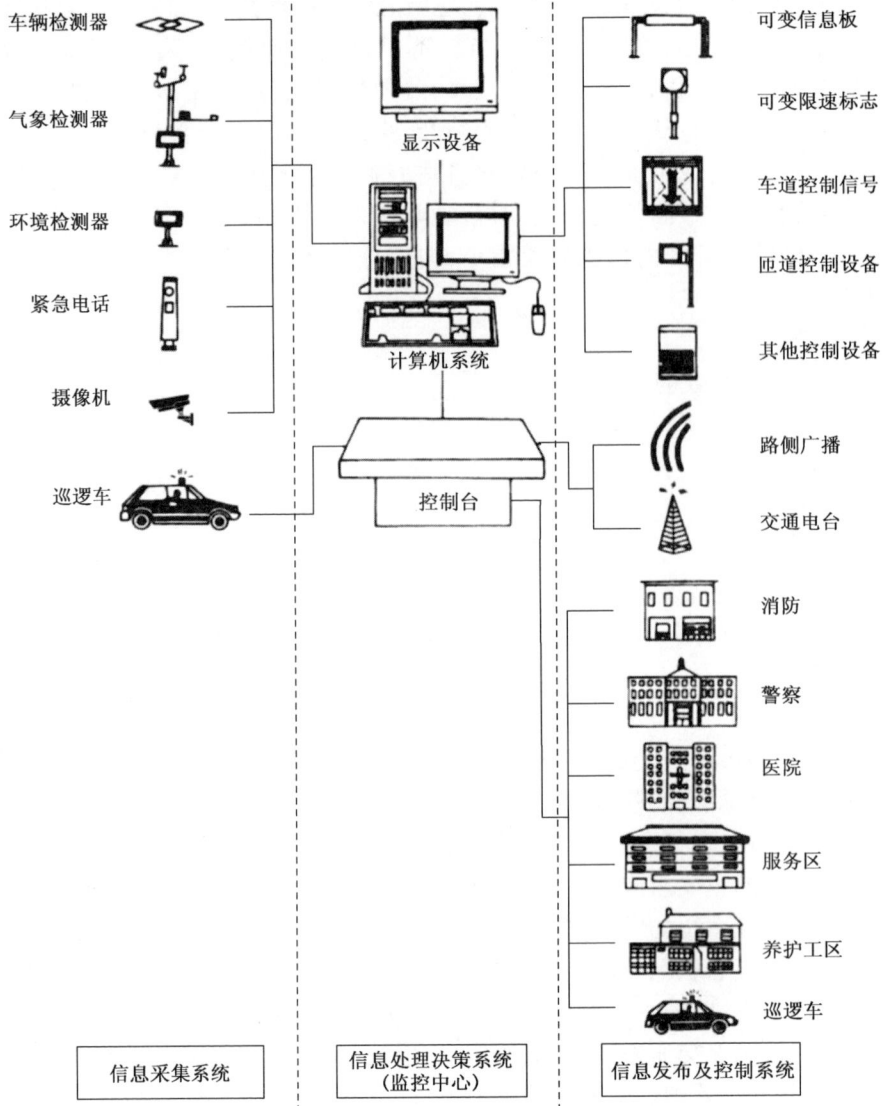

图 6-1　监控系统设施构成

（一）信息采集系统

信息采集系统主要采集交通流信息、气象信息、隧道交通环境信息及异常事件信息等。其主要构成包括：

（1）车辆检测子系统。在公路主线、出入口匝道、互通立交、隧道内等处设置，用于采集交通流数据，作为监控中心信息处理系统进行分析判断、生成控制方案的主要依据。

（2）气象环境监测子系统。主要检测风力、风向、降雨、降雷、冰冻、雾区等影响公路通行环境的气象状况信息。

（3）闭路电视（Closed Circuit Television，简称 CCTV）子系统。在车流密度比较大的路段、事故易发路段和重要构造物等处安装 CCTV 系统，通过视频图像实时掌握监控区域交通状况，以便对突发事件迅速地做出反应，采取相应措施，排除故障或妥善地处理事故。

（4）隧道监测系统。主要检测隧道内的通行环境,检测隧道监控设施的显示状况、能见度、风向、火灾报警信号等信息。

（5）紧急电话子系统。在公路上下行线上每隔一定距离安装一部紧急电话,当车辆发生故障或出现交通事故时,驾驶员可及时向监控中心通报,同时在监控中心的紧急电话计算机上可以显示发信电话所在的地点和编号,以便采取相应的应急措施。

（6）无线对讲子系统。通过公路巡逻车上的无线对讲系统来采集路况及突发事件信息。

（二）信息处理决策系统

信息处理决策系统即交通监控中心,是介于信息采集系统与信息发布及控制系统之间的环节,是监控系统的核心部分。由信息采集系统收集的交通、气象、环境、维修等信息,经监控中心计算机系统的分析处理,生成交通控制方案,通过交通信息发布及控制系统传递给交通参与者。它的主要功能是交通、环境、气象等信息的接收、分析、判断、预测、确认,交通异常事件的处理决策、指令发布,设备运行状态的监视和控制等。具体包括:

（1）对信息采集系统传输来的数据进行实时的处理和分析。

（2）根据分析结果确定控制方案,发出相应的控制命令,指挥事件处理。

（3）通过闭路电视系统监视各主要路段的交通情况。

（4）负责管辖区域内的通信联络。

（5）监测整个系统组成设备的工作状态。

其中,需提供的决策功能有:

（1）主要交叉口、匝道交通诱导分流决策。

（2）事故多发路段交通异常预警决策。

（3）雾区交通控制决策。

（4）道路维护施工封闭部分车道决策。

（5）隧道通风、照明、火灾、交通异常预警等控制决策。

监控中心主要由计算机系统、闭路电视监控系统、室内显示系统、紧急电话系统和综合控制台等组成,其主要构成如图 6-2 所示。

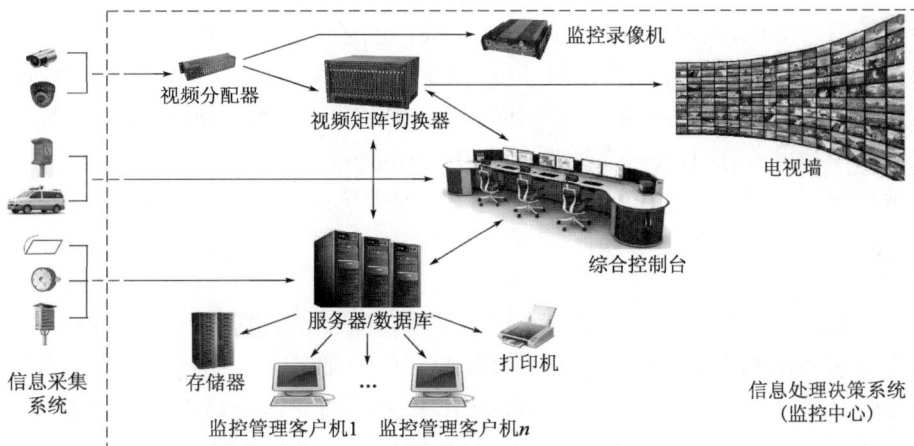

图 6-2　交通监控中心主要设施

（三）信息发布及控制系统

交通信息发布及控制系统用于向道路使用者提供道路交通信息和诱导控制指令，以及向管理、救助部门和社会提供求助指令或道路交通信息，其主要设备包括可变信息板和可变限速标志、车道控制标志和信号、指令电话、交通广播系统、互联网、手机等。

三、交通监控方式

根据所辖路段的道路状况和交通状况，交通监控方式主要可分为主线控制、匝道控制、隧道控制、通道控制和综合控制五种方式。

（一）主线控制

道路主线控制根据不同路段情况可采用不同的控制手段，主要包括：
（1）通过可变限速标志实行道路主线速度控制。
（2）通过可变信息板、路侧广播、交通广播灯发布交通、路况、气象、路线诱导及限速等信息。
（3）通过车道信号灯、控制设备等控制车道开闭、车道变换、互通立体出入。

（二）匝道控制

匝道控制包括入口匝道控制和出口匝道控制，以前者应用较多。入口匝道控制是在主线交通临近饱和时，通过交通控制信号限制进入主线的流量直至封闭入口，以缓解主线交通拥挤；出口匝道控制是在连接主线出口的道路出现交通拥挤时封闭出口匝道，以避免驶出车辆排队延伸到主线。我国公路多采用封闭式收费制式，互通式立体交叉均设有收费站，必要时可通过收费车道调节入口流量。

匝道控制有定周期控制、感应式控制、合流式控制、匝道关闭等多种方式，系统所用设备主要有车辆检测器、交通信号控制机等。

（三）隧道控制

由于隧道的特殊性，隧道控制系统除具备主线控制的功能外，还应当具有其他功能，如隧道的照明控制、通风控制、火灾报警控制，以及在发生交通事故时的车道控制和交通信号控制等。因此，隧道监控系统中除具备主线控制的监控系统所具有的外场设备外，还需增加某些信息采集设备和控制设备，监控中心的分析处理功能相应也有所增强。

在通常情况下，隧道监控系统往往作为主线监控系统的一部分进行设计、建立和运转。

（四）通道控制

高速公路通道是指高速公路与平行的相邻干线公路、城市道路的集合，这些平行公路、城市道路称为高速公路的集散道路。在很多情况下，单纯着眼高速公路本身的主线或匝道控制，往往难以缓解高速公路的交通拥堵情况；同时，高速公路的交通拥堵还会波及集散道路，使整个高速公路通道的运行效率严重下降。通道控制就是针对这种情况而建立的。

通道控制是带状路网的交通控制，在公路形成路网或具有与之平行的道路的条件下，当主线服务水平低于二级时,可以采用通道控制来调节主线和相平行的公路的流量。通道控制除了主线控制和匝道控制的功能外,主要增加了车辆的路径诱导功能,因此在监控系统中会更多使用可变信息板。

(五)综合控制

综合控制是更大范围的公路网和城市路网的交通监控系统,其目标是寻求整个路网上的交通运行的最佳效果。这类系统复杂程度更高,属当代世界上许多国家竞相研究开发的智能运输系统(ITS)的范畴。

四、交通监控系统结构模式

监控系统按其结构可分为集中式和分布式两种模式。集中监控模式是指整条道路(或整个区域)只设一个监控中心,所有采集的交通信息全部汇集到这里,集中处理、统一实施监视控制。分布监控模式是指整条道路(或整个区域)设一个监控中心,下辖若干监控分中心;每个监控分中心负责一个区段或重要对象的监控,各区段的交通信息和交通管理控制主要由监控分中心处理,监控中心主要负责协调和决策。

对于里程较短、监控点较少的道路(或区域),采用集中式监控比较合适,有利于提高反应速度,减少设备、机构和人员配置,节省投入;但对于长距离、监控点多的道路(或区域),集中式监控范围过大,会使监控中心的协调难度加大,监控中心和监控系统的作用难以发挥,而且外场设备距离监控中心过远,数据、图像的传输成本也将加大,加之管理机构组成的变化,集中式监控已不能满足实际管理的需要,所以往往采取分布式监控。在分布监控的模式下,常规监控管理和绝大多数交通事件的发现和处理,都主要靠外场设备(监控站)和监控分中心两级来完成,监控中心主要负责协调分中心工作并对重要事件进行决策和发布指令。

第二节 信息采集系统

一、系统功能

信息采集系统的功能主要包括:
(1)收集并上传车辆检测器采集的各类实时交通数据。
(2)收集并上传气象检测器采集的气象信息。由于气象的变化不像交通变化那样随机,其实时程度要小得多。
(3)收集并上传环境检测器采集的环境信息,如路面结冰程度、隧道能见度和有害气体浓度等。
(4)在事故、灾害等紧急情况下提供电话告警或求援服务,即应急电话功能。
(5)通过视频监视系统采集道路交通运行状况的实时影像,并记录有关事件。
(6)通过巡逻车或其他信息渠道采集道路交通信息或事件。
(7)接收监控中心(或分中心)、管理部门的指令。
(8)收集监控系统内各设备的工作状态。

二、系统构成

信息采集系统设备按照信息的性质大致可分为三种类型：

（1）数据信息采集设备。包括各种车辆检测器、气象与环境检测器等。这些设备采集的数据是监控中心进行道路交通实时分析、处理和决策的基础。

（2）语音和图像信息采集设备。如紧急电话和电视监视系统等。这些语音和图像信息尽管不直接进入监控中心计算机进行分析处理，但是由监控系统直接控制，是监控中心进行决策的重要依据。

（3）辅助性监测设备。如用于交通巡视的巡逻车、直升机，当地的交通广播、气象广播等。此外，监控系统外场设备的工作状态信息也由上述设备反馈到监控中心。

三、系统设备

（一）环形线圈车检器

环形线圈车检器是目前应用最广泛的交通流检测设备，如图6-3所示。其主要部件有环形线圈、检测电子单元（包括检测信号放大单元、数据处理单元和通信接口）及馈线电缆。环形线圈是一种基于电磁感应原理的车辆检测器，它的传感器是一个埋在路面下，通有一定工作电流的环形线圈（一般规格为 $2m \times 1.5m$），与电子单元构成一个电感系统，通电后在线圈周围空间产生 $10 \sim 20kHz$ 的交变电磁场；当车辆通过环形线圈或停在环形线圈上面时，车辆所含铁磁性车身或部件会感应出电涡流导致反向磁场，使线圈回路的电感量减小、调谐频率发生偏离，产生一个输出信号，从而检测到通过或停留在线圈上面的车辆。

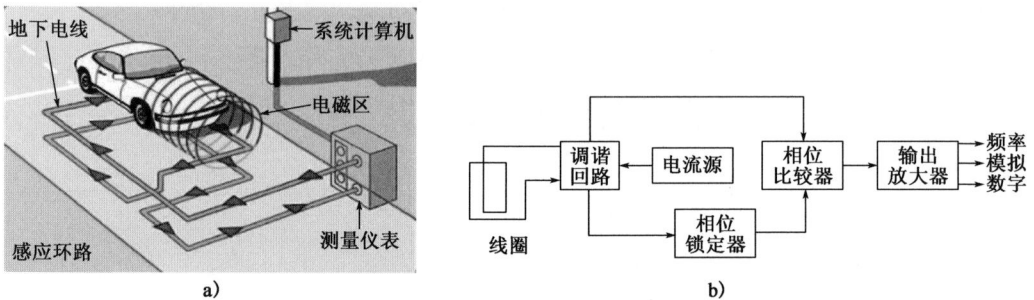

图6-3 环形线圈车检器
a）系统构成；b）工作原理

环形线圈车检器的特点是：

（1）适应性强，形状容易改变，可以适应不同检测需要。

（2）工作稳定，检测精度较高，检出率能达到90%以上；但车辆纵向间距或横向间距减小时检出率降低，直至难于分辨。

（3）对环境变化有较强的抗干扰能力。

（4）安装简便，费用不高；但安装质量对可靠性有较大影响，密封不好、槽内积水、线圈受潮等可能产生误报或导致失效。

环形线圈的安装：环形线圈通常采用长方形，用切槽机在路面上切槽埋设。在四个角切出

45°倒角,防止尖角破坏线圈电缆。切槽宽度一般为 $4 \sim 8mm$,深度为 $30 \sim 50mm$。应注意切槽内必须清洁,无水或其他液体渗入。布线后用沥青或软性树脂封闭切槽。

在理想情况下,环形线圈可以只考虑面积(或周长)的大小和匝数,不考虑导线的材质;但在实际工程中,由于导线一旦老化或抗拉伸强度不够导致破损,检测器将不能正常工作,所以必须考虑线埋设过程中导线的机械强度和长期工作过程中的抗高低温老化问题,在某些环境恶劣的地方还必须考虑耐酸碱腐蚀问题。通常建议采用直径 $1.0mm$ 以上特氟龙高温软导线。

(1)垂直埋设。如图 6-4a)所示,环形线圈两条长边与车辆运动方向垂直埋设,彼此间距推荐为 $1m$。长边的长度取决于道路的宽度,通常两端比车道间距窄 $0.3 \sim 1m$。

(2)45°角埋设。如图 6-4b)所示,环形线圈长边与行车方向呈 45°角埋设,两端距道路边缘 $0.2m$,宽为 $0.8m$。

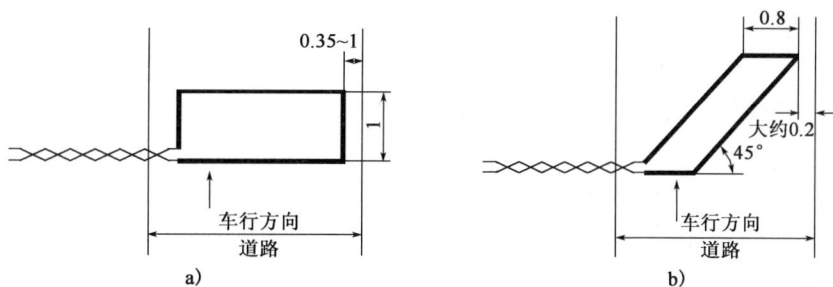

图 6-4 环形线圈埋设方式(尺寸单位:m)
a)垂直埋设;b)倾斜45°角埋设

为使检测器在最佳状态下工作,线圈的电感量应保持在 $100 \sim 300\mu H$ 之间。在线圈电感不变的情况下,线圈的匝数与周长有着重要关系。周长越小,匝数就越多,两者的关系通常如表 6-1 所示。由于道路下可能埋设有各种电缆管线、钢筋、下水道盖等金属物质,这些都会对线圈的实际电感值产生很大影响,所以在实际安装时应使用电感测试仪实际测试电感线圈的电感值来确定线圈的实际匝数。在绕好线圈电缆后,必须将引出线做成紧密、均匀双绞的形式,至少每米绞合 20 次,否则未绞合的输出引线将会引入干扰,使线圈电感值变得不稳定。由于线圈的灵敏度随引线长度的增加而降低,所以输出引线电缆的长度要尽可能短,一般不应超过 5m。

环形线圈周长与匝数的关系 表 6-1

线 圈 周 长	线 圈 匝 数	线 圈 周 长	线 圈 匝 数
$\leqslant 3m$	根据实际情况,保证电感值在 $100 \sim 200\mu H$ 之间即可	$6 \sim 10m$	$4 \sim 5$ 匝
		$10 \sim 25m$	3 匝
$3 \sim 6m$	$5 \sim 6$ 匝	$\geqslant 25m$	2 匝

(二)地磁车检器

地磁车检器的构成与环形线圈车检器相近,但车辆探头(传感器)由尺寸很小的磁芯线圈替代了环形线圈。磁芯线圈由永久磁铁芯外绕线圈构成,钻孔埋设在地面上,车辆通过探头时切割磁力线,在线圈中产生感应电流,使调谐回路电压失去平衡,产生输出信号;而静止车辆不会切割磁力线,也就不能产生输出信号,所以地磁车检器不能检测车辆存在。

地磁车检器的特点是:

（1）安装简单，使用经济、可靠。

（2）只能检测车辆通过，不能检测车辆存在。

（三）超声波车检器

超声波车辆检测器在高速公路上应用较多，也常用于停车场，图 6-5 为超声波检测器检测停车位车辆的示意图。超声波检测器的探头具有发射和接收双重功能，向路面发射超声波并接收反射波；如果路面上有车辆，车辆高度和速度会对反射波产生影响，从而输出检测信号。

超声波车辆检测器通常采用超声波传播时间差的工作原理。这种方法将超声波分割成脉冲射向路面并接收其反射波，检测反射波与正常情况（路面上无车辆存在）下的时间差，就可确定是否有车辆存在或通过：当有车辆时，超声波会在车辆表面提前反射回来，从而产生回波时间差；否则不产生回波时差。

如图 6-6 所示，若超声波探头距地面高度为 H，车辆高度为 h，波速为 v，发自探头的超声波脉冲的反射波从路面和车辆返回的时间分别为 t 和 t'，则：

$$t = \frac{2H}{v} \tag{6-1}$$

$$t' = \frac{2(H-h)}{v} \tag{6-2}$$

可见时间 t' 与车辆高度 h 相对应，这个特点即可用来判别车辆存在；也可用于估计车高。一般超声波车检器能检测出车高 $0.75 \sim 1.6\text{m}$ 的车辆。

图 6-5　超声波车检器

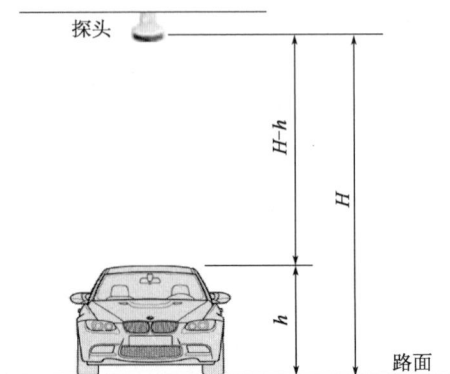

图 6-6　超声波车检器时差法原理

超声波车检器的特点是：

（1）能够检测车辆存在和通过，采用双检测器可检测车辆速度。

（2）安装方便，可以移动。主要表现为不破坏路面、不封闭车道、不受路面施工和变形影响，便于更换检测地点。

（3）价格便宜，维修容易，使用寿命长。

（4）检测精度不高。检测波束为锥形，无法适应车型和车辆高度的变化；对小型车辆的分辨较差；严重拥挤时误报率也较大。

（5）抗干扰能力不强。容易受风力影响，6 级以上大风可使检测波束产生飘移，无法正常检测。

超声波车辆检测器通常设置于道路(或停车位)的正上方或斜上方,如图6-7所示。沿道路横向,每个检测器可以覆盖一条车道;沿道路纵向,单个检测器可以检测车辆存在或通过,两个检测器则可以经由计算检测器距离与通过时间的比值来确定车辆速度。

(四)红外线车检器

红外线车辆检测器是光线检测装置的一种,有主动和被动两种形式。主动式红外车检器的工作原理分为遮断和反射两类。遮断式红外车检器的发射器和接收器分别为半导体激光器和光电二极管,将两者对中,水平安装在车道两边(图6-8),无车通过时,接收器接收细束线状红外光,有信号输出;车辆通过时,遮断光束,接收器无输出,通、断转换即是对车辆的检测信号。这种设备常用在收费匝道处,检测通过车辆数和车身高度(用于车型划分)。反射式红外检测的原理是在相同红外光辐射下,反射物的大小、材料和结构不同,反射能量也不同,例如车体表面反射能量大于路面,接收器收到不同的红外线反射能量成为区分车辆和道路的标志。被动式红外检测没有发射器,只有接收器,接收器感受路面和车辆的红外辐射能量,由于路面和车体材料的温度和表面粗糙度不同,其辐射能也不同,可据此区分道路和车辆。实际应用中通常以特种涂料在车道上涂画出明确的区域,该区域在给定的环境中能够辐射出均匀稳定的能量;将红外接收器对准该区域,在车辆通过或停留时能够更准确地检测出路面辐射能量的变化。

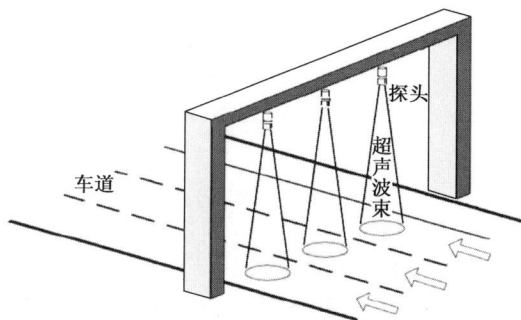

图6-7 超声波车检器布设

图6-8 遮断式红外线车辆检测器

红外线车检器的特点是:

(1)能够检测车辆存在、通过、速度(采用两个定距检测器)和占有率。

(2)能够检测车辆轴数、车身高度、车身长度等。

(3)受气象和环境条件影响较大,雨、雪、雾、灰尘等可衰减、遮断和散射光线,导致检测误差或失效。

(五)微波车检器

前述超声、红外线车检器有一个共同的严重缺点,就是穿透雨、雪、雾、尘的能力很弱,无法在这些环境条件下进行检测;而波长3cm左右的电磁波对雾、雨的透射率达70%～90%,为此,人们利用成熟的雷达测距、测速技术开发出了微波车辆检测器。

微波车辆检测器的工作原理有多普勒效应检测和非多普勒效应检测两种。前者使用10GHz 或 24GHz 的微波波束照射运动车辆,反射波将按多普勒效应发生改变,检测反射回波频率的改变可以检测出车辆速度,检测反射回波的时差可以检测出车辆的存在。后者微波波束沿道路横向分成若干分区,每个分区覆盖一条车道,通过测量反射回波时差检测车辆存在或经过;每个分区沿车道纵向可分成 2~4 个小区,通过测量车辆经过各小区的时刻检测车辆速度。实际应用中,以非多普勒效应的微波车辆检测系统居多,图 6-9 为其工作原理示意图。

微波车辆检测器的特点是:

(1)多车道同时检测,一台检测器探测波束最多可分成 8 个 2~10m 长、2m 宽的分区,同时覆盖 8 条车道。

(2)检测精度高,漏检率低。

(3)全天候工作,不受雨、雪、雾、风、尘等影响。

(4)使用经济、可靠,安装简便,安装维修不封闭车道、不破坏路面。

微波车检器主要由微波天线及控制器、调制解调器和专用电源三部分构成,如图 6-10 所示。

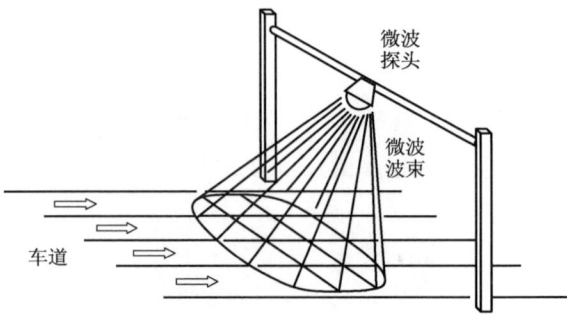

图 6-9 微波车检器波束的分区和小区

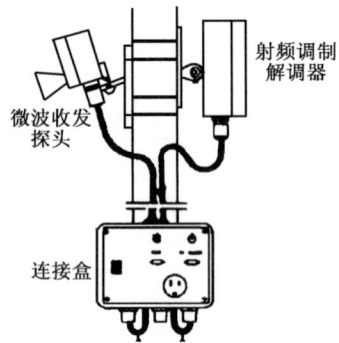

图 6-10 微波车检器构成

微波车检器的探头可安装在车道上方的龙门架上,称为前视安装;也可以安装在路侧专用立柱或灯杆上,称为侧视安装,安装高度大于 5m,波束俯仰角为 40°~50°,水平方位角为 15°,作用距离为 3~60m。调制解调器安装在同一根立柱或横梁上,通过连接盒与探头连接,将处理过的检测信号调制后发射给接收单元。

(六)视频车检器

视频车辆检测器通过现场摄像机采集实时交通流影像,运用计算机软件处理和识别图像,从中获取交通量、车速、占有率、车型、排队等信息,进行高效的广域视频监视和实时交通参数采集。视频车检器可以取代环形线圈等多种检测器,目前在公路和城市道路的应用已经越来越广泛。

如图 6-11 所示,在需要监控和采集交通参数的路段安装若干摄像机,将摄取的交通影像输入计算机,通过互动控制软件,在屏幕交通图像上可叠加任意设定、调整的检测区(其中常用的一种相当于仿真化的环形线圈);当车辆在画面上通过检测区时,如同在车道上通过检测器,会产生检测信号,经过软件分析和处理,可得到交通量、车速、占有率等多种交通参数。图 6-12 为视频车检器的检测流程。

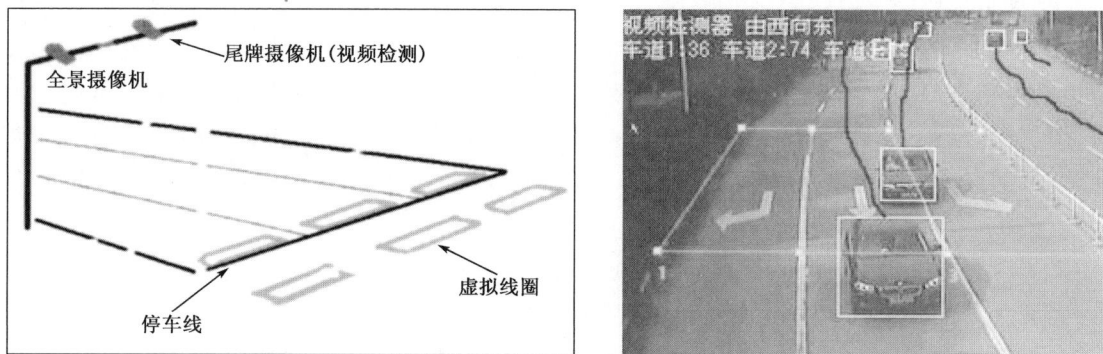

图 6-11 视频车检器虚拟检测区

图 6-12 视频车检器检测流程

在软件支持下,视频车辆检测系统还可对不同检测区的信号进行逻辑处理(与、或、非等),从而准确判断交通状况;对交通事件的发生做出判别,发出预警信号;结合其他交通控制软件,可进行交通信号控制和决策等,成为交通控制系统中的子系统。由于检测元件是在屏幕上虚拟出来的,在布置上有很大的灵活性,检测项目也可视需要而增设,功能存在巨大开发潜力。

视频车辆检测器由摄像机、连接箱、计算机(附外设)和专用软件等组成。其中连接箱用来接收各摄像机拍摄的交通图像,传输给计算机或加以存储。

视频车辆检测器的特点是:

(1)图像直观,功能强大,软件控制,便于升级,易于增添检测项目。

(2)多车道同时检测,一台摄像机可覆盖 6 条车道,监视长度通常为 1.5~50m;可监视交叉口各个方向的交通;多台摄像机可同时监测 100 个以上的区域。

(3)使用方便,安装维修不破坏路面、不封闭车道;可重新设定,以满足不同要求。

(4)易受环境条件干扰。雨、雪、雾、尘等干扰交通图像采集;夜间需要提供足够的照度。

作为视频车辆检测系统传感器的摄像机,通常采用前视安装方式(图 6-13),可延长纵向区(车道)监测长度,以提供更精确的数据,也可采用侧视安装方式。

图 6-13 前视安装的视频车辆检测器

213

（七）气象检测器

气象变化超过一定范围就会影响交通流的正常运行,同时,气象对车辆尾气的扩散影响很大。中小范围的气象可从公路所在地区的气象预报中获得。安装常规气象检测仪器是为了检测公路上空贴地层的气象,主要包括温度检测器、湿度检测器、风速与风向检测器、雨量检测器、能见度检测器等。气象检测仪的种类很多,应选择能连续检测、自动采集数据、自动显示存储数据并有接口可以输出数据的仪器。气象检测仪及其在公路的设置如图6-14所示。

图6-14 气象检测器

（八）环境检测器

道路环境检测器主要包括路面干湿状态检测器、路面冰冻检测器、路面积雪检测器、CO浓度检测器等。

路面干湿状态检测器的工作原理见图6-15。探头由两组碳纤维导电板制成的电极和电极间的绝缘板组成。为了减少电极的极化,电极加交流电压,经整流电路转换成直流电压。此电压与电极间的漏电电流有关,与设定的门限值电压相比较,就可判别探头表面是否有水和沾水的程度。用光电隔离电路检测信号,经过D/A变换器转换成模拟电压传送给监控分中心,此模拟电压与表面有积水的探头数目成正比,也与探头表面沾水的程度有关。一般把电压的测量值划分成0~4共五个等级,表示路面干湿程度。

非接触式路面冰冻检测器的工作原理见图6-16。它是利用冰冻表面和干燥路面对光的反

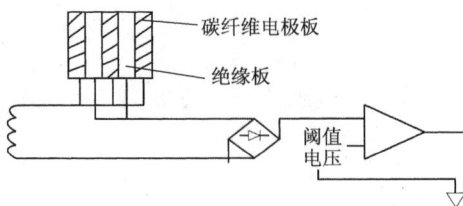

图6-15 路面干湿状态检测器工作原理

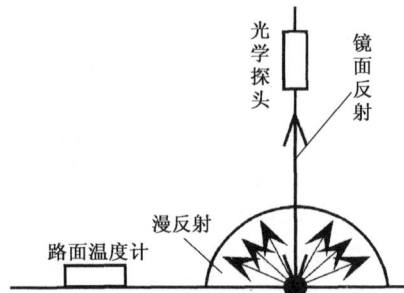

图6-16 非接触式路面冰冻检测器工作原理

射性质不同制成的。在装有温度检测器的道路上方,用带有光接收器的投光装置向路面发射光线,如果反射的光线绝大部分被光接收器接收,则表明路面对入射光线形成定向正反射,道路表面积水或结冰(路面温度如高于 0℃ 可判断为积水,低于 0℃ 可判断为结冰);反之,如果光接收器没有接收到较多的反射光线,就表明入射光线被漫反射,路面是干燥的。在使用融雪剂的情况下,还要结合反射表面的含盐量,综合判断路面覆盖的是液态水还是冰层。

积雪不仅改变路面摩擦系数,加大行驶阻力,降低车速,而且在车轮反复碾压下极易冰冻,因此需要及时检测积雪厚度,路面积雪检测器用来完成这种检测。积雪厚度由安装在路面上方的超声探头检测。无雪时,探头至路面垂直距离一定,垂直往下发射时距和反射时距已知且一定;有积雪时,超声波从雪层表面反射,空间距离减小,发射至反射的时间也减少,根据超声波的速度即可算出积雪厚度。由于声速随温度的降低而减小,该项检测需做温度修正。

(九)CCTV 外场设备

为实时掌握道路交通及收费情况,一般要在交通量密集路段、立交附近和收费广场等设置交通监视摄像机,把现场的实时图像信号传送到监控站进行监控,同时还要把重点监控图像借助通信系统上传到监控分中心,为决策和控制提供参考和依据。CCTV(闭路电视)就是监控系统实现这一功能的一个子系统。

CCTV 系统由图像生成、图像传输、图像控制、图像输出四个功能部分组成,按设备所在的位置可分为外场设备、通信设备、监控中心设备,其中外场设备负责信息采集环节,主要包括摄像机、镜头、云台、防护罩和解码器等。在很多情况下,CCTV 可以与视频车辆检测系统共用外场设备。

1.摄像机

摄像机有多种类型,根据外形可分为枪式和球式等,根据感光元件可分为图像传感器(CCD)和固体成像传感器(CMOS)。图 6-17 为一种枪式摄像机的外观。在道路交通闭路电视系统中一般采用 CCD 光电耦合板摄像机,它用光电晶体管作电靶材料,适于观察和辨别物体的细部,同时具有灵敏度高、抗强光照射、抗冲击、抗电磁干扰、几何失真小、体积小、寿命长等优点,但价格较高。

图 6-17　枪式摄像机

道路监控摄像机的技术要求是:

(1)CCD 尺寸:主要有 1/2″、1/3″、1/4″和 1/5″四种。

(2)水平分辨率:彩色摄像机为 320～500 线,黑白摄像机 >350 线,高清晰度 >500 线。

(3)信噪比:典型值为 46dB,50dB 的图像有少量噪声,60dB 的图像质量优良。

(4)平均故障间隔时间(MTBF):是系统能长期可靠运行的关键指标,一般要求 ≥10000h。

(5)灵敏度:即最低照度。不同摄像机差异较大,有的可达 0.1lx,有的为 1lx;设备选型时,应注意与使用条件下的照明相匹配。

(6)工作环境条件:应注意温度、湿度等环境条件对摄像机的要求,特别是北方寒冷地区、沿海潮湿环境等的特殊要求;如果实际使用环境比较苛刻,需要采用带有环境调节的摄像机防护罩。

2. 镜头

镜头是摄像机前的成像装置。镜头也有多种类型,如标准镜头、广角镜头、变焦镜头、手动光圈镜头、自动光圈镜头和针孔镜头等。在道路交通监控系统中常采用长焦镜头、标准镜头、广角镜头。有些摄像机要监视大范围交通状况(如收费广场、互通立交等),应采用变焦镜头摄像机并以云台配合。

3. 云台

云台是一种安装摄像机的遥控支架,能够实现摄像机旋转、俯仰等多角度运动,满足对固定目标的快速定位,或对大范围环境的全景观察。

云台有室内云台和室外云台两类,一般都能做水平旋转运动或垂直俯仰运动,或旋转与俯仰的复合运动。云台有两个步进电动机,分别负责左右旋转和上下俯仰,一般左右旋转角度可达 350°,上下俯仰角度可达 $\pm35°$、$\pm45°$ 和 $\pm75°$ 等。图 6-18 所示为一种可旋转和俯仰的云台。

依据云台的转速不同,有定速和变速两种,定速云台的旋转角速度恒定,水平转速一般为 $6 \sim 12°/s$,垂直转速一般为 $3 \sim 3.5°/s$;变速云台旋转时,启动和停止阶段速度是渐变的,水平转速一般为 $0 \sim 400°/s$,垂直转速一般为 $0 \sim 120°/s$。

图 6-18 电动遥控云台

4. 解码器

监控系统主机下传的控制信号是经由通信系统传输的数字信号,通过 RS232、RS485、RS422 等接口和线缆进行数据传输;而镜头、云台和防护罩等部件只能执行模拟信号,且各部件控制驱动的电信号类型也不同。解码器的作用就是把数字控制信号转变为模拟控制信号,并提供不同电压、不同种类电源信号,即对系统主机传来的控制信号进行解码,转换成镜头、云台和防护罩可执行的控制信号。

目前,市场上已经有摄像机、镜头、云台、防护罩一体化的产品,也有把解码器集成在一起的云台,提高了设备的集成度和成套性。图 6-19 所示为一种一体化球式摄像机。

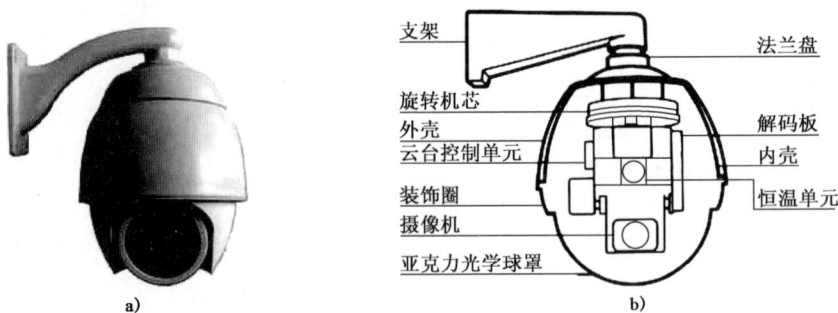

图 6-19 一体化球形摄像机
a)外观;b)结构

(十)紧急电话

紧急电话系统由路侧紧急电话亭(分机)、传输信道和监控中心电话控制台(总机)组成,用于在事故、灾害等紧急情况下道路使用者和管理者的求援,是道路监控系统中重要的信息采集手段之一。为确保安全可靠,紧急电话是一种专用电话系统,独立于其他通信系统,与监控中心为专线联系,不进入公用电话网。

紧急电话有无线和有线两大类型,我国普遍采用有线紧急电话系统。紧急电话系统信息采集设备是紧急电话亭,设在道路两侧,具有醒目的颜色和指示标志。紧急电话的受话器通常为免提式,按钮即通,直接与监控中心值班员通话,方便紧急情况下使用者难以用手操作的情形,并具有克服噪声与自动挂机功能。紧急电话亭安装在安全护栏外面,一般两侧"对设"(两侧接近对称设置),每1km设一对,在北方寒冷地区可适当加密;如果条件不充分,也可以"互设",即沿道路两侧交替设置。在特大桥上约每500m设置一对,隧道内约每300m设置一对。图6-20为紧急电话亭及其受话器。

图6-20 紧急电话亭和受话器
a)紧急电话亭及其设置位置;b)受话器

紧急电话亭供电有多种形式:采用专线直流电远距供电;采用蓄电池独立供电,定期更换充电或由系统控制台用专线进行直流浮充;采用太阳能蓄电池独立供电等。具体选用何种方式视设备要求而定。

无线紧急电话系统以无线电波作为传输媒质,一般在道路沿线两侧设置无线电台(收发信机)作为无线紧急电话分机,在监控中心设置无线基地站和控制主机,系统构成如图6-21所示。无线信道可选用VHF和UHF频段(160MHz、450MHz、800MHz、900MHz)。无线紧急电话分机电源可采用220V交流供电、太阳能供电或自备蓄电池等。无线紧急电话系统的特点是不需传输电缆,节省电缆投资,但需增加通信铁塔投资。组网设计时要注意无线电波干扰。

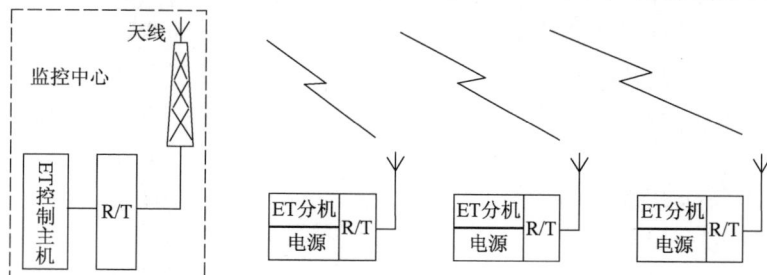

图6-21 无线紧急电话系统构成图
ET-紧急电话机;R/T-无线收发信机

(十一)现场监控站

交通检测器、环境检测器、可变信息显示器和摄像机等外场设备的监测、处理、控制和通信单元(模块),分别装在各自的机箱内;在这些设备比较集中的地方如匝道连接点等处,将这些机箱集中设在一起,就组成一个无人现场监控站。如果某些传感器安装相距较近,可以将它们的处理和通信模块综合起来做整体设计,安装在同一个箱体内。图6-22为现场监控站的结构功能框架示意。

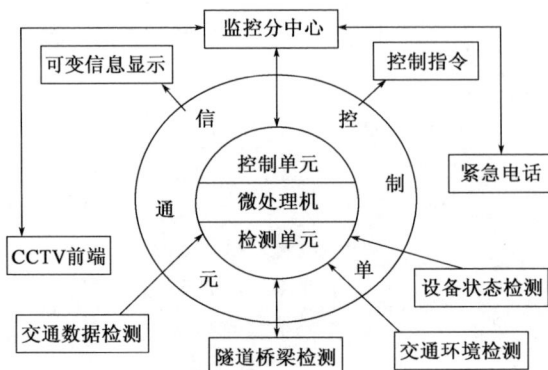

图6-22　现场监控站结构功能联系框图

现场监控站担负信息采集和执行控制两大任务。

第三节　信息处理决策系统

信息处理决策系统即道路监控中心和分中心,省域路网还设有一个监控总中心。监控分中心负责所辖各路段的信息处理、控制决策(优化)和下达控制指令。为了监视路段交通情况,配置闭路电视系统(CCTV);设有出入口匝道(或收费口)控制系统,对出入路段主线的交通量进行控制;管区的紧急电话都接通到此处,以便及时做出响应;监视管区各种设备的运行状态。为了完成上述任务,分中心设有一个面积较大的监控室,配备各种专用控制台,装有大、小多种显示屏幕,并配有采集、监视、处理、存储、决策、联系、指挥用的多台计算机(客户机)及通信设备。监控中心设有大型监控室,但如果下辖有分中心,则其本身通常不做实时交通管理控制,而是主要负责宏观监视和协调分中心工作,只在特殊情况下才介入控制和发布指令。外场设备、监控分中心和监控中心三个层次用信息传输系统(通信系统)远程联系,形成多级计算机网络监控系统。

一、系统功能

尽管规模和形式不同,但监控中心、分中心的基本功能是一致的,即信息的分析、处理,交通控制,管理辅助决策等。

（一）监控分中心功能

1. 信息接收

（1）接收各类检测器及巡逻车采集的信息。

（2）接收紧急电话及其他求援信息。

（3）接收监控摄像机的实时监视信号。

（4）接收上级控制指令。

2. 信息显示

（1）通过图形终端、地图板、电视墙、监视器等显示辖区内的道路、交通、事故等数据信息。

（2）通过电视墙、综合控制台监视器等显示 CCTV 实时监控影像。

3. 信息分析处理

（1）分析判断监控对象的交通运行状态。

（2）生成交通控制、信息显示、事故救援等处理方案。

4. 交通管理控制

（1）协调处理辖区内交通管理业务。

（2）实施交通控制方案。

（3）控制隧道、特大桥等特殊监控对象的通风、照明、消防等设施运行。

5. 统计、查询、报表

存储、统计、上传各类交通数据,制作、打印报表等。

6. 系统设备监测

自动监测分中心设备和外场设备的运行状态。

（二）监控中心功能

不设监控分中心的监控中心,其功能与监控分中心类似;设置监控分中心的监控中心,其主要功能是:

1. 宏观监视功能

（1）监视全辖区的交通运行状态。

（2）监测中心设备、分中心设备和外场设备的运行状态。

（3）统计交通量、交通事故、控制效果、设备工作状况等各类交通基本数据,打印报表等。

2. 宏观协调控制功能

（1）交通事件的协调控制:例如交通事故的影响如果波及上游分中心管辖范围,可对其下达控制指令,配合事故处理。

（2）交通宏观优化:对涉及多个分中心的交通进行分流、诱导、协调等。

（3）特殊情况下直接介入控制和发布指令。

3. 统计、查询、报表

存储、统计、上传各类交通数据,制作、打印报表等。

(三)监控总中心功能

监控总中心主要功能是宏观监视全区域公路或城市道路交通运行状况,宏观协调和调度指挥各监控中心业务,向社会发布动态的交通、气象、环境等信息,制作统计报表等;特殊情况下直接介入道路交通控制和发布指令。

二、系统布局

根据道路里程长短、路况和监控功能需求的不同,监控中心有集中式和分布式等形式。对集中式而言,一条道路只有一个监控中心;对于分布式而言,一条道路可能有一个监控中心,下辖若干个分中心,每个分中心管辖一个路段、一座大桥、一条隧道或一组匝道控制设备。对于路网而言,监控系统的规模和监控中心的分散程度会更大些。

交通监控中心和分中心的布局,应考虑下列一些因素:

1. 监控范围

监控中心位置应首先考虑设在道路的中部,方便其发挥职能;尤其是较短的道路、不设监控分中心的道路,设在中部出勤半径短,反应时间快,有利于控制全局。

监控分中心负责一段道路,处理很多具体事务,监控范围不宜过大,以免事情过多、难以应付,一般以50km左右为宜,而且应尽量靠近监控对象,这对于信息传输、设备维护、事故处理都比较合适。

这也意味着,不设分中心的监控系统,其监控中心的管辖范围也控制在50km范围左右较好。

2. 行政区划

道路通常贯穿多个行政区域。可以选择跨行政区监控管理,也可以选择按行政区划分监控范围。前者有利于合理配置人力、设备,但可能因跨越行政区划在具体工作事务上产生一些麻烦;后者可能避免了跨区域的麻烦,但不利于设备、人力等资源合理配置使用。通常宜以行政区划为界,尽量不采取跨区域管理。

3. 设备布设

监控中心布局应考虑到设备的合理布设。例如通信设施就是一个重要因素,紧急电话的最佳通话半径是25km,光纤通信无中继传输距离通常为35~60km,所以,如果监控中心、分中心管辖半径处于这一范围内并且设在路段中间,可以节省许多中继设备;又如,监控中心如果靠近通信中心,则两者之间的通信问题容易解决,否则双方都要增加一些附加设备。设备维护、事故处理、巡逻车出勤等,也以设备靠近监控对象或位于路段中部效率和效益更高。

4. 生产生活保障

虽然监控中心一般有较完善的生活设施,可以满足工作人员的生活需要,但无法解决家庭生活、业余活动等一系列问题;而且,监控中心的后勤供应要靠采购,工作人员上下班要靠通勤车,如果监控中心靠近城镇,不仅能够减轻后勤保障工作压力,也能为工作人员提供方便。

省域路网监控总中心是全省(市、自治区)路网的交通管理核心,通常设在省会或首府城市。

三、系统设备

监控中心主要硬件设备包括综合控制台、显示设备、计算机系统三个部分,可参见图 6-23。

(一)综合控制台

综合控制台位于监控中心,包含控制台本身及设置在控制台上的各控制单元设备。值班员通过综合控制台上的各控制单元,实施交通监控、事件处理、系统维护等。综合控制台通常包含交通监控、紧急电话、CCTV、可变信息控制等几个基本单元,如图 6-23 所示。

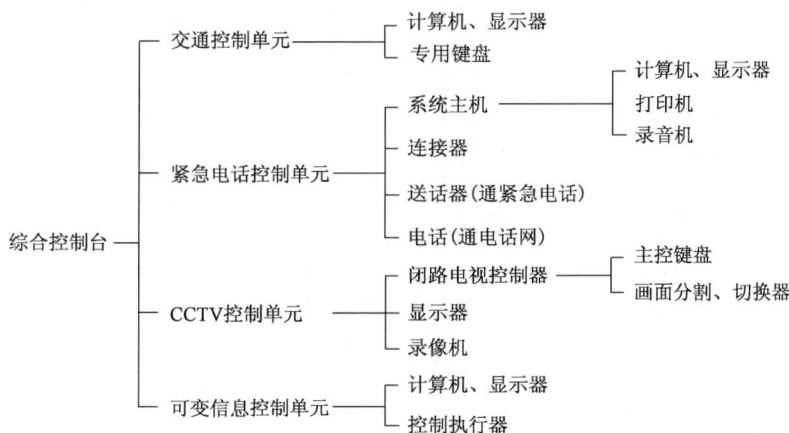

图 6-23 综合控制台构成

1. 交通监控单元

交通监控单元是值班员进行交通监视和控制实时操作的设备,它包括计算机系统的操作终端和其他专用键盘。值班员可通过终端和专用键盘输入信息、查询信息和发布控制指令。

2. 紧急电话控制单元

综合控制台上的紧急电话控制单元包括紧急电话控制主机、专用计算机、紧急电话送话器和专用电话、录音机等。如有紧急电话呼叫,紧急电话控制单元振铃并闪灯告警,值班员通过送话器或专用电话与呼叫者对话,专用计算机自动记录有关信息,录音机自动录音。

3. CCTV 控制单元

CCTV 系统在监控中心的设备主要包括视频分配器、视频矩阵切换器、画面分割器、监视器、录像机、大屏幕显示器(电视墙)等,如图 6-24 所示;其中视频分配器、视频矩阵切换器、画面分割器、监视器、录像机等集成为综合控制台的 CCTV 控制单元,值班员通过该单元可以进行监视画面的时序显示、切换、合并、定格、重放、字符叠加等,遥控外场摄像机的运动和聚焦,控制录像机录像和记录。

视频分配器的作用是实现视频信号一路输入多路输出,送往若干需要的终端设备如监视器、录像机等。它对视频信号进行阻抗匹配后,可以在不损失清晰度和无扭曲的情况下输出视频。由于往往兼具视频信号放大功能,所以也称为视频分配放大器。

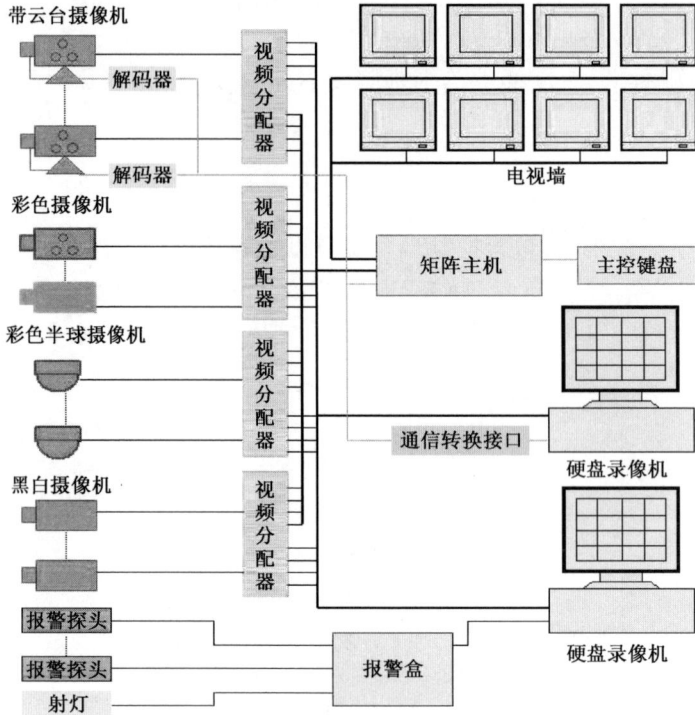

图 6-24　CCTV 系统

视频矩阵切换器的作用是将任意一台摄像机的图像在任一指定的显示器(如电视墙的拼接单元、综合控制台的监视器等)上输出显示,犹如 m 台摄像机与 n 台监视器构成的 $m \times n$ 阶矩阵;还具有字符叠加功能,在画面上显示静态或动态的说明信息。外场每台摄像机的图像信号经通信系统传输的监控中心后,需用单独的同轴电缆接到视频矩阵切换器上;对摄像机和云台的控制信号,则由视频矩阵切换器经双绞线或多芯电缆送至解码/驱动器进行译码,在由通信系统送至远端,驱动外场设备完成相应动作。视频矩阵切换器的视频切换、前端控制、后端成像、系统编程等功能是通过键盘操作来实现的,键盘与视频矩阵切换控制主机之间的接口有RS485、RS422、RS232 等不同方式,而且键盘不止 1 个,一般最多为 8 个。

要将多台摄像机传来的影像显示在同一个显示器屏幕上,需要通过画面分割器将屏幕分割成多个画面,分别显示各摄像机的实时影像。画面分割器有两大类,一类是四画面分割器,另一类是可显示 4、8、9、16 和 32 画面的多画面分割器。两者从色彩上有黑白和彩色之分,在分割方式上则有实时型、帧切换型和数字场切换型。

监控录像机是 CCTV 系统中不可缺少的设备,它可以实时记录监视现场的画面,方便事后检索查证。监控录像机可采用时滞录像机或硬盘录像机。时滞录像机的最基本功能是能够长时间、循环录像,记录时间可达 24h、96h、168h 甚至 960h;还可以叠加时间和字符、报警自动录像等。它的原理是在几帧图像中录制 1 帧图像,虽然画面不够流畅,但可以满足记录交通监控影像的要求。现在硬盘录像机技术发展很快、应用越来越广泛。硬盘录像机有模拟和数字两种。数字化硬盘(DVR)具有视频压缩、数字化硬盘存储及视频解压缩功能,能够完全记录下摄像机的高清晰度画面,解决 CCTV 后端环节的清晰度损失,达到很高的清晰度;可以集画面分割、总线控制、循环输出、警讯处理、硬盘存储等功能于一体,而且使用方便、价格便宜,是提升监控设备品质和实现以微机为核心构建系统的有效途径。监控录像机的选择除了功能要求以外,主要考察容量、帧率、清晰度、信噪比等技术指标。

4. 可变信息控制单元

可变信息控制单元由可变信息控制计算机、控制执行器和显示器组成,用来控制道路现场的可变限速标志和可变信息板的显示内容。其工作方式如图 6-25 所示:可变信息控制计算机收到交通监控计算机的控制指令后,检索图文数据库,筛选出与指令相符的图文,待操作者确认后,传输给控制执行器(可编程微处理器,在外场设备的机箱内),在可变信息板上显示出来;如果数据库中没有相应图文,则调出专用软件绘制。另一种工作方式是在现场控制可变信息显示,即脱机方式(脱离中心控制),主要用于特殊情况和现场检测调试。

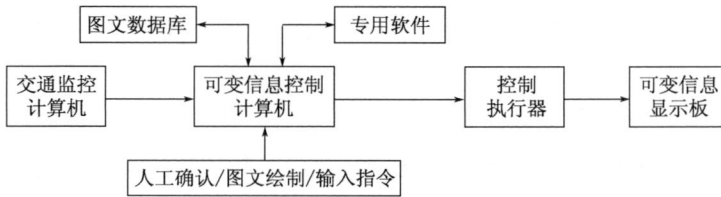

图 6-25 可变信息控制单元的工作方式

(二)显示设备

监控中心显示设备的作用是将道路、交通、环境、设施等信息直观、形象地提供给管理人员,以便能够迅速、全面地掌握交通运行状态。

1. 大屏幕显示器

大屏幕显示器常采用液晶拼接屏幕(DID)或投影屏幕(DLP)。DLP 系统包括高分辨率投影仪、大尺寸投影屏,根据具体情况不同,投影仪有前投式或背投式两种形式,可以采用若干台投影仪分屏或一台投影仪分屏;大尺寸投影屏通常采用玻璃屏幕或树脂屏幕。DLP 系统的优点是大屏幕拼接缝隙小、清晰度高、动态特性好、可视角度宽,缺点是安装、调试复杂,投影仪光源较贵、容易老化,且每台投影仪光源老化程度不同,在使用过程中难以保证大屏幕整体的亮度统一。DID 系统由液晶拼接显示屏、多屏拼接处理器和信号源三部分组成,其中多屏拼接处理器是技术核心,支持不同像素的图像在电视墙上显示、开窗口、跨屏漫游显示等。DID 系统具有高亮度、高亮度均匀度、高对比度,且寿命长、运行稳定、维护成本低等优点,随着技术的发展和成本的降低,目前由液晶拼接屏构成的电视墙应用越来越广泛。

2. 大型地图板

大型地图板是设置在监控中心用来展示监控系统管内高速公路全貌的显示设备。地图板的尺寸一般很大,具体尺寸可视系统管辖范围和监控中心房间大小而定,常用的规格有 2m×6m 等。通常大型地图板与大屏幕显示器构成弧形墙(图6-26),设置在综合控制台对面,便于管理人员观看。

(三)计算机系统

目前监控中心计算机系统多采用"服务器+客户机"的模式(C/S 模式,Client/Server)组成局域网络;再通过远程通信系统与各分中心、外场设备组成广域网。

图 6-26 大型地图板与大屏幕显示器一体化设计

1. 硬件构成

监控中心计算机网络系统主要由系统主机(服务器)、各种用途的计算机终端、路由器、交换机以及打印机、传真机等构成,如图 6-27 所示。

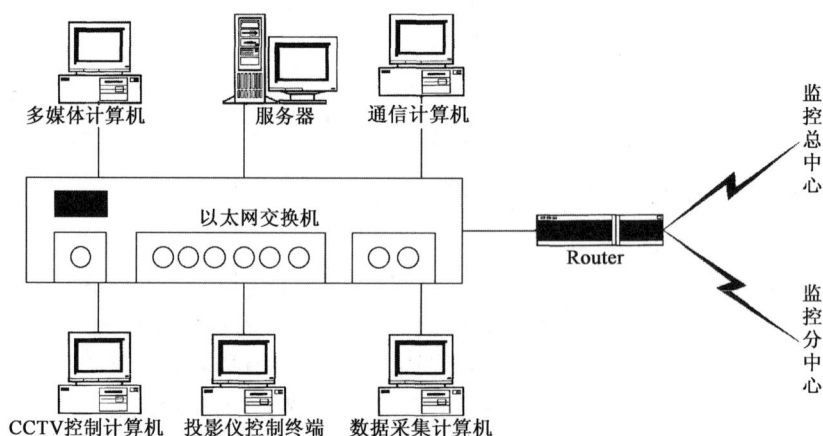

图 6-27 监控中心计算机系统构成

(1)系统主机:主要负责网络操作、系统进程管理和运行,常作为系统的数据库服务器,存储监控系统的数据以及大型通用软件;同时通过网桥接收收费系统传送过来的大量数据,与上下层计算机网络进行通信。

主机的技术指标主要考虑主频、内存、硬盘空间、硬盘传输率、网卡传输率和可靠性等。

(2)交通控制计算机:负责监视各路段外场监控设备的运行,收集处理各种外场监控信息,向分中心或外场设备通报信息,通过优化发出控制指令,特殊情况下管理人员由此向各分中心或外场设备发布紧急命令。

交通控制的实时性要求较强,有时把任务分由两台计算机承担,一台负责数据采集与处理,另一台负责决策和发出指令,并配置专门应用软件。

(3)彩色图形计算机:负责生成要显示的彩色图形,通过高清显示屏显示整个道路的地理位置、几何形状、设备运行状态、交通运行情况等。要求分辨率高、显示点阵小、聚焦准确度高、显卡存储配置的容量大、显示速度快、颜色丰富,最好是增强型的 FGA 显示卡,同时配备图形编辑软件,并建立所辖路段的图形数据库。

(4)通信计算机:具体负责数据通信,对外场设备上传的数据进行预处理,对中心与分中心、中心与总中心之间的远程网络信息传输进行控制。一般应配置一定速率的网卡和多个与外场设备的接口。

2.软件构成

监控系统软件有系统管理软件、通信软件、交通监视与控制软件、图形处理软件和系统支撑软件等。

(1)系统管理软件包括用户管理、系统监视和报表查询软件等。

(2)通信软件包括外场设备监测与控制软件、紧急电话控制接口软件、收费系统接口软件。

(3)交通监视与控制软件包括事件信息统计分析、事故处理、控制模式的管理和实时控制软件。

(4)图形处理软件包括事故显示管理和地图数据库工具软件。

(5)系统支撑软件包括操作系统、数据库管理系统、网管系统和图形支撑软件。

监控分中心计算机局域网与监控中心类似,但由于要处理一些具体业务,需要相应增加一些软硬件。图6-28为监控分中心计算机系统构成。

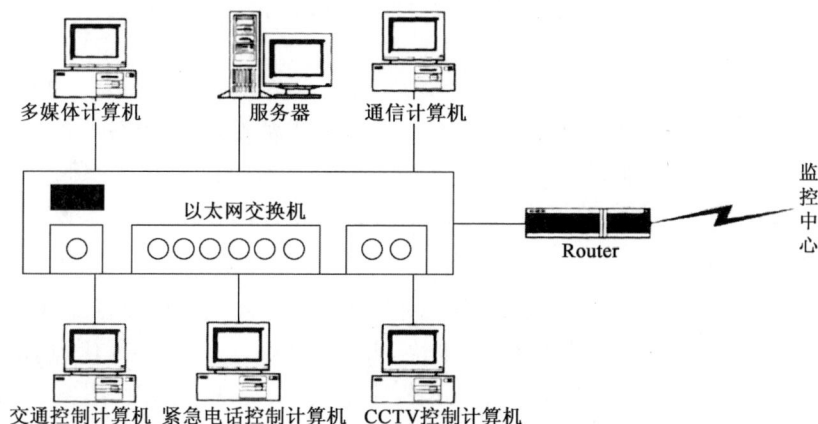

图6-28 监控分中心计算机系统构成

第四节 信息发布及控制系统

监控系统向交通参与者、管理部门和人员、救助机构和社会公众提供交通、气象、环境、养护维护、事故灾害等信息和管理控制指令的一切手段,都属于交通信息发布及控制系统。

一、系统功能

交通信息发布及控制系统主要用来解决道路交通可能出现的五类交通问题:

(1)周期性交通堵塞。道路交通流量超过通行能力时,在一些路段必然发生周期性交通

225

堵塞。信息发布及控制系统可以提供预警、限速、诱导方案、匝道控制等管理控制信息,缓解周期性交通堵塞。

(2)偶发性交通事件。交通事故、车辆故障、道路维修等可能引起偶发性交通堵塞。信息发布及控制系统可以提供事件性质、位置、限速等控制信息并组织救援,以预防和缓解交通拥堵、减少二次事故。

(3)环境问题。发布风、雨、雪、雾、有害气体、路面冰雪等气象和道路环境信息,以利于交通安全。

(4)特殊事件。特殊车队、利用道路进行的比赛、游行等特殊事件,可通过信息发布及控制系统进行管理控制。

(5)特殊设施引起的交通问题。收费站、计重站、检查站等设施,需要信息发布及控制系统提供预告、诱导或交通控制。

二、系统设备

按服务的对象不同,信息发布及控制系统的设施可分为三类:

(1)向交通参与者发布信息和控制的设备,如可变信息板、可变限速标志、主线和匝道控制信号、交通控制设施、交通广播、路侧广播等。

(2)向管理部门和人员、救助机构发布信息的设备,如指令电话、业务电话等。

(3)向社会公众发布信息的设备,如交通广播、互联网、可变信息板等。

(一)可变信息板

可变信息板用于公路、公路通道、城市道路、城市公共场所等,向交通参与者和社会公众提供路段、道路乃至一个区域的交通状态、交通事件、建议路线、封闭通知、速度限制、道路养护、气象环境等信息。显示的信息来源于监控中心对采集信息分析处理后形成的方案、建议或指令。

1. 发光二极管显示板

可变信息板目前最常用的是 LED 显示板,如图 6-29 所示。LED 显示板采用发光二极管作为像素,具有高亮度、多色彩、低能耗、响应快、寿命长(可达 10 年)等优点,能制成很大幅面,显示多种图案、文字乃至动画图案、动态影像等内容,并且变换迅速,能同时改变部分或全部内容。

设计时,应注意 LED 信息板显示的内容必须昼夜清楚可见(包括太阳光直射情况下),并可调整白天和夜晚的显示亮度。正常天气下,车辆以 120km/h 速度行驶时,距显示板 250m 外信息内容应清晰可见;在夜间,显示亮度应与道路设计速度的协调,不应产生炫目的感觉而影响内容识读。信息板的支撑应能抵御 40m/s 的强风。

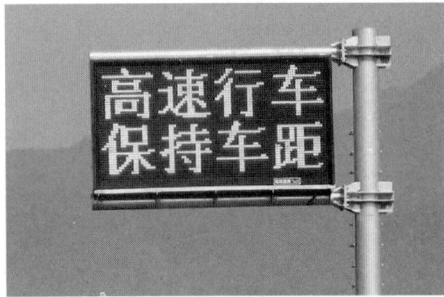

图 6-29 发光二极管显示板

2. 光纤矩阵显示板

光纤矩阵显示板(图 6-30),采用光纤端头作为像素。一个光纤端头(像素)由 3 根光纤末端构成,发出红、绿、蓝三原色,按强度不同混配成多种颜色;在另一端,由集中光源(通常使用低压石英卤素灯)统一输入光线,每一像素的三根光纤分别用通断电或回转叶片遮光的方式控制像素亮与不亮,从而形成需要的图文信息。有感应装置控制光源与室外环境保持适当的亮度对比。与 LED 显示板相比,光纤显示板亮度高、穿透力强,但寿命较短、安装维修较复杂。

3. 翻板式信息板

最简单的翻板式可变信息板是很早使用的人工翻板,如图 6-31 所示,直到目前在国外一些道路上仍有使用。它在可翻页的信息板上预先绘制需要的图案、文字内容,安装在路侧,用人工手动或简单机械装置翻动板面并锁止,实现显示信息的变化。

图 6-30　光线矩阵显示板

图 6-31　手翻式可变信息板

还有一种正三棱柱状的翻板式信息板,在三个表面上绘制不同的显示内容,通过将需要的信息内容转动到面向交通流方向,实现信息可变。这种信息板的进一步发展,是将三棱柱状的翻板缩小,每个表面都成为长条状的图文"像素"(显示鼓),可以电动或手动旋转,将这样多个三棱柱排列起来,通过每个棱柱各个表面的组合,可以显示更多不同的信息内容,也称"转鼓式可变信息板"(图 6-32)。也可用正方形棱柱作为"像素"。理论上,这种翻板式信息板可能显示的内容数量等于显示鼓面数的若干次方(指数为显示鼓的个数),例如,4 个三角形显示鼓可以显示 $3^4 = 81$ 个不同的内容;但实际上难以或不需要达到这么多数量。

磁翻板矩阵式信息板则是采用方形或圆形小块翻版作为"像素",制成马赛克样的显示板,小块翻版具有磁性,通过背面的电磁铁驱动翻转,组合成可变图文。

4. 滚轴式信息板

这种信息板是将显示内容逐幅印刷在布或塑料膜的条带基材上,卷紧在平行的两个滚轴上(图 6-33),采用步进电机转动滚轴,就可以定位到需要显示的内容,可显示多至 30 幅画面。可通过背后照明实现夜视性。

图 6-32　转鼓式可变信息板

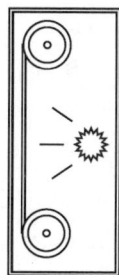

图 6-33　滚轴式可变信息板

此外还有灯箱显示板,板面内容可根据需要更换,实现信息"可变"。

可变信息板可采用门架式、悬臂式、柱式等普通交通标志的支撑方式,前视或侧视安装。

(二)可变交通标志

1. 可变限速标志

可变限速标志(图6-34)实质上是一种特殊的可变信息板,专用于道路上行车速度控制。限速值由交通监控中心根据气象、环境、道路状况以及特殊需要确定。与可变信息板建议性的图文内容不同,可变限速标志属于具有法规性质的禁令标志,显示的内容是强制性的。可变信息板有时也显示速度限值,应当被视为必须遵守的禁令标志。可变限速标志可以与测速装置联动,测到超速时报警。

可变限速标志规范的布设方式为道路沿线两侧每1km或1.5km设一组(逐个递进式显示限速值),也可以只在重要路段或事故易发段的上游布设。

2. 可变车道标志

可变车道根据交通流量或在不同时段用于不同方向的行车,需要相应可变标志和信号配合路面标线,进行指示、预告、封闭和开放等管理控制。图6-35所示分别为潮汐车道标志和直行、左转可变车道标志。可变车道标志属于指示标志。

图6-34 可变限速标志

图6-35 可变车道指示标志

现在可变交通标志普遍采用LED显示板制作,其图案、颜色、尺寸规格等应按《道路交通标志和标线 第2部分:道路交通标志》(GB 5768.2—2009)、《公路交通标志和标线设置规范》(JTG D82—2009)、《城市道路交通标志和标线设置规范》(GB 51038—2015)和《高速公路LED可变信息标志》(GB/T 23828—2009)的相应要求设计和设置。

(三)交通信号灯

公路或城市高架快速路监控系统的信号灯与普通交通信号灯类似,但其功能和控制方式有所不同。主线信号灯[图6-36a)]起封闭车道或控制潮汐车道的作用,例如将交通事故或道路维修等地点的上游部分车道封闭起来,避免发生二次事故;或者控制改变潮汐车道的行车方向等。主线信号灯封闭车道时亮红灯或红叉;开放车道时亮绿灯或绿箭头,但注意箭头方向向下。

匝道信号灯[图6-36b)]起限制匝道流量或封闭匝道的作用。限制匝道流量可以采用单车调节或车队调节。单车调节每个周期只允许放行1辆车进入主线,所以绿灯开放时间很短,通常为3s;红灯时间随调节率(即单位时间允许进入主线的车辆数)而定,例如调节率为600辆/h

时红灯时间取 3s,调节率为 300 辆/h 时红灯时间取 9s。但当调节率大于 900 辆/h 时,红灯时间将小于 1s,单车调节难以实现,应采用车队调节,即每周期允许放行两辆车以上。单车调节可以采用红绿两色信号灯;车队调节则必须采用红绿黄三色信号灯,绿、红灯之间的黄灯作用与普通信号灯相同。

图 6-36 信号灯
a) 主线信号灯;b) 匝道信号灯

(四)广播

1. 交通广播

交通广播是区域性的广播电台,目前省和地级市都设有交通广播电台,随时播送公路和城市道路的交通、气象、环境、管理、维修等状况信息,也播送一些娱乐性、知识性节目,用普通收音机接收。

交通广播在城市及其附近范围效果较好,尤其是发布的交通拥挤、交通事故等信息,有助于驾驶员避开拥挤路段或时段。在公路上,由于信息来源、采集范围和采集密度的局限,提供信息的数量和针对性还不如城市道路。随着各种通信方式的发展特别是手机和信息平台的普及,交通广播的作用越来越明显。

2. 路侧广播

路侧广播是一种小功率无线广播,主要用于高速公路发布交通状况、管理控制、交通事件等信息。路侧广播系统由信息处理及编辑装置、声音合成装置、路侧发射装置组成,其中,信息处理及编辑装置将采集的交通信息进行加工,按照信息的重要程度择优筛选应该提供的信息内容;声音合成装置利用大容量的话音存储器,实时地将选择的信息转换成语音,只在必要时才由管理人员直接播音;路侧发射装置由天线及发送部分组成,将合成的语音信号转换成调频或调幅信号,通过路侧天线发射出去。驾驶员通过车载收音机或专用车载接收机收听。

常用的路侧天线有泄露同轴电缆、平行双线和偶极子等。泄露同轴电缆沿道路纵向敷设,每隔一定距离或在必要的地方将传输信号泄露出去,形成一个个连续布置的发射点,发射信号的范围有一定相互重叠,以保证信号强度和收音的稳定。随着技术的发展,现在采用光纤通信系统支持的网络广播在公路上已有实际应用。

在提供路侧广播系统的路段起终点,要设置路侧广播指示标志,上面标出收听的频率。

3.公路语音提示广播

在特殊路段(如违法集中地、事故多发路段、危险路段、长下坡路段、服务区等)乃至整条道路安装高音喇叭,监控中心根据不同管理需求和事件性质,通过语音广播方式通报紧急事件、纠正违法行为、规范事故现场安全防护、提示安全驾驶等,对道路通行秩序进行干预和控制。

【思考题】

1.监控系统有哪些功能? 可以划分为哪几个组成部分?

2.道路交通监控方式有哪些? 主线控制有哪些手段? 匝道控制起什么作用?

3.监控分中心的监控范围按路段划分与按行政区划分各有什么利弊?

4.监控中心与监控分中心各有什么功能?

5.监控中心的硬件设备有哪几个部分? 信息采集子系统由哪几类设备构成?

6.目前道路上最常用的车检器是什么? 微波车检器有什么特点?

7.闭路电视监视系统由哪些主要部分组成? 请画出示意图。

8.信息发布及控制系统要解决哪些交通问题?

9.可变限速标志与可变信息板提供的信息有什么差别?

10.有人认为交通监控系统是收费系统的一部分,它的主要作用是监控收费人员工作状况、监视车辆冲关逃费、监视设备工作状况。你怎样看这一说法? 请说明理由。

11.有线紧急电话系统由哪几部分组成?

12.路侧广播系统的主要组成部分有哪些?

第七章

公路通信设施设计

第一节 概　　述

一、通信知识基础

通信从本质上讲就是实现信息传递功能的一门科学技术,它要将大量有用的信息无失真、高效率地进行传输,同时还要在传输过程中将无用信息和有害信息抑制掉。通信不仅要有效地传递信息,而且还具有存储、处理、采集及显示等功能,它是信息科学技术中的一个重要组成部分。

(一)通信系统的一般模型

实现信息传递所需的一切技术设备和传输媒质的总和称为通信系统。任何通信系统都包括发送、信道和接收三个部分。基于点与点之间的通信系统的模型可用图 7-1 描述。

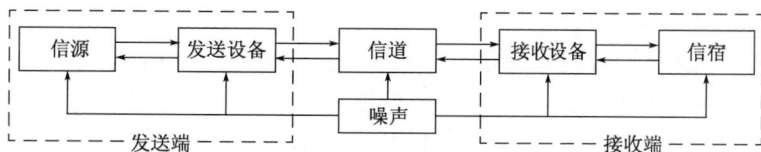

图 7-1　通信系统(双工)的一般模型

信源是产生各类信息的实体,例如人或其他生物、自然物体、电话机、摄像机、计算机等;信宿是接受各类信息的实体,例如人或其他生物、收音机、电视机、计算机等。

发送设备的基本功能是将信源与信道匹配起来,即将信源产生的消息信号变换成为适合在信道中传输的信号。变换方式是多种多样的,在需要频谱搬移的场合,调制是最常见的变换方式。对数字通信系统来说,发送设备常常又可分为信源编码和信道编码。

信道主要是传输信息的通道,又是传输信号的物理媒质。在无线信道中,信道可以是自由空间;在有线信道中,信道可以是电线(电缆)或光纤(光缆)。通信线路是通信中所采用的具体线路及其结构,是信道的表现方式。可以采用某些通信技术将一条通信线路(物理媒质)分割为若干信道。有线和无线信道均有多种物理媒质。媒质的固有特性及引入的干扰与噪声直接关系到通信的质量。根据研究对象的不同,需要对实际的物理媒质建立不同的数学模型,以反映传输媒质对信号的影响。

噪声是信息传递过程中的有害干扰,对信息的发送、传输与接收产生影响,使信宿接收的内容与信源发送的内容发生偏差。噪声的来源是多种多样的,按产生的原因可分为内部噪声和外部噪声,对现代通信系统而言,内部噪声包括由光和电的基本性质引起的噪声、材料本身引起的噪声、设备电路所引起的噪声、电器机械运动所引起的噪声等;外部噪声主要是由系统外部的各种电磁波串入系统所引起的噪声,例如雷达、广播电视、工业生产、交通运输、电力传输、太阳和其他天体辐射等产生的电磁杂波。

接收设备的基本功能是实现发送设备的逆变换,即进行解调、译码、解码等。它的任务是从带有干扰的接收信号中正确恢复相应的原始基带信号;对于多路复用信号,还包括解除多路复用,实现正确分路。

计算机之间的通信是上述过程的具体化,典型的过程和设备如图 7-2 所示。

图 7-2   计算机通信

两端的计算机就是信源和信宿,变换装置包括网卡、集线器、调制解调器等;信道通常为双绞线、同轴电缆、光缆甚至空间等。

(二)信号

信号可分为模拟信号和数字信号两种。信号特征量(例如幅值)可以在连续时间或离散时间上随所传信息连续变化的称为模拟信号,前者是连续的模拟信号,后者是离散的模拟信号。信号特征量只能在离散时间上取有限离散数值的称为数字信号。数字信号不直接与所传信息对应。图 7-3a)是一种既在幅值上连续又在时间上连续的模拟信号。图 7-3b)是由三个脉冲码元形成的二进制信号,每个码元的幅度只可能取两个值:+1V 或 -1V,如果分别代表逻辑"1"和逻辑"0",则该信号就是由非"1"即"0"组成的数字信号。

模拟信号与数字信号通过特定技术方法可以相互转换,即所谓"模数转换"(A/D 转换,A-Analog,D-Digital)或"数模转换"(D/A 转换)。以模数转换为例(图 7-4),主要包括如下几个过程:

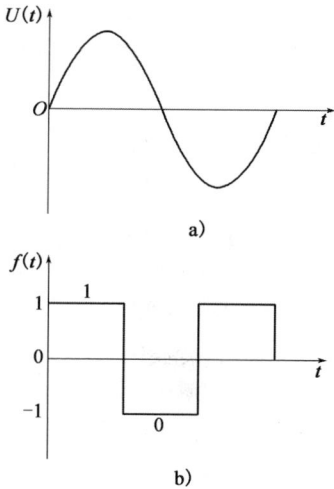

图 7-3 模拟信号与数字信号
a)模拟信号;b)数字信号

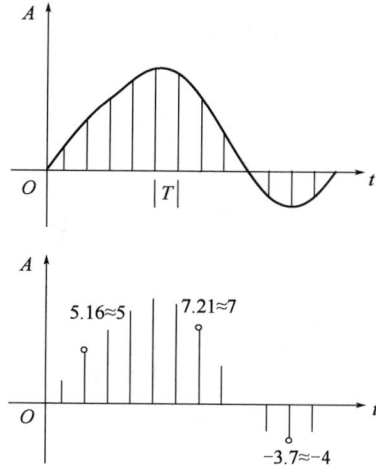

图 7-4 模拟信号的采样及量化

1. 采样

采样就是采集模拟信号的样本,即对时间上、幅值上都连续的模拟信号,按固定的时间间隔 T 抽出瞬时幅值作为样本值,转换成时间上离散但幅值上仍连续的离散模拟信号。采样时间间隔 T 应符合采样定理,即采样频率大于模拟信号最高频率的 2 倍。实际应用中通常达到 5 ~ 10 倍。

2. 量化

所谓量化就是把经过采样得到的信号特征量瞬时值送到量化器,将其幅度离散为不连续的数值,用这一数值代表一次采样所获得的瞬间值。量化时,把信号特征量按整个幅度划分为若干份(称为量化级或量化数据位数,一般为 2 的整数次幂),把落入同一级的样本值归为一类,并给定一个量化值,也就是用最接近的量化值表示采样瞬时值。很明显,量化级数越多,量化误差就越小,A/D 转换后的信号就越接近原始信号。一种简单的情形是,将采样值圆整(四舍五入取整数),例如,$5.16 \approx 5$,$7.21 \approx 7$,$-3.7 \approx -4$ 等。

模拟信号的量化带来了量化误差,反映到接收端,这种误差作为噪声再生,称为量化噪声。增加量化级能够把噪声降低到无法察觉的程度,但所需要的存储空间也越大;并且随着信号幅度的降低,量化噪声与信号之间的相关性变得更加明显。由于计算机按字节运算,一般的量化级为 8 位和 16 位。

3. 编码

编码就是将采样数据量化值转换成二进制数码。编码的作用一是采用一定的格式记录数字数据,二是采用一定的算法压缩数字数据。编码后的信号称为 PCM(Pulse Code Modulation,脉冲编码调制)信号。实际上,量化是在编码过程中同时完成的。

(三)带宽、基带和基带传输

任何信号都可以分解为不同频率、不同振幅的简谐波(简谐振动在介质中产生的波)分量,这些分量的最高频率与最低频率所覆盖的频率范围,称为信号的频带宽度,简称"带宽"。

一般信源信息直接转换成电信号就包含有多种多样的频率和振幅,这种信号称为"基带"信号。基带信号包含有很低的频率分量甚至直流分量。有时"基带"信号也泛指最高频率与最低频率之比远远大于1的信号。

将基带信号原封不动送入信道,称为基带传输(其他称为频带传输)。

(四)调制、解调和载波传输

恒频恒幅的简谐波可以作为信号传输的载体,称"载波"。调制是利用需要传输的信号去改变载波的一个或多个特性的过程。把信号叠加到载波上的过程称为"调制",从载波上把信号分离出来复原的过程称为"解调"。

有些信道能够传输的带宽较大(如同轴电缆、双绞线),基带信号可以通过这些信道传输;但有些信道只能传输较高频率的信号(如无线信道),这时包括基带信号在内的其他一些信号就必须叠加到载波上,变成高频信号才能传输,这就是"载波传输"。

(五)信道损耗和失真

信号在信道中传输,既有阻抗衰减,也有噪声干扰,所以随着传输距离的增加,信号的幅值衰减、形状畸变,产生所谓"失真"。

信道对信号带宽是有限制的。试验表明,同轴电缆适于传输基带等低频信号,而高频成分在传输过程中损耗最大;无线信道则适于传输高频信号。

在同样的损耗条件下,模拟信号与数字信号的传输效果不一样。数字信号经再生后很容易复原为原来的信息(因为0、1易于分辨和复原),而模拟信号中继放大次数越多,信号失真越大且难于恢复原状。

(六)多路复用

一条信道如果只传输一个信源的信号,则利用率太低,浪费太大。人们发展了使多个信号互不干扰地沿同一条信道传输的技术,称为"多路复用"。多路复用包括频分多路和时分多路。

(1)频分多路。将各路信号调制到不同频率的载波上,用同一条信道同时传送出去;在接收端经过检波、解调恢复原信号。多用于模拟通信。

(2)时分多路。将一条信道的使用时间划分成微小的时间段(时隙),各路信号的传送分配在不同的时间段,也能实现相互分开、互不干扰。一种常用的时隙是 $3.90625\,\mu s$($3.90625 \times 10^{-6}s$)。

二、公路通信系统的特点

公路通信系统是公路现代化管理的支撑系统,它要实现监控系统和收费系统的数据、语音和图像等信息准确而及时地传输,要保持公路管理部门之间业务联络通信的畅通,并要为公路内部各部门与外界建立必要的联系。因此,通信系统是实现公路现代化管理的重要基础设施。

根据建设的实际情况和交通管理的特殊要求,公路通信系统具有以下特点:

(1)公路的各级管理机构及沿线设施一般均建设在公路两侧,沿公路呈线状分布。一般通信站都设置在收费站或管理所的所在地,所以通信站的地理位置实际上在公路建设时已基本确定,即不能随意选址设站。

(2)公路的管理体制一般采取分级管理、集中控制调度,因此,公路专用通信网的网络结构适宜采用树形结构。此外,各级管理机构与公路沿线各地有关部门及上级机关也必须保持通信联络的畅通,因此公路通信系统是以内部通信为主,并进入电信公用网。

(3)在公路管理处、管理所、服务区、收费站、收费(分)中心、监控(分)中心等机构之间,以及外场监控设备与监控(分)中心之间需进行语音、数据、图像等各类信息的传输和交换。此外,为及时处理交通事故,进行交通调度指挥,有关部门必须与巡逻车等保持通信联络。因此,公路通信系统应是以有线通信为主、无线通信为辅,包括多种通信手段的综合通信系统,并且要有高的可靠性,系统每天24h不间断运行。

三、公路通信系统的层次

公路通信系统可分为以下三个通信层次:长途网、地区网和用户网。

(1)长途网。长途网包括各路段管理处与省管理局及各管理处之间的通信,属主干线通信。网内主要是省局与各管理处之间的纵向业务,包括电话、数据报表、电视会议等。其特点是通信业务量小,通信距离长。

(2)地区网。地区网包括各路段管理处与所辖管段内的管理所、收费站、服务区等部门之间的通信,属区间通信。由于我国公路的管理体制基本上是以路段为单位,由各路段管理处具体负责该路段的运营管理,实施收费、交通监控和调度,所以通信业务主要为路段内部通信。其特点是通信业务量大,业务种类多,通信距离中等。

(3)用户网。用户网是路段内各通信站与该站服务范围内各类用户之间的通信,属站内通信。其特点是通信业务量大,通信距离短,实时性强。

由于公路各站、所的地理位置是沿公路呈线状分布,因此由长途网和地区网共同组成了公路主干线传输系统。

四、公路通信系统的构成和功能

(一)公路通信系统构成

公路通信系统一般由光纤数字传输系统、接入网系统、数字程控交换系统、移动通信系统、紧急电话系统、无线对讲系统、光电缆系统、通信管道系统、通信电源系统等联合组成,担负着公路联网调度通信的任务,为全线业务电话、监控系统、收费系统等提供传输通道,是公路其他系统的有力基础保障。

(二)公路通信各子系统功能

1.光纤数字传输系统

光纤数字传输系统的主要功能是为公路沿线设施(如程控交换机、业务电话等)之间提供话务通信,为监控、收费系统的数据、传真、图像等非话业务提供传输通道。基本的光纤数字传输系统由光发射机、光纤线路和光接收机三部分构成。目前,公路光纤数字传输系统大部分采用同步数字系统。

2. 接入网系统

接入网位于交换端局和用户端之间,是由业务结点接口和相关的用户网络接口之间的一系列传送实体(如线路设施和传输设施等)组成的,它可以支持各种交换型和非交换型业务,并将这些业务流组合后沿着公共的传送通道送往业务结点。

3. 数字程控交换系统

数字程控交换系统是以数字程控交换机为核心的通信网,能实现传输和交换的数字化。作为数字程控交换系统的核心设备,数字程控交换机的主要任务是接续用户间的话路,其实质上是通过计算机的"存储程序控制"来实现各种接口的电路接续、信息交换及控制、维护、管理功能。

4. 移动通信系统

公路移动通信系统主要作用是为满足巡逻、灾情、事故报告、调度等功能。

5. 紧急电话系统

紧急电话系统是为公路使用人员提供的一个直接呼救求援的专用通信系统,其主要功能是为公路使用者和管理者如驾驶员、乘客、执勤人员等提供发生事故、车辆抛锚或其他故障的通报途径,以使公路管理部门能够及时救援和处理,从而保障公路的安全及畅通。

6. 通信电源系统

作为各种通信系统中必不可少的组成部分,通信电源系统的主要任务是安全、可靠、高效、稳定、不间断地向通信系统提供能源。

7. 光电缆系统和通信管道

光电缆线路是公路通信系统的主要传输介质,是通信系统运行的基础。通信管道是公路铺设光缆、电缆线路的重要通道,主要功能是保证光、电缆的安全,并使之便于系统的维护。目前公路长距离传输主要使用光缆,短距离传输主要使用同轴电缆。

五、公路主干线通信

公路主干线通信包括各路段内的站间通信,其通信距离一般在 50km 以下;路段之间与省局之间的长途通信,其通信距离一般在 100km 以上;省局与交通运输部之间的长途通信,其通信距离一般在数百乃至数千公里以上。可供选择的通信方式主要有光纤通信、微波通信和卫星通信三种。应该指出,当今电信网已全面进入数字网时期,作为新建的专用通信网,公路通信系统应该适应技术技展的方向,构筑包括数字传输和数字交换的全数字网。因此公路通信系统主干线通信均应为时分数字传输链路方式,采用不同传输媒质构成不同的通信方式。

1. 光纤通信

光纤通信采用光纤传递信号,光纤分为单模光纤和多模光纤两种。由于单模光纤只传基模,光信号只经过一条路径,色散较小,所以传输损耗小,通信距离长,目前在长途传输系统中均采用单模光纤。光纤通信传输频带宽,通信容量大,无中继通信距离长,特别是光纤链路是十分稳定的传输信道,基本上不受外界电磁场的影响,所以传输质量非常高。从误码、抖动、漂移和延时几项主要技术指标来看,光纤通信具有明显的优越性。此外,从客观条件来讲,公路为敷设光缆提供了最佳路由,工程建设简易方便。而光纤通信的大容量为公路通信系统的综合通信和今后的扩容提供了良好的条件,因此公路通信系统应该优先选择光纤通信作为基本的主干线通信方式。

2. 微波通信

微波是指频率在 300M ~ 300GHz 范围内的电磁波。微波通信是以微波携带信号在自由空间中传输,使用的工作频率在 4GHz、6GHz、8GHz、11GHz、13GHz 附近。由于微波信号在地球表面大气层的视距路径上传输,受到地球曲率的影响,一般需高架微波铁塔,无中继传输距离约 50km。微波通信受大气变化等自然环境影响,主要是大气折射引起的衰减、多径衰落、雨雪衰减和衰落等。微波通信容量较大,在使用频率较高时,可传输 PDH(Plesiochronous Digital Hierarchy,准同步数字系列)系列三次群、四次群数字信号。应该指出,微波通信在微波中间站之间不需任何设备,所以建站方便、维护方便是它的优点;但是,由于公路的通信站站址往往不能完全从微波通信的角度合理选择,造成需建造高微波塔,加大了工程造价,而且公路各站的线状分布,往往会引起严重的越站干扰,给微波通信的工程设计带来困难,因此在公路通信系统中一般不提倡采用微波通信,在个别路段或个别区间不具备采用光纤通信条件时,方可考虑采用微波通信。

3. 卫星通信

卫星通信是为地球站之间传送信号,信号在地球站到卫星间是视距大气层传输。卫星通信线路由上行线路(地球站至卫星)和下行线路(卫星至地球站)组成。卫星通信实际上采用的是微波接力通信技术,只不过它把一个中继器搬到了离地面大约 36000km 高空的卫星上。卫星通信使用最广泛的是 6/4GHz 波段(C 波段),即上行频率为 5.925G ~ 6.425GHz、下行频率为 3.7G ~ 4.2GHz;目前逐渐向 14/12GHz 波段(Ku 波段)和 30/20GHz 波段(Ka 波段)发展。卫星通信容量也越来越大,国际卫星组织 IS – V 的容量可达 12000 路双向电话再加两路电视。数字卫星通信可提供电话、电视、广播、数据传输等业务。卫星通信几乎可以向地球上任何地方发送信息,传输成本与发送和接收之间的距离无关,这是它突出的优点,在某些情况下是其他通信方式无法替代的。虽然它也存在线路长、易受干扰、损耗及时延较大等缺点,但在交通专用网中仍被选择作为交通部通信中心到各省交通通信中心的一种通信方式,此外在有些省也选择作为某路段管理处到省局的通信方式。显然,卫星通信对于路段内通信是不太适用的。

第二节 光纤通信及其设备

光纤是光导纤维的简称。它是以石英(SiO_2)为原材料经特殊工艺提纯、拉丝而制成的直径从几微米到上百微米之间的玻璃纤维。为了增加强度和耐用性,光纤的外层被覆耐压耐腐蚀等韧性加强材料。光纤通信是以波长在 $0.8 ~ 2.0\mu m$ 区段的近红外光信号作为载波,以光导纤维作为传输媒介的一种通信手段。

光纤通信的历史虽然不长,但发展速度和规模却十分惊人。光纤通信以其宽带、大容量、低损耗、抗干扰等一系列优点,已经成为目前干线通信的最主要传输手段。

一、光纤和光缆结构

1. 光纤

光纤通常是多层同轴圆柱体,自内向外分别为纤芯、包层、涂敷层,如图 7-5a)所示。光纤的核心部分是纤芯和包层,称为裸纤。纤芯是折射率为 n_1 的高纯度石英玻璃材料;包层也是纯石英玻璃材料,但其折射率 n_2 略低于 n_1,与纤芯一起形成光的全反射通道,使光波的传输局限于纤芯内。包层外面涂覆一层硅酮树脂或聚氨基甲酸乙酯(厚 $30 \sim 150\mu m$),然后增加保护套加以保护。涂敷层和保护套的作用是保护光纤不受水汽的侵蚀,同时又增加光纤的柔韧性和抗冲击性。

图 7-5b)是普通光纤的典型尺寸。包层直径一般为 $125\mu m$(一根头发粗细)左右。

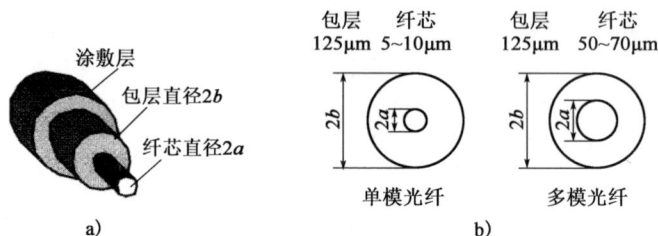

图 7-5 光纤结构与尺寸
a)裸纤的结构;b)光纤的尺寸

根据传输模式不同,光纤可分为多模光纤和单模光纤。允许光波以多个特定的角度射入端面作全反射传输,称此种光纤为具有多个模式的多模光纤。多模光纤的纤芯直径为 $50 \sim 70\mu m$,可传多种模式的光波;而单模光纤的纤芯直径为 $5 \sim 10\mu m$(常用规格为 $9\mu m$),允许一条光射线以平行于光纤轴线的形式传播。根据折射率的分布不同,可分为阶跃型和渐变型光纤。阶跃型光纤纤芯折射率 n_1 在 $1.463 \sim 1.467$ 之间,包层折射率 n_2 在 $1.45 \sim 1.46$ 之间,沿径向纤芯与包层分界处折射率的变化 $n(r)$ 是阶跃跳变的,阶跃型光纤有多模和单模之分。其中,阶跃型多模光纤只适用于短途低速通信,已逐渐被淘汰;阶跃型单模光纤由于模间色散小,所以广为使用。渐变型光纤纤芯中心位置的折射率最大是 n_1 并沿径向逐渐变小,其变化规律类似于一条抛物线,直到包层的分界处与包层的折射率 n_2 相等。这种折射率渐变的光纤能够减少模间色散、提高光纤带宽、增加传输距离,但制造技术和成本较高。渐变型光纤一般是多模的。

2. 光缆

在实际应用中为了使光纤在外界不同条件和环境下中仍能正常工作,必须在制造工艺上采取措施,生产出具有抗拉、抗冲击、抗弯扭的光缆。图 7-6 展示了几种光缆结构,有室内光缆、直埋光缆、无金属光缆和深海光缆。

光缆通常由缆芯、加强元件和护层三部分组成。缆芯可以由单根或多根光纤芯线组成,有紧套和松套两种结构。紧套光纤通常是一根纤芯被塑料紧紧地包埋在中心,制造工艺较为简单,也较成熟;松套光纤通常是一根或多根纤芯松散地用一层塑料护套包住,纤芯之间有较大的活动余地,可以减小光纤所受到的硬外力和微弯损耗。加强元件用于增强光缆敷设时承受的负荷,一般是金属丝或非金属纤维。护层具有阻燃、防潮、耐压、耐腐蚀等特性,对光纤芯线起到保护作用。根据敷设条件,护层可由铝—聚乙烯复合纵包带黏结护层(LAP)、钢带(或钢丝)铠装和聚乙烯护层等组成。

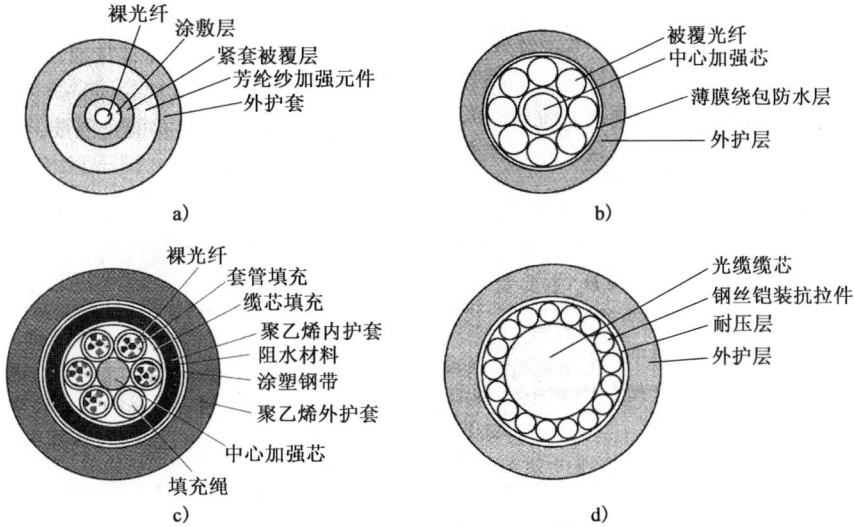

图 7-6　几种光缆结构
a)室内单芯软光缆;b)中心强度结构无金属光缆;c)多芯地下直埋光缆;d)深海专用光缆

二、光纤传输信号原理

从光的射线理论可知,光在均匀媒质中传播时的轨迹是一条直线,当遇到折射率不同的两种媒质交界面时,将发生反射和折射现象。图 7-7 示出了一条光线从折射率为 n_1 的光密媒质射入折射率为 n_2 的光疏媒质($n_1 > n_2$)时的情况。根据光的反射定律和折射定律,下面两式成立:

$$\theta_入 = \theta_反 \tag{7-1}$$

$$\frac{\sin\theta_入}{\sin\theta_反} = \frac{n_2}{n_1} = \theta_反 \tag{7-2}$$

随着入射角逐渐改变,折射光线不再进入光疏媒质,而会突然全部反射回到光密媒质中,这种现象称为全反射。我们把对应于折射角 $\theta_折 = 90°$ 时的入射角 $\theta_入$ 称为临界角 $\theta_临$。显然:

$$\sin\theta_折 = \frac{n_2}{n_1} \tag{7-3}$$

适当地调整 n_2 和 n_1 的比值,就可以达到调整临界角 $\theta_临$ 的大小。

光纤中信号传输就是利用这一原理。如图 7-8 所示,由于纤芯的折射率高于包层,适当角度入射的光线(如图 7-8 中的光线 1)在纤芯与包层界面上会发生全反射,从而将光线限制在纤芯内部反复反射,将光信号传向远方。

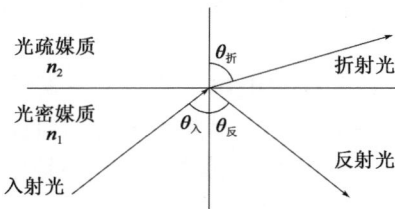

图 7-7　光的折射与全反射

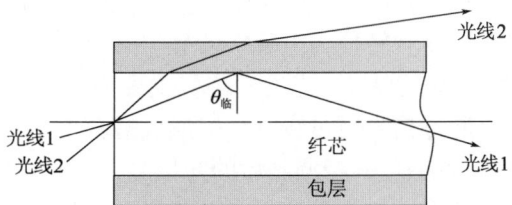

图 7-8　光纤导光原理

在光纤中发生全反射现象时,由于光线基本上在纤芯内纵向传播,绝大部分光能量被保留在纤芯中,而只有极少部分被折射到包层中去,因此可以大大降低光纤的传输损耗。反过来,不能产生全反射的光很快就会被衰减殆尽,传输距离不会很远。如图7-9所示,为了实现光在光纤中的全反射传输,当使用光源与光纤纤芯横截面进行入射光耦合时,入射光线的角度 θ 不能太大。只有当 θ 小于某个角度时才可以获得全反射传输的条件。我们称这个角度为光纤的数值孔径角 $NA = \sin(\theta)$。由于 θ 围绕着纤芯纵向中心轴形成一个立体圆锥,所以又称为光锥。一般光纤的数值孔径角在 $0.18 \sim 0.23$ 之间,不同类型光纤的数值孔径角不同。

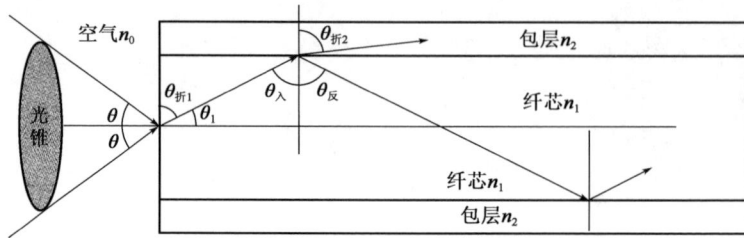

图 7-9 光源耦合进入光纤

三、数字光纤通信系统基本构成

(一)数字光纤通信的组成及设备

光纤通信系统是以光为载波,以光导纤维为传输媒介来传输消息的通信系统。光纤通信系统主要由电端机、光端机、光中继器和光缆组成。图7-10示出了光纤通信系统的组成框图。

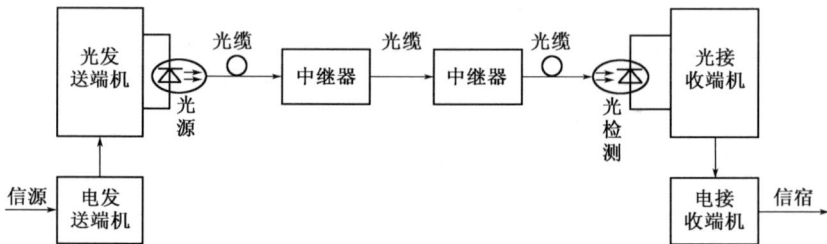

图 7-10 光纤通信系统组成框图

在发送端,电发送端机把信源消息转换成电数字信号,光发送端机使用该电数字信号来调制光源,产生光脉冲信号并直接送入光缆传输,到达远端的光接收端机后,用光检测器把光脉冲信号还原成电数字信号,再由电接收端机恢复成原始消息,送达信宿。中继器起到放大信号、增加传输距离的作用。各部分的功能具体描述如下:

(1)电发送端机。如果信源是数字信号,电发送端机即成为信源;如果信源是模拟信号,电发送端机将其转换为电数字信号。

(2)光发送端机。光发送端机主要由光源、驱动电路和控制电路组成。电发送端机给出的电数字脉冲信号经过线路编码形成适合于光纤传输的码型;驱动电路用该码型对光源发出的光波进行调制,并将调制后的光信号耦合到光纤纤芯上去传输,完成电/光转换;控制电路通过反馈调节系统调节光功率强度和温度变化的影响。

(3)中继器。中继器起到放大信号功率、延长通信距离的作用。传统的中继器多数采用把光信号转换为电信号,经放大、均衡、再生判决后恢复原始电信号,再转换成光信号发送出去的光—电—光中继方式。随着技术的进步,近年来,直接对光信号进行放大的光放大器已经逐渐投入实际应用。光放大器技术就是在光纤的纤芯中掺入能产生激光的稀土元素,通过激光器提供的直流光(连续放射一定光量的光线)激励,使通过的光信号得到放大。目前光放大技术主要是采用掺铒光放大器,已经形成实用化产品。

(4)光接收端机。光接收端机主要由光检测器、前置放大器、主放大器、均衡器、时钟提取电路、取样判决器以及自动增益控制(AGC)电路组成。其功能是将光纤传输过来的微弱光信号,经光检测器转变为电信号,然后再经放大电路放大到足够的电平,送到电接收端机。

(5)电接收端机。电接收端机接收判决器输出的再生码元数据流,并还原为信宿可接受的形式。

(二)SDH 光同步传输系统

同步数字系统传输系统(Synchronous Digital Hierarchy,简称 SDH)是在准同步数字系统(Plesiochronous Digital Hierarchy,简称 PDH)的基础上发展起来的,是目前国内外广泛应用的成熟的光纤传输技术。我国公路通信系统除早期采用准同步数字系统传输系统外,后期基本上是采用同步数字系统。同步数字系统由于兼容准同步数字系统,具有标准的信息结构等级(如 STM-1、STM-4、STM-16 等)、网络单元有标准的光接口可在光路上互通等优点,并被单条公路通信系统所广泛采用。但它也有自身的缺点,如只是一种简单的点到点传输,一种简单的复用过程,网络启动后即建立固定传输链路,固定的多复用、带宽利用率低等。尤其是标准的 SDH 是针对电信公用网设计的,更适应于以语音业务为主的电信网。

1. SDH 系统的基本概念及特点

SDH 系统实质上是在光纤上进行同步信息传输的一些 SDH 的网络单元(NE)。它有国际上统一的网络节点接口(NNI),如图 7-11 所示,从而简化了信号互通和信号的传输复接、交叉连接和交换过程。它有一套标准化的信息结构等级,称为"同步传输模块"STM-N(NWEI1,4,16,64…),如表 7-1 所示。

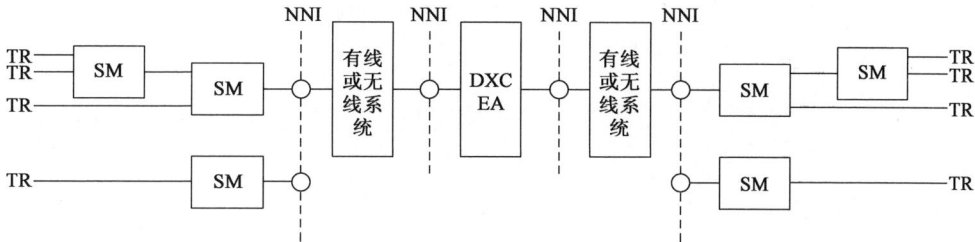

图 7-11 NNI 在网络中的位置
TR-支路;DXC-数字交叉连接设备;SM-同步复用设备;EA-外部接入设备

SDH 体系的速率   表 7-1

等 级	速率(kb/s)	等 级	速率(kb/s)
STM-1	155520	STM-16	2488320
STM-4	622080	STM-64	9953280

SDH 与传统的 PDH 相比,有以下特点:

(1)有全世界统一的数字信号速率和帧结构标准。

(2)同步复用。

(3)强大的网络管理能力。

(4)有标准的光接口。

(5)具有兼容性。

(6)按字节复用。

综上所述,SDH 既适应目前通信需要,又能满足未来通信要求。随着公路迅猛发展,通信系统势必朝着网络化发展,因此 SDH 网的前后兼容性、灵活组网性、强大生存能力必然成为公路通信系统的最佳选择,同时也为各种宽带业务的发展打下坚实基础。

2. SDH 帧结构

要确立一个完整的数字体系,必须确立一个统一的网络节点接口,定义一整套速率和数据传送格式以及相应的复接结构(即帧结构)。

SDH 的一个关键功能是要求对支路信号同步的数字复用、交叉连接和交换,同时也希望支路信号在一帧内的分布是均匀的、有规律的,以便于接入和取出。为满足这些要求,原CCITT(国际电报电话咨询委员会)采纳了一种以字节结构为基础的矩形块状帧结构,如图 7-12所示。SDH 的帧结构是一个块状帧,它由横向 $270 \times N$ 列和纵向 9 行字节(1 个字节 8bit)组成,称为 STM-N。字节的传输是从左到右按行进行的,先从左上角第一个字节开始,从左到右,再由上而下按序传送、直到整个 9×270 字节都传送完毕之后才转入下一个帧。如此,一帧帧的传送,每秒共 8000 帧。这样,对于 STM-1 来说,传送速率就是 $270 \times 9 \times 8 \times 8000 = 155.52(\text{Mb/s})$。

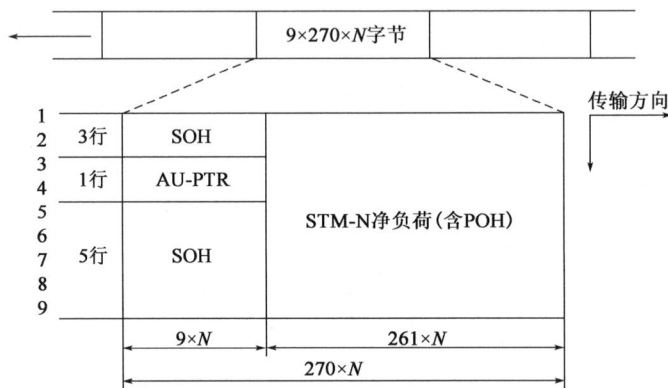

图 7-12　SDH 技术的帧结构(STM-N)

帧结构一般可以分为三个组成区域,其功能如下。

(1)段开销

段开销(Section Over Head,简称 SOH)是指 STM 帧结构中为了保证信息净负荷、灵活传送所必需的附加字节,是供网络运行、管理和维护使用的字节。

(2)管理单元指针

管理单元指针(AU-PTR)是一种指示符,用来指示信息净负荷的第一个字节在 STM-N 中的准确位置,以便在接收端正确地解复用。采用指针方式消除了常规 PDH 帧结构中滑动缓存引起的延时和性能损伤。

（3）信息净负荷

信息净负荷（Payload）就是 STM-N 模块中存放的各种数据信息，当然还含有少量用于通道性能监视、管理和控制的通道开销控制字节 POH。通常，POH 作为净荷的一部分与净荷一起在网络中传送。

3. SDH 的基本复用结构

为了得到标准的 STM-N 传输模块，一般要经过映射、定位和复用三个步骤，才能将各种支路信息装入 STM-N 模块的净负荷区中。

映射是将各种速率的 G.703 支路信号先分别经过码速调整装入相应的标准容器，然后再装进虚容器的过程。

定位是一种附加于 VC（虚容器）上的支路单元指针和确定低阶 VC 帧的起点在 TU（支路单元）净负荷中位置或管理单元指针和确定高阶 VC 帧的起点 AU（管理单元）净负荷中的位置的过程。

复用是一种把 TU 组织进高阶 VC 或把 AU 组织进 STM-N 的过程。我国基本复用映射结构如图 7-13 所示。SDH 的基本复用单元包括标准容器（C）、虚容器（VC）、支路单元（TU）、支路单元组（TUG）、管理单元（AU）和管理单元组（AUG）。

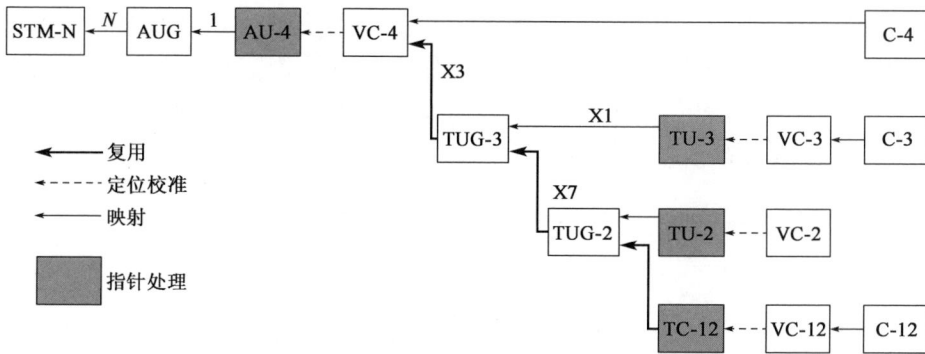

图 7-13　我国的基本复用映射结构

C-3 主要用于 IP 业务和图像业务传输；C-12 主要用于图像业务传输

4. SDH 设备

光同步数字传输网是由一些 SDH 网络单元组成。它的基本网络单元有同步光缆线路系统、同步复用器（SM）、分插复用器（ADM）和数字交叉连接设备（RXC）等，这些设备均由一系列逻辑功能块构成。

（1）SDH 逻辑功能块

SDH 逻辑功能块由基本功能块、复合功能块和辅助功能块构成。

所谓 SDH 的基本功能块是用来完成 SDH 的映射、复用、交叉连接功能的模块。复合功能块包括两类：一类是适配功能；另一类为监控功能。用辅助功能块来完成数据的同步复用功能以及定时、开销和管理功能。

（2）再生器

再生器是仅对光波进行放大、整形的设备，它不具备复用功能，是最简单的一种设备。

（3）终端复用器（TM）

终端复用器能够一次完成复用功能，并同时进行电—光转换，然后将其送入光纤。

（4）分插复用器（ADM）

分插复用器具有能够在不需要对信号进行解复用和完全终结 STM-N 情况下经 G.703 接口接入各种准同步信号的能力。

（5）数字交叉连接设备（DXC）

DXC 的基本功能：电路调度功能、业务的汇集和疏导功能和保护倒换功能。

（6）光接口

一个完整的光纤通信系统的具体组成如图 7-14 所示。

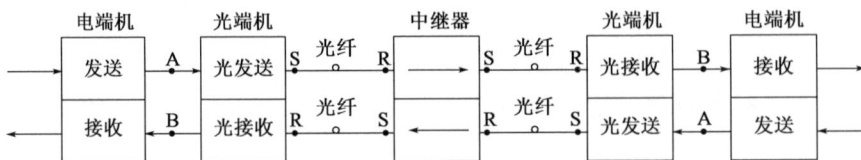

图 7-14　光纤数字通信系统方框图

把光端机与光纤的连接点称为光接口，而把光端机与数字设备的连接点称为电接口。为了简化横向兼容系列产品的开发，将光接口的应用场合划分为局内通信、短距离局间通信和长距离局间通信三种类型。在代码中，第一个字母代表应用场合，分别以 I、S 和 L 来表示，字母后的第一位数字表示 STM 的等级，第二位表示工作窗口和所用光纤类型，1 或空白表示标准工作波长为 1310nm，所用光纤为 G.652 型；2 表示标准工作波长为 1550nm，所用光纤为 G.652型和 G.654 型；3 表示标准工作波长为 1550nm，所用光纤为 G.653 型，如表 7-2 所示。

光接口的分类及应用特性　　　　　　　　　　　　　　　表 7-2

应　　用		局内	局间短距离		局间长距离		
标称工作波长（nm）		13	13	1	1	1550	
		10	10	550	31		
					0		
光纤类型		G.652	G.652	G.652	G.652	G.652	G.653
传输距离（km）		≤2	≤15		≤40	≤60	
STM 等级	STM-1	I-1	S-1.1	S-1.2	L-1.1	L-1.2	L-1.3
	STM-4	I-4	S-4.1	S-4.2	L-4.1	L-4.2	L-4.3
	STM-16	I-16	S-16.1	S-16.2	L-16.1	L-4.2	L-4.3

四、光纤通信特点

光纤通信获得如此巨大发展和广泛应用是与其自身所具有的许多特点密切相关的。

1. 传输损耗小，中继距离长

目前，实用光纤传输损耗在光波波长为 $1.31\mu m$、$1.55\mu m$ 和 $0.85\mu m$ 附近时，分别为 $0.35 \sim 0.5dB/km$、$0.2 \sim 0.3dB/km$ 和 $2.3 \sim 3.4dB/km$。在长途光纤通信系统中，通常约每 2km 需要有一个光纤熔接点，每个熔接点的损耗不超过 0.2dB。这样 $1.55\mu m$ 光纤传输损耗大约为 30dB/102km。光纤的这种低损耗特点支持长距离无中继传输。

2. 传输频带宽,通信容量大

可见光波长范围在 390nm(紫外)至 780nm(红外)之间,而用于光纤通信的近红外区段的光波波长在 800~2000nm 之间,具有非常宽的传输频带。

在光纤的三个可用传输窗口中,0.85μm 窗口只用于多模传输,1.31μm 和 1.55μm 多用于单模传输。每个窗口的可用频宽一般在几十到几百 GHz 之间。近些年来,又相继开发出了第四窗口(L 波段)、第五窗口(全波光纤)和 S 波段窗口。其中波长为 1.28~1.625μm 的全波光纤的出现,使得传统可用波长范围从 0.2μm 扩展到 0.3μm。这样,单模光纤的潜在带宽可达几十太赫兹(10^{12}Hz),具备了宽带大容量的特点。

3. 抗电磁干扰,保密效果好

光纤的非金属制造材料决定了它是一种电磁绝缘体,因此高压、雷电、磁爆都不能对它产生影响。其次,光波的频率很高,而各种外界电磁干扰信号的频率相对来说较低,很难对它产生干扰。由于光信号只能沿着光纤传输,一旦逸出很快就会衰减消失,与传统的无线和有线通信系统相比具有极强的保密效果。

4. 体积小、重量轻,便于运输和敷设

一根光纤外径不超过 125μm,经过表面涂覆后尺寸也不大于 1mm。制成光缆后直径一般为十几毫米,比金属制作的电缆线径细、质量轻,在长途运输或敷设时空间利率高。在话路数量相同的情况下,光缆仅为电缆质量的 1/20,直径仅为 1/6。

5. 原材料丰富,节约有色金属

与制造电缆主要用铜、铝不同,制造光纤的主要原材料石英在地球上储量极为丰富;而且光纤具有耐高温、化学稳定性好、抗腐蚀能力强、不怕潮湿、可在有害气体环境下工作等优点。

但是,光纤传输媒介也有它固有的不足:光纤质地脆弱易断,需要增加适当保护层加以保护,保证其能承受一定的敷设张力;光缆敷设时的弯曲半径不宜太小,否则会产生弯曲损耗;切断和连接光纤时需要高精度熔接技术和器具,接续点存在接续损耗;光信号的分路耦合不是很方便。但这些不足与光纤通信所具有的巨大优势相比是微不足道的,也是完全可以克服的。

第三节　程控数字交换系统

公路设置专用程控数字交换系统是获取高可靠性、高可用性通信工具的物质保证,同时利用已建管道安装程控电话可以节省投资费用。

一、交换系统功能

交换系统是一种使许多电话用户在需要时能及时进行通话的专门设备,它的功能是建立连接用户与用户之间或与另一交换系统之间的电话电路。电话交换系统的发展经历了人工、自动和电子三代历程。

第一代电话交换系统是人工交换机,与电话同时发明。电话交换机通过线路分别与各用户的电话机连通,用户通过话机将呼叫号码告诉交换台,话务员用插头接通用户与被呼叫方的电话。人工转接电话效率低、速度慢、劳动强度大,难以满足急剧增长的通话需求。

第二代电话交换系统是自动交换机。1891 年美国人发明了步进式自动交换系统,1919 年瑞典人发明了纵横式自动交换系统,两者均属于机电式自动电话交换机。步进式交换机靠用户的拨号脉冲控制选择器完成先上升、后旋转的动作,使弧刷与触点接触构成通路。纵横式交换机由一些纵棒、横棒和电磁装置构成,控制通过电磁装置的电流可吸动相关的纵棒和横棒动作,使得纵棒和横棒在某个交叉点接触,从而实现接线的工作。步进式交换机存在元件磨损大、寿命低、速度慢、有杂音等缺点;而纵横式交换机比步进制交换机的动作噪声小,磨损和机械维修工作量也小,工作寿命较长。另外,两者的控制方式也不同,步进式是由用户拨号直接控制它的机械动作,叫作"直接控制式";而纵横式是用户拨号要通过一个公共控制设备间接控制接线器动作,因而叫作"间接控制式"。公共控制设备的功能类似于人工电话交换中的话务员,担任着接收用户拨打的电话号码的任务,并进行存储、计数、转发等工作,但其接线速度比人工快得多。公共控制设备是由许多电子器件组成的极为复杂的电子电路。间接控制方式比直接控制方式优势明显,便于在多个电话局组成的电话网中实现灵活的交换,便于实现长途电话自动化,还便于结合新技术、开放新业务等,它使自动电话交换技术提高到一个新的水平。

第三代电话交换系统是电子交换机。20 世纪 60 年代,电话交换机开始用晶体管电子元件代替电磁继电器,用干簧接线器代替纵横接线器。干簧接线器工作速度较高,能与电子元件的控制电路配合工作。1965 年,美国贝尔实验室发明了程控电话交换机;1970 年,法国开通了世界上第一部程控数字交换机;进入 20 世纪 80 年代,程控数字电话交换机开始在世界范围内普及。程控交换机的控制中心使用了专门的电子计算机,人们根据需要把预先编制好的程序存入计算机后即可自动完成交换。程控交换机的速度快、容量大、使用灵活、可靠性高,可以提供多方通话、自动回收、缩位拨号等多种服务,还可以解决通话自动计费的问题,并有利于实现设备测试和维护的自动化。程控数字交换与数字传输相结合,可以构成综合业务数字网,不仅能实现电话交换,还能实现传真、数据、图像通信等交换。程控数字交换机已成为当代电话交换的主要制式。

公路运营公司各级管理机构沿道路分布,相距颇远,监控、收费、日常管理等大量信息需要传输;此外,还须与上级管理部门(地区路网管理部门乃至交通运输部)通信网、公用邮电网、卫星通信网联结,以实现大范围的信息交流,因此需要设置专用通信网。专用网的规模(门数)与道路里程和进出口数目有关。在通信网进入综合业务数字网的时代,系统功能为:

(1)完成管理部门各单位点对点的语音、传真、图像和数据的传输。

(2)实现管理中心和下属各单位一点对多点的同时通信(如指令电话、电话会议等)。

(3)与上级业务管理部门和外界社会的通信。

(4)具有对系统状态自动测试的功能。

二、程控数字交换系统基本构成

程控数字交换系统实际上是由计算机控制的电话交换系统,由硬件和软件两大部分组成。

(一)硬件的基本组成

图 7-15 是程控数字交换系统的硬件基本组成结构。总体上看,其硬件组成可分为话路设备和控制设备两大部分。

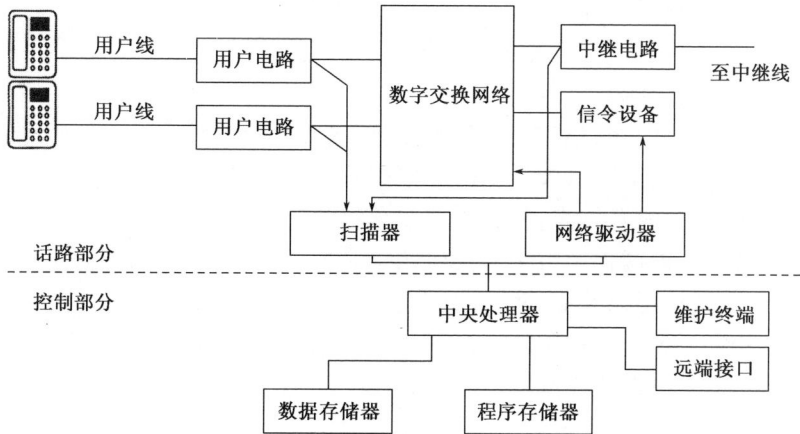

图 7-15 程控数字交换系统硬件组成框图

1.话路设备

图 7-15 中虚线以上部分为话路设备,它由数字交换网络和一组外围电路组成。数字交换网络为参与交换的数字信号提供接续通路。外围电路包括用户电路、中继电路、扫描器、网络驱动器和信令设备。

其中,用户电路是数字交换网络与用户线之间的接口电路,用于完成 A/D 和 D/A 转换。多数情况下,用户线一侧接通的是模拟语音信号,因此,需要通过用户电路转换为脉冲编码调制的数字信号再进入交换机;同时,交换机一侧的数字信号也需要通过用户电路转换为模拟信号传送到用户话机。此外,用户电路还为用户提供馈电、过压保护、振铃、监视、2/4 线转换等辅助功能。当用户线一侧接数字设备时(如计算机、数字传真机、数字话机、数字图像设备等),需要采用专用的用户电路支持交换机直接接收、发送数字信号。

中继电路是数字交换网络和中继线间的接口电路。中继线是本交换机与其他交换机或远距离传输设备的连接线。中继线上传输的不仅有数字语音信号,还有各种局间信令。某些配有模拟中继电路的交换机支持模拟中继线,在模拟中继线上传送的是模拟信号,但随着数字传输规模的扩大,模拟中继电路的需求越来越少。

扫描器用来收集用户的状态信息,如摘机、挂机等动作。用户状态(包括中继线状态)的变化通过扫描器接收下来,然后传送到交换机控制部分作相应的处理。

交换网驱动器在控制部分的控制下,执行数字交换网络中通路的建立和释放。

产生控制信号的部件称为信令设备或信号设备。其中主要包括信号音发生器(产生拨号音、忙音、回铃音等)、话机双音频(DTMF)号码接收器、局间多频互控信号发生器和接收器(用于交换机之间的"对话")以及完成 CCITT No.7 共路信令的部件。CCITT No.7 信令是一种目前应用最广泛的国际标准化共路信令系统。它将信令和语音通路分开,可采用高速数据链路传送信令,因此具有传送速度快、呼叫建立时间短、信号容量大、更改与扩容灵活及设备利用率高等特点,最适用于程控数字交换与数字传输相结合的综合业务数字网。

2.控制设备

图 7-15 中虚线以下的部分为控制设备,它由中央处理器、程序存储器、数据存储器、远端接口以及维护终端组成。控制部分的主要任务是根据外部用户与内部维护管理的要求,执行

控制程序,以控制相应硬件,实现交换及管理功能。

中央处理器可以是普通计算机的 CPU,也可以是交换系统专用 CPU,用于控制整个交换系统的运行、管理、监测和维护。

程序和数据存储器分别存储交换系统的控制程序和执行过程中用到的数据。

终端维护包括键盘、显示器、打印机等,可根据系统需求进行修改、升级、维护等操作。

由于控制部分的控制内容较为复杂,常需要分级描述。例如,可分为用户处理、呼叫处理和测试维护三级。另外,根据程控数字交换机的容量大小,按其配置与控制工作方式的不同也可分为集中控制和分散控制两种方式。在分散控制方式下,通过远端接口实现相互连接。总之,在确保控制部分完成既定的控制功能的前提下,可以灵活地采用各种模块化和分布式的控制方式来实现安全、可靠的系统控制。

(二)软件的基本组成

程控数字交换系统软件由程序模块和数据两部分组成。

程序模块分为脱机程序和联机程序两部分。脱机程序主要用于开通交换机时的系统硬件测试、软件调试以及生成系统支持程序;联机程序是交换机正常开通运行后的日常程序,一般包括系统软件和应用软件两部分。程控数字交换系统运行软件的组成如图7-16所示。

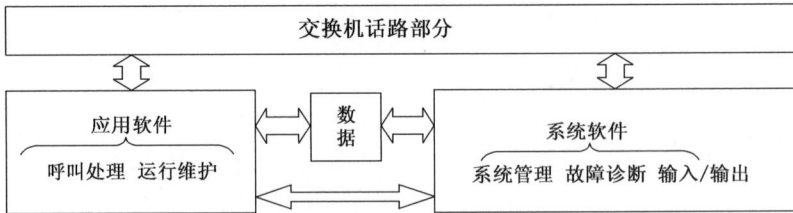

图 7-16　程控数字交换系统运行软件的组成

系统软件与普通计算机操作系统功能相近,主要用于系统管理、故障诊断、文件管理和输入输出设备管理等。

应用软件直接面向用户,负责交换机所有呼叫的建立与释放,具有较强的实时性和并发性。呼叫处理程序是组成应用软件的主要部分,根据扫描得到的数据和当前呼叫状态,对照用户类别、呼叫性质和业务条件等进行一系列的分析,决定执行的操作和系统资源的分配。应用软件的另一部分是运行维护程序,用于存取、修改一些半固定数据,使交换机能够更合理有效地工作。

程控数字交换系统的数据部分包括交换机既有的和不断变化的当前状态信息。如硬件配置、运行环境、编号方案、用户当前状态、资源占用情况等。数据内容可分为交换系统数据、局用数据和用户数据。

交换系统数据类似于产品出厂说明书,主要指各类软件模块所固有的数据和各类硬件配置数据,一般是固定不变的。例如存储器起始地址、各种信号和编号等。程控数字交换机的系统数据由设备制造商编写提供,属于交换程序的一部分。

局用数据反映本交换局在交换网中的地位或级别、本交换局与其他交换局的中继关系等,它包括对其他交换局的中继路由组织、中继路由数量、编号位长、计费数据、信令方式等。局用数据对某个交换局的交换机而言是半固定的数据,开局调试好后,设备运行中保持相对稳定,必要时可用人机命令修改,例如中继数据、计费数据、信令数据等。

用户数据是市话局或者长市合一局的交换机所具有的数据,包括每个用户线(话机)类别、电话号码、设备码、话机类型、计费类型、用户新业务、话务负荷、优先级别等。

程控数字交换机将各种控制功能预先编写成功能模块存入存储器,并根据对交换机外部状态作周期扫描所取得的数据,通过中断方式调用相应的功能模块对交换机实施控制,协调运行交换系统的工作。

三、程控电话系统呼叫过程

电话交换的基本任务是完成电话的接续,进行呼叫处理,程控数字交话机的呼叫处理任务是在呼叫处理(又称交换处理)程序控制下完成的,下面以 A 地用户 a 与 B 地用户 z 的通话过程说明程控交换系统的工作。两地用户不可能建立一一对应的直通线路,必须在两地设立交换机,汇接当地的用户线,并以小量中继线与另一地区的交换机连接。当某对用户有通话需求时,为他们接续通话线路。图 7-17 描绘了呼叫通话的工作过程。

在开始时,用户处于空闲状态,交换机进行扫描,监视用户线状态。用户摘机后开始呼叫处理,一个呼叫处理的基本过程如下:

(1)交换机 A 所属用户 a 摘下话机表示有通话需要。

(2)交换机 A 快速巡回扫描,检测到用户 a 摘机的状态,立即返回一个拨号音,表示已为用户做好服务准备。

(3)用户 a 听到拨号音后,会拨出通话对象 z 的电话号码。

(4)交换机 A 做出判别,查明话机 z 号码所属的交换机号为 B,接续与交换机 B 的线路,并将号码转送给 B;B 检测话机 z 的状态,如 z 机正与他人通话,处于忙碌状态,则向 a 机(经 A)发回忙音;如 z 处于空闲状态,则接续与 z 的线路,发出振铃信号。

(5)将回铃音经 A 机传送给话机 a,并持续监视 z 的状态。

(6)当测出 z 机出现应答信号,即将此信号转送给 a 机,a 与 z 通话开始。此时,A、B 两机均须继续保持对已接续话路状态的检测。

(7)当通话双方任一端出现挂机状态时即表示通话结束,待测出双方均挂机后,原来建立通话线路的交换机立即拆除线路,并由未拆线端的交换机予以证实,此次通话过程才算完全结束。

通过上述过程,可以看出程控交换机在通话过程中作用巨大,它所进行的工作有:

(1)高速巡回检测所汇接用户线的状态。

(2)依据测出的用户线状态,按预设程序向用户线、中继线(其他交换机)发出控制指令。

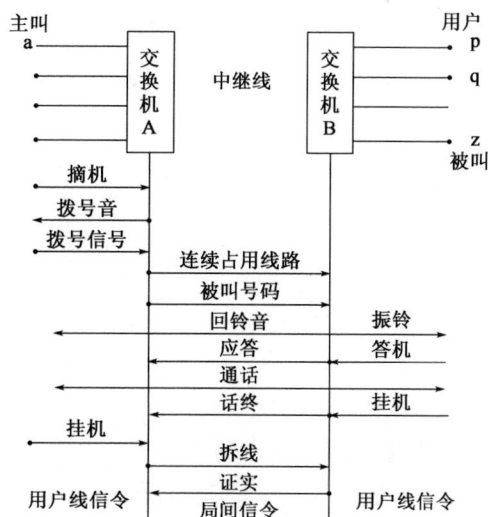

图 7-17 电话呼叫通话过程的基本信号

四、用户传输方式

公路交换系统用户分布在沿线各类机构中,除了和电话局处在同一地点的用户外,大部分用户均远离电话局,用户距交换机距离从几公里到几十公里不等,显然采用市话电缆传输是不能满足传输衰耗指标要求的。因此,除了电话局本地用户可采用市话电缆直接与交换机用户接口相连外,还要在若干用户集中点配置交换机远端模块或 PCM 基群终端机,经数字光纤传输系统进入交换机。一般距电话局及用户集中点距离在 5km 以下的分散用户可采用市话电缆传输,直接进入交换机或经交换机远端模块及经 PCM 基群终端音频信道进入交换机。市话电缆线径的选择应满足传输损耗的要求,个别远距离用户的传输损耗要求可适当放宽。

在采用 PCM 基群终端机或光纤用户环路设备时,通常在局端(交换机侧)采用交换机模拟用户线进入 PCM 基群终端机或光纤用户环路设备局端机的音频信道,即需进行 A/D 变换,并在用户端进行 D/A 变换。这样既使传输受损,又很不经济。此外数字业务的发展也要求从用户终端至本地交换机之间实现透明的数字连接。为此 ITU-T 规范了 V5 接口系列,已成为建议的有 G.964(V5.1)和 G.965(V5.2)。

其中 V5.1 接口由单个 2048kb/s 链路所支持,它支持下列业务:

(1)公共交换电话网(Public Switched Telephone Network,简称 PSTN)单个用户,采用用户级自动交换机(Private Automatic Branch Exchange,简称 PABX)接入。

(2)综合业务数字网(Integrated Services Digital Network,简称 ISDN)基本接入(2B+D)。

(3)用于半永久连接,不随带外信令信息的其他模拟接入或数字接入。

V5.2 接口由多个(最多可达 16 个)2048kb/s 链路所支持,除支持 V5.1 接口的全部业务外,另有 ISDN 一次群速率接入,即 30B+D、HO、H12 和 NX64kb/s 业务。

上述接入类型业务可以是永久连接或半永久连接。

据此进行本地交换机用户端数字接口,即 V 接口的开发。在产品选型时,应尽可能选择具备 V5 接口功能的产品。

五、数据传输方式

程控数字交换系统的数据传输方式有电路交换和存储交换两种。

(一)电路交换

电路交换(Circuit Switching)又称为线路交换,是一种面向连接的服务。电路交换是根据交换机结构原理实现数据交换的。其主要任务是把要求通信的输入端与被呼叫的输出端接通,即由交换机负责在两者之间建立起一条物理通路,并且在整个通信过程中,这条通路被独占。在完成接续任务之后,双方通信的内容和格式等均不受交换机的制约。电路交换通常又分为时分交换(Time Division Switching,简称 TDS)和空分交换(Space Division Switching,简称 SDS)两种方式。

整个电路交换的过程包括建立线路、占用线路并进行数据传输和释放线路三个阶段。下面分别予以介绍。

1.电路建立

如同打电话先要通过拨号在通话双方间建立起一条通路一样,数据通信的电路交换方式在传输数据之前也要先经过呼叫过程建立一条端到端的电路。它的具体过程如下：

（1）发起方向某个终端站点（响应方站点）发送一个请求，该请求通过中间节点传输至终点。

（2）如果中间节点有空闲的物理线路可以使用，接收请求，分配线路，并将请求传输给下一中间节点；整个过程持续进行，直至终点。如果中间节点没有空闲的物理线路可以使用，整个线路的连接将无法实现。仅当通信的两个站点之间建立起物理线路之后，才允许进入数据传输阶段。

（3）线路一旦被分配，在未释放之前，其他站点将无法使用，即使某一时刻，线路上并没有数据传输。

2. 数据传输

电路交换连接建立以后，数据就可以从源节点发送到中间节点，再由中间节点交换到终端节点。当然终端节点也可以经中间节点向源节点发送数据。这种数据传输有最短的传播延迟，并且没有阻塞的问题，除非有意外的线路或节点故障而使电路中断。

3. 电路拆除

当站点之间的数据传输完毕，执行释放电路的动作。该动作可以由任一站点发起，释放线路请求通过途经的中间节点送往对方，释放线路资源。被拆除的信道空闲后，就可被其他通信使用。

电路交换方式的优点是数据传输可靠、迅速，数据不会丢失，且保持原来的序列。因此，它适用于远程批处理信息传输或系统间实时性要求高的大量数据传输（如影像、图片及语音等数据）的情况。缺点是在某些情况下，电路空闲时的信道容量被浪费。

（二）存储交换

存储交换是指数据交换前，先通过缓冲存储器进行缓存，然后按队列进行处理。在公路程控交换系统中，存储交换的传输方式多用于低速数据如收费、统计等数据传输。存储交换又分为报文交换（Message Switching，简称 MS）和分组交换（Packet Switching，简称 PS）两种。

报文交换的基本思想是先将用户的报文存储在交换机的存储器中，当所需要的输出电路空闲时，再将该报文发向接收交换机或用户终端，所以，报文交换系统又称"存储—转发"系统。报文交换适合公众电报等。实现报文交换的过程如下：

（1）若某用户有发送报文需求，则需要先把拟发送的信息加上报文头，包括目标地址和源地址等信息，并将形成的报文发送给交换机。当交换机中的通信控制器检测到某用户线路有报文输入时，则向中央处理机发送中断请求，并逐字把报文送入内存器。

（2）中央处理机在接到报文后可以对报文进行处理，如分析报文头，判别和确定路由等，然后将报文转存到外部大容量存储器，等待一条空闲的输出线路。

（3）一旦线路空闲，就再把报文从外存储器调入内存储器，经通信控制器向线路发送出去。

报文交换的优点是线路利用率高，信道可为多个报文共享；不需要同时启动发送器和接收器来传输数据，网络可暂存；通信量大时仍可接收报文，但传输延迟会增加；一份报文可发往多个目的地；交换网络可对报文进行速度和代码等的转换；能够实现报文的差错控制和纠错处理等功能。但报文交换方式的不足有：中间节点必须具备很大的存储空间；任何报文都必须排队等待:不同长度的报文要求不同长度的处理和传输时间;报文交换难以支持实时通信和交互式通信的要求。

分组交换与报文交换技术类似,但规定了交换机处理和传输的数据长度(称之为分组),不同用户的数据分组可以交织地在网络中的物理链路上传输。分组交换是目前应用最广的交换技术,它结合了电路交换和报文交换两者的优点,使其性能达到最优。

六、公路通信系统容量需求

为了确定程控交换系统的规模,首先应确定用户分布并进行话务量估算。公路程控交换系统一般可根据公路运营管理体制和管理机构的设置情况,并参照现已建成的公路程控交换系统的实际运行情况进行业务需求分析。

我国高速公路管理采用垂直管理形式,按照不同的管理层次分别建立相应的管理系统。高速公路运营管理一般采用三级管理,第一级为省(市)、自治区高速公路管理局(总公司);第二级为各地区(路段)高速公路管理处(分公司),包括监控、收费及通信中心及各类行政、路政、养护等部门;第三级为各路段所辖管理站,包括收费站、监控站、通信站、养护工区、服务区等。

按照交通专用通信网的布局,在第一级建立省(市)、自治区交通专用网的交换中心,它也是该网的汇接中心。在第二级则应按照路段的长度采取不同的设局方案,100km 以上的路段一般应采用多局制,在管理处所在地设汇接局,其余为端局;在 100km 以下的路段,则可采用单局制,在管理处所在地设端局。

应根据用户的要求来确定各级机构的初装用户数量,并根据系统要求确定安装中继线的数量。此外,还应考虑增加 10% ~20% 的余量。终局用户线和中继线数量可以考虑为初装数量的 2 倍。

第四节　移动通信系统

移动通信系统出现在半个世纪以前,20 世纪 80 年代以后得到迅速发展。数字程控交换技术的采用,综合业务数字网(ISDN)的开发成功,智能网研究的新进展,为实现个人通信打下了网络基础。特别是随着蜂窝组网技术的完善和大容量系统的出现,移动通信已经成为发展速度最快、最受欢迎、最灵活方便的通信技术之一。

一、移动通信系统功能

移动通信系统的主要功能包括:

(1)移动通信系统能提供国际自动漫游功能,所有移动通信用户都可以进入通信系统而与国别无关。

(2)移动通信系统除了可以提供语音业务外,还可以提供各种数字业务。

(3)移动通信系统具有加密和鉴权功能,能确保用户保密和网络安全。

移动通信系统可提供的业务功能分为基本业务和补充业务。

基本业务分为电信业务和承载业务。电信业务包括一般电话业务、紧急呼叫和短消息业务(包括点对点的 MS 终端短消息以及点对点 MS 起始短消息业务、小区广播短消息业务等)。

其他业务还有接入先进信息处理系统(Message Handing System,简称 MHS),传输可视图文和图文电视,多媒体业务,以及智能用户电报、语音传真等。承载业务主要包括受限话音及数据业务。数据业务主要包括所有的异步或同步数据,同步双工、异步双工,分组装/拆(Packet As-sembler/Disassembler,简称 PDA)以及分组同步双工等业务。

补充业务又称为附加业务,它可向用户提供许多高级报务服务,从而给用户带来极大方便,如主叫号码显示识别、免费电话、移动接入跟踪、呼叫转换、闭锁等功能。

二、移动通信系统基本组成

典型的移动通信系统是由移动业务交换中心(MSC)控制下的若干个基站台(BS),以及每个基站台覆盖范围内的众多移动台(MS)共同组成的。MSC 通过中继线与固定电话网连通,实现移动台用户与公用固定电话用户之间的通信,如图 7-18 所示。

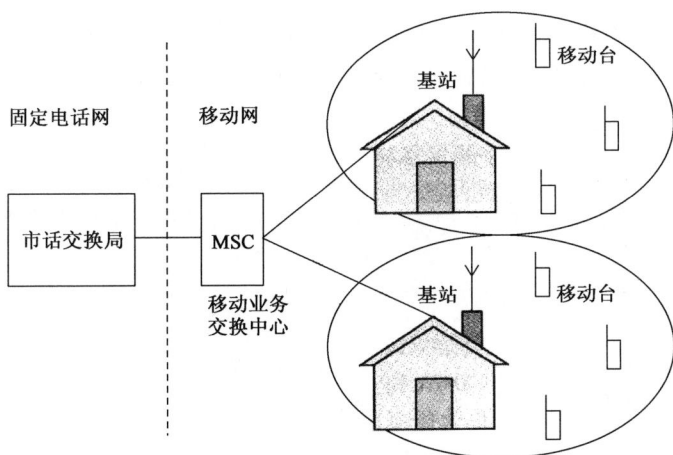

图 7-18 典型移动通信系统的组成

MSC 通过有线线路与其控制下的基站连接,其主要功能是完成信息交换并集中控制其属下的这些基站。每个基站都有一个范围大致固定的可靠通信服务区,该服务区的大小可根据需要通过调整基站天线的方向、角度或高度,以及发射功率来确定。根据服务区的大小分为大区、中区、小区三种制式。

大区制覆盖半径为 30～40km,面积为 2500～5000km^2,一般用于人口密度较稀或业务量不大的情况。大区制的优点是投资少、设备管理成本低。中区制覆盖半径为 20km,适用于专用移动通信网。小区制覆盖半径为 2～10km,适用于人口密度大、用户数量多的地区。在城市工况状态下的现代公用移动通信系统一般都采用小区蜂窝制,利用多个相互边缘覆盖的类似于蜂窝结构的小区可以构成如图 7-18 所示的一个大服务区。根据需要,通过调整小区范围,适当增加基站数量,可以达到容纳更多用户的目的。小区制的优点是能够很好地解决用户多而信道和频率有限的矛盾。在技术上,同一小区的用户可以信道复用,不同小区的移动用户可以频率复用。

三、移动通信系统主要性能

移动通信系统的主要性能表述如下:

1. 工作频率

常见系统工作频率如表7-3所示。

常见系统工作频率   表7-3

系统名称	上行链路频率(MHz)	下行链路频率(MHz)	双工间隔(MHz)	工作带宽(MHz)	载频间隔(kHz)
GSM900	890~915	935~960	45	25	200
GSM1800	1710~1785	1805~1880	95	75	200
EGSM900	880~915	925~960			

其中EGSM900比GSM900在上/下行频段向下扩展了10MHz工作带宽,以解决目前GSM900系统频道拥挤问题。

2. 发射类别

发射类别参数为271kF7W,即8个基本物理信道采用时分多址(TDMA)方式和高斯滤波最小移频键控(GMSK,BT=0.3)调制,每载波信息速率为270.833kb/s。

3. 小区结构和频率再用

农村地区可采用宏小区,小区半径可达35km;城市地区的小区半径为10~20km;市中心等业务量密集地区可采用微小区,半径为0.5km左右。地域覆盖模式为9小区的区群,同频保护比为$C/I=9$dB。

4. 业务信道

语音编码器的基本速率为13.0kb/s,加纠错保护后的总速率为22.8kb/s;透明数据速率为2.4kb/s、4.8kb/s和9.6kb/s;非透明数据基本速率为12.0kb/s。

5. 小区选择

由移动台进行小区选择,小区选择的条件以路径损耗测量结果为依据。如果传输质量不满足指标要求或者不能对基站发射的寻呼块进行译码或者不能接入上行线路,则移动台就开始重新选择小区。

第五节　紧急电话系统

紧急电话系统既是通信系统的组成部分,也是监控系统当中采集信息的手段。紧急电话在监控系统中已有详述,这里不再述及。

【思考题】

1. 模数转换有哪些基本过程?

2.公路通信系统一般有几个层次？各层次通信业务有何特点？

3.简述公路通信系统的构成及其功能。

4.公路通信系统的特点有哪些？

5.公路干线通信有几种方式？

6.光纤通信有什么优点？卫星通信有什么特点，在交通专用网中起什么作用？

7.光纤的结构是怎样的？简述数字光纤通信的组成及设备。

8.SDH 设备构成有哪些？

9.简述程控数字交换系统的功能及程控电话系统呼叫过程。

10.画图并简述移动通信系统的基本构成。

11.移动通信系统的主要性能有哪些？

第八章

公路服务设施设计

第一节 概 述

一、公路服务设施的功能

1. 公路服务设施定义

公路服务设施是指设置在公路上为车辆、驾乘人员和旅客提供服务的服务场所及其设施。公路服务设施包括服务区、停车区和客运汽车停靠站。

服务区通常可分为中心服务区、普通服务区和停车区。中心服务区指起服务主导作用、功能完善、规模较大的为人、车提供服务的场所；普通服务区指配合中心服务区、功能较全、规模适中的为人、车提供服务的场所。停车区指配合普通服务区、起加密作用、具有基本功能、规模较小的以停车为主的服务场所。

停车区指配合普通服务区、起加密作用、具有基本功能、规模较小的以停车为主的服务场所。

服务设施是公路管理系统中的重要组成部分，目的是保证交通运输能获得高速、安全、畅通。

2. 公路服务设施功能

现代公路交通，由于车辆高速、连续、长距离行驶，驾驶员必须保持高度的精力集中，很容易造成疲劳，车辆也容易出现故障；道路线形单调，驾驶员容易疲劳、松懈；特别是高速公路，全封闭管理隔断了驾驶员、乘客和车辆与外界的联系。因此,需要在公路内部设置途中休憩、食宿、购物、通信、维修等服务设施。

因此,公路服务设施具有保证车辆连续运行、服务出行者、提供公路管理养护场所、提高公路运营效益等功能。

二、公路服务设施设置原则

(1)高速公路应设置服务区和停车区;作为干线的一、二级公路宜设置服务区和停车区。

(2)高速公路服务区应设置停车场、加油站、车辆维修站、公共厕所、室内外休息区、餐饮、商品零售点等设施,根据公路环境和需求,可设置人员住宿、车辆加水等设施。

(3)作为干线的一、二级公路服务区宜设置停车场、加油站、公共厕所、室外休息点等设施,有条件时可设置餐饮、商品零售点、车辆加水等设施。

(4)公路停车区宜设置停车场、公共厕所、室外休息区等设施。

(5)作为集散的一、二级公路和三、四级公路可根据需要设置加油站、公共厕所及客运汽车停靠站等设施。

(6)客运汽车停靠站应设置车辆停靠和乘客候车设施,可与服务区结合设置。

三、公路服务区的构成

(一)概述

服务区内各种设施按使用功能大体可分为服务人的设施、服务车的设施和附属设施。

1.服务人的设施

包括公共厕所、客房、餐饮区、购物区、商务中心(含电话、传真、问讯等服务)、医疗救护、资讯传媒、室内外休息场所以及绿地等设施。

2.服务车的设施

包括停车场、道路、加油站、修理所、降温池、加水设施、交通信息告示牌、交通导向标志、场区监控、照明等设施。

为车辆服务的设施与为人服务的设施原则上应该分别布置,尽量减少人车交叉,保证安全和安静。

3.附属设施

包括管理用房、标识系统、安保系统、应急储备区、员工宿舍、配电间、水泵房(水塔),以及污水处理和垃圾处理等设施。

宜将标志标线、监控系统等管理安保设施纳入设计范畴,在服务区建设期间统一实施。

不同类型公路服务区的配置应符合表8-1的规定。

(二)综合楼

综合楼是服务区内最重要的建筑,是起主导地位的服务设施。

(1)综合楼由大厅、餐饮区、购物区、客房区、办公区、驾乘人员服务设施等组成,其中,驾乘人员服务设施应包括问询处、信息查询、电话、传真、信息发布屏、医疗救护、公共休息场所等;办公区包括管理办公室、财务室、监控室、会议室、接待室、活动室等。

公路服务区配置   表8-1

按功能分类	功能配置		中心服务区	普通服务区	停车区
车辆服务功能	停车场		●	●	●
	加油站		●	●	○
	汽车维修		●	●	—
	加水、洗车		●	●	○
	交通信息告示牌		●	●	○
	交通导向标志		●	●	●
	场区安保设施		●	●	○
	场区照明设施		●	●	○
	野营停车区		○	○	—
人员服务功能	公共厕所		●	●	○
	客房		●	○	—
	餐饮	餐馆	●	●	—
		咖啡厅茶室	○	○	—
	购物	综合性超市	●	●	—
		小卖部	●	●	○
	休闲	室内外休息区	●	●	—
		贵宾休息室	●	○	—
		公共浴室	●	○	—
		健身娱乐室	○	○	—
	银行	服务网点	○	○	—
		自动存取款机	○	○	—
	信息通信	电子显示屏	●	●	—
		信息查询系统	●	○	—
		公共电话	●	○	—
		互联网	●	●	—
	医疗救护		●	○	—
附属服务功能	管理用房		●	●	—
	员工宿舍		●	●	
	辅助设备用房		●	●	—
	污水处理设施		●	●	—
	垃圾处理设施		●	●	—
	标识系统		●	●	—
	高速公路应急储备区		○	○	—
拓展服务功能	旅游休闲娱乐		○	○	—
	客运换乘、资讯传媒		○	○	—
	仓储、物流服务		○	○	—

注：●-必选；○-可选；—-无。

（2）问询处、信息查询、电话、传真、信息发布屏等宜设在大厅。楼内应设置24h便利店和开水房。

（3）根据服务区的规模、等级以及经营和使用要求，各类用房可增减或合并。

（三）旅馆与休息室

（1）休息室与旅馆通常布设在服务区中距公路较远的位置，以减少交通噪声的干扰，保证舒适、安静。

（2）高、中、低档的客房兼备，以满足多层次人员需求。

（四）商店与餐馆

商店与餐馆经销日常旅行用品、方便食品、餐饮以及当地名优产品、土特产等。由于一般在服务区内停车时间不长，所以快餐和小卖部比较受欢迎。

（1）餐馆、商店等宜设在同栋综合楼内，以方便旅客，减少人流与车流的交叉，提高安全性。综合楼宜结合停车场地置于场区前侧；对分离式或单侧集中式服务区，综合楼与公路主线的安全距离应大于50m。餐馆也可以设置在可以观赏到周围风景的地方，例如有的服务区将餐馆设置在公路上方的上跨桥上，既有利于观光，也能够减小占地。

（2）商店和餐馆外面应设置从外部可以直接与之相连接的道路和停车场，为搬运货物和工作人员上下班提供方便。

（3）应考虑残疾人的行动方便。

（五）公共厕所

这里公共厕所是指设置在服务区广场上供旅客使用的厕所，而不是餐馆或小卖店附设的厕所。一般为钢筋混凝土平房。

（1）长途公共汽车的厕所会出现在短时间内很多人同时使用的情况，所以要充分考虑同时使用率的问题。

（2）公共厕所的位置，原则上要靠近大型车辆停车场，以方便较多旅客同时使用，但也需要注意隐蔽；同时还要尽量靠近餐馆、商店和旅馆。如果服务区规模较大，则可分设几处。

（3）必须设置残疾人专用厕所。

（六）医务室和急救站

公路发生的事故往往都是恶性的，特别是在全封闭的高速公路上，发生事故不易及时抢救，所以配备医务室和急救站是十分必要的，尤其是在远离城市的地方更要设急救站。但目前我国已建成的公路服务区设置医务室和急救站的不多。

（七）停车场

停车场是停放车辆、调头及乘客上下车的场所。

（1）停车场应集中一个地方，避免分散设置成许多小停车场。若停车场分散设置在区域之内，容易在使用上偏于某一处，导致其他停车场利用率降低。但如果条件允许，最好将小型车与大型车的停车场完全分开。一般将小型车场布置在距餐饮等设施较近的位置，而大型车靠后。

（2）如果车辆使用停车场时需穿过建筑物,则通道的净高和净宽一般应大于 4m。

（3）停车场内应考虑布置一定数量的消防设施,以确保安全。

（4）在严寒地区,停车场的布置方式应与场内采暖设备的布置相适应。

（5）车辆在停车场内应单向行驶,互不交叉。为便于驾驶员寻找停放车辆,停车车位应编号。

（6）为使停放的车辆不至于滑动,停车场力求平坦。考虑到广场排水,地面坡度应≥0.3%,但停车纵向应≤2%,横向应≤3%。

（7）停车场地面应采用水泥混凝土或沥青混凝土。

（八）加油站与维修站

（1）加油站间距宜为 40～50km。

（2）加油站可设置在服务区入口、出口或中间,视实际情况而定,但设在出口比较有利,可以避免因排队加油堵住入口甚至影响匝道和主线交通。

（3）维修站可以与加油站并排布置在一起,也可以分开设置。前者能够共用通信、浴室、盥洗室、场地等一些设施,但特别要注意做好消防工作;后者维修站与加油站宜分设在进、出口,与驾驶员维修、餐饮休息、加油的服务需求顺序相适应,而且比较安全。

（4）加油站、维修站、降温池、加水设施等也必须配备相应数量的专用停车场地。其中,维修站、降温池、加水设施等位置宜相对集中,并靠近车辆停放区域。

（九）标志和标线

服务区的标志标线起提示和指示作用。应配合设施的布设来设计标志和标线的内容。指示牌和引导系统应醒目,其结构、构造设置应安全。

（1）服务区出入口及场地内必须设置引导类和说明类的标识,可根据需求设置安全警示类标识。

（2）服务区入口处必须设置服务区名称标识牌及带有驶入方向的地面箭头标线,出口处必须设置含公路交通图及沿线服务区信息的标识牌。

（3）服务区内必须设置服务区信息标识板,标识全省公路服务区布局现状及本服务区所处位置,提供本服务区情况简介;宜用地面标线标明功能区范围,并应设置有配套的说明或引导类标识牌和地面引导标线。

（十）管理设施

服务区一般设业务部、财务部、后勤部等管理部门,要建设办公场所和一定规模的职工宿舍、食堂,以及车库、仓库等。办公场所宜集中设置于综合楼内的次要部位,应包括管理办公室、商务办公室、财务室、会议室、监控室、活动室等。

（十一）其他设施

给排水、供电、垃圾处理等设施应尽量设在服务区较隐蔽的地方。绿化宜种植常绿乔木,以降低周边环境噪声。

第二节 公路服务设施总体设计

一、服务区布局

(一)服务区选址

服务区的位置应符合全省公路服务区总体规划,应根据区域路网、交通区位、交通性质、建设条件、景观和环保要求等因素规划和布设。

(1)应符合公路服务区规划要求,与主线联系密切,流向合理、出入方便、留有发展空间。

(2)应充分利用特定的自然资源和地理条件,形成富有地方特色、人文历史的服务区景观。

(3)土地使用应符合国家土地和环保政策,少占耕地,宜减少拆迁和填挖方工程量,确保土方平衡。

(4)场地不应选择低洼易淹和易发生山洪、断层、滑坡、流沙、地震断裂带等地质灾害的地段。

(5)场地与隧道出口、互通立交应保持一定的距离,与隧道间距不小于1km,与互通立交间距不小于2km。

(6)在主线两侧可采用对位和错位等方式布置,宜征用梯形地块或长方形叠加地块。

(7)宜靠近城镇,但必须与周边村庄有效隔离,并必须具有水源、电源、通信、消防疏散及排污等建设基础条件,水源必须充足,宜优先使用自来水,饮用水符合国家标准。

(二)服务区间距

一般应根据公路交通量、交通流的性质、服务设施的等级,并结合路网布局规划,合理地确定服务区、停车区之间的总体设置间距。

(1)在距50万人口城市150km范围内、交通流量较大、重要度高的高速公路上,或通往著名旅游景区的枢纽互通附近,宜设置中心服务区。

(2)在中心服务区之间可连续设置普通服务区;在中心服务区或普通服务区之间,可设置停车区。

(3)服务区的平均间距宜为50km,当沿线城镇分布稀疏,水、电等供给困难时,可增大服务区间距;停车区可在服务区之间布设一处或多处,停车区与服务区、停车区的间距宜为15~25km。

二、服务区平面布置形式

服务区的平面布置应以合理组织车流和人流,满足并便利各类使用者的功能和心理需要为准则。由于服务区是同时为人和车提供服务的,因此,在总体布局上特别要处理好服务车的设施(如停车场、加油站、修理站等)与服务人的设施(如休息厅、餐馆、公共厕所)及室外休息庭院之间的关系,尽可能避免相互干扰,为人的活动创造一个安全、舒适的环境。

　　根据主要设施的位置不同,服务区的平面布置形式也不同。

(一)分离式和集中式

按停车场的位置,服务区可分为分离式和集中式两种形式。

1.分离式服务区

在公路两侧按上、下行车道分别布置服务区及其设施,如图8-1a)所示。

2.集中式服务区

服务区及其设施集中布置在高速公路一侧,另一方向行驶车辆通过上跨或下穿立交设施进入服务区,如图8-1b)所示;或者服务区设在上、下行车行道中间,公路到这里分岔后再汇合,如图8-1c)所示。

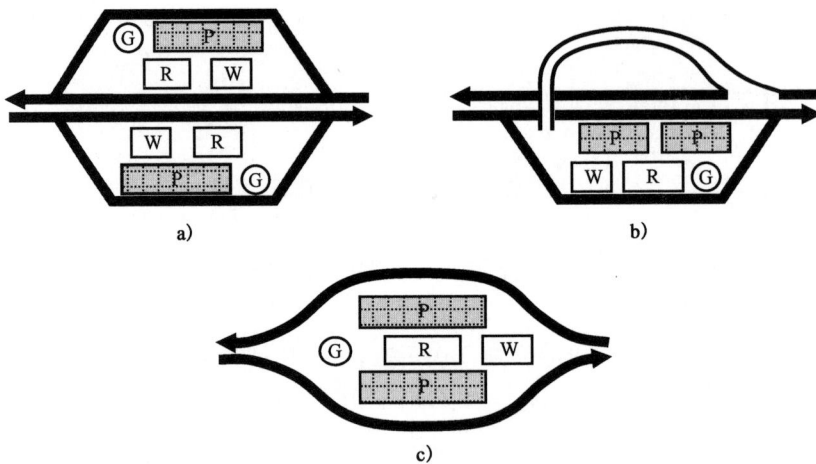

图8-1　停车场位置分布
a)分离式;b)单侧集中式;c)中央集中式
P-停车场;G-加油站;W-公共厕所;R-餐馆

　　一般高速公路大多采用分离式服务区,这种形式更便于停车,而且有利于防止互相交换通行卡和收费票证等作弊现象。停车区宜采用分离式,但无须对称布置。

(二)外向式、内向式和平行式

按餐馆的位置,服务区可分为外向式、内向式、平行式、主线上空式四种形式。

1.外向式服务区

餐馆与公路之间设置加油站和停车场等其他服务设施,如图8-2a)所示。适用于服务区外侧有开阔的田原、山野、森林等风景秀丽的地带。

2.内向式服务区

餐馆与公路相邻,餐馆的另一侧设置加油站和停车场,如图8-2b)所示。适用于环境封闭、旅客无法眺望风景的服务区。

3.平行式服务区

餐馆、加油站和停车场一字排开,都与公路相邻,如图8-2c)所示。适用于地势狭长、用地有限或山区等地段。

4. 主线上空式服务区

餐馆架在公路上空,两侧可共同使用,如图 8-2d)所示。这种形式能够充分利用公路占地空间;而且餐馆位置较高,有利于旅客观赏光景;餐馆造型还可以多样化、特色化设计,形成公路的标志性建筑。

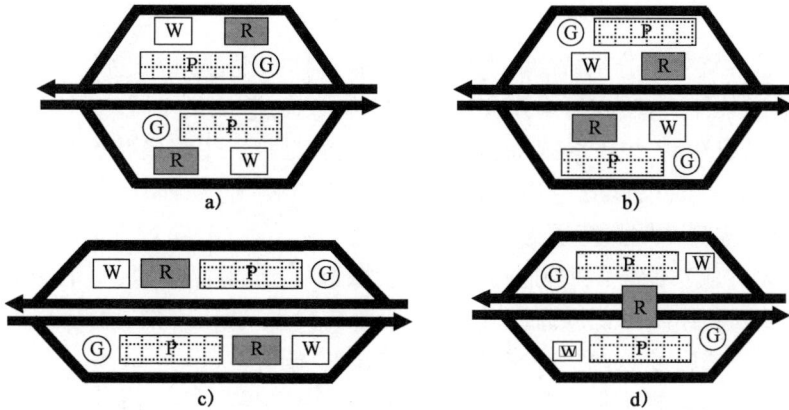

图 8-2　餐馆位置分布
a)外向式;b)内向式;c)平行式;d)主线上空式

(三)入口式、出口式和中间式

按加油站的位置,服务区可分为入口式、出口式、中间式三种形式。

1. 入口式

加油站布置在服务区的入口处,如图 8-3a)所示。这种布置便于先加油后休息、餐饮,但是当交通量较大时容易在服务区入口产生排队和拥堵,干扰匝道乃至主线交通。

2. 出口式

加油站布置在服务区的出口处,如图 8-3b)所示。这种布置在车辆离开服务区时加油,有利于场区的合理布局、交通流畅,更好地保障行人和行车的安全。

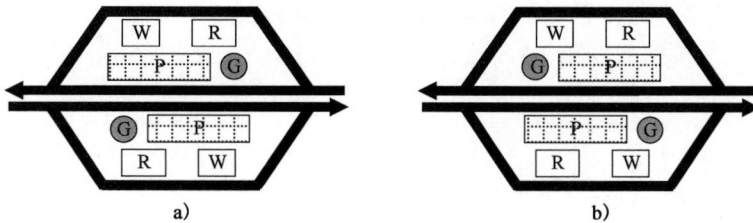

图 8-3　加油站位置分布
a)入口式;b)出口式

3. 中间式

加油站布置在服务区的中间,使用起来比较灵活。

服务区主要设施的布置形式与地形、地貌、沿线自然特征、土地利用、投资费用及管理条件等有关,通过对这些因素综合分析比较,最终组合各种形式确定。

我国高速公路服务区的最常见形式为分离式外向型,其他比较常见的还有分离式平行型和分离式餐馆单侧集中型。

三、服务区平面布置原则

(1)服务区的形式应根据地形、周边环境和与主线的关系,因地制宜地设计为分离式、集中式或主线下穿式。

(2)服务区通常宜采用分离式,可对称布设或非对称布设,两侧服务区之间交通应设跨线桥或通道。若地形条件适宜,亦可采用集中式或其他形式,单侧集中式应利用场地高差在主线下的通道处设置标识站;主线下穿式综合楼的跨度应满足日后主线道路的扩容需求。

(3)服务区的总平面布置应包括综合楼、道路、公共厕所、停车场、加油站、修理所、降温池、加水设施、附属建筑、绿地、广场等内容。

(4)总平面设计应功能分区明确,可分为综合服务区、车辆停放区、车辆加油区、车辆加水维修区、后勤服务区和休闲绿化区;各功能分区应布局合理、使用方便、流线简捷。应设计单独的员工宿舍楼,宿舍楼应考虑食堂、公共活动场所、晾衣场等。

(5)总平面布置应先根据服务区地形地貌等综合因素确定综合楼的平面位置,其次对加油站、道路干线进行布置,最后再考虑其他设施布置。总平面布置范围纵向从主线入口匝道至出口匝道。以道路干线、综合楼、加油站为主进行功能性建筑和辅助功能设施的平面应综合布置。服务区其他功能性设施应服从和服务于主要功能性设施而布置。

(6)总平面设计应根据项目预测的交通量及驶入率等条件确定其用地规模和建筑面积,进行总体设计,远、近期相结合,统一建设并留有发展余地。

第三节　公路服务设施规模设计

一、服务区用地和建筑

服务区、停车区的建设规模应根据公路设计交通量、交通组成、自然环境、用地条件等因素确定。根据《高速公路交通工程及沿线设施设计通用规范》(JTG D80—2006),服务区停车场、餐饮等的建筑面积可按预测的第10年交通量设计;交通量大或大型客车多或靠近旅游景点等处,可按实际情况确定;但服务区用地及其预留、预埋等相关工程应按预测的计划通车后第20年交通量设计。

服务区用地、建筑面积不宜超过表8-2规定。

表8-2
服务区用地和建筑面积

服务设施	用地面积(hm²/处)	建筑面积(m²/处)
服务区	4.0000 ~ 5.3333	5500 ~ 6500

注:服务区用地面积不含服务区出入口加减速车道、贯穿车道以及填(挖)方边坡、边沟等的用地;四车道高速公路采用下限值,六车道高速公路采用上限值,八车道高速公路服务区用地和建筑面积可根据交通量、交通组成等经论证后确定,但分别不宜超过8.000hm²/处和8000m²/处;当停车区与服务区共建时,用地和建筑面积为服务区与停车区规定值之和。

停车区用地、建筑面积不宜超过表8-3规定。

停车区用地和建筑面积　　　　　　　　　　　表8-3

服务设施	用地面积(hm²/处)	公共厕所面积(m²/处)
停车区	1.0 ~ 1.2	60 ~ 100

注:停车区用地面积不含停车区出入口加减速车道以及填(挖)方边坡、边沟等的用地;四车道高速公路宜采用下限值,
　　六、八车道高速公路可采用上限值。

二、停车场

(一)停车泊位数量计算

停车泊位数量不仅是服务区停车场规模设计的依据,而且是确定服务区多种设施规模的基础。服务区停车场泊位数量根据主线设计交通量及设施利用率,按式(8-1)计算:

$$P_U = \frac{V_U \cdot R_P \cdot R_{PP}}{T_P} \tag{8-1}$$

式中:P_U——服务区单侧设计停车泊位数,veh/d;

V_U——服务区所在主线路段单向设计交通量,veh/d,$V_U = \beta \times V_{10}/2$,其中$V_{10}$为预测的计划通车10年后第35顺位双向日交通量,veh/d,β为假日系数:

$$\beta = \begin{cases} 1.40, & V_{10} \leqslant 25000 \\ 1.65 - 10^{-5}V_{10} & 25000 < V_{10} \leqslant 50000 \\ 1.15 & V_{10} > 50000 \end{cases}$$

R_P——服务区停车率,%,R_P = 服务区单侧日停车辆数(veh/d)/主线单向日交通量(veh/d);

R_{PP}——服务区停车高峰率,%,R_{PP} = 服务区单侧高峰小时停车数(veh/h)/服务区单侧日停车数(veh/d);

T_P——服务区停车泊位周转率,%,T_P = 1(h)/平均停车时间(h)。

随着服务设施的种类与位置不同,停车率、高峰率、周转率也会有所不同;此外,随着车型的不同,上述参数的差异也很大。因此,在能够推算出交通量是某种程度的车种构成时,可分别按不同车种的停车率、高峰率、周转率算出不同车种所需的停车泊位数,划分为小型车和大型车的车位数,然后再汇总在一起。

当车辆种类组成不明或服务设施规模较小时,可按大、小型车合计交通量来计算总停车泊位数,然后按1:3左右的比例分成大型车和小型车的泊位数。

不同车种的停车率、高峰率、周转率及平均停车时间可参考表8-4。

不同车种的停车率、高峰率、周转率及平均停车时间　　　　表8-4

服务设施种类	车　种	停车率	高峰率	周转率	平均停车时间(min)
服务区	小型车	0.175	0.10	2.4	25
	大型公共汽车	0.25	0.25	3.0	20
	大型载重车	0.125	0.075	2.0	30
停车区	小型车	0.10	0.10	4.0	15
	大型公共汽车	0.10	0.25	4.0	15
	大型载重车	0.125	0.10	3.0	20

新建、改建等工程能够利用停车率等实际数值时,就以实际数值计算停车泊位数。著名风景胜地或大城市近郊的服务区停车率有上升的趋势,因而在参照表8-4的数据时,应结合实际情况给予适当修正。

(二)停车场面积

目前我国对公路服务区规划设计的标准或规范,主要包括原交通部颁布的《公路工程技术标准》(JTG B01—2014)和《高速公路交通工程及沿线设施设计通用规范》(JTG D80—2006);但其中只是笼统地推荐了服务区、停车区的间距和规模,并没有对停车场建筑规模的具体规定。近年来,一些省、区、市陆续出台了相应的地方标准,对服务区的设计规范进行了细化,可供设计时参考。表8-5给出的与服务区单侧停车泊位数相对应的停车场面积,亦可作为设计参考。至于停车场的具体形式、占地或建筑面积、停车位布置、停发方式等,则可参照国家住房和城乡建设部行业标准《车库建筑设计规范》(JGJ 100—2015)的规定。

服务区单侧停车场面积 表8-5

单侧停车泊位数(个)	停车场面积(m²)	单侧停车泊位数(个)	停车场面积(m²)
50	3000	150	6000
100	5000	200	6500

三、公共厕所

公共厕所是服务区所有设施中使用率最高的,不仅应提供足够的使用空间,还要适当增加女厕的建筑面积和厕位数量,并充分考虑无障碍设施的配置;要分设男、女厕所,男、女盥洗室,残疾人厕位,母婴室,储藏室等。表8-6的数据可供参考。公厕的具体设计应参考建设部行业标准《城市公共厕所设计标准》(CJJ 14—2016)的有关规定。寒冷地区的公共厕所,在入口处要设置兼做防风雪用的门厅。

服务区单侧公共厕所面积 表8-6

单侧停车泊位数(个)	公厕面积(m²)	单侧停车泊位数(个)	公厕面积(m²)
50	280	150	400
100	350	200	400

四、餐馆

餐馆是服务区另一种重要设施,也是使用道路服务设施的主要目的之一。餐馆应包含餐厅、厨房、食品仓库(含冷藏库、室)、附属厕所、走廊,以及工作人员办公室、休息室、更衣室、浴室。餐厅设计应同时考虑进出食品材料、垃圾废物等通道,装卸场地、路线等。

通常中心服务区的餐馆可按《饮食建筑设计规范》(JGJ 64—1989)中的二级餐馆设计,普通服务区可按三级餐馆设计。表8-7给出了服务区单侧餐馆的参考面积。100客位及以上的餐馆中,餐厅与厨房(包括辅助部分)的面积比(简称餐厨比)宜为1:1.1,并可根据饮食建筑的级别、规模、经营品种、原料储存、加工方式、燃料及地区特点等不同情况进行适当调整。餐厅每座使用面积不应小于$1.1 \sim 1.3 \text{m}^2$;可结合实际需求设置适当数量的包间。

	服务区单侧餐馆面积		表 8-7
单侧停车泊位数(个)	餐馆面积(m²)	单侧停车泊位数(个)	餐馆面积(m²)
50	400	150	650
100	600	200	700

五、旅馆

服务区旅馆的客房数量按投宿人员的多少确定。如果服务区位于车流量较大的高速公路干线或名胜风景地附近,客房可多设一些。

服务区旅馆通常采用《旅馆建筑设计规范》(JGJ 62—2014)中的三级建筑等级,相应客房的净面积(不含阳台、卫生间和室内门廊)为单床间不小于 $9m^2$,双床间不小于 $14m^2$,多床间不小于 $4m^2/$床。

六、汽车维修站

汽车维修站一般由修理间、机工间、充电间、材料库、休息室等组成。维修站面积应按修理台位数量而定,一般每台位按 $60\sim70m^2$ 计算;其余工作间按修理工作量和设备条件而定。

修理间的面积尺寸应考虑各种车辆的占地尺寸、维修的操作空间等,开间一般取 $4\sim4.5m$,进深取 $6\sim9m$,留出一定空间便于维修;层高不应低于 $4.8m$,留出人员检修空间;地面应设检修坑。为节约用地,修理间不宜设计成单间。

七、管理用房

一个中等规模的服务区,人员编制大体是:管理人员(经理、财会、驾驶员)8 人,业务人员(餐旅、商店、加油、修理)75 人,后勤人员(后勤、保障、厨厨、停车场)10 人,人员总数一般控制在 $90\sim95$ 人。要保证各部门工作的正常运行与服务水平,必须为工作人员提供基本的工作和生活条件,应考虑建设一定数量的职工宿舍和职工食堂。

职工宿舍通常只在服务区一侧布置,每室使用面积应大于 $16\sim24m^2$,人均使用面积应大于 $6\sim16m^2$,具体设计应符合《宿舍建筑设计规范》(JGJ 36—2016)的有关规定。

根据《饮食建筑设计规范》(JGJ 64—1989),职工食堂的餐厨比宜为 1:1,每座使用面积不应小于 $0.85\sim1.1m^2$。如果按 100 人同时用餐计算,包括厨房及辅助面积在内,总建筑面积为 $260m^2$。

八、其他设施

服务区其他设施的规模一般与停车场泊位数量相联系,表 8-8 数据可供设计参考。

服务区单侧其他设施面积　　　　表 8-8

单侧停车泊位数(个)	综合楼(m²)	商店(m²)	休息室(m²)	急救室(m²)	加油站(m²)	附属设施(m²)
50	1000	100	200	40	470	550
100	1500	150	300	40	470	550
150	1600	200	350	40	470	550
200	1800	250	400	40	470	550

【思考题】

1. 公路为什么要设服务区？公路服务设施有哪些功能？

2. 服务区主要由哪些设施组成？各部分设施都有哪些功能？

3. 服务区选址原则是什么？服务区、停车区、加油站的间距有什么要求？

4. 根据主要设施位置不同,服务区可分为哪几种平面布置形式？

5. 主线上空式服务区有什么特点?

6. 服务区停车场平面和竖向设计应满足哪些要求?

7. 服务区停车场泊位数怎样计算?

第九章

停车设施设计

第一节 概 述

城市道路交通分为动态交通和静态交通两部分。动态交通是指由行驶在道路上的各种车辆组成的交通流总体状况,其运行状态随道路条件、交通环境和驾驶员特点而不同,可以用交通量、速度、密度等交通流参数描述。相对于行驶中的车辆,把各种停车行为和停车场所、设施构成的集合称为静态交通或静止交通。可见,动态交通主要研究车辆的行驶问题,静态交通则主要研究车辆的停放问题,两者共同组成交通现象。

驾车出行是为了进行其他活动(如上班、购物、餐饮、娱乐等),停车是完成驾车出行的一个必要环节。相应地,停车设施是交通基础设施的重要组成部分。如果缺乏必要的停车设施,势必造成车辆乱停乱放,干扰道路交通的正常运行;而停车设施过多也不一定能解决这些矛盾,甚至可能促使机动车拥有率和使用频率不合理上升,冲击交通运行秩序,或者导致停车设施利用率低下、停车场所影响道路交通等其他矛盾。容量适当、布局合理的停车场对于缓解交通拥挤、提高道路通行能力、减少交通事故等具有重要意义。

本章主要介绍路外停车场、汽车库和路内停车场的规划和设计,如未加特别说明,所述停车场、停车库概指机动车停车场、停车库。停车场(库)规划应与区域总体规划和综合交通规划相协调,根据用地条件、出行特征、服务对象等进行停车需求预测,确定停车场的性质、布局和规模;停车场(库)设计应结合停车场用地的性质和面积,确定停车场(库)的形式,然后根据设计车型、设计泊位数等,进行场内综合布置,路面结构、绿化、照明、排水、竖向等设计;对于专用停车场(库),还应根据不同的情况,设计相应的附属设施。

一、停车场的种类

停车场的类型划分是进行停车场系统性规划的前提和基础,不同类型的停车场服务半径、位置选择、建造类型和管理方式等都不尽相同,可以根据功能特点对其进行多种分类。

1. 按用地性质分类

按用地性质,停车场可以分为路内停车场和路外停车场。

路内停车场是指在道路红线内划定的一侧或两侧划定的供车辆停放的场地。这种停车场一般设在交通流量较小的路段,或利用高架道路、立交桥下的空间停车,也可布置在交通量较小的城市支路或次干路上。路内停车场又分为无限制路内停车场和有限制路内停车场。在有限制的停车场中通常采用禁停标志和停车收费器控制两种形式。路外停车场是指在道路红线范围以外专辟的停车场地,包括汽车库及各类大型公共建筑物附设的停车场,一般由停车泊位、停车出入口通道、计时收费等管理设施及其他附属设施组成,这些附属设施一般包括收费设施、修理站、给排水与防火设备、电话、监控报警装置、绿化等。

2. 按停放车辆性质分类

按停放车辆性质,停车场可分为机动车停车场和非机动车停车场。

机动车停车场主要是汽车停车场,可分为小汽车停车场、公共汽车停车场、货运汽车停车场、出租汽车停车场等。非机动车停车场主要指自行车停车场,包括各种类型的自行车停放处。在城市里,非机动车停车场相对机动车停车场而言要分散得多,设施要简单得多。

3. 按停车场服务对象分类

按服务对象,停车场可分为公共停车场、配建停车场和专用停车场。

公共停车场又称社会停车场,是指为社会公众提供停车服务的停车场所,服务范围最广,通常设置在城市商业区、中心区、分区中心、交通枢纽点及过境车辆停车需求集中的城市出入口干道。配建停车场是指为大型公用设施和居住区配套建设的停车场所,主要为该设施和居住区业务、生活活动相关的车辆提供停车服务。配建停车场服务对象包括主体建筑本身的车辆及其吸引的外来车辆,是城市停车场的主体,在停车场中占有较大的比例。专用停车场主要指机关、企事业单位、公共交通公司和汽车运输公司专用的停车场,主要停放单位内部车辆,几乎不为社会上其他车辆提供停车泊位。

4. 按建筑类型分类

按建筑类型的不同,停车场可分为地面停车场和停车库。

地面停车场又称平面停车场,是指道路范围以外专辟的供车辆停放的空间或广场,具有布局灵活,形式多样,停车方便,管理简单,成本低廉等优点,是最为常见的一类停车场,可以停放各种类型车辆;但也有占地面积大、停车安全性差、容易受气候影响等缺点。

停车库又被称为汽车库,可分为地上停车楼和地下停车库。地上停车楼是专门为停放车辆而修建的固定建筑物或利用大型建筑物顶面作为车辆停放的场所,地下停车库是指建在地面以下的一层或多层停车场。根据与地面建筑的关系,汽车库又有单建和附建两种形式,单建式是指独立的停车楼或地面上没有建筑物的地下汽车库;附建式是利用地面建筑物的地下室或(和)底层若干楼层布置的汽车库。

5. 按管理方式分类

按管理方式,停车场可分为免费停车场、限时停车场、收费停车场和指定停车场。

免费停车场多见于平面停车场,如住宅区或商业区的路内或路外停车场,大型公用设施、商场、饭店宾馆的临时停车场。通常免费停车场泊位周转率较高,停车时间短。限时停车场限制车辆停放时间,并且辅助以适当的超时处罚措施,能够有效提高泊位周转率。收费停车场需要交纳一定的停车费用,通常采取计时和不计时两种计费方式,计时收费是每车位的收费标准随停车时间长短而变化,不计时收费没有停车时间限制,单位车位收费标准相同。指定停车场是指通过标志或地面标识指明专供某类人员或某种车辆停车的场所,一般分为指明临时性停车(如出租车临时停车位)和照顾残疾人、老年人、医护人员等停车的指定车位。

6. 按容量规模分类

按容量规模,停车场(库)可分为特大型、大型、中型和小型四类。地面停车场特大型泊位数量大于 500 个(小型车当量车位,以下同),大型为 301～500 个,中型为 51～300 个,小型小于等于 50 个;汽车库特大型泊位数量大于 1000 个,大型为 301～1000 个,中型为 51～300 个,小型小于等于 50 个。

二、停车场规划和设计依据

(一)宏观停车特性

宏观停车特性主要作为停车场规划和总体设计的基本依据。

1. 停车需求

停车需求是指给定停车区域内特定时间间隔的停放吸引量,一般用代表性日的高峰期间停放数表示。

2. 停车供应

停车供应是指一定的停车区域路内、路外停车场地按规范提供的最大有效车位数(或面积)。

3. 停车场容量

停车场容量是指停车场有效面积上可同时容纳的停车泊位或车辆总数,通常指可用于停放车辆的最大车位数。

4. 停车目的

停车目的是指车主停放车辆后的活动目的,如上班、上学、购物、娱乐、公务、回家等。了解停车目的对合理规划与管理停车场有很大作用,如限时停车和确定收费标准等。停车调查或停车起终点调查可以确定停车目的的相对比率,它与停车地点、停车场容量、停车持续时间和停车费用关系密切。通常相对比重最大的是公务停车,其次是购物、娱乐等生活出行停车。随着经济和文化的发展,商业中心区和旅游区的停车需求量将会不断增大。

5. 停车时间

停车时间是指车辆停留在一个车位的持续时间,也就是在停车场(库)的实际停放时间。停车时间是衡量停车场负荷与周转率的基本指标之一。停车时间的分布与停车目的、停放点的土地使用等因素有关,一般服从负指数分布。约80%的车辆停放时间为0.5~3.0h。随着城市规模的增大,平均停车时间显著增加,并且偏向长时停车。

6. 停车周转率

停车周转率是指在一定时段(一日、一小时或几个小时等)内每个停车位平均停放车辆次数,为实际停车量与停车设施泊位数之比,是评价停车场利用率的指标之一。一般来讲,城市规模越大泊位周转率越低,路内停车泊位周转率高于路外,收费停车泊位周转率高于专用泊位。其计算公式如下:

$$R = \frac{m}{c} \tag{9-1}$$

式中:R——统计时间内车辆停放周转率;

    m——停车设施泊位数量,个;

    c——统计时间内累计停车数,辆。

7. 平均停车时间

平均停车时间表征了不同停车场停车者的停车时间。平均停车时间与停车周转率是从不同角度说明泊位使用状况的指标,平均停车时间长,则车位周转率较低;平均停车时间短,则车位周转率较高。平均停车时间可以反映停放车辆的时间特性,计算公式如下:

$$\bar{t} = \frac{\sum_{i=1}^{n} t_i}{n} \tag{9-2}$$

式中:$\bar{t}$——平均停车时间,min;

    t_i——第i辆车的停放时间,min;

    n——累计停放车数,辆。

8. 累积停车数

累积停车数也称为实际停车数,指在一定时间段内(或某一时刻)的实际停放车辆数,单位为辆。

9. 延停车数

延停车数也称为累计观测停车量,是指在各个调查时段内调查区域的停车数量之和,单位为辆·次。延停车数除以调查时段数量就是调查期间停车场的平均停放车辆数。它与实际停车数的区别在于,延停车数不考虑一辆车是否被多次观测,只是简单地把每次观测的车辆数相加;而实际停车数如果某辆车上次被记录了,这次就不再记录了。

10. 停车密度

停车密度是停车负荷的基本度量单位,可以作两种定义:

(1)停放吸引量(累计存放量)大小随时间变化的程度(即时间变化规律)。

（2）同一时段,在不同吸引点上停车吸引量的大小程度(即空间变化规律)。

了解车辆停放量的时空分布特性,有助于改进和完善停车场的规划与管理。例如对需求大的停车场或停车高峰期,可以采取加倍收费和限时停放等措施,以加快停车周转,缓解供需矛盾。

11. 停放饱和度

停放饱和度也称停放占有率、停放车指数,是指某时段内实际停车量与停车场容量之比,是反映停车场地拥挤程度的指标。按时间段可以分为高峰饱和度和平均饱和度,前者指停车高峰时刻的实际停放量与停车场容量之比;后者指某一个相当大的时段(如一日或若干小时)内各个时刻停放饱和度的平均值。

12. 步行距离

步行距离是指停车后至目的地的实际步行距离,用以反映停车场布设的合理程度,是停车场规划及信息诱导的重要控制因素之一。一般能承受的最大步行距离为400～500m,随城市规模的增大而增加。停车场的可达性应该考虑使用者的心理需求而合理规划设计。

13. 平均存取车时间

指停车场(库)满负荷运行时,平均每辆车进出停车场全过程所需要的时间,包括车辆驶入时间、存车时间、取车时间和车辆驶出时间;对于机械式汽车库,还包括机械设备运行时间。主要反映停车场的工作效率。

14. 平均排队长度和平均等候时间

平均排队长度是指在停车场出入口排队等待进出的平均到达车辆数;平均等候时间是指使用者在停车场出入口从到达至开始进出停车场的平均等候时间。这两项指标直接反映停车场的服务水平。

(二)微观停车特性

微观停车特性主要作为停车场结构设计的基本依据。

1. 车辆外廓尺寸

车辆的外廓尺寸是停车设施设计的基本依据。图9-1以小汽车为例,给出了机动车外廓尺寸参数图示;表9-1给出了设计车型的划分及相应的外廓尺寸。

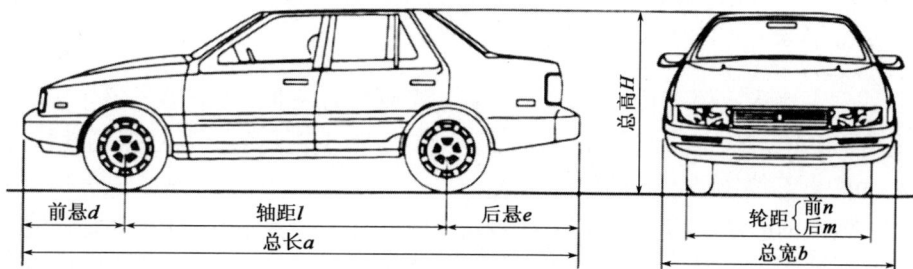

图9-1 机动车外廓尺寸示意图

设计车型及其外廓尺寸(单位:m)　　　　　　　　　　表9-1

道路性质	设计车型		总长 a	总宽 b	总高 H	前悬 d	后悬 e	轴距 l
公路	小客车		6	1.8	2.0	0.8	1.4	3.8
	载重车		12	2.5	4.0	1.5	4.0	6.5
	鞍式列车		16	2.5	4.0	1.2	2.0	4.0+8.8
城市道路	机动车	小型汽车	5	1.8	1.6	1.0	2.7	1.3
		普通汽车	12	2.5	4.0	1.5	6.5	4.0
		铰接车	18	2.5	4.0	1.7	5.8+6.7	3.8
	非机动车	自行车	1.93	0.60	2.25	—	—	—
		三轮车	3.40	1.25	2.50	—	—	—
		板车	3.70	1.50	2.50	—	—	—
		畜力车	4.20	1.70	2.50	—	—	—

注:公路设计中,自行车的外廓尺寸为宽0.75m、高2.0m;自行车总高是指骑车人头顶距地面的距离,其余非机动车指载物高度。

2. 设计车型

根据外廓尺寸,我国将各种车辆归并成微型汽车、小型汽车、中型汽车、大型汽车和铰接车五类车型,一般选用停车比例最大的车型作为停车场的设计车型。由于小型车数量众多,通常设计车型定位为小型汽车;停车场车位配建指标就是以小型汽车为计算当量。由于各种车型的尺寸不相同,在设计时,应将其他类型车辆泊位数乘以换算系数换算成当量设计车型泊位数,以设计车型泊位数核算车位总指标。表9-2给出了不同车型的外廓尺寸和换算关系。

停车场(库)设计车型外廓尺寸和换算系数　　　　　　　　　表9-2

车辆类型		各类车型的外廓尺寸(m)			车型换算系数
		总长	总宽	总高	
微型车		3.80	1.60	1.80	0.7
小型车		4.80	1.80	2.00	1.0
轻型车		7.00	2.25	2.75	1.5
中型车	客车	9.00	2.50	3.20	2.0
	货车	9.00	2.50	4.00	
大型车	客车	12.00	2.50	3.50	2.5
	货车	11.50	2.50	4.00	
铰接车		18.00	2.50	4.00	3.0

3. 停发方式

停发方式即车辆进出停车位的方式。停发方式通常有三种,即前进式停车、后退式发车,后退式停车、前进式发车,前进式停车、前进式发车,如图9-2所示。要根据场地情况、停车设施的性质和功能要求等选择不同的停发方式。

(1)前进停车、前进发车:优点是车辆停、发均方便迅速,缺点是占地面积较大,一般很少采用。

(2)前进停车、后退发车:优点是停车就位迅速,缺点是发车较慢,不易做到迅速疏散。常用于斜向停车方式。

（3）后退停车、前进发车：优点是发车迅速，缺点是车辆就位较慢。是比较常见的停发方式，平均占地面积较少。

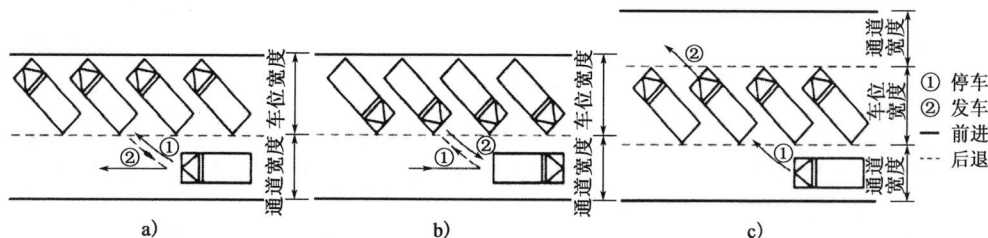

图9-2 车辆的停发方式

a)前进停车、后退发车；b)后退停车、前进发车；c)前进停车、前进发车

4.汽车转弯通道

通道是连接停车位与停车场出入口的场内道路。在进行停车场、汽车库、公交场站等设施设计时，必须考虑车辆直行、转向、倒退等操作所必需的空间尺寸，其中影响最大的是车辆的转向操作。汽车在弯道上行驶时，前后轮及前后端部的回转轨迹将随着转弯半径的变化而变化；而且，其所需转弯通道的宽度与停发方式也有直接关系。为保证车辆进出停车场和停车位不碰撞其他车辆或墙壁、立柱等，应根据车辆参数和停发方式，通过计算确定转弯通道的最小宽度。

（1）前向转弯通道宽度

图9-3 所示为汽车前向转弯（例如前进停车、前进发车）通道参数，其中车辆外廓尺寸参数符号同表9-1。前向转弯通道宽度计算方法如下：

$$W = R_0 - r_2 \tag{9-3}$$

式中：W——转弯通道最小宽度，m；

R_0——转弯通道外半径，m；

r_2——转弯通道内半径，m。

而

$$R_0 = R + x \tag{9-4}$$

$$r_2 = r - y \tag{9-5}$$

式中：R——汽车转弯通道外圆半径，m；

r——汽车转弯通道内圆半径，m；

x、y——汽车转弯时外、内侧安全距离，m，x、$y \geqslant 0.25$m。

其中：

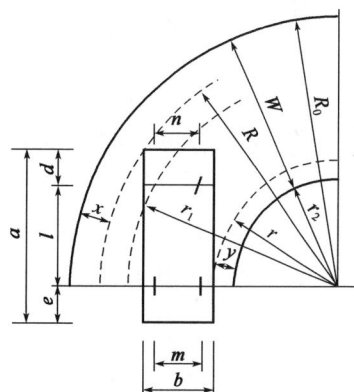

图9-3 汽车前向转变通道参数

$$R = \sqrt{(l+d)^2 + (r+b)^2} \tag{9-6}$$

$$r = \sqrt{r_1^2 - l^2} - \frac{b+n}{2} \tag{9-7}$$

式中：b——汽车总宽，m；

d——汽车前悬，m；

l——汽车轴距，m；

n——汽车前轮距，m；

r_1——汽车最小转弯半径，m，指将转向盘转到极限位置、汽车以最低稳定车速回转时，前轮外侧转向轮的中心平面在支承平面上滚过的轨迹圆半径，可按表9-3选取。

设计车型的最小转弯半径（单位:m）   表9-3

车　型	最小转弯半径	车　型	最小转弯半径
微型车	4.5	中型车	7.2 ~ 9.0
小型车	6.0	大型车	9.0 ~ 10.5
轻型车	6.5 ~ 7.2	铰接车	10.5 ~ 12.5

（2）前进停车、后退发车通道宽度

图9-4所示为采用前进停车、后退发车方式时的通道参数,其通道宽度计算方法如下:

$$W_d = R_e + z - \sin a \left[(r+b)\cot\alpha + e - L_r \right] \tag{9-8}$$

$$L_r = e + \sqrt{(R+S)^2 - (r+b+c)^2} - (c+b)\cot\alpha \tag{9-9}$$

$$R_e = \sqrt{(r+b)^2 + e^2} \tag{9-10}$$

式中:W_d——通道宽度,m;

R_e——汽车回转中心至汽车后外角的水平距离,m;

z——行驶车辆与停放车辆或墙之间的安全距离,m,可取 $z=0.5$m;

S——出入口处与邻车间的安全距离,m,可取 $S=0.3$m;

c——车与车之间的间距,m,可取 $C=0.6$m;

α——汽车停车角度,度(°);

其余符号含义同前。

式(9-9)适用于 $\alpha = 60° \sim 90°$;如果 $\alpha \leqslant 45°$时,可用作图法求通道宽度。

（3）后退停车、前进发车通道宽度

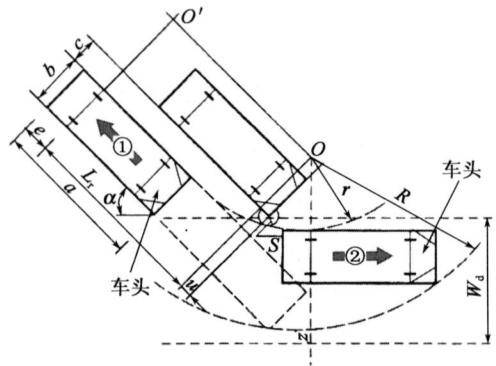

图9-5所示为采用后退停车、前进发车方式时的通道参数,通道宽度计算方法为:

$$W_d = R_e + z - \sin\alpha \left[(r+b)\cot\alpha + (\alpha-e) - L_r \right] \tag{9-11}$$

$$L_r = (\alpha-e) - \sqrt{(r-S)^2 - (r-c)^2} + (c+b)\cot\alpha \tag{9-12}$$

式中各符号含义同前。

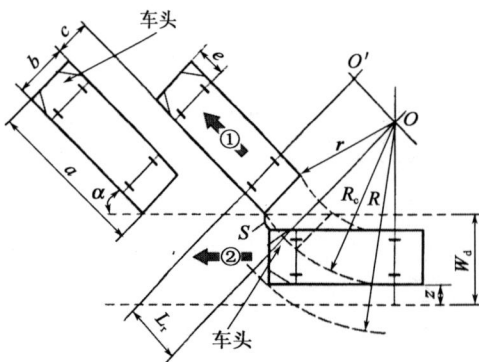

图9-4　前进停车、后退发车通道参数　　　　图9-5　后退停车、前进发车通道参数

上述汽车转弯通道宽度计算方法是理论推导的结果;在实际设计停车场或车库的通道时,应综合考虑车型、车辆停放的合理间距、安全距离的富裕度等多种实际因素,通过计算或几何

作图求出通道的最小宽度。

第二节　停车场（库）规划

一、规划原则

（1）停车场（库）设置应符合城市总体规划和详控规划、道路交通规划、环境保护及防火等要求，远、近期结合，以近期为主，合理规划，适时建设，有序发展。

（2）应根据规划期停车特性与停车需求，拟定停车场（库）设计容量，通常将高峰时间总停车需求的 85% 作为规划标准；同时结合各个停车场的服务对象、性质和用地条件等因素，大、中、小型停车场协调规划，路内、路外停车场、停车楼、地下汽车库因地制宜，形成一个合理的停车场系统。

（3）应结合公共交通场站规划，布设不同交通方式之间的换乘停车场（库），以方便乘客换乘，形成合理的交通结构。

（4）城市公共停车场宜结合公园绿地、广场、体育场馆及地下人防设施修建地下停车库，在停车需求较大的区域宜规划地上停车楼、机械式停车场。

（5）宜设置一定比例的无障碍停车位。

（6）应考虑新能源汽车对停车设施的需求。

二、规划步骤

停车场（库）规划一般包括如下步骤：

（1）停车调查与分析。

（2）停车需求预测。

（3）制订分区停车场规划。

（4）制订停车场布局规划。

（5）划分路内、路外停车需求量，确定停车场（库）规模。

停车场规划步骤详见图 9-6。

三、停车需求预测

停车需求预测是停车场（库）规划的重要内容，停车需求预测的目的是为规划泊位提供依据。停车需求预测能够为停车用地规划提供基础数据，是确定停车场发展规划和进行交通需求管理的依据，也是制订停车场建设方案及管理制度的重要基础。

（一）停车需求的类型

停车需求可分为车辆拥有的停车需求和车辆使用过程的停车需求两大类。前者主要为居民或单位车辆夜间停放需求，根据车辆在各个区域的登记情况可以估算出来；后者为社会、经济活动产生的各种出行所形成的日间停车需求。

```
                            相关基础资料调查
        ┌──────────────────────────┴──────────────────────────┐
  土地利用现状及规划                                      流入人口的现状及预测
        │                                                      │
  土地用途、容积率规划                                    按目的流入人口的分配
        │                                                      │
  分区停车需求现状调查                                      按交通方式分配
        │                                                      │
  不同建筑物停车需求分析                                       交通方式
        │                                              ┌────────┼────────┐
  ┌─────┴─────┐                                    铁道      汽车      其他
不同车种    不同目的                                   │                 │       OD
  │                                                  公交      轿车      其他     调查
  │                                                          │
  分区发生停车需求系数                                  机动车交通状况解析
        │                                                      │
        │                                               停车需求状况调查
        │             发生系数                                 │
        │                │                             调查结果分析
        │                │                                     │
  不同建筑物停车需求     停车需求    ←────────────      不同目的停车需求系数
        │                │                                     │
  道路交通容量分析        │                             分目的停车需求
        │                │                                     │
  确定停车场区域      基本规划    ←────────────           道路网分析
                         │
                    分区停车场规划
                         │
                      布局规划
                         │
                 路上、路外停车场规划  ←──  周转率
                         │
                    确定停车场规模
```

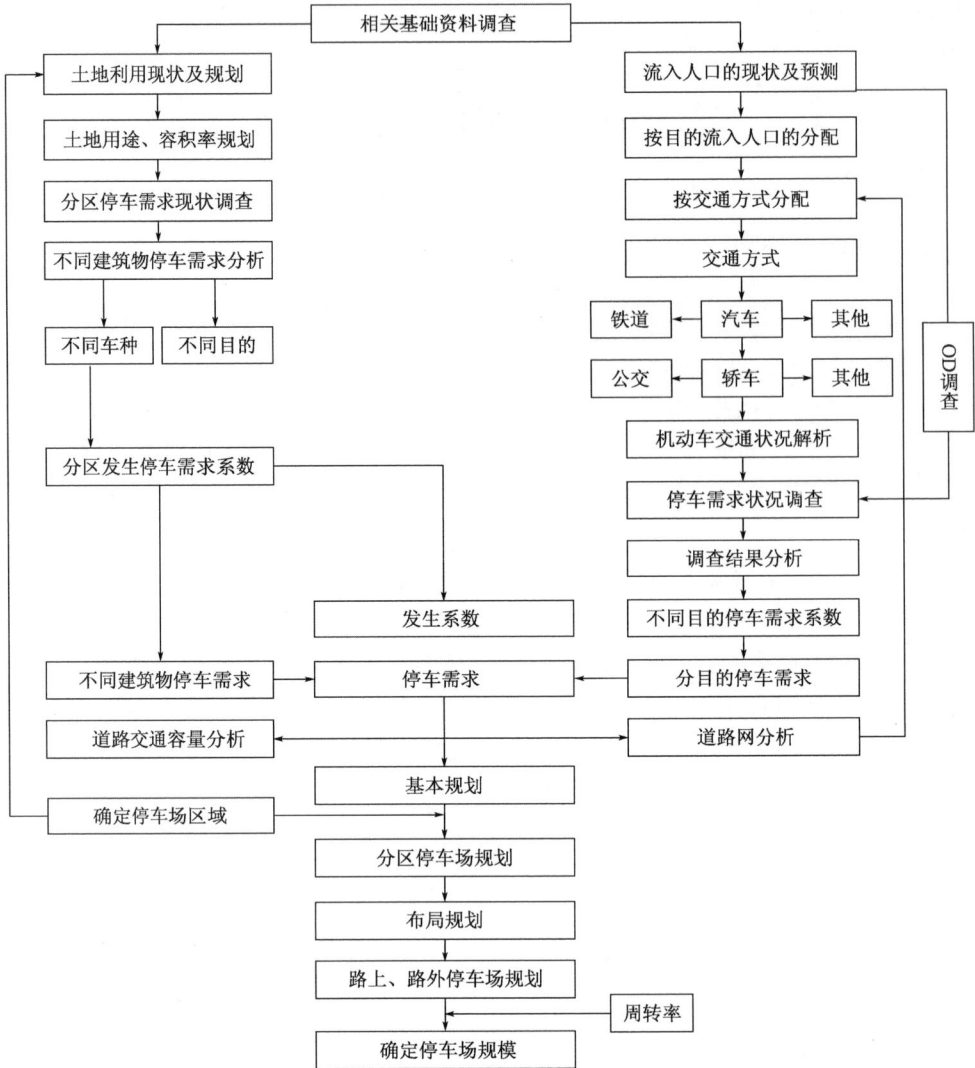

图9-6 停车场规划步骤

(二)停车需求的影响因素

停车需求受到多种因素的影响,宏观上的影响因素主要有规划区内的土地利用状况及未来发展规划,规划区内的人口、就业、机动车拥有水平、社会经济发展状况、交通体系构成及运行状况,城市发展战略,交通发展战略,交通规划,停车管理水平等;从某个(或某些)停车场的微观角度来看,停车需求的影响因素为停车场特性、停车者特性以及其他因素。

(三)停车需求的预测模型

停车需求预测模型主要有五类:基于类型分析的生成率模型、用地与交通影响分析模型、土地利用模型、基于停车与车辆出行关系的出行吸引模型、基于相关分析的多元回归模型。

1.停车生成率模型

停车生成率是指单位土地利用指标所需要的停车泊位数,它是建立在土地使用性质与停车生成率关系的基础上的。原理是将具有土地利用性质的用地看作停车发生、吸引源,首先确

定规划区域内不同土地利用性质的单位指标所吸引的停车需求指标,然后将区域内的总停车需求量看作各个单个地块的停车需求量的总和。例如,对一个办公大楼,其停车需求可以用每100m²建筑或使用面积需要若干个停车位来表示,也可以用每个就业岗位(雇员)配备若干停车位来表示。模型为:

$$y_i = \sum_{j=1}^{n} \alpha_{ij} \times R_{ij} \qquad (i=1,2,3,\cdots,n) \tag{9-13}$$

式中:y_i——i 区高峰时间停车需求量,个;

α_{ij}——i 区 j 类性质单位用地面积(或单位雇员数)停车需求量,个;

R_{ij}——i 区 j 类性质用地单位面积(或单位雇员数)的数量,m²或人;

n——土地种类。

该模型简单实用,但是 R_{ij} 必须依靠广泛的调查资料才能确定;同时,由于将各块地看成简单的单一用地性质,并将总停车需求看作各地块停车需求的简单相加,难以考虑各区域之间的差异。

2. 用地与交通影响分析模型

这种模型考虑区域停车需求与该区域的社会、经济活动特性和交通特性密切相关,通过调查机动车保有量、土地利用等因素的现状及其变化趋势入手,确定它们与停车需求之间的关系,从而分析现状的停车需求及未来的停车需求。其基本预测步骤如图9-7所示。

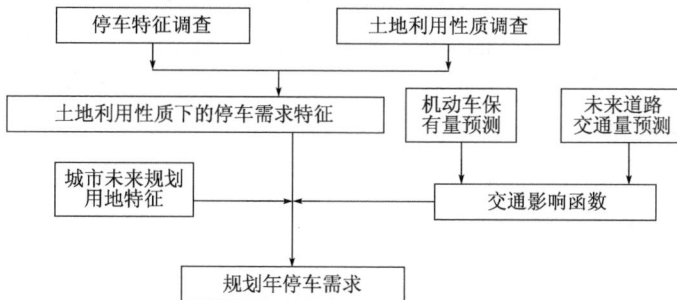

图 9-7　用地与交通影响分析模型预测步骤

该模型的形式如下:

$$P(t) = f(x_i) \cdot g(y_q) \tag{9-14}$$

式中:$P(t)$——规划区域内 t 年度的停车需求,个;

$f(x_i)$——停车需求的地区特征函数;

x_i——第 i 种类型土地利用的规模,可用相应类型用地的建筑面积来表示;

$g(y_q)$——停车需求的交通影响函数;

y_q——区域内交通量的年均增长率。

该模型是停车生成率模型的扩展,既具备了生成率模型的特点,又将停车生成率与道路交通量相结合,较好地兼顾了停车与土地利用、交通发展之间的关系,在分析与预测的结果上要比停车生成率模型更为合理。

3. 土地利用模型

该模型主要是基于停车需求与用地性质、雇员数量之间的关系来进行未来规划年的停车需求预测。它的基本假设是:一个以商业为主地区,长时间停车需求是由雇员上班出行引起的,而短时间停车需求是由在该地区进行的商业活动引起的。具体的预测模型为:

$$d_i = A_L \cdot \left(\frac{e_i}{\sum_i e_i} \right) + A_S \cdot \left(\frac{F_i}{\sum_i F_i} \right) \tag{9-15}$$

式中：d_i——第 i 区的停车需求，个；

　　A_L——长时间停车的停车数，个；

　　A_S——短时间停车的停车数，个；

　　e_i——第 i 区雇员数，人；

　　F_i——第 i 区零售与服务业的建筑面积，m^2。

该模型优点是对数据要求简单，预测成本较低，但所需的建筑面积和雇员数的准确性对模型精度影响较大。土地利用模型适合于用地比较单一、以商业服务为主的城区；对用地十分复杂的大城区的停车需求分析精度比较差。

4. 出行吸引模型

停车需求与地区的经济、社会活动强度有关，而社会经济活动强度又可用该地区吸引的出行车次多少来表征。出行吸引模型的基本原理是确定停车需求泊位数与区域机动车出行吸引量之间的关系，方法是根据各交通小区的车辆出行分布模型和各小区的停车吸引量建立数学模型，由此推算停车车次的预测数据；在此基础上，根据城市人口规模和每一停车车次所需高峰时刻停车泊位数关系，计算各交通分区高峰时间的停车泊位需求量。由于该类模型以车辆的出行作为停车生成的基础，考虑了停车是源于交通出行的基本特性，因此在预测理论上比较合理；但是这一特点决定了该类模型需要较为完全的 OD 交通基础数据。

出行吸引模型建模的一般流程图如图 9-8 所示。

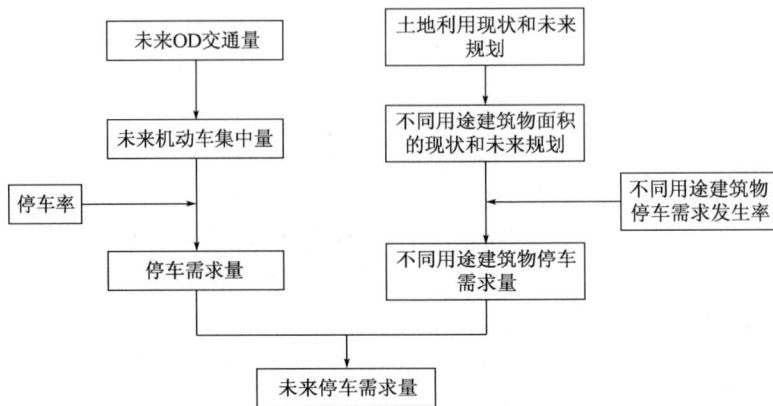

图9-8　出行吸引模型的一般概念

5. 多元回归分析模型

该类模型主要认为，停车需求与城市经济活动、土地利用等许多因素之间存在关联，通过多元回归分析的方法，从历史资料中可以找寻存在的具体关系。该类模型的最大特点是所利用的许多数据均为社会经济数据，能够比较容易获得。该模型适用于较大范围的宏观停车需求预测。美国道路研究委员会曾提出一种停车需求预测的多元回归分析模型：

$$P_{di} = K_0 + K_1(EP_{di}) + K_2(PO_{di}) + K_3(FA_{di}) + K_4(DU_{di}) + \\ K_5(RS_{di}) + K_6(AO_{di}) + \cdots \tag{9-16}$$

式中:P_{di}——第 d 年 i 区的高峰停车需求,个;

  EP_{di}——第 d 年 i 区的就业岗位数,个;

  PO_{di}——第 d 年 i 区的人口数,人;

  FA_{di}——第 d 年 i 区的建筑面积,m^2;

  DU_{di}——第 d 年 i 区的企业数,个;

  RS_{di}——第 d 年 i 区的零售服务业数,个;

  AO_{di}——第 d 年 i 区的小汽车保有量,辆;

  K_j——回归系数,$j=0,1,2,3\cdots$。

上述模型应根据若干年所有变量的资料,用回归分析计算出回归系数值,并经过统计检验而得到。只要将有关变量的未来预测值代入回归式中,即可预测未来高峰时间的停车需求量。值得注意的是需将模型中的参数 K 作适时的修正,才能符合未来情况的变化。该法所需资料的精度比产生率模型低,资料较易收集,是一种简单易行的方法。上海市曾根据市中心区停车需求与机动车的出行量数据,建立了如下二元线性模型:

$$P_d = -297.9622 + 1.2641T_t + 0.8426T_p \tag{9-17}$$

式中:P_d——日实际停车总需求量,标准车次;

  T_t——白天 12h 货车出行吸引量,取值范围为 244~2050,标准车次;

  T_p——白天 12h 客车出行吸引量,取值范围为 230~2310,标准车次。

除了线性回归模型以外,还有常见的几种函数形式如下:

(1)Logistic 曲线

$$y = \frac{1}{1 + me^{-\alpha x}} \tag{9-18}$$

式中:y——停车需求量,个;

 $m、\alpha$——系数;

 x——影响变量。

(2)正指数回归曲线

$$y = k - ab^x \tag{9-19}$$

式中:$k、a、b$——系数。

(3)弹性分析

$$y = cx^\alpha \tag{9-20}$$

式中:$c、\alpha$——系数,$\alpha = \dfrac{\mathrm{d}y/y}{\mathrm{d}x/x}$。

各种函数的形式如图 9-9 所示。

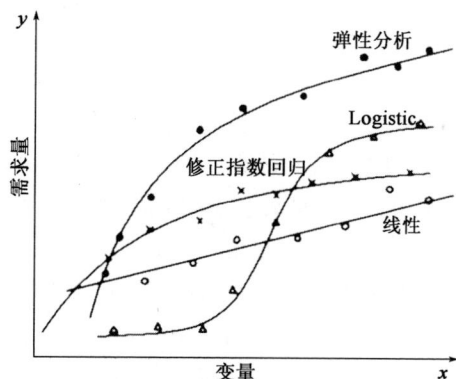

图 9-9　各种函数形式示意图

四、停车场(库)布局和选址

(1)公共停车场(库)宜在客流集中的商业办公区、旅游风景区、体育场馆和交通枢纽等处规划布局与选址。

(2)停车场选址要考虑合理的服务半径,与主要服务对象的距离在城市一般地区不宜大于 300m,市中心地区不宜大于 200m;大型集会场所最好按分区就近布置的原则确定停车场的位置,以利于车辆在短时间内迅速疏散。

（3）配建停车场和专用停车场原则上应在主体建筑用地范围之内，以方便使用者；专用停车场应紧靠使用单位布置并位于道路的同侧，步行距离应控制在 300m 以内，不宜超过 500m。

（4）在城市繁华区域空余场地较少，修建大型停车场有困难，可根据某一范围内的停车数量，分散布设若干小型停车场或停车楼；在其他区域，按主要交通汇集点设置停车场。

（5）停车场（库）位置应综合考虑周边用地、停车需求、路网承载能力、交通管理控制、地质条件等情况，不宜靠近干路交叉口、人行横道、公交停靠站及桥隧引道处，以降低出入口道路和进出场车辆对交通的影响；避开地质断层及可能产生滑坡等地质灾害的不良地带。

（6）为对外交通服务的停车场，应在市区边缘地带易于换乘交通的位置布设，面向各对外公路，以减少不必要的车辆进入市区内部。

第三节　地面停车场设计

一、设计原则

（1）停车场设计应按照道路规划确定的规模、用地、与道路连接方式及停车设施性质进行总体布置。

（2）停车场宜邻近道路，但出入口不应直接设在城市快速路，也不宜直接设在主干路；确需设置在主干路的出入口时，应远离交叉口并以专用通道连接主干路，交通组织应采用右进右出的方式，严禁左转直接驶入（出）主干路。设置在次干路、支路的停车场出入口，交通组织宜采用右进右出的方式，在不影响对向交通的情况下，可采用左转方式驶入（出）。

（3）公共停车场平面设计时应根据实际情况选择内部交通组织方式，确保内部交通的安全、顺畅、便捷；应该按不同的车型分别设置停车区，至少应将微型车和小型汽车与其他车型分开，以利于出入方便、场地充分利用和交通组织和管理；特大型城市公共停车场应按停车位数量均衡分组设置，每组停车位不得超过 500 个。

（4）特大、大型停车场应建设停车诱导、电子监控等信息系统及防灾保安系统。

（5）停车场的布置和设计必须综合考虑路面结构、绿化、照明、排水、消防及必要的附属设施；应保证交通安全、配置合理、方便使用，同时与周围建筑、环境、景观相协调，满足环境保护的要求。

二、车辆停放方式

车辆的停放方式根据与通道的关系可分为平行式、垂直式和斜放式三种。不同的停放方式，所要求的通道宽度、单位停车面积也不同。

1. 平行式

车辆平行于通道的方向停放，如图 9-10a）所示。平行式特点是：所需停车带较窄、驶出车辆方便、迅速；但占地最长，单位面积停放车辆最少。

2. 垂直式

车辆垂直于通道的方向停放，如图 9-10b）所示。垂直式特点是：用地紧凑，单位长度、单位面积内停放的车辆数最多;但停车带占地较宽,且存取时需要倒车一次,因而通道宽度至少需要停车带宽度的 1～1.6 倍(视停发方式而定)。布置时可两边停车,合用中间一条通道。

3. 斜列式

车辆与通道呈一定角度(一般为30°、45°、60°)停放,如图 9-10c)所示。斜列式特点是:停车带宽度可根据场地条件变化,适应性强,存取方便;但单位面积停车量少于垂直式停车,其中30°停放是其中用地最费的,故较少采用。

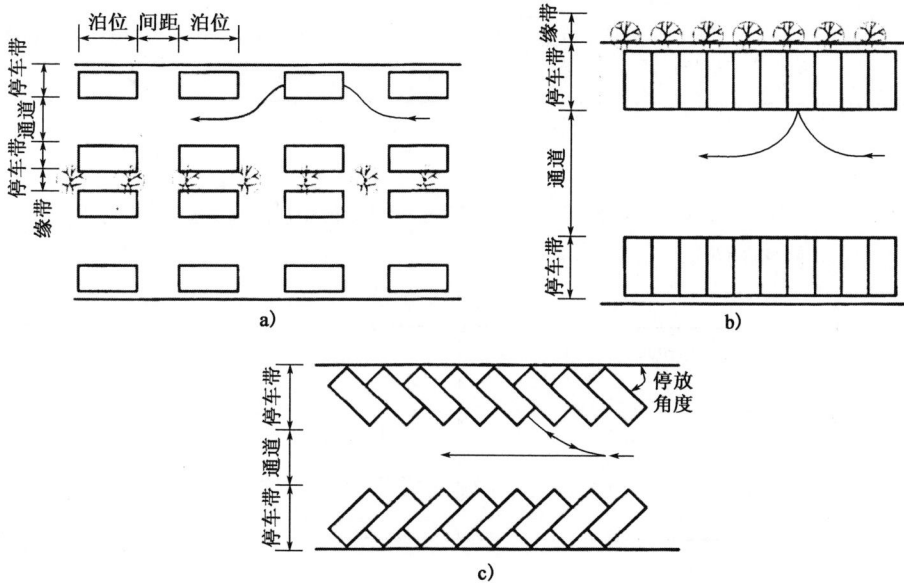

图 9-10 停车方式
a)平行式;b)垂直式;c)斜列式

以上三种停放方式各有利弊,应根据停车场的性质、疏散要求和用地条件等因素综合考虑选用适合的方式布置。

三、场内通道和线形

1. 通道形式

停车场通道形式要综合考虑停车场位置、出入口位置、停车位布置等因素确定,图 9-11 为几种常见的通道形式。

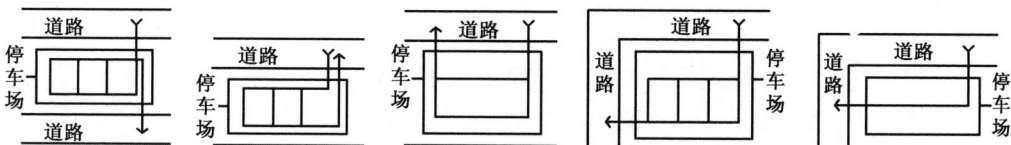

图 9-11 常见的通道形式

2. 通道宽度

停车场通道应按照车辆前进停车或后退停车的安全要求进行设计,包括车体本身尺寸以及转弯过程中车体四角覆盖的空间,其最小宽度应保证驾驶员在正常操作时不致发生碰撞。

283

通道宽度可按表9-4确定。一条通道连接的一组车位应≤50个;组间无通道时,应留出6m以上宽度的防火道。

停车场通道宽度(单位:m)　　　　　　　　　　表9-4

停放方式	停发方式	设 计 车 型					停放方式	停发方式	设 计 车 型				
		微型	小型	中型	大型	铰接			微型	小型	中型	大型	铰接
平行式	前进停车	3.0	4.0	4.5	4.5	5.0	斜列式	前进停车30°	3.0	4.0	5.0	5.8	6.0
垂直式	前进停车	6.0	9.5	10.0	13.0	19.0		前进停车45°	3.0	4.0	6.0	6.8	7.0
	后退停车	4.2	6.0	9.7	13.0	19.0		前进停车60°	4.0	5.0	8.0	9.5	10.0
								后退停车60°	3.5	4.5	6.5	7.3	8.0

3. 通道线形

停车场通道的平、纵线形应控制在一定范围内,以保证车辆通行过程中的安全性。通道的平、纵线形限制如表9-5所示。

停车场通道线形　　　　　　　　　　表9-5

车型	直线段纵坡(%)	曲线段纵坡(%)	转弯半径(m)	车型	直线段纵坡(%)	曲线段纵坡(%)	转弯半径(m)
微型车	≤8	≤6	≥7.0	大型车	≤15	≤12	≥13.0
小型车	≤10	≤8	≥7.0	铰接车	≤15	≤12	≥13.0
中型车	≤12	≤10	≥10.5				

四、单位停车面积

单位停车面积是指一台设计车辆所占用的面积,包括停车车位面积、均摊的通道面积及其他辅助设施面积。

单位停车面积与车辆尺寸、停放方式、集散要求、通道条数以及绿化面积等因素有关。在规划阶段,可根据单位停车面积和规划泊位数来初估停车场用地面积;在设计阶段,可按使用和管理要求、预估停车数量和车型、停放方式、停发方式确定停车场面积。图9-12是垂直式和平行式两种停放方式下单位停车面积的计算图式,相应的单位停车面积为:

$$A_1 = \frac{(a+0.5)(b+c_1) + w_1(b+c_1)}{2} \tag{9-21}$$

$$A_2 = \frac{(a+c_2)(b+1.0) + w_2(a+c_2)}{2} \tag{9-22}$$

式中:A_1、A_2——垂直式、平行式停放方式下的单位停车面积,m^2;

a、b——设计车型的总长、总宽,m;

c_1、c_2——垂直式、平行式停放时两车车厢之间的净距,m,见表9-6;

w_1、w_2——垂直式、平行式停放时停车通道宽度,m。

按上述方法,对不同的设计车型、停放方式、停发方式等,计算出单位停车面积并制成表格,在规划、设计中可直接查表选用,如表9-7所示。但需要注意的是,表9-7所列数据都是针对路外停车场的,而对城市中心区域的路内停车,其单位停车面积要小于上述标准。

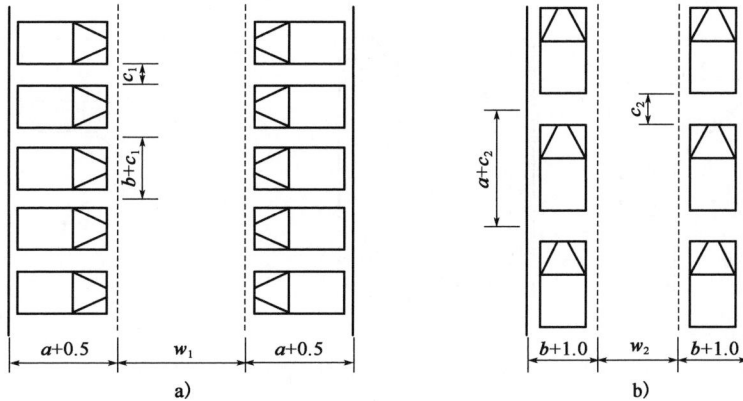

图 9-12 单位停车面积的计算图式
a)垂直式停放;b)平行式停放

纵横向净距(单位:m)   表 9-6

设 计 车 型	车间纵向净距	车间横向净距	背对停车时车间尾距	车与围墙、护栏及其他构筑物间距	
				纵向净距	横向净距
微型车、小型车	2.0	1.0	1.0	0.5	1.0
大中型车、铰接车	4.0	1.0	1.0	0.5	1.0

位停车面积(单位:m²)   表 9-7

停放方式	停发方式	设 计 车 型					停放方式	停发方式	设 计 车 型				
		微型	小型	中型	大型	铰接			微型	小型	中型	大型	铰接
平行式	前进停车	21.3	33.6	73.0	92.0	132.0	斜列式	前进停车30°	24.4	34.7	62.3	76.1	78.0
垂直式	前进停车	18.7	30.1	51.5	68.3	99.8		前进停车45°	20.0	28.8	54.4	67.5	89.2
	后退停车	16.4	25.2	50.8	68.3	99.8		前进停车60°	18.9	26.9	53.2	67.4	89.2
								后退停车60°	18.2	26.1	50.2	62.9	85.2

五、汽车回转和倒向场地

汽车的回转操作有多种形式,如直通、90°回转、180°回转等,视场地条件而定;汽车倒向操作也有多种形式,如先后退再前进、先前进再后退等。回转场地和倒向场地的尺寸可通过公式法、几何作图法或两相结合的方法得到。图 9-13 和图 9-14 给出了几种常见通道或进出口条件下,汽车回转和倒向所要求的场地尺寸。

六、停车场出入口

(1)大、中型停车场出入口不得少于 2 个,特大型停车场出入口不得少于 3 个,并应设置专用人行出入口,且两个机动车出入口之间的净距不小于 15m。

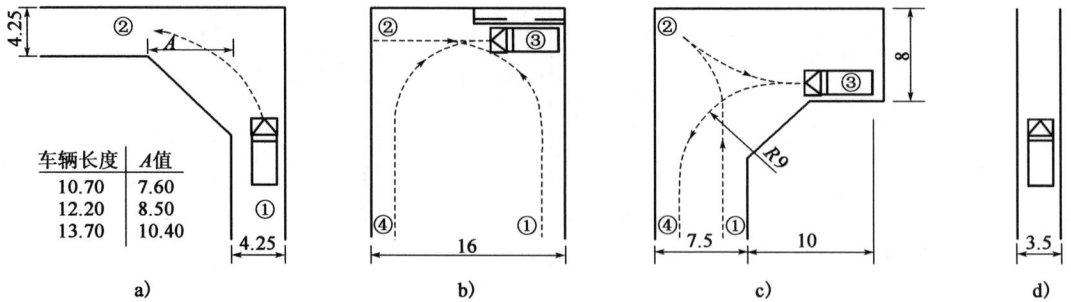

图 9-13 不同条件下的回转场地要求(尺寸单位:m)

a)拐角转向;b)狭窄场地回转;c)狭窄拐角回转;d)直通

①、②、③、④-汽车从进入到驶出回转场地过程中的顺序位置

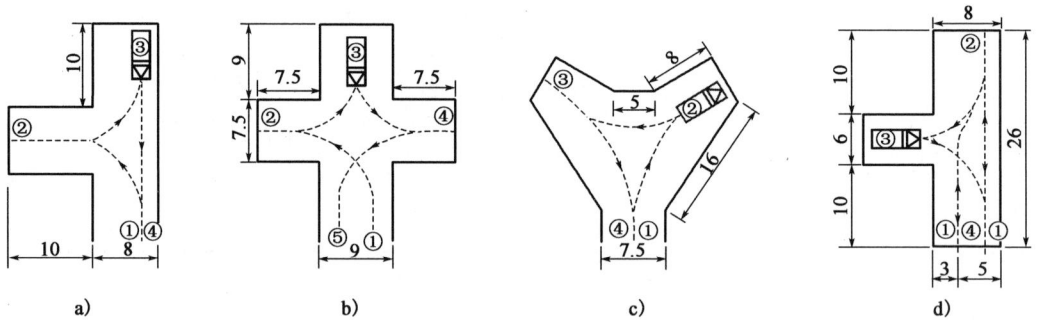

图 9-14 不同条件下的倒向场地要求(尺寸单位:m)

a)丁字形;b)十字形;c)Y 形;d)带狭门的丁字形

①、②、③、④、⑤-汽车从进入到驶出倒向场地过程中的顺序位置

(2)停车场机动车出入口的位置距离交叉口宜大于80m,距离人行过街天桥、地道、桥梁或隧道等引道口应大于50m,距离学校、医院、公交车站等人流集中的地点应大于30m。

(3)停车场出入口要具有良好的视野,视距三角形范围内的障碍物应清除;为了便于组织车辆右行,可在停车场周边开辟辅路,进出场车辆通过辅路绕过交叉口或右行至交叉口,减少交叉,提高安全性和便于管理。

(4)停车场的出口与入口宜分开设置,单向行驶的出、入口净宽不得小于5m,双向行驶的出、入口净宽不得小于7m;小型停车场只有一个出入口时,出入口净宽不得小于9m。

七、停车场平面综合布置

当停车场面积较大、泊位与出入口较多时,为了便于停车场的使用、管理和疏散,通常要进行平面综合布置,特别是针对既定位置和形状的场地,合理的平面布局对土地资源的有效利用和场内车流的有序运行尤为重要。

停车场的平面设计应综合考虑保障安全、方便车辆存取、提高空间利用率、利于场内交通组织、减少对周边道路交通影响等因素,协调布局停车位、通道、出入口、管理服务设施等。图 9-15给出了几种常见的停车场平面布置形式。

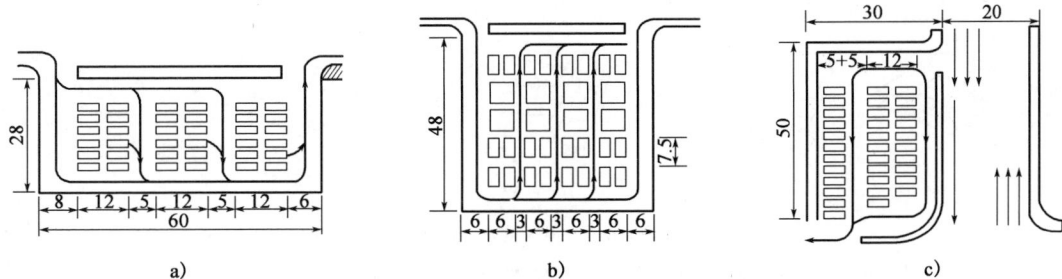

图 9-15 停车场平面布置形式(尺寸单位:m)
a)平行式停放;b)垂直式停放;c)道路转角处垂直停放

第四节 汽车库设计

国外一些汽车交通发展较早的城市,随着汽车数量的不断增长,停车设施的建设经历了路内停车、露天停车场、多层停车库和地下停车库三个阶段。近年来,我国汽车保有量急剧增加,不仅给动态交通带来日益严峻的交通拥堵,也给静态交通带来了很多难题,突出问题是停车空间不足、随意停车,导致城市的动态交通进一步恶化。解决这个问题的一个重要措施就是建设泊位充足、布局合理的停车场,减少违章停车对动态交通的影响。在用地紧张的城市中心地区、对外交通枢纽(候机楼、火车站、码头)或换乘枢纽、大型公共建筑附近及停车密度较高的住宅区等处,可因地制宜地建设立体、多层汽车库。

与露天停车场相比,汽车库虽然工程结构复杂、投资大、工期长,但具有突出的优点。首先,停车容量受到的限制小,可在地面空间相当狭窄的情况下提供大量的停车泊位;其次,汽车库的位置受到的限制小,有可能在地面空间无法容纳的情况下,满足停车场合理服务半径的要求,这一点在用地紧张、停车密度大的城市中心区尤为重要;第三是节省用地,如果以露天停车场占地面积为 1 计,则 3 层坡道式汽车库占地面积为 0.65;6 层机械式汽车库占地面积为 0.32;12 层机械式汽车库占地面积为 0.26;地下坡道式汽车库占地面积仅为 0.15。由此可见,规划、设计和建设汽车库成为解决静态交通拥挤的主要方法。

一、汽车库的种类

按存取车方式,汽车库可分为坡道式和机械式两类。坡道式汽车库是指人工驾驶汽车沿坡道上、下楼并停放到泊位及取出的汽车库,车辆出入便利迅捷,维修费用较少。机械式汽车库是指采用机械式停车设备存取、停放机动车的汽车库,具体可分为全自动和复式两类:前者是指完全利用机械设备将车辆运送并停放在指定泊位以及从指定泊位取出的停车设施,即汽车的竖向和水平移动都是机械化的;后者是指停车场室内有车道、有驾驶员进出的机械式汽车库。

(一)坡道式汽车库

坡道式汽车库的坡道可以是直线形、曲线形或两者的组合。按坡道的形式可以划分为直坡道式、斜坡楼板式、错层式和螺旋坡道式四种类型,如图 9-16 所示。

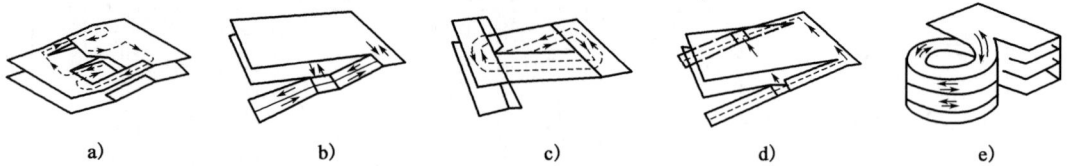

图9-16 坡道式汽车库的类型
a)库外单行直坡道;b)库外双行直坡道;c)双行斜楼板;d)单行坡道错层;e)双行螺旋坡道

1. 直坡道式汽车库

停车楼面水平布置,每层楼面之间用直坡道相连,坡道可设在库内或库外,行车方向可单行布置,也可双行布置,见图 9-16a)、b)。直坡道式汽车库特点是布局简单整齐,交通路线明确。

2. 斜坡楼板式汽车库

停车楼板呈缓坡倾斜状布置,利用通道的倾斜作为楼层转换的坡道,因而无须再设置专用的坡道,如图 9-16c)所示,是常用的汽车库类型之一。斜坡楼板式汽车库特点是用地最为节省,单位停车位占用面积最少;缺点是由于坡道和通道的合一,交通路线较长,对车辆进出停车位普遍存在干扰。这类汽车库建筑外立面呈倾斜状。

3. 错层式汽车库

错层式是由直坡道式发展而来,停车楼面分为错开半层的两段或三段楼面,楼面之间用短坡道相连,因而大大缩短了坡道长度,坡度也可适当加大,见图 9-16d)。错层式汽车库优点是用地较节省,单位停车位占用面积较少;缺点是交通路线对部分停车位的进出仍有干扰。此类汽车库建筑外立面呈错层形式。

4. 螺旋坡道式汽车库

停车楼面采用水平布置,停车部分布置方式与直坡道式相同,楼层之间用圆形螺旋式坡道相连,坡道可单向行驶(上、下行分设)或双向行驶(上、下行合一,右侧通行),见图 9-16e)。螺旋式坡道汽车库的优点是布局简洁,交通路线明确,上下行坡道干扰小,通行速度较快;缺点是坡道造价较高。也是常用的一种汽车库类型。

坡道式汽车库可根据工程的具体条件选用库内、库外直坡道式,单行、双行或跳层螺旋坡道式,二段式或三段式错层汽车库,以及直坡形或螺旋形斜楼板式汽车库等。

(二)机械式汽车库

根据停车设备,机械式汽车库可分为升降横移类、垂直循环类、水平循环类、多层循环类、平面移动类、巷道堆垛类、垂直升降类和简易升降类 8 种类型。全自动汽车库的停车设备可采用平面移动类、巷道堆垛类、垂直升降类、垂直循环类、水平循环类和多层循环类,复式汽车库可采用升降横移类和简易升降类。与坡道式汽车库相比,机械式汽车库占地面积小、泊位多、污染小、节省行驶消耗及通风设备费用、经济性较好,但缺点是电梯的运营费用较高,且停电影响机械使用。

1. 升降横移类

此类汽车库是利用载车板和升降机等装置,进行升降和横向平移存取车辆的机械式汽车库,如图9-17所示。按汽车的前后方向(纵向)或左右方向(横向)设置存车室又分为纵向式和横向式两种。升降横移类汽车库安装调试、消防、地基及外装修方面的投资很少,应用广泛,适于住宅小区、公共场所和机关单位等各类场合。多为中、小型车库,可以设置在地面,也可设置在地下室,停放车辆数目从几辆至几十辆不等。

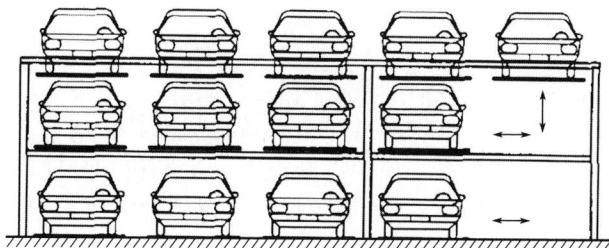

图9-17 升降横移类汽车库

2. 垂直循环类

垂直循环类汽车库又称为转马式汽车库,是采用垂直循环机构带动车位到达出入口而存取汽车的机械式汽车库。按汽车驶入存车装置位置的不同,分为下部驶入式、中部驶入式和上部驶入式三种形式,见图9-18。车辆停放在呈圆形或长圆形布置的托盘上,通过垂直回转链式输送机带动做垂直循环运动,在平动机构控制下保持车位水平。通常存车装置既可以组装在独立的塔形构造物内,也可以组装在大楼等建筑物内。该类汽车库的最大优点是运动关系和电器控制简单,但其缺点也很明显:传动噪声大、结构易变形、存取速度慢、停车室狭小、环境差、能耗高,已呈逐步淘汰之势。

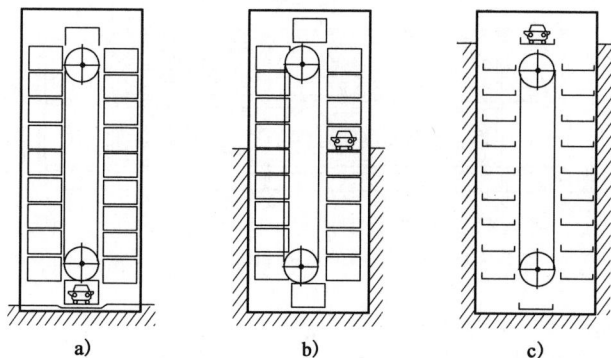

图9-18 垂直循环式汽车库
a)下部驶入式;b)中部驶入式;c)上部驶入式

3. 水平循环类

水平循环类汽车库是使用水平循环机构带动车位到达升降机或出入口而存取汽车的机械式汽车库。车辆停放在平置的链式传送带的托盘上,利用一个大型电机单独驱动传送带做循环运动,出、入库时所有车辆同时随传送带循环。具体还可分为圆形循环式和矩形循环式,前者在传送带两端搬运器以圆周运动的方式循环;后者搬运器则以直线运动的方式循环,见图9-19。搬运器是具有独立动力驱动的运送汽车的装置。

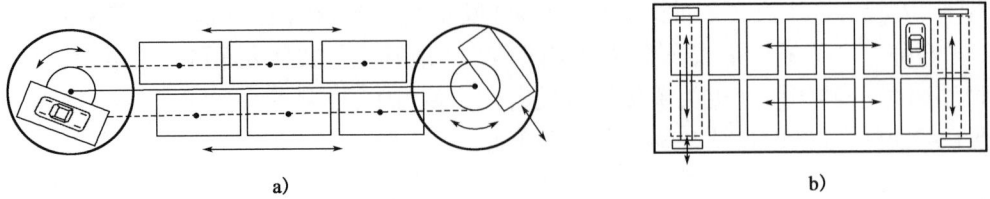

图 9-19　水平循环式汽车库
a)圆形循环式;b)矩形循环式

这类汽车库外形狭长,适应狭长地段并可以有效地提高其土地利用率;另外整个车库只有一个水平循环动作,因此电气控制系统简单。缺点是其平动机构导轨易于磨损,增加了维护工作量。由于只受单一电机驱动,功率有限,所以停车数量一般在十几辆左右;如果想增加容量,可以配置多套设备和增加汽车库层数。

4. 多层循环类

多层循环类汽车库是采用上下循环机构或升降机,将汽车在不同层的车位之间进行循环换位来实现汽车存取的机械式汽车库,见图9-20。具体还可分为圆形循环式和矩形循环式,前者在设备两端以圆周运动的方式循环升降载车板;后者则以垂直运动的方式循环升降载车板。这类汽车库如果建造在地下室中,车位可占满整个地下室的空间,人不必进入车库,既节省空间,又提高了安全性。

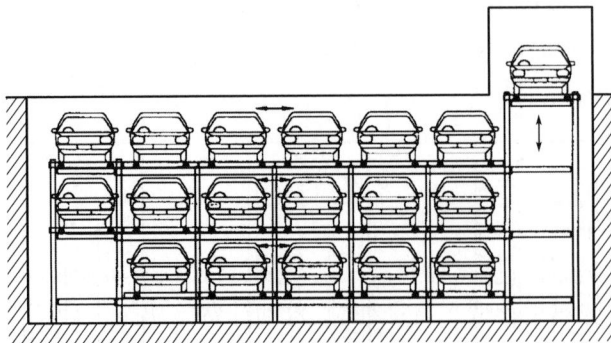

图 9-20　多层循环类机械式汽车库

5. 平面移动类

平面移动类汽车库是在同一层上用搬运器平面移动汽车或载车板、在不同层间用升降机垂直移动汽车或载车板,从而实现存取汽车的机械式汽车库。如图9-21所示,搬运器可将汽车从中央通道的平台运送到停车位(或升降机)。这类汽车库的特点是停车量大,出车速度快。

6. 巷道堆垛类

巷道堆垛类汽车库是使用巷道堆垛机将汽车水平且垂直移动到停车位旁,并用存取交接机构存取汽车的机械式汽车库。它是由停车位与升降装置立体组合而成,升降装置可整体横向移动或其运送器可横向移动,停车位设在升降装置升降道的两侧,见图9-22。运送器是承托和运送汽车的装置,包括托架、托板、台车等。从升降装置向停车位运送车辆的方式包括车辆自行和运送装置运送两种。

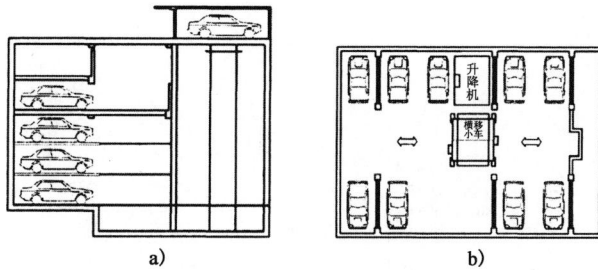

图 9-21 平面移动类汽车库
a)正视图;b)俯视图

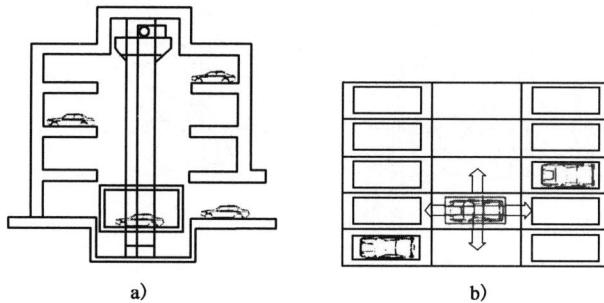

图 9-22 巷道堆垛类汽车库
a)正视图;b)俯视图

这类汽车库最早出现在美国,为电梯附加行走机械而成,容量巨大,一般可以停放 100 辆以上。

7. 垂直升降类

垂直升降类汽车库是使用升降机将汽车升降到指定层,并用存取交换机构存取汽车的机械式汽车库。它像电梯那样,把车提升到一定高度,再用横移机构把车存入泊位中,见图9-23。一般采用自动控制系统实现存取车自动控制、自动计费等功能,也可实现无人化操作。优点是土地利用率高,缺点是对地基、消防、工作可靠性和安全性等要求高。

受存取车时间等因素的影响,5 层以上的升降横移式汽车库成本显著增加。如果采用垂直升降式替代,其单位泊位成本甚至低于 5 层以下的升降横移式,存取时间也少于升降横移式。与同规格的垂直循环式相比,结构刚度好,存取效率高,底层车位环境好、功耗低、噪声小。由于其土地利用率高,是繁华地带和商业中心首选的形式之一。

8. 简易升降类

以上提到的停车场主要适用于 20 个泊位以上的情况,当停车需求少的时候,简易汽车库就显得更有效。简易升降类汽车库是采用升降或俯仰机构存取汽车的机械式汽车库。它通过电动或液动平台上下停放车辆,使停车空间增加一倍,室内、室外均可使用,优点是设备构造简单,造价相对便宜,使用维修方便,占地面积小,灵活方便;缺点是取车时存在相互干扰,如果上层车位要出车,必须移开下层车位。常见简易类汽车库有双层汽车库、沉箱式汽车库、简易升降横移式汽车库等类型;根据机械设备不同可分为升降机式和悬臂式汽车库,如图 9-24 所示。

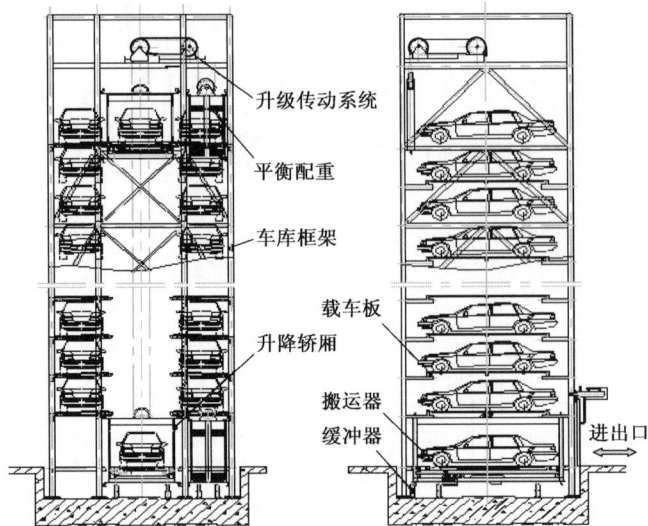

图 9-23　垂直升降类停车库

a)　　　　　　　　　　　　　　　　　b)

图 9-24　简易升降类汽车库
a)升降机式;b)悬臂式

二、汽车库的设计原则

(1)机械式汽车库应根据总体布局需要,结合机械停车设备的运行特点和有关技术资料的规定进行设计,并符合国家现行相关标准的有关规定。

(2)特大、大、中型汽车库基地应邻近道路;不相邻时,应设置通道连接。

(3)汽车库服务半径不宜超过 500m;公共汽车库基地应选择在停车需求大的位置,并宜与主要服务对象位于城市道路的同侧;专用汽车库库址宜设在单位专用的用地范围内。

(4)地下汽车库宜与城市地下空间开发及人防工程设施相结合。

(5)汽车库基地出入口不应直接与城市快速路相连接,且不宜直接与城市主干路相连接;

应具有良好的通视条件。库内交通组织应安全、便捷、顺畅。

三、汽车库设计要点

1. 功能分区

汽车库总平面的功能分区应合理,可根据需要设置车库区、管理区、服务设施、辅助设施等。

2. 道路和广场

汽车库总平面内的道路、广场应有良好的排水系统,道路纵坡坡度不应小于 0.2% ,广场坡度不应小于 0.3% 。

当机动车道路纵坡相对坡度大于 8% 时,应设缓坡段与城市道路连接。

单向行驶的机动车道宽度不应小于 4m,双向行驶的小型车道不应小于 6m,双向行驶的中型车以上车道不应小于 7m。

机动车道路转弯半径应根据通行车辆种类确定,微型、小型车道路转弯半径不应小于 3.5m。车库基地出入口处的机动车道路转弯半径不宜小于 6m,且应满足基地通行车辆最小转弯半径的要求。兼做消防通道的场地道路最小转弯半径,应满足消防车转弯半径的要求。

3. 出入口

汽车库车辆出入口特大型车库不应少于 3 个,大型和 100 个当量泊位以上中型车库不应少于 2 个,其他类型不应少于 1 个。小于 25 个当量泊位的小型车库,出入口可设一个单车道,并应采取进出车辆的避让措施。

车库车辆出入口的最小间距不应小于 15m,并宜与基地内部道路相接通。出入口宽度双向行驶时不应小于 7m,单向行驶时不应小于 4m。与道路连接的出入口地面坡度不宜大于 5% 。

汽车库基地出入口需要办理车辆出入手续时,该处应设置候车道,且不应占用城市道路;候车道宽度不应小于 4m,长度不应小于 10m。基地出入口应设置减速安全设施。

4. 排风

地下车库排风口宜设于下风向,并应做消声处理。排风口不应朝向邻近建筑的可开启外窗;当排风口与人员活动场所的距离小于 10m 时,该朝向的排风口底部距人员活动地坪的高度不应小于 2.5m。

5. 照明和充电

汽车库总平面场地内车辆能够到达的区域应有照明设施。宜设置电动车辆的充电设施。

6. 管理设施

汽车库应有交通标识引导设施和交通安全设施;公共汽车库场地内宜根据需要设置停车诱导系统、电子收费系统、广播系统等。

四、坡道式汽车库设计

(一)层高

汽车库停车区域的单层净高不应小于表 9-8 的规定。

汽车库室内停车区域单层最小净高(单位:m)　　　　表9-8

车　　　型	最 小 净 高	车　　　型	最 小 净 高
微型车、小型车	2.20	中、大型客车	3.70
轻型车	2.95	中、大型货车	4.20

注:净高指从楼地面面层(完成面)至吊顶、设备管道、梁或其他构件底面之间的有效使用空间的垂直高度。

(二)坡道

1.坡道位置

地面上的用地状况和交通状况、库内与地面之间的交通联系、库内水平交通的组织情况等因素共同决定了坡道在汽车库的位置。概括起来,坡道的位置包括在车库主体建筑之内、在主体建筑之外和两者混合布置三种情况,如图9-25所示。

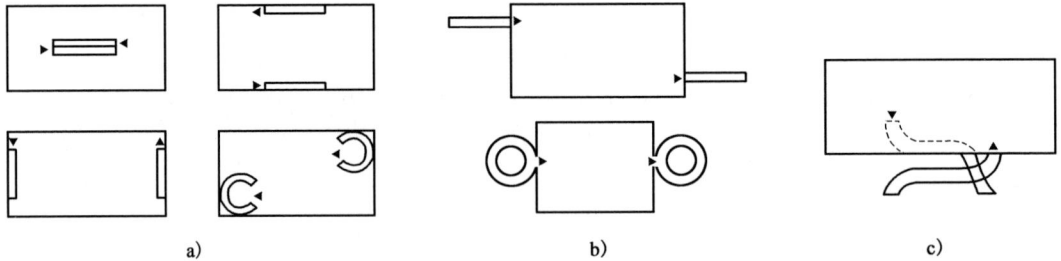

图9-25　坡道平面布置形式
a)布设于主体建筑之内;b)布设于主体建筑之外;c)主体建筑内、外混合布设

坡道在主体建筑之内的主要优点是节省用地,上下联系方便;缺点是存在坡道使主体建筑的柱网和结构复杂化,对出入口部位实行防护也较困难。坡道在主体建筑之外的优点是坡道与主体建筑分开,比较容易处理,也便于进行防护;缺点是如果场地狭窄,总平面布置可能会有困难,这时可考虑设计螺旋形坡道或折线形坡道。

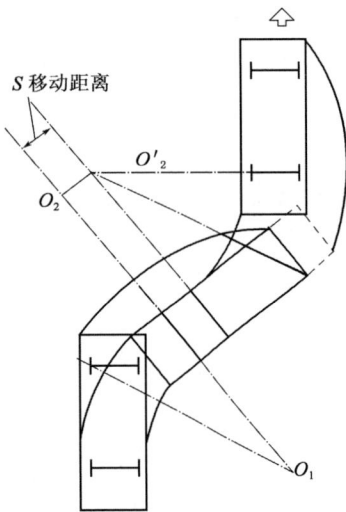

图9-26　车辆S形转弯轨迹

错层式汽车库两坡道间中心距不小于14m,以便车辆在楼层上做180°转向。

2.坡道几何设计

(1)线形

汽车库坡道可以采用直线形、曲线形或两者组合型。曲线形坡道要考虑车辆弯道行驶的几何特性,图9-26为车辆作S形转弯的轨迹(反向曲线),为便于在行驶中改变方向,需要预留一定的移动距离,移动距离的长度不小于设计速度的2倍。

车辆的爬坡能力、废气产生量和场地大小等因素确定了坡道的纵坡度。最大纵坡限制值参考表9-9。当坡道纵坡大于10%时,坡道上、下端均应设置缓坡段,以防止汽车的前端或后端擦地。若采用直线缓坡,缓坡段的水平长度不应小于3.6m,坡度应为坡道的一半;若采用曲线缓坡,缓坡段的水平长度不应小于2.4m,曲率半径不应小于20m,见图9-27。

车 型	直线纵坡	曲线纵坡	车 型	直线纵坡	曲线纵坡
微型车、小型车	≤15.0	≤12.0	中型车	≤12.0	≤10.0
轻型车	≤13.3	≤10.0	大型客车、大型货车	≤10.0	≤8.0

坡道线型限制值(%)　　　　　　　表 9-9

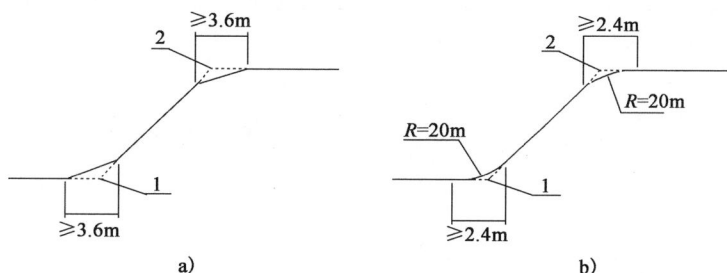

图 9-27　缓坡设计

a)直线缓坡;b)曲线缓坡

1-坡道起点;2-坡道止点

坡道转弯处的横坡坡度可以通过式(9-23)计算。

$$i = \frac{v^2}{127R} - f \qquad (9-23)$$

式中:i——横断面坡度,%;

　　　v——车辆行驶速度,km/h;

　　　R——转弯半径,m;

　　　f——车辆轮胎与地面的摩擦系数。

一般情况,如果车速不大,可以不设横断面的坡度。

(2)长度

坡道一般由水平段、缓坡段、正常坡段及挡水段几个部分组成,如图9-28所示。坡道的长度由坡道的升降高度和纵坡度所决定。

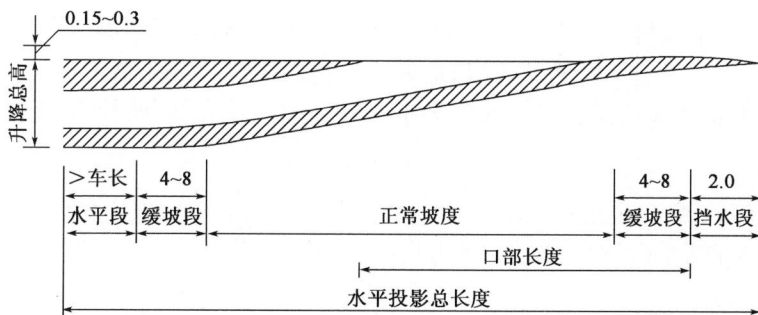

图 9-28　直线坡道的分段组成(尺寸单位:m)

(3)宽度

坡道的宽度一方面影响到行车安全,另一方面对坡道的面积也有较大影响,因此过窄或过宽都是不合理的。我国汽车库坡道最小宽度的建议值见表9-10。坡道可以采用单车道或双车道;严禁将宽的单车道兼作双车道。

坡道最小净宽(单位:m)

表 9-10

坡道形式	最 小 净 宽		坡道形式	最 小 净 宽	
	微型、小型车	轻型、中型、大型车		微型、小型车	轻型、中型、大型车
直线单行	3.0	3.5	曲线单行	3.8	5.0
直线双行	5.5	7.0	曲线双行	7.0	10.0

注:此宽度不包括道牙及其他分隔带宽度。当曲线比较缓时,可以按直线宽度进行设计。

（4）高度

车辆出入口及坡道的最小净高一般与汽车库室内的单层净高一致,见表 9-8。

(三)停车区

斜坡楼板式汽车库当楼板坡度大于 5% 时不宜作停车区。为了防止停车后溜车,应使停车位与通车道呈≥60°的夹角。由于车辆在这类车库内进出车行驶距离较长,如果作为特大、大型车库,可以设转向中间通车道或螺旋式坡道,供快速出口用。

错层式汽车库小轿车停车区允许楼面叠交,但不宜超过 1.5m;方形面包车则不适用。

(四)管理系统

汽车库管理系统由硬件和软件两大部分组成,硬件为管理的设备、仪器等,软件为停车收费标准、运营管理模式等。一般来说,管理硬件系统可分为场内管理系统和场外管理系统,场外管理系统如路内的停车导引电子牌和车载停车导引设备等;场内管理系统包括收费电子咪表,手持式车辆管理系统,出入口设备(如栏杆机、车牌识别系统、自动出票检票机等),车位导引系统,车位检测指示系统,停车设备运行管理系统等。

(五)库内安全设施

为了保证车辆停行的安全与便利,汽车库内需要设置适当的安全设施,主要包括减速垄、阻车器、橡胶护角、地面防滑漆等。

1. 减速垄

减速垄由橡胶、金属材料或水泥混凝土制成,形状为八字形,两边有 5% ~ 10% 的斜坡,通常设在汽车库出入口,以迫使车辆减速、保证安全。橡胶制成的减速垄价格便宜,安装方便,可以组装或涂刷成黑黄相间的图案以引起驾驶员注意。

2. 阻车器

阻车器是由生铁或其他金属材料制成的,设于停车泊位一端,以阻止停放车辆溜车或限定车辆的位置。阻车器横断面为圆形、梯形或矩形。

3. 反光橡胶护角

反光橡胶护角包嵌于柱体边角及隔墙等,用于警示驾驶员,并可在车辆意外碰撞时保护墙体和车辆不受损坏。

4. 色带

色带设于通道两侧,目的是醒目、保持美观,有利于行车安全。

5.标志和标线

库内应在每层出入口的显著部位设置标明楼层和行驶方向的标志,在各层柱间及通车道尽端设置停车区位的标志;在地面上用彩色线条标明行驶方向,用 10～15cm 宽线条标明停车位;在出入口或库内禁止转弯处施划禁停网格线。

6.黄黑警示带

黄黑警示带设置在地下停车库或停车楼坡道两侧,提示驾驶员注意防止撞壁。

7.地面防滑漆

地面防滑漆一般设在上、下坡道处,摩擦系数大,起到防止车辆打滑的作用。

图 9-29 所示为汽车库的一些安全设施。

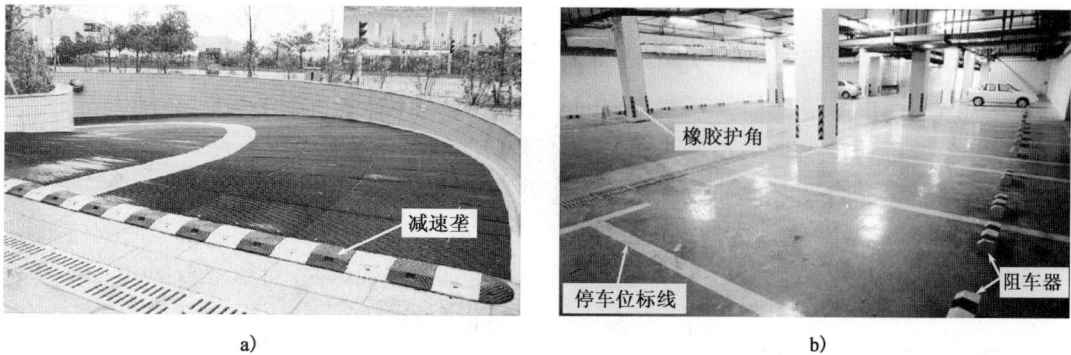

图 9-29　汽车库安全设施
a)减速垄;b)阻车器、反光橡胶护角、停车位标线

五、机械式汽车库设计

(一)设计依据

机械式汽车库主要设计依据包括设计车型及其质量、存容量、单车进出最大时间等。

1.设计车型及其质量

机械式汽车库主要停放普通轿车及中小型客车(如旅游车等),但这些车型的外廓尺寸和质量仍然有很大的差异。为了使机械式停车设备能满足使用要求,将适合于在机械式汽车库停放的车辆,按汽车长、宽、高及质量(整车整备质量加上 50kg 物品的质量)划分为小、中、大、特大、超大 5 个轿车组和 1 个客车组,分别以 X、Z、D、T、C 和 K 代表(表 9-11);停车设备中车位尺寸及车辆的质量,可按该设备适停的最大组别的车辆参数确定,超出这些参数的机械式停车设备可作为非标准产品进行设计。

机械式停车设备适停车辆外廓尺寸及质量　　表 9-11

汽车组别代号	汽车长×宽×高 (mm×mm×mm)	汽车质量 (kg)	汽车组别代号	汽车长×宽×高 (mm×mm×mm)	汽车质量 (kg)
X	≤4400×1750×1450	≤1300	T	≤5300×1900×1550	≤2350
Z	≤4700×1800×1450	≤1500	C	≤5600×2050×1550	≤2550
D	≤5000×1850×1550	≤1700	K	≤5000×1850×2050	≤1850

2.存容量

存容量就是单套机械式停车设备能同时存放的车辆数。表9-12是《机械式停车设备分类》(GB/T 26559—2011)给出的各种机械式停车设备的存容量推荐值。一个机械式汽车库可以装有多套机械式停车设备,其泊位数是全部停车设备存容量的总和。

单套机械式停车设备的存容量推荐值(单位:辆)　　　　　表9-12

停车设备类别	存 容 量	停车设备类别	存 容 量
升降横移类	3 ~ 35	平面移动类	12 ~ 300
垂直循环类	8 ~ 34	巷道堆垛类	12 ~ 150
水平循环类	10 ~ 40	垂直升降类	10 ~ 50
多层循环类	10 ~ 40	简易升降类	1 ~ 3

3.单车进出最大时间

机械式汽车库单车进出最大时间,是指从给出一个进车(或出车)指令开始,将车停放到该机械式停车设备的最不利位置或将车从最不利位置取出,直至该停车设备能进行下一个进出车指令为止所需的时间(不包括驾驶员将汽车开到载车板或入库台,从载车板或出库台将车开出,以及驾驶员离开汽车关门出车库等辅助时间)。机械式停车设备单车进出最大时间应根据使用环境、地区、用途等的不同来合理选定,在没有提出具体数据要求时,可参考表9-13选取。

机械式停车设备单车进出最大时间　　　　　表9-13

停车设备类别	单车进出最大时间(s)	停车设备类别	单车进出最大时间(s)
升降横移类	240	平面移动类	270
垂直循环类	120	巷道堆垛类	270
水平循环类	420	垂直升降类	210
多层循环类	540	简易升降类	170

(二)出入口

全自动汽车库出入口应设置不少于2个的候车位,当出入口分开设置时,候车位不应少于1个。当车辆需要掉头而受场地限制时,可设置汽车回转盘。出入口宽度应大于所存放的机动车设计车型宽加0.50m,且不应小于2.5m;高度不应小于2.0m。

复式汽车库的出入口及坡道应按坡道式汽车库的相关要求和规定设计。

(三)停车位

机械式汽车库停车位的最小外廓尺寸应符合表9-14的规定。

停车位最小外廓尺寸(单位:m)　　　　　表9-14

停车位尺寸参数	全自动汽车库	复式汽车库
宽度	车宽 +0.15	车宽 +0.50(通道)
长度	车长 +0.20	车长 +0.20
高度	车高 + 微升微降高度 +0.05,且不小于1.60	车高 + 微升微降高度 +0.05,且不小于1.60,兼做人行道时应不小于2.00

复式机动车库停车区域的净高应根据各类停车设备的尺寸确定。升降横移类停车设备一般用成套定型设备,高度尺寸应符合表9-15的规定;其停车位尺寸如表9-16所示。

升降横移类汽车库停车设备高度　　　　　　　表9-15

停车设备位置	停车设备层数	停车设备高度(m)	停车设备位置	停车设备层数	停车设备高度(m)
出车面以上	二层停车设备	3.50~3.65	出车面以上	二层停车设备	9.03~9.55
	二层停车设备	5.65~5.90		二层停车设备	11.15~11.40
	二层停车设备	7.45~7.70	出车面以下	底坑一层停车设备	1.90~2.10

升降横移类汽车库停车位的尺寸要求　　　　　　表9-16

汽车组别代号	停车位尺寸(m)		汽车组别代号	停车位尺寸(m)	
	长	宽		长	宽
X(小型车)	5.00~5.30	2.25~2.35	T(特大型车)	5.80~6.30	2.40~2.70
Z(中型车)	5.30~5.50	2.35~2.45	C(超大型车)	6.10~6.60	2.55~2.85
D(大型车)	5.50~5.80	2.35~2.65	K(客车)	5.80~6.30	2.40~2.70

(四)通车道

复式机动车库通车道的最小宽度应根据车型倒车入库的需求计算,最小不得小于5.8m。

(五)电气

汽车库应采用双路供电。若采用单路供电,则应配备备用电源,两个电源或两条线路之间采用自动切换装置。

库内应设置事故照明和疏散指示标志,蓄电池备用电源的连续供电时间不应小于20min。

各种消防用电设备的配电线路必须与动力、照明等一般配电线路分开并采取必要的防火措施。消防用电设备的两个电源或两条线路应在最末一级配电箱处自动切换。

(六)管线

为保障安全和方便安装维护,在机械式停车设备所需运行空间范围内,不得设置或穿越与停车设备无关的管道、电缆等管线;但通道等区域可以穿越其他管线。

(七)安全防护设施

停车设备的出入口、操作室、检修场所等明显可见处应设置安全标志。

全自动机汽车库的设备操作位置应能看到人员和车辆的进出;不能满足要求时,应设置反射镜、监控器等设施。

汽车库出入口可根据需要设置库门或栅栏等安全保护设施。

(八)设备构成

以升降横移类汽车库为例,其停车设备主要由钢结构部分、载车板部分、传动系统、控制系统、安全防护措施五大部分组成,如图9-30所示。

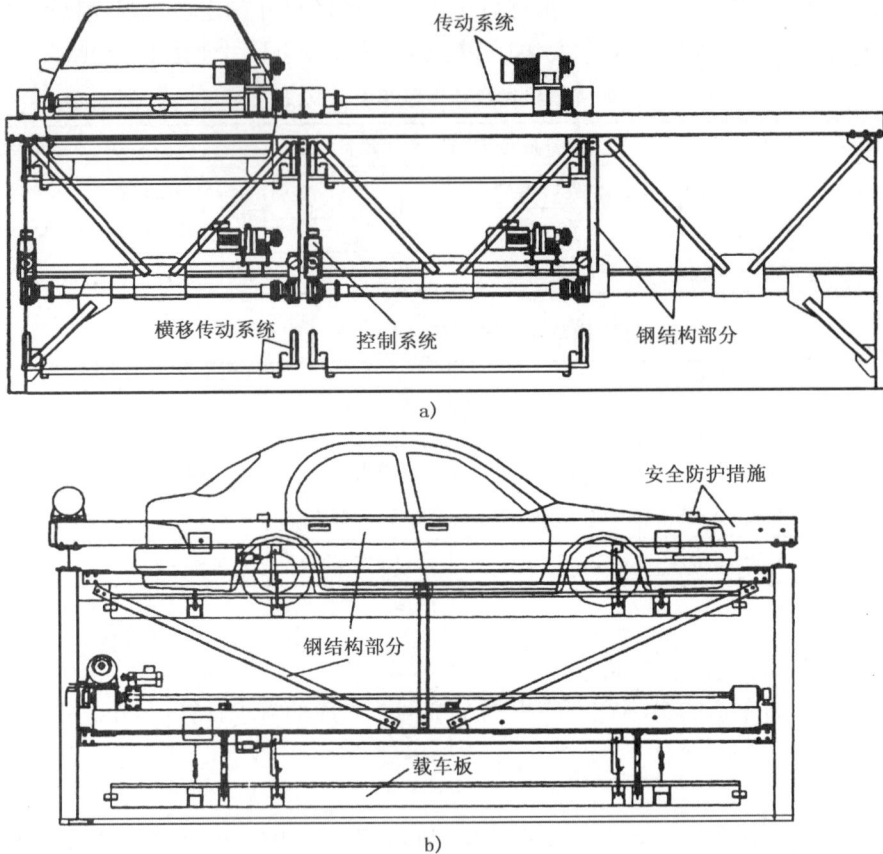

图 9-30 升降类停车设备的主要组成部分

（1）钢结构部分。停车设备的钢结构主要采用热轧 H 形钢、槽钢、角钢、钢板焊接成型,用高强度螺栓连接成框架结构,具有较好的强度和刚度。根据不同的结构要求,有单柱形式、跨梁形式、后悬臂形式等。

（2）载车板部分。载车板用来承载库存车辆,按结构形式有框架式和拼板式两种。框架式载车板用优点是:可按需要设置行车通道宽度,并具有较好的导入功能,适合车型变化较多的小批量生产。拼板式载车板优点是:轻巧美观,运输方便,通用性好,适合批量生产。

（3）传动系统。可分为升降传动机构、横移传动机构及升降横移机构。升降传动机构有四点吊挂式、二点吊挂式附平衡机构、后悬二点吊挂式等。横移传动机构一般由电机减速机、驱动轮和从动轮、地面铺设的导轨组成。升降横移机构则为升降传动机构与横移传动机构的结合。传动动力系统即主机一般有电机减速机、液压缸、液压马达等,其中电机减速机必须设有制动系统。

（4）控制系统。控制系统主要由主回路和控制回路组成。主回路主要控制载车板的升降、横移,其设备有电机减速机、液压马达等;控制回路主要是针对人、车的安全而设计的各种控制回路。

（5）安全防护措施。停车设备一般装有的安全防护装置,包括紧急停止开关、防止越限运行装置、汽车车长检出装置、阻车装置(安装在载车板上)、人车误入检出装置、防止载车板坠落装置及警示装置(设备运行警示)等。

(九)设备布置

仍以升降横移类汽车库为例。按照停车位的布置形式,升降横移类停车设备可分为全地上布置、半地下布置和重列式布置3种形式。

(1)全地上布置。一般不超过5层。由于整套停车设备安装在地面上,因此安装方便。2层车库在室外或地下室均可建设,3层以上大多设在室外。车库层数的选择主要取决于允许的空间高度。超过5层的,必须在设计中特别考虑钢结构的强度、刚度,车库运行的稳定性和存取车时间等。

(2)半地下布置。由于半地下布置可以比全地上布置增加一些停车位,因此当地上布置受到高度限制,地下又可下挖基坑时,可以采用这种形式。由于地下层多为1层、底坑净深在2m左右,一般不超过2层,因此在设计中要特别注意防水。

(3)重列式布置。对于只能设置1个车道,或设置2个车道太浪费但有能停放两排及以上车辆长度的停车位置时,可采用重列式布置的升降横移停车设备,它比单列式停车数量要增加1~3倍。重列式较常用的形式是驾驶员穿过前排设备的空车位将车开到后排的载车板上,或从载车板上将车开出。为了减少驾驶员存取后排车时受穿越的困扰,也可采用机械将后排载车板前移至第一排,但这种装置尺寸宽度要求较大。

升降横移类汽车库的停车设备配置要满足车库选型配置的总原则,又要根据车库的大小、停车位的多少、存取车时间的要求等,合理选择配置的形式,组合成不同的配置方案。

第五节 路内停车场设计

利用高架道路下面、立交桥下面的空间设置的停车场,与路外地面停车场大同小异;这里只介绍路内停车的形式。

路内停车在许多大城市停车中占相当大的比重。在美国,路内停车位接纳停车者的比例约为相应车位比例的两倍,例如100万人口以上的都市,路内车位只占总停车位的14%,而实际停车比例却占总停车数的30%;而且城市规模越小,路内停车车位和实际停放的比例越高。

一、路内停车特性

路内停车的特点是:

(1)方便。路内停车之最大优点就是将车辆就近停放于目的地附近,减少步行距离,车辆进出比路外停车场方便。

(2)周转快。在城市中心区域,路内停车的周转率最高。美国曾统计过,100万人口城市路内计时收费的日周转率可达5.5,专用不收费可达2.9~3.6,远高于路外停车场(表9-17)。

美国城市中心商业区停车设施的周转率　　　　表9-17

城市规模	路内停车场周转率				路外停车场(库)周转率		
(万人)	计时收费	允许停车区	专用	平均	停车场	车库	平均
1.0~2.5	—	—	—	6.7	1.8	0.3	1.8
2.5~5.0	—	—	—	6.4	1.5	0.6	1.5

续上表

城市规模（万人）	路内停车场周转率				路外停车场(库)周转率		
	计时收费	允许停车区	专用	平均	停车场	车库	平均
5.0～10.0	7.8	2.8	3.7	6.1	1.7	0.8	1.6
10.0～25.0	8.1	3.1	4.4	5.7	1.6	1.0	1.5
25.0～50.0	7.1	2.5	3.3	5.2	1.4	1.1	1.4
50.0～100.0	6.6	1.1	3.9	4.5	1.2	1.4	1.2
>100.0	5.5	3.6	2.9	3.8	1.1	1.0	1.1

（3）减少道路容量、导致交通拥挤。

路内停车占用道路面积，减少道路有效宽度，可使道路容量减少20%～25%，且道路宽度越小，减少的比率越大（表9-18）。

路外停车对市区道路容量的影响 表9-18

道路宽度（m）	单行道（veh/h）				双行道（veh/h）			
	禁止路内停车	两侧路内停车	容量减少值	减少比率（%）	禁止路内停车	两侧路内停车	容量减少值	减少比率（%）
11	6680	4220	2460	36.83	5600	3680	1920	34.29
12	7740	5240	2500	32.30	6460	4380	2080	32.20
14	8800	6380	2420	27.50	7320	5080	2240	30.60
15	9900	7480	2420	24.44	8220	5860	2360	28.71
17	11000	8650	2350	21.36	9100	6640	2460	27.03
18	12120	9783	2337	19.28	9960	7360	2600	26.10

注：道路宽度系指路面两侧边缘之间的距离。

（4）干扰车流、降低车速，易发生交通事故。

由此可见，相对而言路内停车弊大于利，因此原则上宜逐步限制路内停车以增大道路容量；但在许多大城市路外停车设施严重短缺的情况下，在不严重影响道路交通时，应允许适当开放路内停车，但需要对路内停车场的设置进行详细的规划和管制。

二、路内停车场规划设计

路内停车场规划设计应考虑交通流量、路口特性、车道数、道路宽度、单向交通、双向交通、公共设施及两侧土地使用状况等因素。

（一）路内停车布局规划

路内停车布局规划的技术流程如图9-31所示，分为以下五个步骤：

（1）选择需要设置路内停车的路段，根据道路条件与交通量状况对路段能否设置停车场做出初步的判断。首先要将禁止停车的区域和路段明确下来，剩余的区段才可作为停车路段。

（2）确定路内停车的设计目标：

①控制路段车流的饱和度与延误。

②路内停车场设置的社会总成本最小。

③泊位数量尽可能满足周边停车需求。

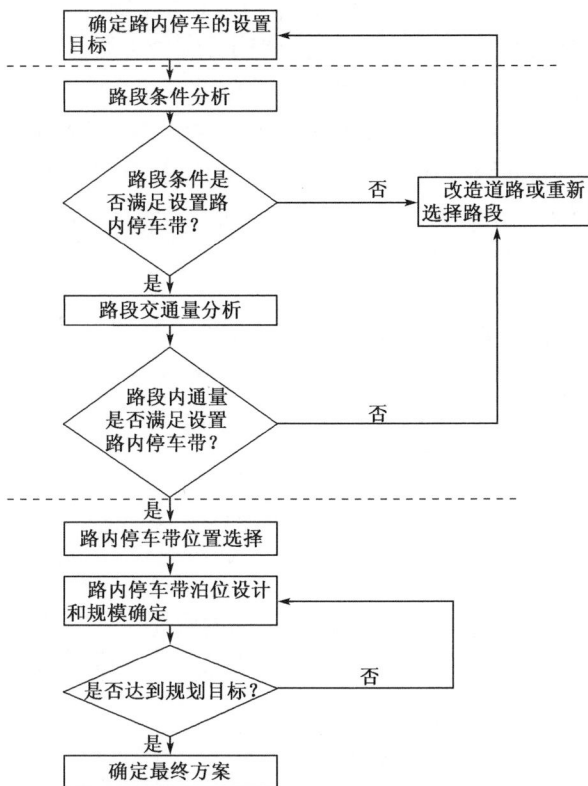

图 9-31　路边停车规划与设置流程

（3）分析设置条件,包括道路条件与交通量条件。道路条件包括路段宽度和道路横断面形式(机动车道数、非机动车道形式和车道隔离方式)等;交通量条件是指路段机动车、非机动车和行人的流量。如果道路和交通量条件不满足设置路内停车场,则需要对道路进行改造;如果道路难以改造或即使改造之后还难以满足要求,则表明该路段不适合设置路内停车场,需要重新选择其他道路。

（4）合理选择路内停车场的位置,分析路内停车场与信号交叉口、建筑物出入口及人行横道的关系,以及地形条件和特殊地带的限制等。

（5）初定路内停车场的规模和泊位形式,校核是否满足设计目标;若不满足,则需要重新确定设计参数。

路内停车场规划应与路外停车场规划相协调,充分运用行政、经济与市场等手段,严格控制路内占道停车位的数量,逐步形成配建停车为主、路外停车为辅、路内占道停车为补充的城市停车格局。随着城市建设进度情况和路外停车设施的建设与完善,应对路内停车场设置的效果进行动态评估,分析其位置及规模对道路交通的影响程度、与路外停车场的协调程度,相应调整路内停车设施和政策。

（二）路内停车场设计原则

（1）在人行道、桥梁、隧道内不得设置路内停车场;在交叉口、车辆出入口、人行横道、消防栓、专用停车标志、让路标志、公交站台、信号灯前后一定距离内不得设置路内停车场;路内停车场不得影响步行和自行车通行、侵占消防通道及行人过街设施。

（2）在主干路上、整幅路宽都需用于通车的道路上，应禁止路内停车。

（3）在路外停车位比较充裕的区域，不得占用道路设置路内停车场。

（4）在住宅区、办公中心、商业区等需要大量存车的地区，尽可能在非主要道路上提供路内停车空间。严格控制城市中心商业办公区路内停车位数量，并限制停车时间以提高停车周转率。

（5）在不影响道路交通运行的情况下，允许老旧居住（小）区周边非交通性道路或支路夜间临时停车，可制定相应的收费、管理规定。

（三）路内停车场设计要点

1.道路坡度

道路纵坡如果大于4%，一般不宜设置路内停车场。

2.道路宽度

根据《城市道路路内停车泊位设置规范》（GA/T 850—2009）要求，道路车行道宽度在表9-19的范围内可设置停车位。

设置路内停车泊位的道路宽度 　　表9-19

通行条件	道路宽度 W（m）	泊位设备	通行条件	道路宽度 W（m）	泊位设备
机动车双向通行道路	$W \geq 12$	可两侧设置	机动车单向通行道路	$W \geq 9$	可两侧设置
	$8 \leq W < 12$	可单侧设置		$6 \leq W < 9$	可单侧设置
	$W < 8$	不可设置		$W < 6$	不可设置

3.容许的道路服务水平

一般城市道路的饱和度 V/C 不大于 0.8 时，容许设置路内停车场。在计算饱和度时，应将道路实际交通量 V 换算成当量小汽车单位（pcu）；道路通行能力 C 需要考虑路内障碍物对车道通行能力的影响，例如 3.5m 宽车道在路内障碍物距离为 1.8m、1.2m、0.6m、0m 时，其通行能力的修正系数分别为 1.0、0.99、0.97、0.90。表9-20 给出的服务水平、交通流状态、饱和度等参数与路内停车场设置的关系，可供参考。禁停、允许停和限时停车均宜经详细计算确定，并以标志标线指示。

路内停车场设置与道路服务水平的关系 　　表9-20

服务水平	交通流状态			饱和度 V/C	说　明
	交通状况	平均行驶速率（km/h）	高峰小时系数		
A	自由流动	≥ 50	PHF < 0.7	$V/C \leq 0.6$	容许路内停车
B	稳定流动（轻度延误）	≥ 40	$0.7 <$ PHF ≤ 0.8	$0.6 < V/C \leq 0.7$	容许路内停车
C	稳定流动（可接受延误）	≥ 30	$0.8 <$ PHF ≤ 0.85	$0.7 < V/C \leq 0.8$	容许路内停车
D	接近不稳定流动（可容忍延误）	≥ 25	$0.85 <$ PHF ≤ 0.9	$0.8 < V/C \leq 0.9$	视情况设或不设
E	不稳定流动（拥挤不能忍受）	约为 25	$0.85 <$ PHF ≤ 0.9	$0.8 < V/C \leq 0.9$	禁止停车
F	强迫流动（堵塞）	< 25	无意义	无意义	禁止路内临时停车

4. 交通安全

路内停车位与交叉口的距离不得妨碍行车视距,与相交的城市次干路缘石切点延长线的距离不小于20m,与相交的支路缘石切点延长线的距离不小于10m;单向交通出口方向可根据情况适当缩短与交叉口的距离。路内停车位应给重要建筑物、停车设施等出入口留出足够的空间;与有行车需求的巷弄出口,应留有不小于2m的安全距离。

(四)路内停车场泊位设计

图9-32为各种路内停车场车位的排列形式。图9-32a)、b)为平行式,其中b)为双向停车,保留2m间距,车辆进出车位较方便,且可增加车位数;图9-32c)、d)、e)分别为不同角度的斜列式;图9-32f)为垂直式。

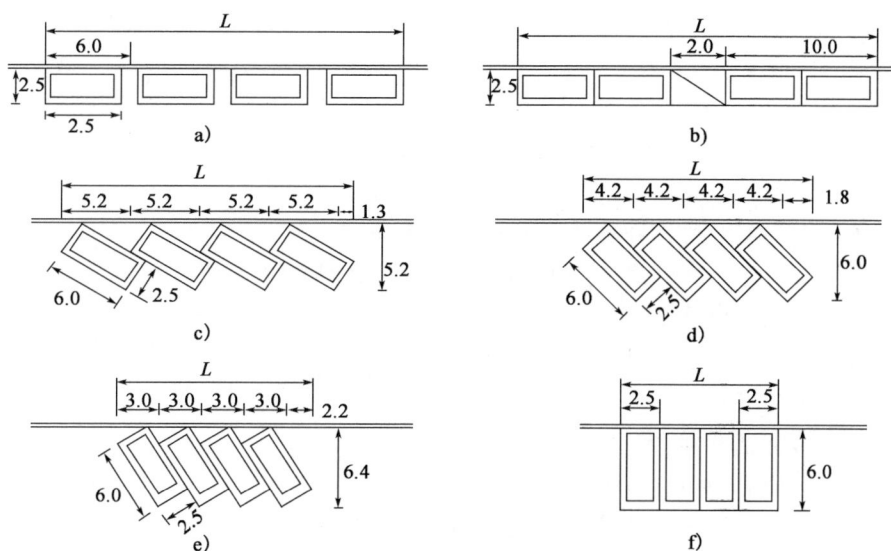

图9-32　路内停车场不同排列形式的泊位设计(尺寸单位:m)
a)、b)平行停车;c)30°斜列停车;d)45°斜列停车;e)60°斜列停车;f)垂直停车

不同排列形式的路内停车场车位数计算方法是:
(1)平行停车

$$N = \frac{L}{6.0}$$ (9-24)

(2)30°角斜列停车

$$N = \frac{L-1.3}{5.2}$$ (9-25)

(3)45°角斜列停车

$$N = \frac{L-1.8}{4.2}$$ (9-26)

(4)60°角斜列停车

$$N = \frac{L-2.2}{3.0}$$ (9-27)

（5）垂直停车

$$N = \frac{L}{2.5} \tag{9-28}$$

式中：N——泊位数，个；

L——停车区长度，m。

停车位排列形式的选择可考虑下面的原则：

（1）行车比停车更为重要的路段应优先考虑平行式。

（2）在路内停车空间长度相同的情况下，斜列式比平行式能提供更多的车位，但前者停车占用道路较宽。

（3）斜列式停车进出车位时，驾驶员视野受到妨碍较大，较平行式停车危险性大。

（4）从车辆出入车位所需时间来看，斜列式停车少于平行停车，且车辆驶入更方便容易。

【思考题】

1. 停车场的分类有哪些？每类又包括哪些停车场？

2. 机动车停车的停放和停发各有哪几种？各种方式的特点是什么？

3. 简述停车场规划的原则和步骤。

4. 停车需求预测的模型有哪些？

5. 汽车库的种类有哪些？

6. 路内停车的特性有哪些？

7. 停车场需求的影响因素有哪些？

8. 地面停车场的设计原则与停放方式有哪些？

9. 路边停车场的设计原则是什么？

10. 不同排列形式的路边停车场车位数应如何计算？

第十章

道路照明设施设计

第一节 概　　述

一、道路照明的作用与要求

（一）道路照明的作用

在道路交通系统中，交通参与者要通过视觉信息掌握道路、交通及周围环境条件，根据这些信息来调整自身的交通行为。对于机动车驾驶员而言，为了行车的安全、顺畅，必须掌握道路宽度、线形、交叉口、路面状况、是否存在路上障碍物等道路条件，以及是否存在行人和其他车辆及其位置、类型、速度、行进方向等交通条件。在白天，驾驶员可以通过自然光获取必要的信息；而在夜间，汽车前照灯的照射范围有限，若没有人工照明，就会影响驾驶员获取必要的视觉信息。道路照明的主要目的是改善夜间的视觉信息，使夜间交通保持安全和畅通。而隧道要提供全时照明，除了提供基本的视觉信息外，还要解决驾驶员在隧道内行驶时出现的适应、响应等视觉问题。

车辆在道路上行驶，在路面和周围亮度背景的衬托下，驾驶员首先看到的是物体轮廓，以决定是否需要采取适当操作，为此，需要使障碍物及路面有足够的亮度，以保障行车安全。大量的研究表明,有 30% ~40% 的交通事故发生在夜间,而且其中重伤、死亡等重大事故所占比例较大,其主要原因就在于夜间道路及环境的亮度远低于白天,提供给驾驶员安全行车所必需的视觉信息不足。

道路照明就是要把路面、环境及障碍物照亮到能看清轮廓的程度,从而将良好的视觉信息传递给道路使用者,改善夜间行车条件,达到提高通行能力、减少交通事故的目的。这些视觉信息主要包括道路宽度、线形及道路结构等;道路上的障碍物,行人,其他车辆及其类型、大小、移动速度及方向等;道路上的特殊场所如交叉口、公交停靠站等;路面状态及破损状况等。据统计,在设置照明后,高速公路上的交通事故可减少 40% ~60%。

道路照明具有以下作用:

(1)减少夜间交通事故。

(2)提高夜间行车速度,缩短运行时间。

(3)吸引车辆夜间行驶,均衡昼夜交通流分布,提高道路资源利用率。

(4)夜间提供前方道路方向、线形、宽度等视线诱导信息。

(5)能够美化环境,改善景观。

(二)道路照明的要求

道路照明虽有诸多益处,但是如果设置不当,则有可能成为交通事故诱发因素。因此,在照明设计中,除应达到要求的照度外,还应具有良好的照明质量。照明设计的基本要求为:

(1)车行道的亮度水平(照度标准)适宜。

(2)亮度均匀,路面不出现光斑。

(3)控制光源的直接眩光、反射眩光和光幕反射。

(4)适当照亮车行道两侧的相邻区域,提供安全驾驶的参考。

(5)具有良好的视觉诱导性。

(6)具有良好的光源光色及显色性。

(7)节约电能。

(8)便于维护管理。

(9)与道路景观协调。

由于大部分公路设计成敞开式的横断面和良好的平、纵面线形,能够最大限度地利用汽车头灯照明,减少了全线固定式照明的需要,所以一般公路很少采用照明,除非在一些有潜在危险的地方,如交叉口、长桥梁、隧道以及路侧有干扰的地段;高速公路在互通式立交桥、收费站附近和个别路段采用局部照明。而在城市道路上,通常配置连续照明。

二、照明的基本概念

(一)光通量

光源在单位时间内向四周空间发射出的使人眼产生光感觉的能量称为光通量,单位是流明(lm)。1 瓦特功率完全转化为 $0.555\mu m$ 波长的光(黄绿色光)时,其光通量为 683lm。部分光源的光通量如表 10-1 所示。

部分光源的光通量　　　　　　　　　　　　　　　　　　　　表 10-1

光源种类	光通量(lm)	光源种类	光通量(lm)	光源种类	光通量(lm)
太阳	3.57×10^{24}	白炽灯(100W)	1570	低压钠灯(140W)	1400
月亮	8.0×10^{16}	荧光灯(20W)	1200	高压钠灯(400W)	27000
蜡烛	11.3	荧光灯(40W)	3300	碘钨灯(500W)	9750
电石灯	250	汞灯(4003W)	21500	镝铊灯(400W)	32000

(二)发光强度

光源在某方向单位立体角内的光通量称为发光强度,即光通量的空间密度,简称光强,单位是坎德拉(cd)。$1cd = 1lm/1sr$,其中 sr 是立体角的单位,即球面度。

如图 10-1 所示,当一个立体角 Ω 在半径为 R 的球面上截取的面积 A 等于以 R 为边长的正方形面积时,对应的立体角就是 1 球面度(1sr)。一个完整球面所对应的立体角为 4π 球面度。

部分光源的发光强度见表 10-2。

部分光源的光强　　　　　　表 10-2

光源种类	光强(cd)	光源种类	光强(cd)
太阳	2.84×10^{23}	荧光灯(20W)	128
月亮	6.4×10^{15}	荧光灯(40W)	325
蜡烛	0.9	汞灯(400W)	2660
白炽灯(100W)	127	汞灯(700W)	3700

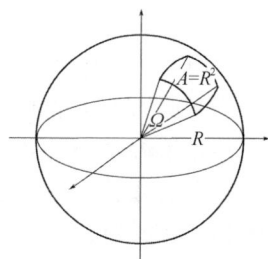

图 10-1　球面度示意图

(三)照度

由光源直接或间接照亮的被照面上入射的光通量与被照面面积之比,即单位被照面上的光通量,称为该表面的照度,单位是勒克司(lx)。$1lx = 1lm/m^2$。

在照明设计中,照度是最重要的度量单位,其大小表明了被照明的亮度水平。一般人在 0.1lx 的照度时,能大体看清周围的物体;工作场所的照度以 20~30lx 为宜;照度在 200lx 时人感觉最为舒服,视觉不容易疲劳,其相当于太阳光不直接照射的露天地面上的照度。

人的视觉可以适应很大幅度的照度变化,从 100000lx 的盛夏太阳光到 0.0003lx 的星光。一般来说,视力会随着照度的增加而提高。

(四)亮度

光照射在物体上的强弱用照度表示,物体反射光到人眼的强弱用亮度表示。照射到被照面上的光通量,一部分从被照面反射回来,反映到人眼里便现出物体的像,而引起视觉。被照面单位面积反射到人眼的光通量越大,所引起的视觉就越清楚。

亮度即是发光表面在一定方向的发光强度与发光表面在该方向的正投影面积的比值,也就是在给定方向上单位投影面积发光表面的发光强度,单位是 cd/m^2[也称尼特(nt)]。$1nt = 1cd/1m^2$。晴朗的天空亮度为 $2 \times 10^3 \sim 6 \times 10^3$ nt。一般道路的照明效果是根据亮度评价的。

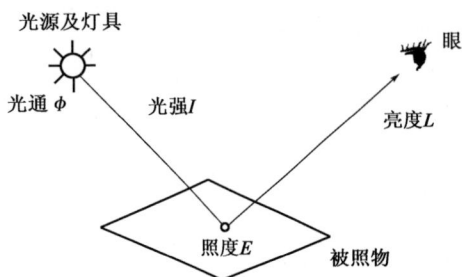

图 10-2　光度学基本概念的相互关系

亮度与照度的近似关系为：

$$B = \frac{\rho E}{\pi} \qquad (10\text{-}1)$$

式中：B——亮度，cd/m^2；

$\quad\quad E$——照度，lx；

$\quad\quad \rho$——物体表面的反射率；

$\quad\quad \pi$——圆周率。

上述几种光度学基本概念的关系如图 10-2 所示。

(五)反射率

从一个表面上反射出来的光通量与投射到其上面的总光通量之比，称为反射率，用 ρ 表示。沥青混凝土路面 $\rho = 0.1 \sim 0.12$，水泥混凝土路面 $\rho = 0.3 \sim 0.4$，也就是说，在相同照度情况下，水泥混凝土路面比沥青混凝土路面的亮度要高。

(六)色表、色温及显色性

人眼直接观察光源时所看到的颜色，叫作光源的色表。色表可以用色温或相关色温来描述。当光源所发出的光的颜色与黑体在某一温度下辐射的颜色相同时，黑体的温度就称为该光源的颜色温度，简称色温，用绝对温标 K 表示。图 10-3 给出了部分光源的色温。一些光源发射的光的颜色与各种温度下的黑体辐射的颜色都不完全相同，这时就不能用一般的色温概念来描述其颜色；但为了便于比较，采用了相关色温的概念：若光源发射的光与黑体在某一温度辐射的光颜色最接近，则黑体的温度就称为该光源的相关色温。用相关色温表示光源颜色是比较粗糙的，但在一定程度上表达了颜色。

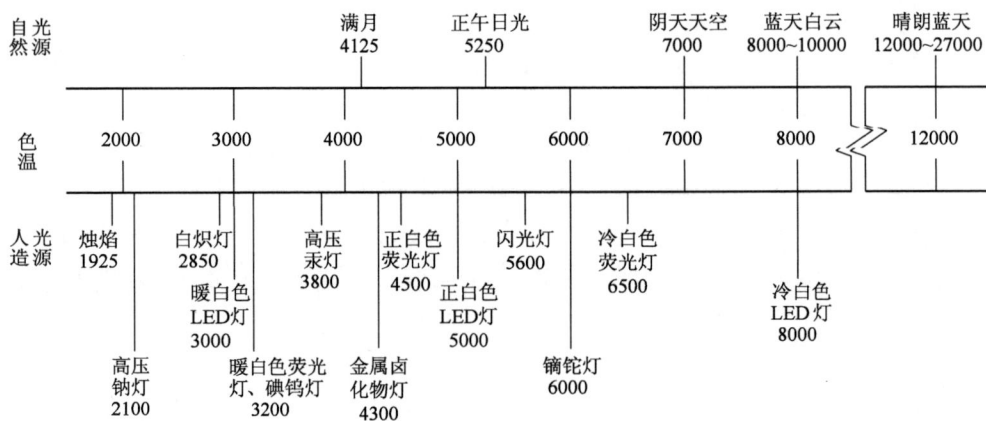

图 10-3　部分光源的色温(单位：K)

显色性是指光源照射到物体上呈现物体本来颜色的效果。如果受照物体反映的颜色与在日光照射下的颜色相似，则认为该光源的显色性好；反之则该光源的显色性差。如白炽灯的色表是橘黄色，但受照物体颜色却不太失真，说明白炽灯显色性好。氙灯和金属卤化灯的色表和显色性都比较好。实际上，光源的显色性是由其光谱分布决定的，光源的色温与显色性之间没有必然联系,具有不同光谱分布的光源可能具有相同的色温,但显色性可能差别很大。

光源的显色性一般用显色指数 Ra 来评价。显色指数是根据规定的 8 种不同色调的试验色,在被测光源和参照光源照明下的色位移平均值确定的,Ra 越大显色性越好,其理论最大值是 100。国际照明委员会(CIE)将光源的显色性能分为 Ⅰ~Ⅳ 四类,其中第 Ⅰ 类又细分为两组,并提出了每类光源的适用场所。我国照明设计标准已采用 CIE 的这一分类方法,如表 10-3 所示。常用电光源的显色指数见表 10-4。

光源显色性分类　　　　　　　　　　　　　　　　　　　　　表 10-3

显色性类别		显色性指数 Ra	色表	应 用 示 例	
				优先采用	容许采用
Ⅰ	Ⅰ_A	Ra≥90	暖	颜色匹配	—
			中间	医疗诊所,画廊	—
			冷	—	—
	Ⅰ_B	90＞Ra≥80	暖	住宅,旅馆,餐厅	—
			中间	商店,办公室,学校,医院,印刷、油漆和纺织工业	—
			冷	视觉费力的工业生产	—
Ⅱ		80＞Ra≥60	—	工业生产	办公室,学校
Ⅲ		60＞Ra≥40	—	粗加工工业	工业生产
Ⅳ		40＞Ra≥20	—	—	粗加工工业,显色性要求低的工业生产、库房

常用电光源的显色指数　　　　　　　　　　　　　　　　　　表 10-4

光 源 类 型	显色指数(Ra)	光 源 类 型	显色指数(Ra)
白炽灯	100	金属卤素灯	65 ~ 70
卤钨灯	100	荧光灯(日光灯)	55 ~ 65
荧光灯(无极灯)	80 ~ 85	高压汞灯	40 ~ 53
LED 灯	70 ~ 80	高压钠灯	25 ~ 60
荧光灯(节能灯)	65 ~ 80		

(七)发光效率

发光效率是指光源所发出的全部光通量与该光源所消耗的电功率之比,简称光效,单位是流明/瓦(lm/W)。

通常,电光源所消耗的电功率只有很小一部分转变成了光能,相当大一部分转变成了热能。不同的电光源发光效率不同,如表 10-5 所示。一般功率越大,其光效就越高。

常用电光源的光效　　　　　　　　　　　　　　　　　　　　表 10-5

光 源 类 型	光效(lm/W)	光 源 类 型	光效(lm/W)
白炽灯	15 ~ 18	日光灯(≥40W)	60
卤钨灯(≥500W)	约 20	金属卤素灯(≥1000W)	≥70
高压荧光灯(400W)	50	高压钠灯(400W)	80 ~ 200

(八)配光曲线

电光源在空间各个方向的发光强度都不相同,且相差较大,在极坐标图上标出各方位的发光强度值,连成的曲线称为配光曲线。图 10-4 为高压钠灯 GNLD-1 的配光曲线,从图中可以看出,*B-B* 方向与 *A-A* 方向的光强分布不同,*B-B* 方向(灯具两侧)的光强分布较宽,最大光强在 55°处。不同灯具其配光曲线不同,配光曲线是照明设计的重要依据之一。

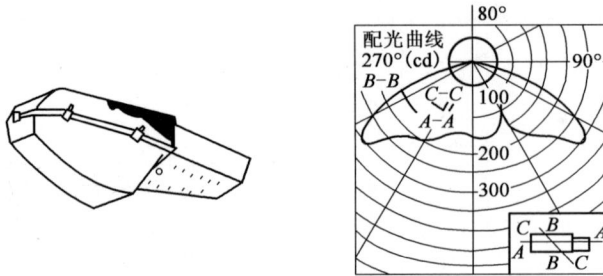

图 10-4　高压钠灯 GNLD-1 的配光曲线

(九)利用系数

光源发射的光通量只有一部分照射到路面上,这一部分光通量被称为利用的光通量。利用系数就是利用的光通量与光源发射的总光通量之比。

(十)灯具效率

灯具效率是指在规定的测试条件下,灯具所发出的总光通量与灯具内所有光源发出的总光通量的比值。常用灯具效率如表 10-6 所示。

常用灯具效率　　　　　　　　　　　　　　　　　表 10-6

灯　具	效率(%)	灯　具	效率(%)
投光灯	40 ~ 55	荧光灯	40 ~ 55
泛光灯	55 ~ 70	LED 灯	85 ~ 90

(十一)照明功率密度

照明功率密度是指单位路面面积上的照明安装功率(包含镇流器功耗),是道路照明节能的主要评价指标。其值等于总路灯设备安装功率除以机动车道的面积,单位是 W/m^2。

(十二)维护系数

由于光源光通量衰减、灯具污染以及老化等,光源及灯具在使用一定时期后效率会降低,从而导致照度和亮度降低。维护系数是指照明装置使用一定时期后,在规定表面上的平均照度(或平均亮度)与该装置在相同条件下新安装时在同一表面上所得到的平均照度(或平均亮度)之比。维护系数为光源的光衰系数与灯具的光衰系数的乘积。

第二节　道路照明评价指标与设计标准

一、道路照明评价指标

夜间,为了保障车辆行驶安全、迅速,驾驶员要具有快速选择和处理视觉信息的能力,即一定的视觉可靠性。视觉可靠性取决于驾驶员现场察觉细微变化的能力(视功能)和长时间维持高标准视功能的环境条件(视舒适)。道路照明只有在这两方面都达到一定水平时,才能为驾驶员提供安全可靠的视觉条件。

视功能和视舒适的评价指标主要包括照明水平、照明均匀度、眩光限制,如表 10-7 所示。除此而外,道路照明的评价指标还包括环境比、视觉诱导性和光污染与光干扰控制等。

确定视觉可靠性的照明评价指标 表 10-7

视觉可靠性的组成部分	照明评价指标		
	照明水平	照明均匀度	眩光限制
视功能	路面平均亮度 L_{av} 或路面平均照度 $E_{h,av}$	亮度总均匀度 U_0 或路面照度均匀度 U_E	阈值增量 TI
视舒适	路面平均亮度 L_{av} 或路面平均照度 $E_{h,av}$	亮度纵向均匀度 U_L 或路面照度均匀度 U_E	控制等级 G

机动车道照明应采用路面平均亮度或路面平均照度、路面亮度总均匀度和纵向均匀度或路面照度均匀度、眩光限制、环境比和诱导性为评价指标;交会区照明应采用路面平均照度、路面照度均匀度和眩光限制为评价指标;人行道照明和非机动车道照明应采用路面平均照度、路面最小照度、垂直照度、半柱面照度和眩光限制为评价指标。所谓交会区是指道路的出入口、交叉口、人行横道等区域,这些地方机动车之间、机动车与非机动车及行人之间、车辆与固定物之间的交通冲突严重,碰撞发生概率较高。

目前大部分国家使用路面平均亮度、亮度均匀度作为道路照明的评价指标,但是还有一些国家使用路面平均照度和照度均匀度来代替路面平均亮度和亮度均匀度,或者二者并用,这些国家包括中国和日本等。应当指出,无论是从视功能还是从视舒适方面看,亮度都比照度更适于作为评价指标。使用照度作为道路照明设计指标,照明质量偏差比使用亮度作为指标时高 1~4 倍。因此,用亮度代替照度是一种发展趋势。

(一)照明水平

路面上的物体能否被看清楚,主要取决于物体的反射光线。因此,落到路面上的照度大小并不能直接说明视感觉的强烈程度,而应取决于路面或物体的表面亮度。

道路照明水平一般采用驾驶员正前方 60~160m 之间路面的平均亮度进行评价。路面平均亮度是指在路面上预先设定的特征点上测得或计算的点亮度平均值,以 L_{av} 表示。路面平均亮度是评价视功能的最重要的指标,同时也是与夜间交通安全最相关的指标,因为它能最直观地描述道路使用者的视觉感受。

照明水平使用表10-8所示的"九点表"进行评价。驾驶员对主要道路(交通密度或速度很高的道路)和次要道路的亮度预期不同,评价结果见表10-9。同时,确定亮度标准还应考虑道路周围的环境亮度,当环境亮度较高时,例如两侧是明亮的橱窗、广告牌的城区道路,路面平均亮度应提高。人行道的平均照度不应低于邻近同宽度车道照度的50%。

用于主观评价的九点表 表10-8

评分	照明水平与均匀度	眩光	评分	照明水平与均匀度	眩光
1	坏	不能忍受	7	好	满意
3	无法适应	干扰	9	好极了	毫无感觉
5	还可以	可以接受			

道路平均亮度主观评价 表10-9

道路种类	道路平均亮度评价(cd/m^2)		
	可以接受	好	推荐值
主要道路	1.25	2.8	2.0
次要道路	0.7	1.1	0.5(环境暗);1.0(环境明)

通常道路照明处在相当低的照度水平上,颜色视觉很差,难以靠颜色来识别物体,而是靠亮度差来识别。一个物体只有在获得一定亮度对比时才能被看见,亮度对比可以表示为:

$$c = \left| \frac{L_0 - L_b}{L_b} \right| \tag{10-2}$$

式中:c——无眩光时的亮度对比;

L_0——物体本身的亮度,cd/m^2;

L_b——背景亮度,cd/m^2。

当$L_0 < L_b$时,物体表现为一个暗影,称为"负对比";只有当$L_0 > L_b$时,物体才能被看清楚,称为"正对比"。在道路照明中经常出现和应用的是负对比。

视觉的舒适程度大多取决于能适应的路面平均亮度值,只要低于眩光标准,驾驶员在较高的路面亮度下会更舒服一些。提高亮度能使眼睛的对比灵敏度提高,从而改善视功能。

(二)照明均匀度

照明均匀度是评价道路照明质量的第二个重要指标。若路面平均亮度较高而均匀度较差,以下两个方面的问题会随之出现:其一,路面上的过暗区域会屏蔽掉障碍物,并且人眼对比灵敏度会下降,对物体的觉察能力会受到严重影响,出现瞬时不适应,从而危及行车安全;其二,行车过程中交替且重复出现的过暗与过亮区域(通常为一系列亮与暗相间的横带,可称之为"斑马效应"),会加剧驾驶员的驾驶疲劳,并且降低行车舒适度。

路面照度均匀度U_E是路面上最小照度与平均照度的比值:

$$U_E = \frac{E_{h,min}}{E_{h,av}} \tag{10-3}$$

路面亮度均匀度可用路面亮度总均匀度和路面亮度纵向均匀度两个指标(或路面照度均

匀度)来描述。路面亮度总均匀度 U_0 是路面上最小亮度与平均亮度的比值:

$$U_0 = \frac{L_{\min}}{L_{av}} \tag{10-4}$$

路面亮度纵向均匀度 U_L 是考虑夜间行车时路面纵向忽明忽暗对视觉的不利影响而提出的控制性指标,用同一条车道中心线上最小亮度与最大亮度的比值表示:

$$U_L = \frac{L_{\min}^L}{L_{\max}^L} \tag{10-5}$$

上述式中: $E_{h,\min}$、$E_{h,av}$——路面照度的最小值、平均值,lx;

$\qquad L_{\min}$、L_{av}——路面亮度的最小值、平均值,cd/m^2;

$\qquad L_{\min}^L$、$L_{\max}^L$——车道中心线上亮度的最小值、平均值,cd/m^2。

为了保持可以接受的视察觉能力和视舒适程度,应使路面亮度总均匀度 $U_0 \geq 0.4$;亮度纵向均匀度主干路、快速路 $U_L \geq 0.7$,次干路 $U_L \geq 0.5$。

若以照度指标衡量,则要求路面照度均匀度快速路、主干路 $U_E \geq 0.4$,次干路 $U_E \geq 0.35$,支路 $U_E \geq 0.30$。

(三)眩光限制

通常,眩光现象有失能眩光和不适眩光两种。如第三章所述,使视觉不舒适的眩光称为不适眩光,使视觉功能减弱的眩光称为失能眩光。由于不适眩光更侧重于道路使用者的主观感受,且对交通运行的不利影响相对较小,因此不作为评价指标;目前道路照明设计中的眩光控制主要是限制失能眩光。

1. 失能眩光

视场中的物体通过其亮度聚焦在人眼的视网膜上,物体的形象因此而出现。如果这时另一个光源射来光线,就会在眼内形成散射,这部分光线非聚焦地叠加在物体形象上,如同视场上蒙上了一层明亮的帷幕,此亮度称为等效光幕亮度,其经验计算公式为:

$$L_v = \frac{KE_{eye}}{\theta^m} \tag{10-6}$$

式中: L_v——等效光幕亮度,cd/m^2;

$\qquad E_{eye}$——由眩光源产生的垂直视线上的照度,lx;

$\qquad \theta$——视线方向与眩光源到眼睛连线之间的夹角,度(°)或 rad;

$\qquad m$——与眼睛光学构造相关的常数,$m = 2.3 - 0.7\lg\theta(\theta < 2°)$ 或 $m = 2(\theta \geq 2°)$;

$\qquad K$——与年龄有关的比例常数,通常在 20～30 岁之间时可取 $K = 10$(θ 以度为单位)或 $K = 3 \times 10^{-3}$(θ 以弧度为单位),随年龄增长而增加,约每年增加 0.2。

若有多个眩光源,则总的等效光幕亮度 L_{vt} 为各眩光源等效光幕亮度之和,即:

$$L_{vt} = \sum L_v \tag{10-7}$$

若在没有眩光作用时刚好能够看到物体,有了眩光以后就看不见了,这说明需要提高物体相对背景的亮度对比。存在眩光源时,为了达到同样看清物体的目的,物体与背景的亮度对比需要增加的百分比,称为阈值增量,以 TI 表示,单位为%。在背景亮度范围为 0.05～5cd/m^2 时,TI 的近似计算公式为:

$$TI = \frac{65L_{vt}}{L_{av}^{0.8}} \qquad (10-8)$$

式中:TI——相对阈值增量,%;

L_{vt}——总的等效光幕亮度,cd/m²;

L_{av}——路面平均亮度,cd/m²。

道路照明设计中,失能眩光用阈值增量 TI 控制。TI 值可在不同点通过测定或计算取得。该值的变化与亮度纵向均匀度密切相关,TI 变化越大,纵向均匀度越低。为限制失能眩光,快速路、主次干路 TI 值应控制在 10% 以下,支路 TI 值允许达到 15%。

2. 不适眩光

不适眩光可用眩光控制等级 G 来描述,其计算公式为:

$$G = 13.84 - 3.31\lg I_{80} + 1.3\lg\left(\frac{I_{80}}{I_{88}}\right)^{0.5} - 0.08\lg\left(\frac{I_{80}}{I_{88}}\right) + 1.29\lg S + 0.97\lg L_{av} +$$

$$4.41\lg h' - 1.46\lg P + C = SLI + 0.97\lg L_{av} + 4.41\lg h' - 1.46\lg P \qquad (10-9)$$

式中:I_{80}、I_{88}——在平行道路轴线的垂直平面上,从灯具正下方起 80° 和 88° 角方向上的绝对光强值,cd,I_{80} 的有效范围为 50 ~ 7000cd,$1 < I_{80}/I_{88} < 50$;

S——从灯具垂直正下方起 76° 角位置所看到的灯具表面发光面积,m²,$S = 0.007 \sim 0.4\text{m}^2$;

L_{av}——路面平均亮度,cd/m²,$L_{av} = 0.3 \sim 7\text{cd/m}^2$;

h'——从灯具到眼睛水平线的垂直距离,m,$h' = 5 \sim 20\text{m}$;

P——每千米灯具数量,$P = 20 \sim 100$;

C——光源光谱分布所确定的颜色系数;

SLI——特定灯具指数,由灯具厂商提供。

G 值越高,不适眩光程度越小。主要道路较为满意的 G 值应大于 6,推荐值为 $G \geqslant 7$;次要道路 G 值要求低一些,可控制在 5 左右。

(四)环境比

驾驶员眼睛的视觉状态主要取决于路面的平均亮度,但道路周边环境的明暗会影响眼睛的适应状态。当路面较亮而周边环境较暗时,眼睛适应了较亮的路面,则难以适应较暗的周边环境,其中的物体就难以及时被驾驶员发现。因此,道路照明不仅要照亮路面,还要适当照亮道路两侧相邻区域,使驾驶员能够看到车行道两侧的环境,提供安全驾驶的参考。

环境比是指车行道外 5m 宽带状区域内的平均水平照度与相邻的 5m 宽车行道上的路面平均水平照度之比,用 SR 表示。我国要求城市主、次干道及快速路等的环境比 SR≥0.5,对支路不作要求。

(五)视觉诱导性

灯杆、灯具等照明设施恰当布设,可以向驾驶员提供前方道路的方向、线形、坡度、交叉点等视觉信息,从而起到视觉诱导作用。这种视觉诱导性主要依靠照明设施沿道路走向的排列方式来实现,对线形不良及交通枢纽地带尤为重要。

利用照明设施实现视觉诱导性的具体做法有下列几种:

（1）利用照明系统本身的改变实现诱导性。例如道路复杂会合区,可采用高杆照明与常规照明等不同的照明设施,形成干、支路的相互对比和区分。

（2）利用光色变化实现诱导性。可采用不同色表的光源分别代表不同去向的道路,例如可在主干路采用高压钠灯,支路采用高压汞灯,这样在离道路会合处很远的地方就清晰可见。

（3）利用灯具不同的样式和安装高度造成系统差别,实现诱导性。例如在高速公路停车场的匝道采用与主线不同的灯具和安装高度。

（4）利用照明布局的变化实现诱导性。例如从中心对称布置变成双侧对称布置等。

二、道路照明标准

我国建设部行业标准《城市道路照明设计标准》(CJJ 45—2015)将城市道路机动车道照明级别分为三级:快速路和主干路为Ⅰ级,次干路为Ⅱ级,支路为Ⅲ级;人行道照明按交通流量分为1～4级。由于完全采用亮度标准有一定困难,因此该标准给出了亮度和照度两套指标。

我国城市道路包括车行道路、交会区、人行道路的照明标准集中列于表10-10～表10-12。所谓交会区是指道路的出入口、交叉口、人行横道等区域。在交会区内,机动车之间、机动车与非机动车及行人之间、车辆与固定物之间的交通冲突严重,碰撞发生概率较高。

城市机动车交通道路照明标准[①]　　　　　表10-10

照明级别	道路类型	路面亮度			路面照度		眩光限制阈值增量 TI 最大初始值（%）	环境比 SR 最小值
		平均亮度 L_{av}[③] 维持值（cd/m²）	总均匀度 U_0 最小值	纵向均匀度 U_L 最小值	平均照度 $E_{h,av}$ 维持值[③④]（lx）	均匀度 U_E 最小值		
Ⅰ	快速路、主干路[②]	1.5/2	0.4	0.7	20/30	0.4	10	0.5
Ⅱ	次干路	1/1.5	0.4	0.5	10/15	0.4	10	0.5
Ⅲ	支路	0.5/0.75	0.4	—	8/10	0.3	15	—

注:①表中各项数值仅适用于干燥路面。

②迎宾路、通向大型公共建筑的主要道路、市中心和商业中心的道路执行Ⅰ级照明标准。

③表中对每一级道路的平均亮度和平均照度给出了两档标准值,"/"的左侧为低档值,右侧为高档值。

④表中所列的平均照度仅适用于沥青路面;若系水泥混凝土路面,其平均照度值可相应降低约30%。

城市交会区照明标准　　　　　表10-11

交会区类型	路面平均照度 $E_{h,av}$ 维持值[①]（lx）	照度均匀度 U_E	眩光限制
主干路与主干路交会	30/50	0.4	在驾驶员观看灯具的方位角上,灯具在80°和90°高度角[②]方向上的光强分别不得超过 30cd/1000lm 和 10cd/1000lm
主干路与次干路交会			
主干路与支路交会			
次干路与次干路交会	20/30		
次干路与支路交会			
支路与支路交会	15/20		

注:①表中对每一类道路交会区的路面平均照度给出了两档标准值,"/"的左侧为低档照度值,右侧为高档照度值。

②灯具的高度角是在现场安装使用姿态下度量。

城市人行及非机动车道路照明标准　　　　表 10-12

照明级别	道路类型	路面平均照度 $E_{h,av}$ 维持值(lx)	路面最小照度 $E_{h,min}$ 维持值(lx)	最小垂直照度 $E_{v,min}$ 维持值[1](lx)	最小半柱面照度 $E_{sc,min}$ 维持值[2](lx)	眩光限值——最大光强[3] I_{max} (cd/1000 lm)			
						≥70°	≥80°	≥90°	>95°
1	商业步行街;市中心或商业区行人流量高的道路;机动车与行人混用、与城市机动车道路连接的居住区出入道路	15	3	5	3	500	100	10	<1
2	流量较高的道路	10	2	3	2	—	100	20	—
3	流量中等的道路	7.5	1.5	2.5	1.5	—	150	30	—
4	流量较低的道路	5	1	1.5	1	—	200	50	—

注:①最小垂直照度的计算点或测量点均位于道路中心线上距路面1.5m高度处,计算或测量通过该点垂直于路轴的平面上两个方向上的最小照度。

②最小半柱面照度的计算点或测量点均位于道路中心线上距路面1.5m高度处。

③指灯具安装就位后与其向下垂直轴形成的指定角度上任意方向上的发光强度。

我国公路推荐的照明标准见表 10-13。

公路照明标准推荐值[1]　　　　表 10-13

照明区域		路面亮度			路面平均照度 $E_{h,av}$ (lx)	眩光控制等级 G	诱导性
		平均亮度 L_{av} (cd/m²)	总均匀度 U_v 最小值	纵向均匀度 U_L 最小值			
特殊部位	高速公路	1.5~2	0.4	0.7	20~30	≥6	很好
	一级公路	1.5~2	0.4	0.6	20~30	≥5	好
	立体交叉	主线2,匝道1	0.5	0.7	主线30,匝道15	≥5	好
	平面交叉口	1.5~2	0.3	0.6	20~30	≥6	很好
	特大型桥梁	1.5~3.5	0.5~0.7	0.7	15~50	≥5	很好
	收费站广场	2~5	0.4	0.6	20~50	≥5	好
	进出口	0.5~2	0.3	0.6	10~30	≥5	好
相关场所	服务区	0.5~1.5	0.3	0.5	10~20	≥5	好
	养护区	0.5~1.5	0.3	0.5	10~20	≥5	好
	停车场	1~2	0.3	0.5	15~30	≥5	一般

注:①表中各项数值适用于干燥路面。

对我国城市道路照明标准,应作以下补充说明:

(1)亮度标准与照度标准并不存在一一对应关系,如亮度总均匀度为0.4,并不一定说明照度均匀度就是0.4。

(2)城市居住区、商业区道路只规定了照度标准,因为其使用者主要是行人,视觉要求与机动车驾驶员不同,采用亮度标准意义不大。而且,《城市道路照明设计标准》(CJJ 45—2015)对人行及非机动车道路补充了"半柱面照度"标准,因为行人需要对对面来人的面部表情特征有一定辨识,这就需要在人脸高度处有一定的照度;但人脸不是一个平的表面,对于识别行人面部特征,半柱面照度比分为各种朝向的垂直照度更为有效。半柱面照度 E_{sc} 是指被垂直放置于计算点上的足够小的半圆柱体侧表面上的平均照度,即一个无限小的垂直半圆柱体上的平均照度。

（3）由于中小城市道路上车辆速度以及流量等都小于大城市,因此可选用标准的低档值,但重要旅游城市不宜降低。

（4）当相交道路选用了低档照度值时,其交会区也应选择低档照度值;反之,若相交道路选用了高档照度值,则交会区也应选择高档照度值。

（5）与机动车道路未分隔的非机动车道路,其照明应执行机动车道路的照明标准;与机动车道路分隔的非机动车道路,其平均照度值宜为相邻机动车道路的1/2。

（6）对于机动车道路两侧人行道路的照明,当人行道路与非机动车道路混用时,人行道路的平均照度值应与非机动车道路相同;当人行道路与非机动车道路分设时,人行道路的平均照度值宜为相邻非机动车道路照度值的1/2,但不得小于5lx。

第三节　道路照明设施

一、电光源

（一）电光源类型和特点

电光源按发光原理可分为固体发光光源和气体放电发光光源两类,如图 10-5 所示。固体发光光源是利用物体加热时辐射发光的原理制成的光源,主要分为两大类:一类是利用电能将物体加热到白炽程度而发光的光源,称为热辐射光源,包括白炽灯和卤钨灯等;另一类是利用电场作用使固体物质发光,将电能直接转变为光能的光源,称为电致发光光源,包括场致发光灯和发光二极管（LED）。气体放电发光光源是利用气体、金属蒸气或其混合物放电而发光的

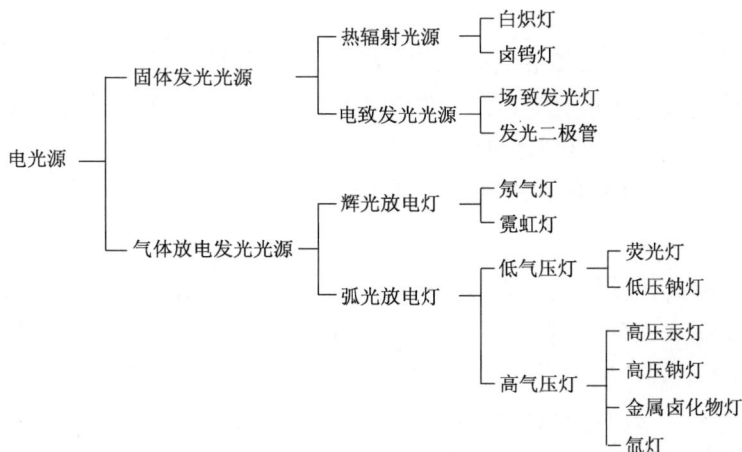

图 10-5　电光源分类

光源。气体放电是在电场作用下,载流子在气体或蒸气中产生并运动,从而使电流通过气体或蒸气的过程。气体放电分为辉光放电和弧光放电,利用辉光放电的电源包括霓虹灯和一些辉光指示灯;利用弧光放电的光源又分为低气压放电灯和高气压放电灯。

1. 白炽灯

白炽灯是利用钨丝通过电流时被加热而发光的一种热辐射光源。其结构简单、成本低、显色性好、使用方便,还有良好的调光性能,适用于日常生活照明、工矿企业照明和剧场、舞台的背景照明。但白炽灯的光效很低,一般在 7.3 ~ 18.6lm/W 范围内。

2. 卤钨灯

卤钨灯是在白炽灯的基础上改进而得到的。在普通白炽灯中,高温会造成钨丝的蒸发,大大降低了灯的寿命;同时蒸发出来的钨沉积在泡壳上,会使泡壳发黑,影响光线透出。为此,在灯泡中充入卤族元素,利用卤钨循环原理使沉积的钨经化合、分解重新凝聚在灯丝上。根据填充卤素的不同,可分为碘钨灯和溴钨灯,前者寿命相对长些,而后者光效相对高些。

与白炽灯泡相比,卤钨灯具有体积小、功率集中、光通稳定、显色性好、光效较高(能达到 17 ~ 33lm/W)和寿命长等特点,其色温特别适用于电视转播照明,以及绘画、摄影和建筑物投光照明。缺点是对电压波动比较敏感,耐振性较差。

3. 荧光灯

荧光灯是低压气体放电光源的典型代表,其发光原理是低气压的汞原子放电辐射出大量紫外线,紫外线激发管壁上的荧光粉,将紫外线转化为可见光发射出来。其光效主要由荧光粉决定,同时还与环境温度和电源频率有关。

荧光灯分为直管形、环形和紧凑型三种。直管形荧光灯是预热阴极低气压汞荧光灯,具有光效高(为普通照明灯泡的4倍)、光色好、寿命长等优点,广泛用于工业与家庭室内照明,以及道路交通系统的隧道照明、标志照明等。环形荧光灯光源集中、照明均匀、造型美观,可用于民用建筑、机车车厢及家庭居室照明。紧凑型节能荧光灯是20世纪80年代在国际上兴起的,它采用三基色荧光粉,具有光效高、耗能低、寿命长、显色性好、使用方便等优点,可以大面积替代白炽灯,广泛用于民用照明和绿化、庭院、住宅区道路等公共区域照明。

4. 低压纳灯

低压纳灯是另一种低压气体放电光源,与荧光灯不同的是它依靠填充的钠蒸气放电。低压钠灯是迄今光效最高的人造光源,可高达 180lm/W,光色柔和、眩光小、透雾能力极强,适用于公路、隧道、港口、货场和矿区等场所的照明,也可作为特技摄影和光学仪器的光源。但低压钠灯辐射近乎单色黄光,色表和显色性差,不宜用于繁华的市区街道照明。

5. 高压汞灯

高压汞灯是一种高压气体放电光源,主要由放电管和外泡壳组成。放电管采用耐高温、高压的透明石英玻璃制成,管内充有汞蒸汽,同时还充有 2.5 ~ 3.0kPa 的氩气以降低启动电压和保护电极,通电后放电管产生很强的可见光和紫外线。外泡壳内壁涂有荧光粉,将放电管发出的紫外线转化为可见光,并补充放电管发光中红色谱线的不足,同时提高灯的光效。

荧光高压汞灯的特点是光效较高(35 ~ 52lm/W)、寿命长、耐振性好,但显色指数低。可用于街道、广场、车站、码头、工地和高大建筑物等场所室内外照明。

6. 金属卤化物灯

为了改善高压汞灯的光色,除了涂荧光粉外,还有一种方法是在放电管内充入金属卤化物,可以达到较高的蒸汽压,满足放电要求,同时可以防止活泼金属对石英电弧管的侵蚀。充入不同的金属卤化物,可制成不同特性的光源。

金属卤化物灯发光效率高、寿命长、显色性好,广泛用于工业厂房、体育场馆、展览中心、游乐场所、广场、车站、码头等照明。

7. 高压钠灯

高压钠灯是一种在放电管里填充高压钠蒸汽的气体放电光源。放电管采用抗钠腐蚀的半透明多晶氧化铝陶瓷管制成,由于钠原子密度高,电子与钠原子之间碰撞频繁,加宽了共振辐射谱线,可出现其他可见光谱的辐射,因此高压钠灯的光色优于低压钠灯,工作时发出金白色光,通常无须在外泡壳上涂敷荧光粉。即便如此,普通高压钠灯的色表和显色性仍然偏黄;经过改进的中显色高压钠灯平均显色指数可提高到60,色温可提高到2200K;而高显色高压钠灯能够达到 Ra = 70 ~ 80,色表达到白色,又称为白光高压钠灯。

高压钠灯光效高(可达100 ~ 120lm/W)、寿命长(可达18000 ~ 24000h)、紫外辐射少,广泛用于道路、机场、码头、车站、广场、体育场和工矿企业照明,是一种理想的节能光源。

8. LED 灯

LED(Light Emitting Diode),即发光二极管,是一种能够将电能转化为可见光的固态半导体器件,它可以直接把电转化为光。LED 的心脏是一个半导体的晶片,晶片的一端附在一个支架上,一端是负极,另一端连接电源的正极,使整个晶片被环氧树脂封装起来。

半导体晶片由两部分组成,一部分是 P 型半导体,在它里面空穴占主导地位,另一端是 N 型半导体,主要是电子。当这两种半导体连接起来的时候,它们之间就形成一个 P-N 结。当电流通过导线作用于这个晶片时,电子就会被推向 P 区。在 P 区中,电子跟空穴复合,然后就会以光子的形式发出能量,这就是 LED 灯发光的原理。而光的波长也就是光的颜色,是由形成 P-N 结的材料决定的。

最初 LED 被用作仪器仪表的指示光源,后来各种光色的 LED 在交通信号灯和大面积显示屏中得到了广泛应用。随着 20 世纪 80 年代末蓝光 LED 的发明以及生产成本的降低,LED 开始用于室内外照明。LED 光源发光效率可达 80 ~ 150lm/W(最高纪录达 303lm/W),寿命长达 50000 ~ 100000h,色表和显色性好,响应速度快,作为照明光源具有很好的经济效益和社会效益。现在汽车车灯也是 LED 应用的重要领域。

(二)电光源选择

不同电光源的特性存在差异,因此,需要根据道路照明的不同要求和成本效益,因地制宜地选择。

室外照明光源多数情况下要求寿命长、光通量大、效率高。主要原因是室外开灯时间长,更换、检查、清洁等维护工作不便的地方很多且维护费用高,同时希望尽量用较少的灯照明较大的范围。在进行光源选择时,应充分把握光源特征,重点考虑光源寿命、效率、光色和显色性;而对于道路照明,重点在于光源的寿命和使用效率。

白炽灯显色性好、成本低,但光效低、寿命短,作为道路照明仅适宜在简易道路、胡同和小巷使用。我国城市道路曾大量使用过镇流式高压汞灯,其寿命较长,维修保养方便,光效也比白炽灯高许多。近年来,高压钠灯得到广泛应用,其光效高、寿命长、紫外辐射少、眩光作用小,不足之处是光色偏黄、显色性差、色温低。但高压钠灯的黄色光谱透雾性强,很少聚集昆虫,适合用于高速公路及城市干道。荧光灯光谱成分好,光线柔和,发光面积大,照度比较均匀,很接近自然光源,但在环境温度低时启动困难,故其常用于隧道和地铁照明。

由于光源更换的综合成本高昂,寿命长的光源在道路照明中越来越受欢迎。高压钠灯超过 20000h 的平均寿命是其广泛应用的重要原因。无极放电灯虽然价格昂贵,但是由于其平均超过 60000h 的超长寿命,在一些重要的道路和较难维护的隧道中得到应用。近年来,LED 光源由于光效高、寿命极长、色表和显色性好,作为道路照明已经开始进入商业化阶段,是最有发展前景的新型电光源。

主要电光源的特征和用途见表 10-14。

主要光源的特征和用途

表 10-14

名称	种类	效率(lm/W)	显色性	亮度	控制配光	寿命(h)	特 征	主要用途
白炽灯	普通型(扩散型)	10~15	低	优	高	容易	通常 1000(短)	一般用途,易于使用,适用于表现光泽和阴影,暖光色适用于气氛照明	住宅、商店的一般照明
	透明型				非常高	非常容易		闪耀效果,光泽和阴影的表现效果好,暖光色适用于气氛照明用	花吊灯、有光泽陈列品的照明
	球形(扩散型)				高	稍难		明亮的效果,看上去具有辉煌温暖的气氛照明	住宅、商店的吸引效果
	反射型				非常高	非常容易		控制配光非常好,点光、光泽、阴影和材质感表现力非常大	显示灯、商店、气氛照明
卤钨灯	一般照明用(直管)	约20	低、稍良	优	非常高	非常容易	2000(短、稍良)	形状小、瓦数大、易于控制配光	适用于投光灯、体育馆的体育照明灯
	微型卤钨灯	15~20	低、稍良	优	非常高	非常容易	1500~2000(短、稍良)	形状小、易于控制配光,采用 150~500W,光通量也适量	适用于下射光和点光等的店铺照明
荧光灯	—	30~90	高	从一般到高显色性	稍低	非常困难	10000(非常长)	效率高,显色性好,露出的亮度低,眩光较小。因可得到扩散光,故难以产生物体的阴影,可做成各种光色和显色性,灯的尺寸大,因此照明器大,不能做大瓦数的灯	最适用于一般房间,办公室、商店等的一般照明

名称	种类	效率(lm/W)	显色性		亮度	控制配光	寿命(h)	特 征	主要用途
汞灯	透明型	35~55	稍高	不好(蓝色)	非常高	容易	12000(非常长)	显色性不好,易控制配光,形状小、可得到大光通量	用投光器的重点照明(最好同其他暖色系的光源混光)
	荧光型	40~60		稍差	高	稍易		涂红色的荧光粉,可使颜色稍微变好	工厂、体育馆、室外照明、道路照明
	荧光型(显色改进型)	40~60	高	稍好(实际上足够)				涂以掺加红色荧光粉的蓝绿色荧光粉,能得到一般室内照明足够用的显色性,瓦数种类多	银行、大厅、商店、商业街等,大瓦数用于高顶棚,小瓦数用于低顶棚
金卤灯	透明型	70~90	比汞灯高	好	非常高	非常容易	6000~9000(长)	控制配光非常容易、大体与荧光型的光色相同	体育场、广场、投光照明
	扩散型	70~90			高	稍易		在显色性好的灯中效率最大,与某些色灯有差别	体育设施、高顶棚的办公室、商店、工厂
高压钠灯	透明型	90~130	非常高	—	非常高	容易	12000(非常长)	在普通照明所使用的光源中,有最大的效率,适用于节能	体育场、投光照明、道路照明
	扩散型	90~125			高	稍易			高顶棚的工厂照明、道路照明

我国建设部行业标准《城市道路照明设计标准》(CJJ 45—2015)规定:

(1)城市快速路、主干路宜采用高压钠灯,也可选择 LED 灯或陶瓷金属卤化物灯。

(2)次干路和支路可选择高压钠灯、LED 灯或陶瓷金属卤化物灯。

(3)居住区机动车与行人混合的交通道路宜采用 LED 灯或金属卤化物灯。

(4)市中心、商业中心等对颜色识别要求较高的机动车道路可采用 LED 灯或金属卤化物灯。

(5)商业区步行街、居住区人行道、机动车道两侧人行道或非机动车道可采用 LED 灯、小功率金属卤化物灯或细管径荧光灯、紧凑型荧光灯。

(6)道路照明不应采用高压汞灯和白炽灯。

(7)采用 LED 灯光源时,显色指数 Ra 不宜小于60;相关色温不宜高于5000K,并宜优先选择中或低色温光源。

二、灯具

(一)灯具作用

为了控制光源在某些方向上的发光强度,把光分配到需要的方向,以及保护光源,需要用到灯具。灯具是用来保护光源、调整光照分布以得到舒适照明环境的器具。实际上,灯具包括所有支撑、保护光源和调整配光的部件,以及点亮光源所需的辅助电器,但不包括光源本身。

道路照明灯具的主要作用具体包括：

（1）重新分布光源的光通量，使之更多照射到路面上，也就是发挥配光功能。

（2）避免照明灯光造成驾驶员眩光。

（3）保护光源。

（4）保证照明安全。

（5）装饰景观。

（二）灯具构造

灯具主要由支撑和固定光源的灯座，改变光线分布的反射和折射装置，维持光源工作所需的电气组件，以及起保护、装饰功能的外罩等组成，如图10-6所示。

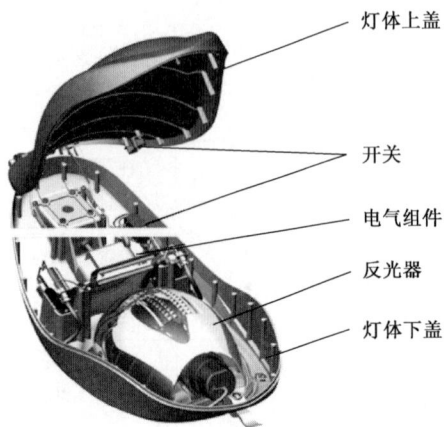

灯体上盖

开关

电气组件

反光器

灯体下盖

图10-6　灯具构造

灯具的主要性能指标包括：

1. 耐热性能

耐热性是指灯具各部件包括透光材料均应能承受光源工作时所产生的热量。为了降低灯具的温升，可加大灯具的容积（尺寸）或表面增加散热片。大功率光源更应注意其灯具的耐热性。

2. 机械强度性能

灯具应有较高的机械强度和抗风能力，使之在运输安装过程和自然环境中不易损坏，保证配光性能稳定和安全性。在台风频繁的沿海地区，对灯具抗风能力和灯杆韧性应有具体要求，特别是应保证升降式高杆灯具的机械性能。

3. 电气性能

灯具的各个部分应保证电气安全可靠。路灯灯具采用加强绝缘无接地保护，或采用整体功能绝缘并装有接地端子。灯具内导线最小截面必须适应实际负荷；电线的绝缘应能承担最高的启动电压，并能承受高温；要使用接线板和卡子，以免电线过于张紧。

4. 防尘、防水、防腐性能

室外环境下，灰尘、昆虫和其他污染物容易在灯具内外表面沉积，封闭式灯具比敞开式灯具有更好的防尘、防水效果。在腐蚀性环境中，灯具壳体可采用耐腐蚀材料如铝、玻璃钢等，或涂敷保护层；同时应按公路所在地区的情况，确定大气环境的分级，根据此提出灯具的防护等级。IEC规定，防护等级由字母IP（防护指标）后跟两位数字表示，级数越大，防护性能越好，如IP54表示灯具为5级防尘，4级防水。

5. 灯具的质量、安装维护和造型

灯具质量要轻，便于运输施工和维护，装拆方便，易于换灯清扫。灯具的造型对环境气氛及装饰有重要作用，是美化环境的一个重要部分，其艺术表现形式应与周围环境相协调。

6. 光度性能指标

光度指标指光强分布、光输出比和灯具亮度。要求光强分布确保覆盖路面，具有较宽范围

（但不是光分布越宽越好），配光曲线应均匀平滑。灯具的光输出比一般应大于60%，装饰灯具应大大超过60%，投光灯具则低于60%。

（三）灯具类型

道路照明灯具根据向上和向下投射光通量的比例，可以分成以下五种：

（1）直接照射型。灯具向下投射的光通量占总光通量的90%～100%。

（2）半直接照射型。灯具向下投射的光通量占总光通量的60%～90%。

（3）间接照射型。灯具向上投射的光通量占总光通量的90%～100%。

（4）半间接照射型。灯具向上投射的光通量占总光通量的60%～90%。

（5）均匀漫射型。灯具的光通量向四周空间散射，向上向下光通量各占40%～60%。

根据灯具的配光特性，则可以分成以下三种：

（1）截光型。灯具的最大光强方向与灯具向下垂直轴夹角在0°～65°之间，90°角和80°角方向上的光强最大允许值分别为10cd/1000lm和30cd/1000lm；且不管光源光通量的大小，其在90°角方向上的光强最大值不得超过1000cd。

截光型灯具不易引起眩光，较适用于道路周围黑暗的高速公路，以及城市干道。因其配光较窄，为保证照明的均匀度，灯具的纵向间距应设计得比较小。

（2）半截光型。灯具的最大光强方向与灯具向下垂直轴夹角在0°～75°之间，90°角和80°角方向上的光强最大允许值分别为50cd/1000lm和100cd/1000lm；且不管光源光通量的大小，其在90°角方向上的光强最大值不得超过1000cd。

半截光型灯具较适用于周围环境明亮的城市道路。如果高度及平面布局合理，该种灯具也可消除眩光现象。

（3）非截光型。灯具的最大光强方向不受限制，90°角方向上的光强最大值不得超过1000cd。

非截光型灯具光线分布主要在0°～85°的范围内，特点是光线照射面积大，但光线易于直射驾驶员眼睛而产生眩光，一般只用于胡同、小巷，可以采用较大的布设间距以节省投资。

各种灯具的特点和用途见表10-15。

各种灯具的特点和用途

表10-15

分　类	光线分布范围	特　点	适　用
截光型（限制眩光型）	0°～65°	不易引起眩光	城市干道、高速公路局部
半截光型（半限制眩光型）	0°～75°	有条件消除眩光	环境明亮的城市道路
非截光型（非限制眩光型）	不限	间距较大节省投资	胡同、小巷

（四）灯具选择

道路照明应结合照明地点的内部环境、外部条件以及照明要求，综合考虑灯具的功能特性和装饰性能来选择灯具，一般截光型灯具和半截光型灯具使用较多。具体原则如下：

（1）机动车道主要采用功能性灯具，城市快速路、主干路必须采用截光型或半截光型灯具，次干路应采用半截光型灯具，支路宜采用半截光型灯具；高速公路主线夜间周围环境较暗，宜采用截光型灯具。

（2）商业街、居住区道路、人行地道、非机动车道宜采用功能性和装饰性相结合的灯具；当采用装饰性灯具时，其上射光通量比不应大于25%。

（3）立交场所的高杆照明一般选用泛光灯或截光型灯具。

（4）在照度标准高、空气含尘量高、维护困难的道路和场所，宜选用防水、防尘性能较高的灯具，反之则可以选用一般的灯具。

（5）腐蚀性场所宜采用耐腐蚀性好的灯具，振动场所宜采用带有减振装置的灯具。

（五）灯杆

根据灯具种类和灯杆高度的不同，道路照明灯杆可分为常规杆、中杆、高杆三大类。常规杆是指15m以下的灯杆，按一定间距有规律地连续设置在道路的一侧、两侧或中间分隔带上进行照明。中杆是指高度为15~20m的灯杆。高杆是指高度超过20m的灯杆，按常规照明方式配置灯具时，属常规照明；按高杆照明方式配置灯具时，属高杆照明。

常规杆根据材质可分为木质杆、钢筋混凝土杆、钢质杆和玻璃钢杆；中、高杆以钢质为主；装饰性庭院灯具有铝合金杆、铸铝或铸铁杆、陶瓷杆等。道路照明使用最广泛的是钢质灯杆，其优点是美观、坚固、耐用。钢质灯杆可分等径杆、圆锥杆、多边形锥杆，常见的典型横截面有六边形、八边形、圆形，通常为整块钢板经裁剪后一次折边成型而成，灯杆锥度比一般为10‰~12.5‰，采用Q235等优质钢板，壁厚≥3.5~4.0mm。锥形钢质灯杆的优点是结构合理，外形新颖美观，施工安装方便。

杆顶上的灯臂（架）有单挑臂、双挑臂和多挑臂等若干形式。灯臂是安装照明器的主要部件，臂架口径的尺寸应根据灯臂悬挑的长度和照明器的安装口径确定。灯杆、灯臂一次成形的单挑臂灯具，配照明器的接口钢管可另行焊接。灯臂的仰角必须根据道路的宽度、灯杆的间距计算确定，一般为5°~15°。

钢质灯杆的安装方式分为直埋式、法兰盘式和可倾式三种。直埋式安装简单，将整个灯杆直接埋入土坑内，回土夯实或现场混凝土浇制固定，缺点是灯杆维护更新必须重新浇筑固定。法兰盘式安装是由灯杆底部法兰盘与预制的钢筋混凝土基础地脚螺栓连接，安装极为简便，更换灯杆无须重做基础，这是目前使用最为广泛的安装方式。如果灯杆安装环境限制或缺乏相应的维护设备，可选择可倾式灯杆，现在可倾式灯杆多采用机械、液压系统，操作简便、安全性好，但一次性投资较高。

一般在灯杆下部设维护门，内有电气部件和电缆接头。灯杆维护门的尺寸大小、离地高度，既要考虑灯杆的强度和安全，又要顾及安装、维护方便，还要考虑门锁的防盗功能。

第四节　道路照明系统设计

一、道路照明设计内容和方法

（一）道路照明设计内容

道路照明设计的主要内容包括：

（1）确定光源的类型和规格。道路照明光源应具备三个基本特性，一是发光效率要高，二是使用寿命要长，三是要具有适当的显色性。不同光源的性能存在差异，需要根据照明的地点位置及相应的照明标准、道路的几何特征、道路周围环境、维护条件、投资和成本等因素，因地制宜地选择电光源的类型和规格。

（2）确定灯具、灯杆及附件的类型和规格。道路照明灯具的主要作用是控制配光和保护光源，灯杆的主要作用是固定灯具、实现符合要求的照明功能。在选择灯具和灯杆时应充分考虑配光特性、形状尺寸、材质、机械强度、电气性能、防尘防水防腐性能、安装和维护、经济性、装饰性、环境协调等因素。

（3）确定灯杆和灯具的布置、安装方式。主要考虑灯杆的排列方式、间距、悬挑长度，灯具的安装高度、配置方式、仰角，灯架类型等。

（4）确定照明指标数值。

（5）确定供电线路敷设及控制方式等。

（二）道路照明设计步骤

道路照明设计一般按照以下步骤进行（图10-7）。

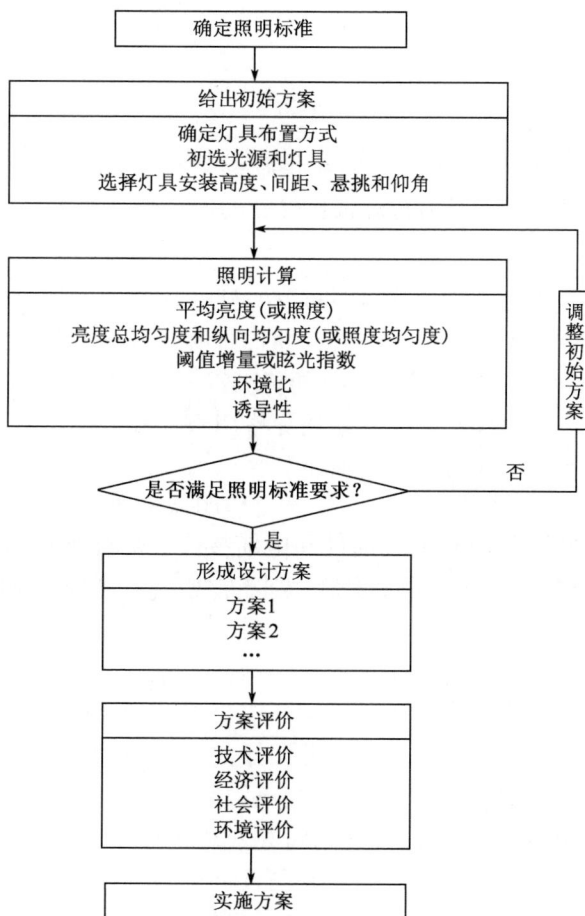

图 10-7　道路照明设计内容与步骤

（1）搜集资料。包括道路的几何特征,路面材料及其反光特性,道路周围环境、绿化及环境污染程度等。

（2）确定照明标准。根据道路、场所类别和照明要求确定相应的照明标准,如路面平均亮度(照度)、亮度(照度)均匀度、眩光限制、环境比等。

（3）初选光源和灯杆、灯具。结合用户需求、当地条件和实践经验,初步选择光源、灯具、灯杆及其附件的型号、规格、光电特性和价格等。

（4）初定灯杆、灯具安装参数。包括灯杆排列、间距、悬挑长度,灯具安装高度、配置方式、仰角等。

（5）计算照明评价指标。进行平均亮度(照度)、亮度(照度)均匀度、眩光限制水平、环境比等计算。

（6）对比分析满足设计要求的程度,调整初定参数。若计算结果未能达到照明标准或用户需求,则应调整设计方案,改变设计参数中的一项或几项,重新计算直至达到设计要求。

（7）综合分析比选各方案,确定最优方案。对若干设计方案进行技术、经济、社会、环境的综合分析比较,并适当考虑当地的风俗习惯,最终确定一种设计方案。

二、照明设施布设

(一)照明器布置

照明器(包括光源及灯具)的布置形式也可称为照明方式,主要有杆柱照明方式、高杆照明方式、中杆照明方式以及悬索照明方式四种。

1. 杆柱照明

杆柱照明是把照明器安装在沿道路纵向布置的杆柱顶端的一种照明方式,是应用最广泛的布置方式。杆柱照明的特点是:灯杆布置较灵活,对道路线形变化的适应能力强;每个照明器都能有效地照亮路面,可以选用小光通量光源,比较经济;沿路线线形而设,能起到良好的视线诱导作用。杆柱照明方式的安装参数如图10-8所示。

（1）照明器安装高度

照明器的安装高度 H 是指从灯具的光中心到路面的垂直距离。根据道路宽度的不同,一般路灯的安装高度为 $6 \sim 15\text{m}$。总体而言,在过去的几十年中,灯杆的高度在逐渐增加,这得益于光源效率的提高和大功率光源的应用。一般来说,加大照明器的安装高度可以减少眩光,增加照明光线的舒适感;而且落到路面上明亮区域分布范围大,可相对减少照明器的数量。但另一方面,增大安装高度同时增加了灯杆自身成本,也增加了溢向路面外的光通量,降低了照明器的利用率。根据气体放电光源的特点,灯杆的高度在 $10 \sim 15\text{m}$

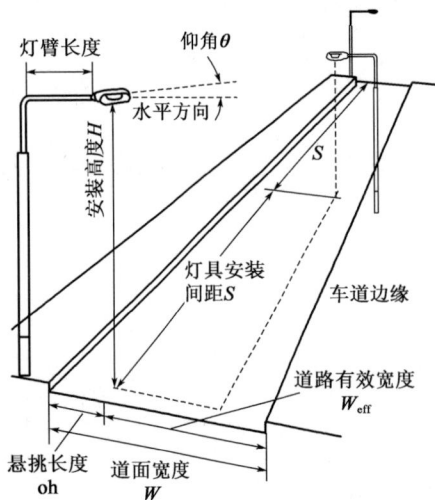

图 10-8 杆柱照明方式的照明器安装参数

之间是经济的。但一些工程出于美观的考虑,会采用很矮的灯杆,如在住宅区采用顶装式庭院灯或路灯。

从限制眩光的角度考虑,灯具的最低安装高度 $H_{\min}$ 为:

$$H_{\min} \geqslant 1.6\sqrt{10^{-3}\frac{F}{L_d}} \qquad (10\text{-}10)$$

式中:F——灯具的光通量,lm;

L_d——路面设计亮度,cd/m²。

(2)照明器悬挑长度

照明器的悬挑长度 oh 也称为外伸长度,指从灯具的光中心到灯杆所在一侧道路边缘的水平距离。加大照明器的悬挑长度,可增加机动车道的亮度,但会降低非机动车道和人行道的亮度,在路面潮湿的情况下更为严重。

oh 过长或过短都不易发挥灯具的配光性能,从而影响照明质量,且容易失去整体协调和美观性。因此,悬挑长度一般不宜超过灯杆高度的1/4。

(3)照明器仰角

照明器的仰角 θ 也称为安装角度,指灯具的开口面与水平面之间的夹角。安装角度的变化虽然不影响照明器的平均亮度及其均匀度,但会对眩光及照明舒适性产生影响。一般安装角度为 5°~15°。

(4)道路有效宽度

道路有效宽度 W_{eff} 是与道路的实际宽度、灯具的悬挑长度和灯具的布置方式等有关的理论距离。当灯具采用单侧布置方式时,W_{eff} 为道路的实际宽度减去一个悬挑长度;当灯具采用双侧布置方式(包括双侧交错布置和双侧对称布置)时,W_{eff} 为实际道路宽度减去两个悬挑长度;当灯具在两块板道路的中央分隔带上采用中心对称布置时,W_{eff} 就是道路的实际宽度。

(5)灯具安装间距

灯具的安装间距 S 是指沿道路的中心线测得的相邻两个灯具之间的距离。为了保证合理的亮度均匀度,应当选择合适的安装间距。安装间距取决于道路的宽度、灯杆在道路横断面上的位置、相邻交叉口之间的路段长度、建筑物位置和周边地形条件等。一般而言,采用高光通量的光源、高安装高度和较大安装间距是比较经济的。在灯具配光许可的距高比范围内,较高的安装高度会有更好的照明质量。

除了考虑上述照明器的安装参数外,进行照明器布置时还应该考虑便于维修、避免眩光、避免影响交通标志和交通信号的识别、确保美观、减少对周围绿化植被的影响等。

2. 高杆照明

高杆照明是将一组灯具安装在高度≥20m 的灯杆上进行大面积照明的一种照明方式,主要适用于立体交叉、收费广场、服务区广场,以及快速路和主干路、大型平面交叉口、广场、运动场、飞机场、码头等场所。在互通立交区域,按常规杆柱排列布置灯具,不能给驾驶员充分的视觉诱导,也难以解决眩光问题,采用高杆照明不仅能照亮道路、提供极佳的亮度均匀度,而且可以照亮周围环境,提供良好的环境比,对美化环境也有积极作用;此外,由于灯杆位于车道之外,因此维修养护比较方便,不影响正常交通。

高杆照明具有以下特点:

（1）被照面的照度、亮度均匀度好，可以避免或显著减弱眩光。

（2）每个杆柱上安装有多个照明器，可以减少灯杆的数目，提高诱导性。

（3）一个高杆上可选用不同类型的光源以形成混合色光，获得较理想的显色效果。

（4）照射面积大，不但可以照亮路面，而且可以照亮周围空间，有助于创造类似于白天的视觉效果，从而改善驾驶环境。

（5）杆位选择合理时，可以消除撞杆事故，而且维护时不影响正常交通。

（6）相对于常规杆柱照明而言，增加了照明的投资成本。

（7）由于照明器安装位置较高，给保养及维修工作造成一定困难。

高杆上的灯具可按不同条件选择平面对称、径向对称和非对称三种布置方式之一，如图 10-9 所示。在宽阔道路以及大面积场地周边的高杆灯宜采用平面对称布置方式，场地内部或车道布局紧凑的立体交叉上的高杆灯宜采用径向对称布置方式，多层大型立体交叉或车道布局分散的立体交叉上的高杆灯宜采用非对称布置方式。

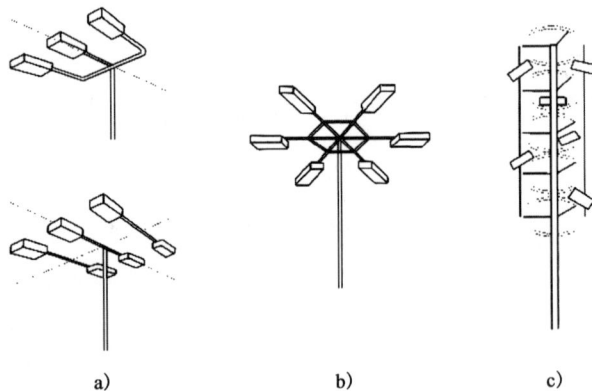

图 10-9　高杆照明灯具布置方式

a）平面对称；b）径向对称；c）非对称

高杆照明的灯架有能够升降和不能升降两种，如图 10-10 所示。为了便于日常保养与维修，一般多采用可升降式灯架，升降多采用单独供电的电动卷扬机。

3. 中杆照明

中杆照明也称半高杆照明，是将灯具安装在高度为 15～20m 灯杆上的一种照明方式。当按常规照明方式配置灯具时，属常规照明；按高杆照明方式配置灯具时，属高杆照明。

4. 悬索照明

悬索照明是在道路的中央分隔带上纵向设置一系列高度为 15～20m、间距为 50～80m 的杆柱，在杆柱间拉上钢索，将照明器用卡具均匀悬挂于钢索上进行照明的方式。灯具的安装间距为其安装高度的 1～3 倍。悬索照明方式如图 10-11 所示。

悬索照明的优点是照明器光线扩展方向是道路的横向，可以得到较高的照度和较好的均匀度；纵、横向配光均容易控制和调整，眩光较少，雾天不易形成光幕效应，照明环境舒适；照明器光轴与道路中轴线垂直，可以减少因路面干湿不同而引起的亮度变化，对潮湿路面也有良好的照明效果；灯具排列整齐，视线诱导性好。因此，在欧洲和日本的高速公路上获得成功应用。

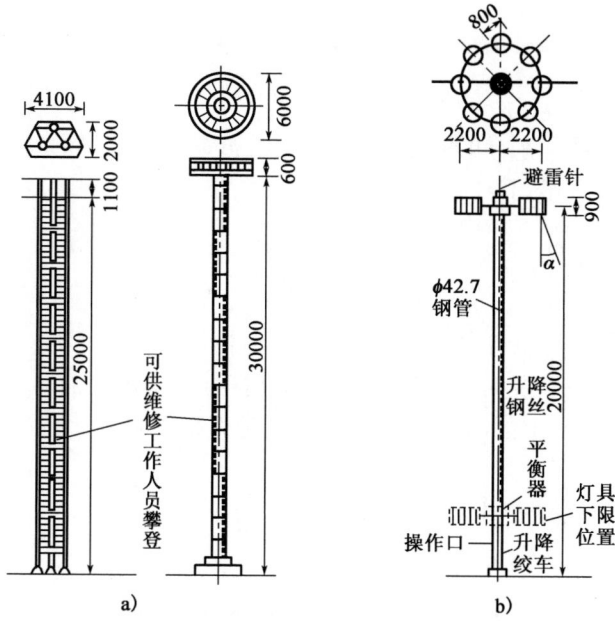

图 10-10 高杆照明的灯架(尺寸单位:mm)

a)不能升降式灯架;b)可升降式灯架

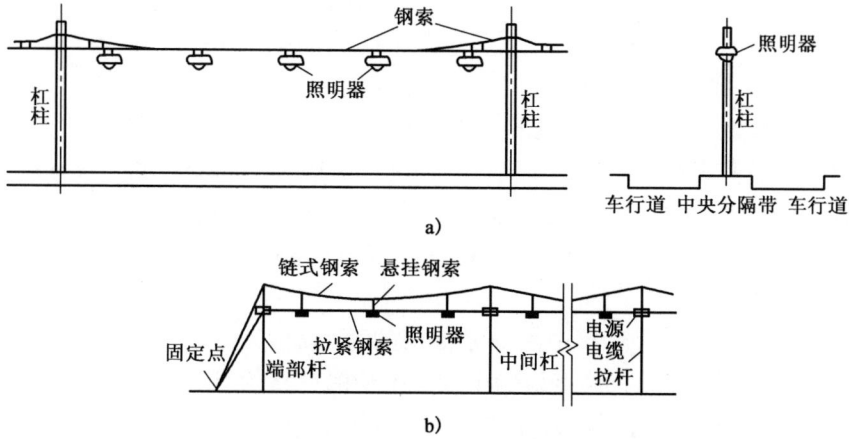

图 10-11 纵向悬索式照明

a)照明器布置方式;b)安装结构示意

此外,还有一种横向悬索照明形式,如图 10-12 所示。灯具悬挂在横跨道路上的钢索上,安装高度较低,一般为 6~8m。横向悬索照明多用于树木遮光较多的道路,或灯杆安装困难的狭窄街道。其缺点是灯具容易摆动,造成闪烁眩光。

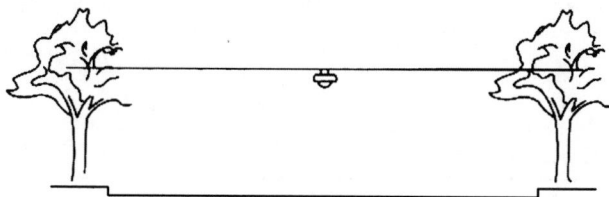

图 10-12 横向悬索式照明

331

(二)照明系统布局

1.常规道路照明

常规直线路段的照明设施有单侧布置、双侧交错布置、双侧对称布置、中心对称布置、横向悬索布置五种布局方式,如图 10-13 所示。

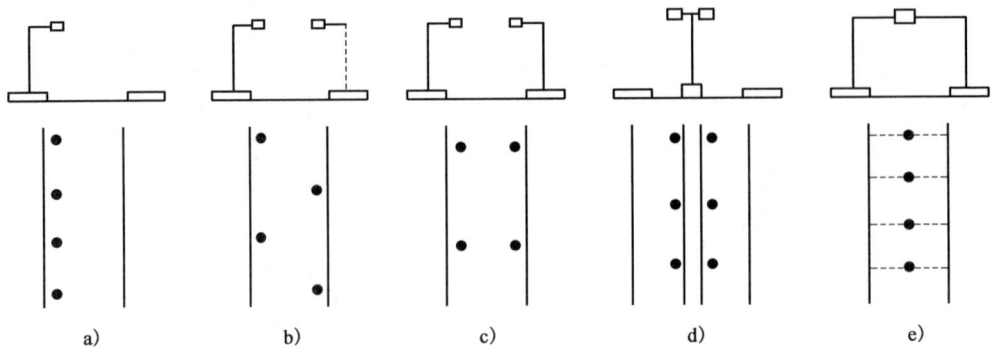

图 10-13 常规道路照明设施的布置方式

a)单侧布置;b)双侧交错布置;c)双侧对称布置;d)中心对称布置;e)横向悬索布置

(1)单侧布置。通常适合于宽度不足 15m 的较窄道路,灯具安装高度等于或大于路面有效宽度。优点是诱导性好,造价低;缺点是不设灯的一侧路面亮度低,两个方向行驶车辆得到的照明条件不同。

(2)双侧交错布置。通常适合于宽度大于 15m 的较宽道路,要求灯具安装高度不小于路面有效宽度的 70%。优点是亮度总均匀度高,在雨天提供的照明条件比单侧布置好;缺点是亮度纵向均匀度差,并且视线诱导性不如单侧布灯效果好,容易使驾驶员产生混乱的视觉印象。

(3)双侧对称布置。适合于重要干道、迎宾路等宽阔路面的照明。要求灯具安装高度不小于路面有效宽度的 50%。

(4)中心对称布置。适合于有中央分隔带、宽度为 12～25m 的双幅路。灯具在中央分隔带上用 Y 形或 T 形杆安装,灯杆高度应等于或大于单侧道路的有效宽度。这种布灯方式对人行道侧、车行道侧都有照明,效率较高,诱导性好。

(5)横向悬索布置。如图 10-12 和图 10-13e)所示,前已述及。

直线路段照明灯具的布置方式、安装高度和间距等可按表 10-16 经计算后确定。

直线路段照明灯具的配光类型、布置方式、安装高度和间距　　　　　　　　　　表 10-16

布置方式	截光型灯具		半截光型灯具		非截光型灯具	
	安装高度 H[1]	安装间距 S[1]	安装高度 H	安装间距 S	安装高度 H	安装间距 S
单侧布置	$H \geqslant W_{eff}$[2]	$S \leqslant 3H$	$H \geqslant 1.2W_{eff}$	$S \leqslant 3.5H$	$H \geqslant 1.4W_{eff}$	$S \leqslant 4.0H$
双侧交错布置	$H \geqslant 0.7W_{eff}$	$S \leqslant 3H$	$H \geqslant 0.8W_{eff}$	$S \leqslant 3.5H$	$H \geqslant 0.9W_{eff}$	$S \leqslant 4.0H$
双侧对称布置	$H \geqslant 0.5W_{eff}$	$S \leqslant 3H$	$H \geqslant 0.6W_{eff}$	$S \leqslant 3.5H$	$H \geqslant 0.7W_{eff}$	$S \leqslant 4.0H$

注:①安装高度、安装间距的单位为 m。

②W_{eff} 为图 10-8 中所示路面有效宽度值,单位为 m。

2. 弯道与坡道照明

弯道的照明应符合下列要求：

（1）半径等于或大于 1000m 的平曲线路段,可按直线路段处理。

（2）半径小于 1000m 的平曲线路段,灯具应沿弯道外侧布置并减小灯具的间距[图 10-14a)],间距宜为直线路段的 50% ~70%,半径越小间距也应越小,可参考表 10-17 布设;悬挑长度也应缩短。在反向平曲线路段上,宜在弯道同一侧设置灯具,发生视线障碍时可在弯道另一侧增设附加灯具[图 10-14(b)]。

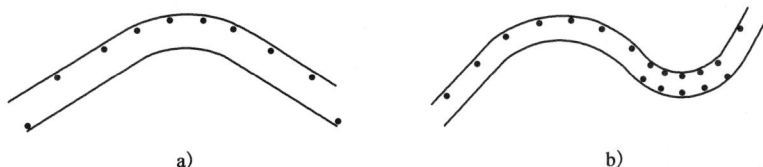

图 10-14 弯道照明灯具布设

a)小半径平曲线路段;b)反向平曲线路段

道路曲线半径与安装间距之间的关系（单位:m） 表 10-17

转 弯 半 径	安 装 间 距	转 弯 半 径	安 装 间 距
≥300	≤35	200 ~250	≤25
250 ~300	≤30	≤200	≤20

（3）当弯道路面较宽需采用双侧布灯时,宜采用对称布置。

（4）转弯处的灯具不应安装在直线路段灯具的延长线上,以免驾驶员误认为是道路继续向前延伸而发生事故,如图 10-15 所示。

（5）急转弯处的灯具应能给车辆、缘石、护栏以及周围环境提供充足照明。

坡道的照明应符合下列要求：

（1）在坡道上设置照明时,应使灯具在平行于路轴方向上的配光对称面垂直于路面,以便各灯具照明光束等距离地到达坡道路面,从而保证比较均匀的光分布,同时减少眩光。

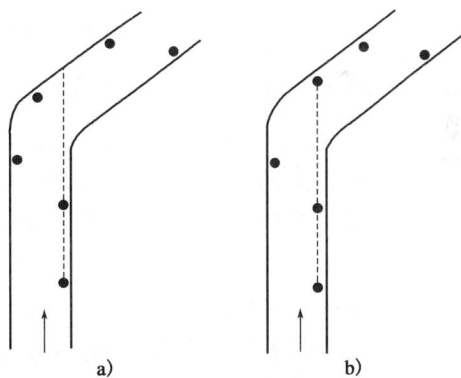

图 10-15 转弯处的灯具布设

a)正确;b)不正确

（2）在凸形竖曲线坡道范围内,应缩小灯具的安装间距,并应采用截光型灯具。平缓的纵坡路段可按平坡段处理;陡坡路段需要把灯具布置得密集些,以获得均匀的路面亮度。

3. 平面交叉口照明

（1）平面交叉口的照明水平应高于通向交叉口的每条道路的照明水平,且交叉口外 5m 范围内的平均照度不宜小于交叉口平均照度的 1/2。

（2）为了突出显示交叉口的存在,交叉口可采用与相连道路不同光色的光源、不同外形的灯具、不同安装高度或不同的灯具布置方式。

（3）十字交叉口的灯具可根据道路的具体情况,采用单侧布置、交错布置或对称布置等方式;对于大型交叉路口,必要时可另行安装附加灯杆和灯具,并应限制眩光。当有较大的交通岛时,可在岛上设灯,有条件时可采用高杆照明。为了看清交叉道路的前进方向,应在右侧离路口15m处设一盏灯,以便照亮路口;另外在该侧行车线对面设一盏灯,用来照亮前进道路[图10-16a)]。

(4)T形交叉口应在道路尽端设置路灯,以有效照亮交叉口,并且有利于驾驶员识别道路的尽头[图10-16b)]。

(5)环形交叉口照明应充分显现环岛、交通岛和路缘石。当采用常规照明方式时,宜将灯具设在环形道路的外侧[图10-16c)]。直径较大的环岛可在岛上设置高杆灯,并应按照车行道亮度高于环岛亮度的原则选配灯具并确定灯杆位置。环岛出入口的照明应适当加强。

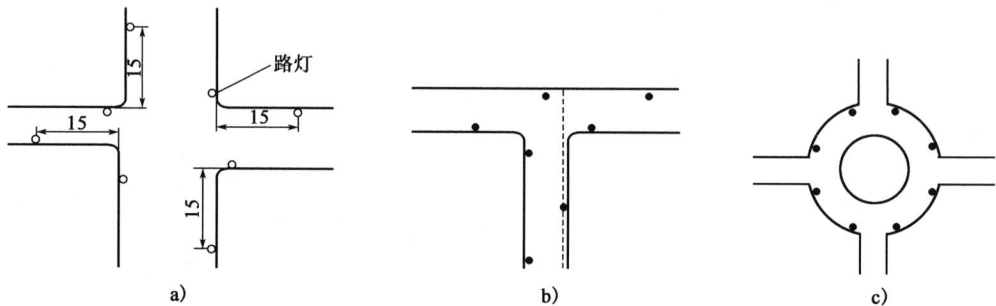

图10-16 平面交叉口照明灯具布设(尺寸单位:m)
a)十字交叉口;b)T形交叉口;c)环形交叉口

4. 立体交叉照明

立体交叉照明是为了创造良好的视看环境,保证交通安全,同时又具有美化城市环境、形成夜间景观效果的作用。所以,合理的照明设计不仅能确保夜间行车的便利和行人的安全,起到诱导交通的作用,还能强化立交的感染力,烘托和辉映出建筑造型的艺术效果,增强其现代化氛围。

(1)照明设施布置要求

互通立交道路的走向不易辨认、交通标志繁多,通过照明尽可能多地将复杂立交的视觉信息提供给驾驶员至关重要。无论公路主线有无照明,都必须保证互通立交的照明条件。在设计中,除了按一般要求考虑平均照度等问题外,还应特别注意控制眩光和保证诱导性。由于互通立交的层次较多、道路起伏变化较大,照明器的投光角度难以控制,容易造成眩光问题;同样,由于互通立交匝道多、半径小等原因,如果仍以主线照明的30~50m间距排列照明器,会导致灯杆簇拥繁复、灯光高低错杂的视觉效果,难以有效诱导行车。

(2)照明布局

当桥面不宽、单向行车时(如匝道桥),可采用单侧布置方式,优点是诱导性好、造价低。

对于较宽的桥面,可采用双侧交错布置或双侧对称布置,前者亮度总均匀度比单侧布置好,但纵向均匀度较差;后者亮度总均匀度、纵向均匀度和视觉诱导性比单侧布置和双侧交错布置都好,但成本较高。

将照明器布置在中间分隔带上,即采用中心对称布置比两侧布置经济,且可获得良好的视觉诱导性。

（3）照明方式选择

照明方式选择主要从使用需要和总体美观方面考虑,灯杆、灯形要与立交结构形式相协调。常规杆柱照明具有光通量利用率高、节约能源和日常维护简易等一系列优点,但对复杂立交枢纽而言,眩光和诱导性较难控制。高杆照明照射范围大,能够照亮路面和周围环境;均匀度好,可避免或显著减弱眩光;维护时通常不影响正常交通。因此,小型立交可采用常规照明,大型复杂立交宜优先采用高杆照明。

5. 桥梁照明

桥梁照明在设计原则、照明器形式与布置等方面与主线照明大致相同。中小型桥梁照明一般应与其连接的道路照明一致;若桥面宽度小于路面宽度,则在桥梁的入口处应设灯,桥梁的栏杆、缘石应有足够的垂直照度。大型桥梁和具有艺术、历史价值的中小型桥梁的照明应进行专门设计,从而既满足功能要求,又顾及艺术效果,并与桥梁的风格相协调。

（1）一般大桥照明

一般大桥是指不具有桥下通行、空中飞行及观赏意义等特殊要求的普通桥梁。在主线未设置照明的情况下,考虑到大桥上的行车安全,可根据行车需求适当设置照明,其设计原则与高速公路主线照明基本一致;在主线已设置照明的情况下,则应使桥面照度高出主线道路。

（2）有通航要求的大桥照明

较大的跨海和跨江桥下面往往有水上运输航道,其照明除了要满足所在公路主线的照明要求外,还应注意桥上的照明设施可能对过往船舶行驶造成不利影响,要慎重考虑照明器的形式、配光及安装等。为了使水上交通能够及时发现桥墩、桥梁等障碍物,应在桥梁的下部结构上设置照明,以便船舶能够准确辨认前方桥墩的位置、航道的净空等,从而采取有效的安全通过措施。

三、照明计算

在进行照明设计时,为了使工程方案满足照明的有关要求,必须进行照明计算。道路照明计算通常包括路面上任意点的水平照度、平均照度、照度均匀度、亮度、亮度均匀度(包括总均匀度和纵向均匀度)、失能眩光和不适眩光的计算等,计算方法归纳于表 10-18 中。进行照明计算时,必须预先知道所选用灯具的光度数据、安装参数(安装高度、间距、悬挑长度、仰角及布置方式),道路的几何条件(道路的横断面及各部分的宽度、路面材料及其反光性能等),以及光源类型和功率等。

道路照明计算的内容与方法

表 10-18

计 算 内 容		计 算 方 法	计 算 内 容		计 算 方 法
照度及其均匀度	单点亮度	逐点法	亮度及其均匀度	单点亮度	逐点法
		等额度曲线法		平均亮度	逐点法
	平均亮度	逐点法			亮度产生曲线图法
		利用系数曲线图法	眩光计算	眩光指数	公式法
				阈值增量	公式法

（一）照明计算基本原理

在道路照明设计中,光源可视为点光源,其在任意点的照度符合余弦定律、光能叠加原理和点光源的距离平方反比定律。

1. 余弦定律

点光源向各个方向发出的光强度随着该方向与表面法线夹角的余弦而变化,即:

$$I_\gamma = I_0 \cos \gamma \tag{10-11}$$

式中:I_γ——与表面法线成 γ 角方向(垂直角为 γ)的发光强度,cd;

I_0——光源在垂直于表面方向(垂直角为 0°)的发光强度,cd。

2. 光能叠加原理

若一个表面受到若干光源同时照射,该表面接收到的光通量等于各个光源射到该表面的光通量之和,即:

$$F = F_1 + F_2 + \cdots + F_m \tag{10-12}$$

若该表面面积为 A,则表面上的照度为:

$$E = \frac{F_1}{A} + \frac{F_2}{A} + \cdots + \frac{F_m}{A} = E_1 + E_2 + \cdots + E_m = \sum E_i \tag{10-13}$$

式中:F——光通量,lm;

E——照度,lx;

m——光源数量,个。

3. 点光源的距离平方反比定律

点光源在表面上一点产生的照度与光源在该点方向上的发光强度成正比,与光源至该点距离的平方成反比,即:

$$E_x = \frac{I_\gamma}{r_x^2} \tag{10-14}$$

式中:E_x——点光源在 x 点的照度,lx;

I_γ——点光源在 x 点方向(垂直角为 γ)的发光强度,cd;

r_x——点光源至 x 点的距离,m。

（二）照明计算区域和计算点选取

在进行道路照明计算时,首先要确定计算区域及其所包含的计算点。道路照明计算区域(计算网格)是一段位于驾驶员前方 60m 之外的代表性路段,这里正是驾驶员在行车过程中所重点观察的区域。从纵向上看,该区域的长度应大于一个杆距(道路同一侧相邻灯具之间的区域),即至少包含同一侧的两个灯具在内;从横向上看,该区域应覆盖无中间带道路的全部车行道或有中间带道路的半幅车行道。

照明计算点应均匀地分布在计算区域内,其纵向间距 D 和横向间距 d 可按下式计算:

$$D = \frac{S}{N} \tag{10-15}$$

式中:S——灯具间距,m;

N——纵向计算点的个数,即列数。当 $S \leqslant 30\text{m}$ 时,$N=10$;$S>30\text{m}$ 时,N 取 $S/D(D \leqslant 3\text{m})$ 的最小整数。

$$d = \frac{W_{\text{L}}}{3} \qquad (10\text{-}16)$$

式中:W_{L}——车道宽度,m。

道路照明计算区域及计算点的位置如图 10-17 所示。对于道路交会区及广场等较大区域,一般可将照明计算区域划分成网格,网格宽按车道宽等分,网格长一般为 3~5m,每个网格的几何中心点就是照明计算点。

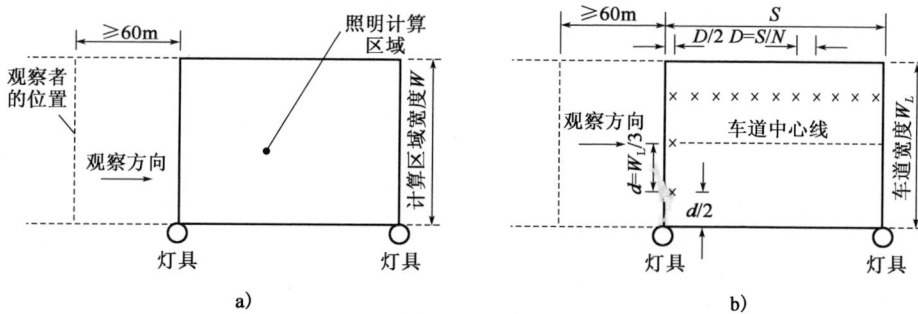

图 10-17 道路照明计算区域和计算点的选取
a)照明计算区域;b)车道上照明计算点位置

(三)观察者的视点位置

在进行亮度和眩光计算时,必须考虑驾驶员相对于计算区域最有可能出现的位置,即观察者的视点位置。CIE 推荐眼睛高度为 1.5m。纵向位置为计算区域前方 60m 多一些,多出多少取决于路灯安装间距;但计算阈值量 TI 时例外,应该按得出最高 TI 值的纵向观察者位置进行计算,即遮光角(水平线与驾驶员视线上限的夹角)为 20°的位置。进行纵向均匀度计算时,观察者的横向位置位于每一条车道的中心线上;其他类型的计算都认定观察者位于近侧路缘 1/4 车行道宽度处(称为标准横向观察者位置)。

(四)路面平均照度、亮度计算

1.利用系数法

对道路照明而言,利用系数是到达路面的光通量与光源发射的光通量的比值。由于电光源的光通量只有一部分照射到路面上,所以不同的灯具其利用系数各不相同,这是利用系数法的出发点。

利用系数不但与灯具本身的光学性能有关,而且还与路面的宽窄及灯具安装的几何条件(如高度、仰角、悬挑长度等)有关。通常为了体现悬挑长度的影响,往往通过灯具光中心在路面上的垂直投影点作一条与路轴平行的直线,将路面分成车道侧和人行道侧两部分,并分别给出这两侧的利用系数;为了体现路宽 W 和安装高度 H 的影响,通常给出与不同的 W/H 值相对应的利用系数;为了体现灯具仰角的影响,在其他条件不变的情况下,把仰角作为参变量,给出不同仰角所对应的利用系数值。在上述各种条件下的利用系数值计算出来以后,把结果标在直角坐标图上,其横轴为以安装高度 H 的倍数表示的道路横向宽度,纵轴为相应的利用系数 U,然后连接成光滑曲线,即为利用系数曲线图,如图 10-18 所示。

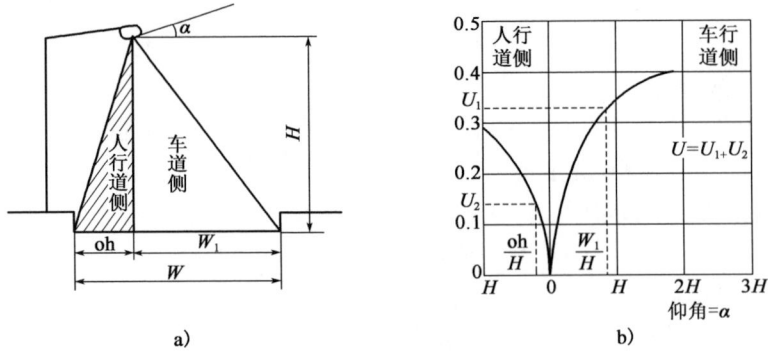

图 10-18 利用系数曲线图
a)灯具布置参数;b)利用系数曲线

计算路面上的平均照度最容易、最迅速的方法,是采用灯具光学测试报告中给出的利用系数曲线图查出利用系数,按式(10-17)计算平均照度:

$$E_{h,av} = \frac{FUMN}{SW} \tag{10-17}$$

式中:$E_{h,av}$——路面的平均照度,lx;

    F——光源的总光通量,lm;

    U——利用系数,可由灯具的利用系数曲线图查出;

    M——维护系数,一般取 $M = 0.65 \sim 0.70$;

    N——路灯排列值,单侧或双侧交错排列取 $N = 1$,双侧对称排列取 $N = 2$;

    S——路灯纵向安装间距,m;

    W——道路宽度,m。

计算时,可先假设安装间距 S,按照要求的平均照度计算光源光通量,经多次调整各参数[如安装间距 S、光源功率(光通量)等],反复试算,直至得到较满意的结果为止。

【例 10-1】 某道路采用单侧布灯方式[图 10-19a)],路面宽度为 7m,灯具安装高度为 8m,灯具安装间距为 35m,悬挑长度为 0.5m,照明器仰角为 0°,光源光通量为 5600lm;灯具的利用系数曲线如图 10-19b)、c)所示。若不考虑维护系数(即取 $M = 1$),试计算路面平均照度。如果照明器的仰角改为 10°,则此时的路面平均照度又为多少?

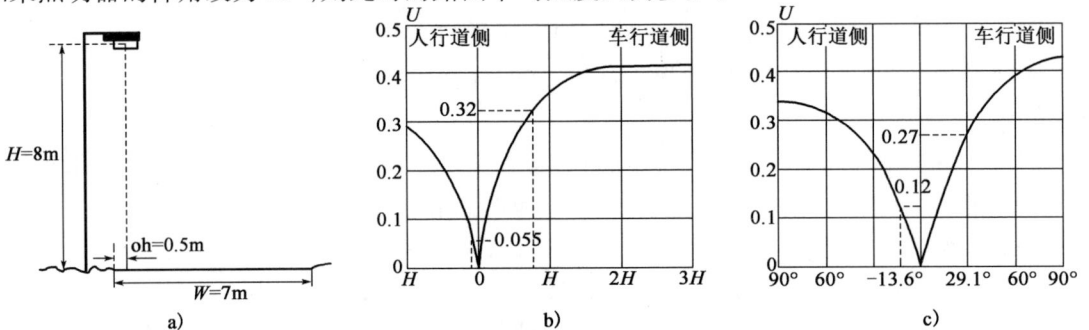

图 10-19 灯具布置及其利用系数曲线图
a)灯具布置参数;b)、c)利用系数曲线

解 道路横向从灯具左侧(人行道侧)的 0.5m 延伸至灯具右侧(车行道侧)的 6.5m(7 - 0.5 = 6.5),这分别等价于 0.06H 和 0.81H。查图 10-19b)利用系数曲线可知,人行道侧和车行道侧的利用系数分别为 0.055 和 0.32,此时,灯具的利用系数 U 为 0.375(0.055 + 0.32 = 0.375)。

由式(10-17)可计算出路面的平均照度为:

$$E_{h,av} = \frac{FUMN}{SW} = 5600 \times 0.375 \times 1 \times 1/(35 \times 7) = 8.6(lx)$$

当照明器的仰角调整为 10°时,道路左侧边缘的横向角度为:

$$-(\arctan 0.5/8 + 10°) = -13.6°$$

道路右侧边缘的横向角度为:

$$\arctan 6.5/8 - 10° = 29.1°$$

查图 10-19c)可知,人行道侧和车行道侧的利用系数分别为 0.12 和 0.27,总的利用系数 U 为 0.39,此时路面平均照度为:

$$E_{h,av} = 5600 \times 0.39 \times 1 \times 1/(35 \times 7) = 8.9(lx)$$

2. 逐点计算法

逐点计算法可以精确地计算出路面上各控制点的照度,包括最大水平照度、最小水平照度、平均照度等,以及各控制点的亮度。因此不仅可用来检验道路照明的平均水平,还可以检验照明的均匀程度。在照明设计时一般用于计算路面照度或亮度的最高点和最低点。

根据前述点光源的三个照明定律[式(10-11) ~ 式(10-13)],在图 10-20a)所示点光源垂直照射的情况下,被照面上 A 点的水平照度 E_{Ah}(即 A 点所在水平面上受到的照度,对路面照明计算而言,水平照度最有意义),与光源在 A 点方向的发光强度 I_0 成正比,与光源到 A 点之间距离 r_A 的平方成反比,即:

$$E_{Ah} = E_A = \frac{I_0}{r_A^2} \tag{10-18}$$

现考虑路面上任意一点 B[图 10-20b)],与点光源的垂直角为 γ,光源在 B 点方向的光强为 I_γ,按式(10-18),B 点的照度 E_B 为:

$$E_B = \frac{I_\gamma}{r_B^2} \tag{10-19}$$

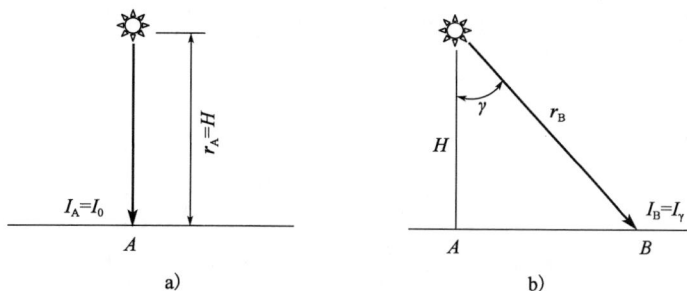

图 10-20 逐点法水平照度计算原理和参数
a)点光源正下方 A 点的照度;b)点光源照射面上任意点 B 的照度

由于 $r_B = H/\cos\gamma$,$E_B = E_{Bh}/\cos\gamma$,代入上式,即得路面上任意一点 B 的水平照度与光源高

度、发光强度之间的关系式：

$$E_{Bh} = \frac{I_\gamma \cos^3 \gamma}{H^2} \qquad (10\text{-}20)$$

式中：E_B——某照射点 B 的照度，lx；

$\quad E_{Bh}$——某照射点 B 的水平照度，lx；

$\quad I_\gamma$——点光源在 γ 角方向的发光强度，cd；

$\quad \gamma$——点光源对任意点 B 的垂直照射角，度（°）；

$\quad H$——点光源距地面的安装高度，m。

如已选定光源、确定了路灯安装高度 H，光强 I_γ 可以从该光源的配光曲线上查得，于是根据式（10-20）可验算路面上任何一点的水平照度；反之，如已确定 E_{Bh} 和 I_γ，则可求算 H 值。

如果有 m 个照明器（光源）同时照射到路面某点 B，则 B 点的水平照度应等于每个照明器分别在 B 点产生的水平照度之和，即：

$$E_{Bh} = \sum_i^m E_{Bhi} \qquad (10\text{-}21)$$

针对选取的照明计算点，利用式（10-21）计算出各计算点上的照度值，最后取其算术平均值作为路面平均照度：

$$E_{h,av} = \frac{\sum_i^m E_i}{n} \qquad (10\text{-}22)$$

式中：$E_{h,av}$——路面平均照度，lx；

$\quad E_i$——第 i 个计算点上的照度，lx；

$\quad n$——计算点的总个数。

对于被照平面上任意点 B 的亮度，也可用逐点法进行计算，公式为：

$$L_B = qE = q(\beta,\gamma)E(c,\gamma) = \frac{q(\beta,\gamma)I(c,\gamma)\cos^3\gamma}{H^2} = \frac{r(\beta,\gamma)I(c,\gamma)}{H^2} \qquad (10\text{-}23)$$

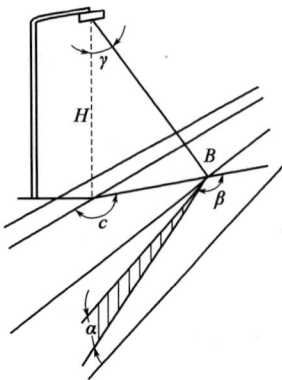

式中：L_B——被照面任意一点 B 的亮度，cd；

$\quad q$——亮度系数，表示路面反光性能的系数，其值为 B 点亮度与该点水平照度之比，它与路面材料有关，还取决于观察者和光源相对于 B 点的位置，即 $q = q(\beta,\gamma)$，其中 β 为光入射平面与观察平面之间夹角的余角，γ 为入射光线的垂直角（或高度角），单位均为 rad，如图 10-21 所示；

$\quad c$——水平角（或方位角），rad；

$\quad \alpha$——观察角（观察方向与水平路面的夹角），$\alpha = 1°$；

$\quad r(\beta,\gamma)$——简化亮度系数，其值为 $q(\beta,\gamma)\cos^3\gamma$，可查简化亮度系数表确定。

图 10-21　照明计算的角度参数

m 个灯具在任一点 B 的总亮度为：

$$L_B = \sum_i^m L_{Bi} \qquad (10\text{-}24)$$

路面平均亮度计算公式为:

$$L_{av} = \frac{\sum_{i}^{m} L_i}{n} \tag{10-25}$$

式中:L_{av}——路面平均亮度,cd;

L_i——第 i 个计算点上的亮度,cd;

n——计算点的总个数。

3.等照度曲线图法

等照度曲线图是将灯具的光强分布数据代入水平照度的计算公式计算并绘制而成的,供用户逐点计算路面照度。等照度曲线图采用直角坐标系,其横轴为以安装高度 H 的倍数来表示的道路宽度,且将道路横向分成车行道侧和人行道侧两部分;纵轴则是以 H 的倍数来表示的纵向距离。等照度曲线有相对等照度曲线图和绝对等照度曲线图两种。

(1)相对等照度曲线图

某灯具的相对等照度曲线图如图 10-22 所示,它是以最大照度的百分比来描述照度分布的,通常包括最大照度的 90%、80%、70%、60%、50%、40%、30%、25%、20%、15%、12.5%、10%、6.25%、5%、2% 和 1% 的等照度曲线,同时还给出最大照度的绝对值和位置。最大照度的绝对值可以表示为:

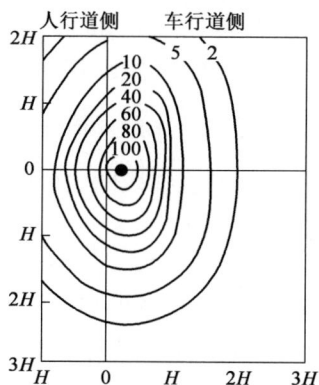

图 10-22 相对等照度曲线

$$E_{h,max} = \frac{K_Z F}{H^2} \tag{10-26}$$

式中:$E_{h,max}$——最大照度,lx;

K_Z——灯具常数,在相对等照度曲线图中需给出数值;

F——灯具中光源的光通量,lm;

H——灯具安装高度,m。

(2)绝对等照度曲线图

某灯具的绝对等照度曲线图如图 10-23 所示,它直接给出了照度值的分布。但这种等照度曲线通常是在一定灯具安装高度和 1000lm 光通量的情况下计算得到的;当灯具实际安装高度和光通量与之不同时,应进行照度修正:首先依据等照度曲线图上给出的灯具安装高度修正系数进行高度修正,然后再进行光源光通量修正。目前,绝对等照度曲线已经较少使用。

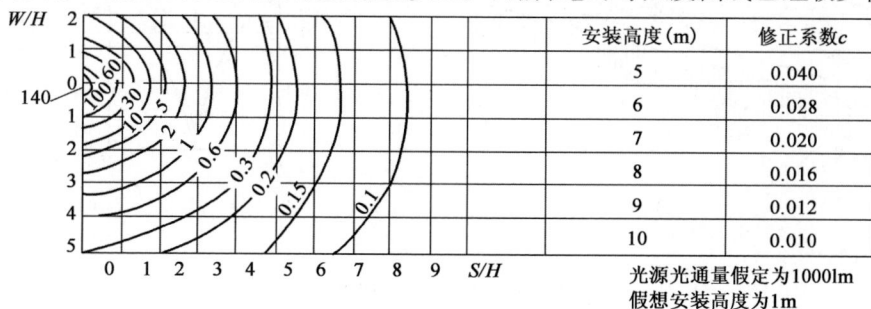

安装高度(m)	修正系数 c
5	0.040
6	0.028
7	0.020
8	0.016
9	0.012
10	0.010

光源光通量假定为 1000lm
假想安装高度为 1m

图 10-23 绝对等照度曲线

（3）等照度曲线图的使用方法

使用等照图曲线图计算单点照度,通常有两种方法。

方法一:在同一张等照度曲线图上标出计算点相对于各个灯具的位置,读出各个灯具(一般是计算点周围3~4个灯具)对计算点照度的贡献,然后求和,最后再换算成照度绝对值。

方法二:将等照度曲线图复印在透明纸上制成透明覆盖图,然后将它叠加在与其比例相同的道路平面图上,令覆盖图的原点与第一个灯具的位置重合,读出第一个灯具在计算点上产生的照度;以此类推可分别读出计算点周围3~4个灯具在计算点上分别产生的照度,再求和并换算成照度绝对值。

换算成照度绝对值时应注意实际使用的等照度曲线图是哪一种形式。若是相对等照度曲线,则需乘以最大照度值;若是给出了绝对值的等照度曲线,则需乘上以1000lm为单位的光源光通量。若灯具实际安装高度和绘制等照度曲线所使用的高度不同,则尚需进行高度修正。

4. 亮度产生曲线图法

亮度产生曲线图法可用于计算路面上的平均亮度:

$$L_{a\gamma} = \frac{\eta_L q_0 F}{SW} \qquad (10\text{-}27)$$

式中:η_L——灯具的亮度产生系数,根据道路几何尺寸、灯具安装条件及观察者位置,由该灯具的亮度产生曲线图查出;

q_0——路面平均亮度系数,$cd/(m^2 \cdot lx)$。

图10-24b)是典型的亮度产生曲线图,坐标横轴是以灯具安装高度 H 的倍数表示的横向距离(同样分车行道侧和人行道侧两部分),纵轴是亮度产生系数,由于路面上的亮度不但与灯具光强分布、路面反光性能有关,而且与观察者所在位置也有关,因此,需根据观察者所处的不同位置分别给出亮度产生曲线。通常规定了相对于灯具排列的三种观察者位置,如图10-24a)所示,观察者位置 A 在左侧与灯具排列线的横向距离为 $1H$,观察者位置 B 在灯具排列线上,观察者位置 C 在右侧与灯具排列线的横向距离为 $1H$。三个观察者位置所对应的亮度产生曲线就是图10-24b)中的曲线 A、曲线 B 和曲线 C。

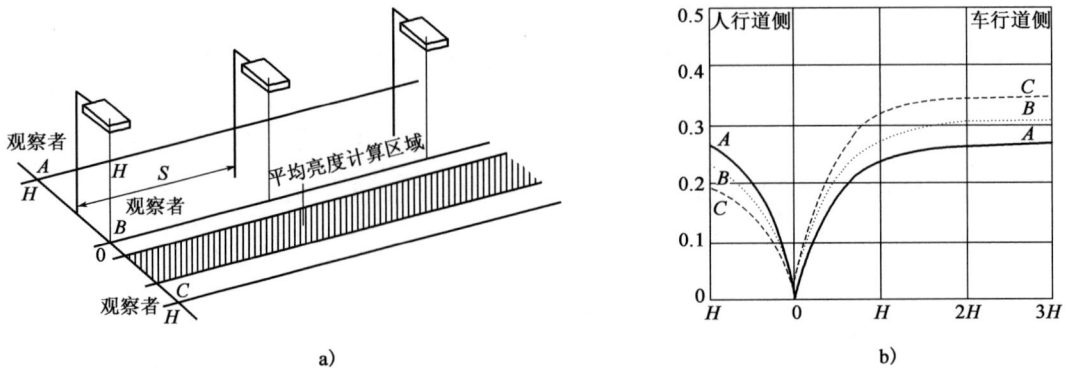

图10-24 亮度产生曲线
a)平均亮度计算区域及观察者位置;b)亮度产生曲线

（五）路面照度、亮度均匀度计算

在计算出路面照度和亮度之后,路面照度、亮度的均匀度可由基本式(10-3)～式(10-5)及具体方法式(10-17)、式(10-22)、式(10-25)、式(10-27)等计算得出。在计算亮度纵向均匀度时,首先在每条车道中心线上找出最大亮度值和最小亮度值,计算出每条车道的纵向均匀度,然后将所有车道进行比较,从中找出最小值作为整个路面的亮度纵向均匀度。照度均匀度计算式(10-3)中的路面最小照度值 $E_{h,min}$ 可在计算区域中各计算点的照度计算值中选取。

【思考题】

1. 道路照明有哪些作用?
2. 什么是光通量、发光强度、照度、亮度、发光效率、配光曲线、利用系数?
3. 道路照明有哪些主要评价指标? 我国城市道路照明级别分几级?
4. 低压钠灯有什么特点?
5. 灯具有什么作用?
6. 什么是截光型灯具? 什么是非截光型灯具? 为什么要使用截光型灯具?
7. 照明器在常规杆柱照明中有哪些主要安装位置参数?
8. 常规道路照明有哪几种基本布灯方式?
9. 掌握根据照度标准设计道路照明的方法。
10. 掌握利用系数法和逐点法计算路面照度、亮度及其均匀度的方法。

公路供配电设施设计

第一节 概　　述

　　越来越多的现代公路,都配备了监控、通信、收费等机电系统和电子设备;即便在没有机电系统的公路上,一些重要路段和管理、服务设施也需要有照明系统,这些都需要供配电系统的支持。公路供配电系统已经成为交通工程系统的一个组成部分和电力供电系统的一个分支。

一、公路供配电的特点

　　公路用电设备主要包括室内和道路照明、动力和空调、给排水设备(如水泵、污水处理设备等)、生活设施(如炊事机械等)、养护设备,以及收费、通信、监控三大机电系统等。公路供配电系统主要负责沿线上述设施所需电能的供应和分配。与普通城市居民或工业企业、农村供电相比,公路供配电系统有其自身特点,由于公路往往绵延几十、数百公里,跨省和地区运行,沿线用电地点(如收费站、管理所、服务区等)较多且分散,给集中供电带来一定困难;同时还有些外场设备、隧道工程等的供电,需要引专线供电。

　　因而,公路供电的方式有就近取电和集中供电两种。所谓就近取电是指沿线设施所需电源都来自附近城乡的农业电或民用电,这种方式可以减少集中供电在输、配电上的麻烦和投资,但难以保证供电质量,且在管理上也常与地方产生矛盾。集中供电是指沿线设施用电和生

344

活用电都是由相对独立的供电系统提供,电源一般取自附近的高压供电干线网,这种方式避免了与地方在用电问题上的矛盾,能够保证供电质量,但是系统相对复杂,投资较大。选择供电方式时,应在满足公路用电需求的前提下,考虑供电的技术、经济可行性。

二、公路供配电系统的设计要求

公路供配电系统的设计与建设应最大限度地发挥公路管理功能和服务水平,改善行车条件,为道路使用者提供良好的服务,营造优美的环境,体现"技术先进、经济合理、节省能源、维修方便"的原则。因此,公路供电系统在设计时一般应达到以下基本要求。

1. 安全

在电能的供应、分配及使用中,不应发生人身或设备事故。因此,公路供配电系统应具有自身的安全防护功能;同时,有关的工程技术人员必须掌握安全用电的基本知识,使电能更好地为公路现代化管理服务。

2. 可靠

供电可靠性是指根据用电性质和突然断电可能造成的政治、经济损失或影响程度,提出不允许中断设备供电的要求。由于电能还不能大量储存,且电力系统的暂态过程非常迅速,公路供电中断或供电质量较差,都可能给交通运输和安全带来严重损失,因此应满足公路运行和管理对供电可靠性的要求。

3. 优质

电压和频率是标志供电质量的两个基本指标,也是设备制造的基本技术参数。频率主要取决于系统中有功功率的平衡,电压则主要取决于系统中无功功率的平衡,运行电压和频率超过允许的偏移值时,会影响到用电设备的安全运行。公路机电设备对供电电压及频率都有严格的要求,电压过高,会损坏系统设备;电压过低,系统设备则不能正常工作;频率不稳,会造成电压的脉动波过大,导致监控系统的错误决策。因此,公路供电系统必须满足交通工程机电设施对电压质量和频率等方面的要求,提供优质、稳定的电能,以保证大型电子设备系统正常、安全地运行。

4. 经济

在保证公路供电系统安全可靠运行的前提下,还应力求减少供电系统的投资、降低运行费用、节约电能、减少供电设施材料等资源的消耗。因此,在进行公路供电系统设计时,应处理好局部与全局、当前与长远的关系,既要满足当前负荷的要求,又要为将来的发展留有余地。

第二节 公路供配电系统的构成和设备

供电系统通常划分为发电、输电和配电三大部分。发电系统发出的电能经由输电系统升压、传输、降压,最后由配电系统分配给各个用户。从降压变电站出口到用户端这一段系统称为配电系统,它是由多种配电设施组成的变换电压和直接向终端用户分配电能的一个电力网络系统。

一、公路供配电系统的组成

公路供配电系统一般由高压输电线路、变电所(包括配电所)、低压配电线路、电磁兼容设备等组成。通常在各收费站、隧道口等设有高压变电所和低压配电房,其中装备变压器、互感器、各种配电箱和配电柜;在沿线布设各种规格的电力电缆、控制电缆和电缆管道。具体包括以下几个主要部分。

(1)外供输配电线路:将当地电网的 35kV 或 10kV 高压交流电传输给各站区变电所。

(2)电力变压器:将外线输入的 35kV 或 10kV 三相交流电降低为 220V/380V 低压交流电。

(3)高压开关柜:装有真空断路器或稀有气体断路器,用来控制 10kV 高压传输,并具有短路和过流保护、高压计量等功能。

(4)低压开关柜:用以控制 220V/380V 交流电源电压传输到不同低压负载,并具有短路和过流保护、高压计量等功能。

(5)直流电源柜:提供控制系统所必需的直流电源。

(6)紧急备用电源:发电机、UPS 等备用电源,在停电等紧急情况下临时供电。

二、公路供配电设备的分类

(一)户内配电装置与户外配电装置

按设置的场所,配电系统设备可分为户内配电装置与户外配电装置。

1. 户内配电装置

按布置形式的不同,户内配电装置可以分为单层式、二层式和三层式。

单层式是把所有的电气设备都布置在一层中。它适用于 6~10kV 出线无电抗器及 35~220kV 的情况。单层式的优点是结构简单,施工时间短,造价低,运行、检修方便,如容量不太大,通常可采用成套开关柜;缺点是占地面积大。

二层式是把电气设备分别布置在两层中,通常将断路器和电抗器布置在第一层,将母线、母线隔离开关等较轻设备布置在第二层。它适用于 6~10kV 出线带电抗器及 35~220kV 的情况。二层式的优点是造价较低,运行维护和检修较方便;缺点是建筑面积有所增加。

三层式是把所有的电气设备按轻重分别布置在三层中,其中断路器、电抗器分别布置在二层和底层。它适用于 6~10kV 出线带电抗器的情况。三层式的优点是安全,可靠性高,占地面积小;缺点是结构复杂,施工时间长,造价高,运行维护和检修不太方便。

三层式户内配电目前已较少采用。35~220kV 户内配电只有两层式和单层式。

2. 户外配电装置

根据电气设备和母线布置高度的不同,屋外配电装置可分为中型、半高型和高型三类。

中型配电装置的所有电气设备都安装在同一水平面上,并装在一定高度的基础上,使带电部分对地保持必要的高度,以便工作人员能在地面安全地活动。中型配电装置母线所在的水平面稍高于电气设备所在的水平面,母线和电气设备均不能上下重叠布置。这种布置比较清晰,不易误操作,运行可靠,施工维护方便,造价低,是我国户外配电装置普遍采用的一种方式。

半高型配电装置是将母线置于高一层的水平面上,与断路器、电流互感器、隔离开关上下重叠布置,其占地面积比普通中型减少30%。半高型配电装置介于高型与中型之间,兼有两者的优点,除母线隔离开关外,其余部分与中型布置基本相同,运行维护仍较方便。

高型配电装置是将一组母线及隔离开关与另一组母线及隔离开关上下重叠布置的配电装置,可以节省占地面积50%左右;但耗用钢材较多,造价较高,操作和维护条件较差。高型配电装置按其结构的不同,可分为单框架双列式、双框架单列式和三框架双列式三种类型。

(二)低压配电装置与高压配电装置

按照《标准电压》(GB/T 156—2007),我国电网标准电压(kV)分为以下若干等级:0.22kV、0.38kV、1kV、3kV、6kV、10kV、20kV、35kV、66kV、110kV、220kV、330kV、500kV、750kV、1000kV;但其中一些电压等级现在已不常用,如3kV、6kV、20kV、66kV等目前只限于某些区域、行业或不能用于公共配电系统。在输电网中,把交流1kV及以下电压等级称为低压;3~220kV电压等级称为高压,其中3~20kV电压等级有时称为中压;330~750kV电压等级称为超高压;1000kV及以上电压等级称为特高压。在配电网中,把交流1kV及以下电压等级(主要是0.22kV和0.38kV)称为低压;3~220kV电压等级称为高压,其中3~20kV电压等级(主要是10kV)有时称为中压,35~220kV电压等级(主要是35kV和110kV)称为高压。

按电压等级的不同,配电系统设备可分为低压配电装置与高压配电装置。

1. 低压配电装置(额定电压1kV及以下)

低压配电装置可分为低压控制电器和低压保护电器等,控制电器主要用来接通和断开线路,以及用来控制用电设备;保护电器用来获取、转换和传递信号,并通过其他电器对电路实现控制。刀开关、低压断路器、减压起动器、电磁起动器属于低压控制电器,熔断器、热继电器属于低压保护电器。

2. 高压配电装置(额定电压1kV及以上)

高压配电装置是由高压熔断器、高压隔离开关、高压负荷开关、高压断路器、接触器、接地开关、互感器和站用变压器,以及控制、测量、保护、调节装置,内部连接件、辅件、外壳和支持件等组成的配电装置,其内的空间以空气或复合绝缘材料作为绝缘和灭弧介质。高压配电装置用于接受和分配电网的电能,或用于保护和控制高压用电设备。

(三)成套式配电装置与装配式配电装置

按结构形式的不同,配电系统设备可分为成套式配电装置与装配式配电装置。

1. 成套式配电装置

成套式配电装置是在制造厂将开关电器等按接线要求组装成套后,运至现场安装使用的配电设备。它将电气主电路分成若干个单元,将每个单元的断路器、隔离开关、互感器以及保护、控制、测量等电气设备,集中装配在一个整体柜内(通常称为一个开关柜、一个间隔或一面),安装时,按主接线方式将各开关柜组合起来。成套式配电装置按柜体结构特点可分为开启式和封闭式;按元件固定方式可分为固定式和手车式;按其母线套数可分为单母线和双母线;按其电压等级可分为高压开关柜和低压开关柜。

成套配电装置普遍有金属外壳(柜体)的保护,设备安装在封闭或半封闭的金属柜中,电气设备和载流导体不易积灰,便于维护,在污秽环境里这一优势更为突出;易于实现系列化、标准化;装配质量好、速度快,运行可靠性高,维护方便;相间和对地距离可以缩小,结构紧凑、布置合理,缩小了体积和占地面积;电气设备安装、线路敷设与变配电室的施工分开进行,缩短了基建时间。但耗用钢材较多,造价较高。

2. 装配式配电装置

装配式配电装置是将各种电气设备在现场组装构成的配电设备。在满足安全净距要求的前提下,装配式配电装置能充分利用间隔位置,建造安装灵活;较重的设备(如电抗器、断路器等)可以布置在底层,减轻楼板荷重;布置清晰,力求对称,出线方便,便于操作,容易扩建;金属消耗量少,造价较低。但安装工作量大,工期较长。

35kV 及以下电压等级的配电装置多采用户内配电装置,其中 3～10kV 的配电装置大多采用成套配电装置;110kV 及以上电压等级大多采用户外配电装置,但有特殊要求时,110～220kV 也可以采用户内配电装置。

三、公路配电系统的主要设备

(一)母线及框架

电力母线是发电厂或变电站(所)输送电能用的总导线,用高导电率的铜或铝质材料制成,把发电机、变压器或整流器输出的电能汇集、分配和输送给各个用户或其他变电所。

公路配电装置的母线有软母线和硬母线两种。软母线为钢芯铝绞线或软管母线,三相呈水平布置,用悬式绝缘子悬挂在母线构架上。硬母线常用的有矩形和管形两种,前者用于 35kV 及以下的配电装置中,后者用于 110kV 及以上的配电装置中。

现代工程设施和装备很多需要大电流输送系统,传统输电导线(电缆)已经难以满足要求。插接式母线槽是一种新型配电导线,由金属板保护外壳、导电排、绝缘材料及有关附件组成,可制成标准长度的段节,并且每隔一段距离设有插接分线盒,也可制成中间不带分线盒的馈电型封闭式母线。与传统的电缆相比,插接式母线槽降低了接触电阻和温升,使整个系统更加安全可靠,也极大地方便了馈电和安装检修。在绝缘方式层面,母线槽经历了空气式插接母线槽、密集绝缘插接母线槽和高强度复合绝缘插接母线槽三个发展阶段。

(二)电力变压器

1. 电力变压器及其作用

电力变压器是将某一数值的交流电压(电流)变成频率相同但数值不同的交流电压(电流)的电气设备。它是供配电系统中实现电能输送、电压变换、满足不同电压等级负荷要求的核心设备。

在电力系统输送电能的过程中,必然会产生电压和功率两部分损耗。在输送同一功率时,电压损耗与电压成反比,功率损耗与电压的平方成反比,因此,利用变压器在发电厂及电源端提升电压,能够减少输电损失。而在用户端,需要把输电过程中提升的高电压降低为各级使用电压,满足多种用途需求。电力变压器是变电站(所)的主要设备。图 11-1 是变压器在电力输送系统中的作用示意图。

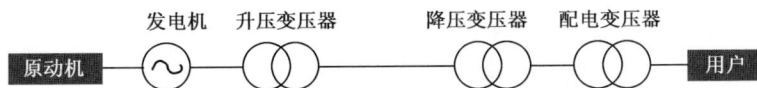

图 11-1 变压器在电力输送系统中的作用

2. 电力变压器的分类

电力变压器有很多种类和不同的分类方式,例如可以按相数、冷却方式、绕组耦合方式、绕组数、绕组导线材质、调压方式等进行分类。

(1)按用途,电力变压器可分为升压变压器、降压变压器、配电变压器和联络变压器。升压、降压变压器用于变换电压;配电变压器用于直接向终端用户供电,通常电压为 10 ~ 35kV、容量≤6300kV·A;联络变压器用于两种电压等级系统之间交换功率。

(2)按结构,电力变压器可分为双绕组变压器、三绕组变压器、自耦变压器。双绕组变压器用于连接电力系统中的两种电压等级系统;三绕组变压器用于电力系统区域变电站中,连接三个电压等级系统;自耦变压器至少有两个绕组具有公共部分,用于连接不同电压的电力系统,也可作为普通的升压或降压变压器。

(3)按相数,电力变压器可分为单相变压器和三相变压器。单相变压器用于单相负荷和三相变压器组;三相变压器用于三相系统的升、降电压。

(4)按调压方式,电力变压器可分为有载调压变压器和无载调压变压器。有载调压变压器可以在带电情况下通过有载分接开关自动或手动调节电压波动,保持电压输出稳定;无载调压变压器即无励磁调压变压器,必须在没有载流载压(即一次侧和二次侧都断电)的情况下,才能通过无励磁分接开关调节电压波动,保持电压输出稳定。

(5)按绕组绝缘方式及冷却方式,电力变压器可分为干式变压器、油浸式变压器和充气式变压器。干式变压器的铁芯和绕组依靠浸渍绝缘或绕包绝缘、空气对流冷却,冷却方式有自然空冷和强制空冷;油浸式变压器以绝缘油作为铁芯和绕组冷却介质;充气式变压器填充 SF_6(六氟化硫)高效绝缘冷却气体,体积小、质量轻,变换电压等级高。

此外,电力变压器按使用目的还可分为普通式变压器、全封闭式变压器、防雷式变压器;按绕组布置方式,可分为芯式变压器和壳式变压器;按铁芯材料,可分为硅钢片变压器和非晶合金变压器;按容量,可分为中小型变压器、大型变压器、特大型变压器;等等。

3. 电力变压器的结构

在公路供配电系统中,大多采用无载调压类、油浸自冷式普通变压器。图 11-2 所示是一种常用的油浸式电力变压器的整体构造。

油浸式电力变压器的内部构造如图 11-3 所示。它主要由铁芯和绕组两大部分组成,在铁芯与绕组之间、高低压绕组之间及绕组中各匝之间均有相应的绝缘;另外,在高压侧设有调节电压用的分接开关。绕组导体材质有铜绕组和铝绕组。

4. 电力变压器的额定容量

电力变压器的一个主要参数是额定容量。额定容量是指变压器在规定的环境温度条件和规定的使用年限(一般为 20 年)内,连续输出的最大表观功率(视在功率),是额定空载电压、额定电流与相应的相系数的乘积。简言之,额定容量就是在变压器铭牌所规定的额定状态下,变压器两侧的输出能力,它表征变压器传输电能的大小,以 kV·A 或 MV·A 表示。当对变压

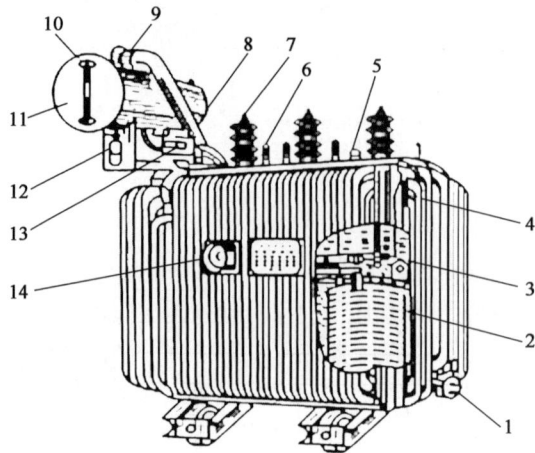

图 11-2　油浸式电力变压器

1-放油阀;2-线圈及绝缘;3-铁芯;4-油箱;5-分接开关;6-低压套管;7-高压套管;8-防爆管;9-防爆膜;10-油标;11-储油柜;12-吸湿器;13-气体继电器;14-温度计

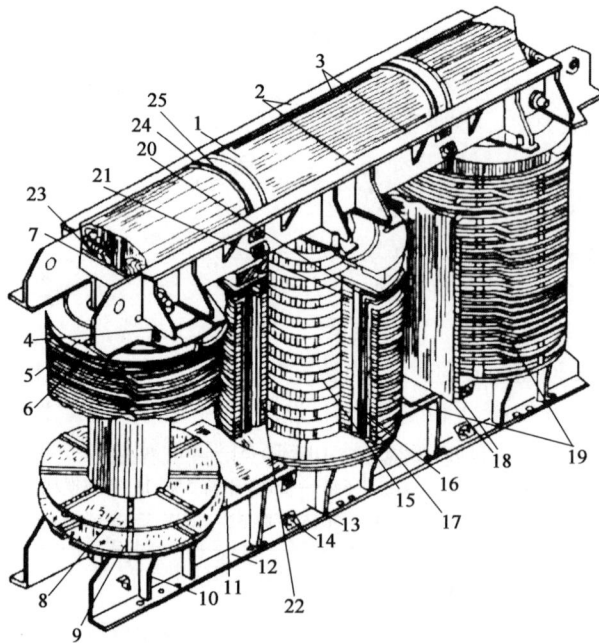

图 11-3　油浸式电力变压器内部构造

1-铁轭;2-上夹件;3-上夹件绝缘;4-压钉;5-绝缘纸圈;6-压板;7-方铁;8-下铁轭绝缘;9-平衡绝缘;10-下夹件加强筋;11-下夹件上支板;12-下夹件下支板;13-下夹件腹板;14-铁轭螺杆;15-铁芯柱;16-绝缘纸筒;17-油隙撑条;18-相间隔板;19-高压绕组;20-角环;21-静电环;22-低压绕组;23-方铁绝缘;24-绝缘板;25-钢拉板

器施加额定电压时,可根据额定容量确定在规定条件下不超过温升限值的额定电流。变压器出厂时,通常在铭牌上标示出额定容量。

5.电力变压器的产品型号

电力变压器产品型号的表示方法如图11-4所示;各符号的含义见表11-1。

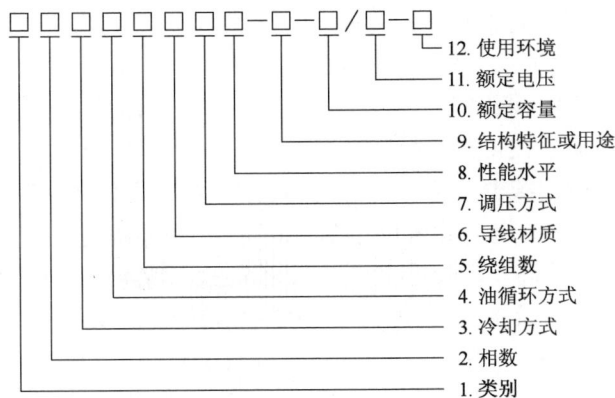

图11-4 电力变压器型号表示规则

电力变压器型号含义　　　　　　　　　　　　　　　　　表 11-1

序号	项目名称	符 号 含 义
1	类别	不标-通用变压器;O-自耦变压器;H-电弧炉变压器;T-调压变压器;Z-整流变压器;K-矿用变压器;S-船用变压器;Y-试验变压器
2	相数	D-单相;S-三相
3	冷却方式(外部)	J 或不标-油浸自冷;G-干式空气自冷;F-油浸风冷;S-油浸水冷;FF-强迫油循环风冷;SP-强迫油循环水冷
4	油循环方式(内部)	N-自然循环;P-强迫循环;D-强迫导向循环
5	绕组数	不标-双绕组;S-三绕组;F-双分裂绕组
6	导线材质	不标-铜线;L-铝线;B-铜箔;LB-铝箔
7	调压方式	不标-无励磁调压;Z-有载调压
8	性能水平	9-空载和负载损耗符合 GB/T 6451—2015 要求;10-空载损耗比 GB/T 6451—2015 下降10%,负载损耗比 GB/T 6451—2015 下降5%;11-空载损耗比 GB/T 6451—2015 下降20%,负载损耗比 GB/T 6451—2015 下降5%;电压等级均为6~500kV
9	结构特征或用途	Z-低噪声;L-电缆引出;X-现场组装式;J-中性点全绝缘;CY-发电厂自用
10	额定容量	变压器的额定容量,单位 kVA
11	额定电压	变压器的额定电压,单位 kV
12	使用环境	不标-一般环境;TH-湿热地区;TA-干热地区;GY-高压地区;KY-一般矿用;CY-船舶;WB-污秽环境

　　例如,一台三相、油浸、风冷、双绕组、无励磁调压、铜导线、额定容量20000kV·A、额定电压110kV、性能水平为11的电力变压器,其产品型号表示为SF11-20000/110;一台三相、自耦、油浸、水冷、强迫油循环、三绕组、有载调压、铜导线、额定容量360000kV·A、额定电压330kV、性能水平为10的电力变压器,其产品型号表示为OSFPSZ10-360000/330。

(三)断路器

断路器是指能够关合、承载和开断正常回路条件下的电流,并能关合、在规定的时间内承载和开断异常回路条件下的电流的开关装置。断路器的作用是切断和接通负荷电路,以及迅速切断故障电路,防止事故扩大,保证安全运行。

按适用的电压等级不同,断路器分为高压断路器与低压断路器;一般将 3kV 以上的称为高压断路器。高压断路器是在正常或故障情况下接通或断开高压电路的专用电器,不仅可以切断或闭合高压电路中的空载电流和负荷电流,而且当系统发生故障时,还可通过继电器起到保护装置的作用,切断过负荷电流和短路电流。由于高压电路进行开断等操作时会产生长时间燃烧的巨大电弧,因此高压断路器要具有完善的灭弧结构;按灭弧介质不同,高压断路器可分为真空断路器、空气断路器、油断路器、六氟化硫(SF$_6$)断路器、磁吹断路器等。低压断路器也称为自动空气开关,可用来接通和分断负载电路,功能相当于闸刀开关、过电流继电器、失压继电器、热继电器及漏电保护器等电器部分或全部功能的集合,是低压配电网中一种重要的保护电器。

图 11-5 ~ 图 11-7 所示为三种不同类型的高压断路器,图 11-8 为一种真空断路器的灭弧室及操动机构构造。真空断路器利用真空作为灭弧介质和绝缘介质,断路器的触头在真空中开断,电弧在真空中熄灭,具有体积小、熄弧快、触头烧损微小、维护检修工作量少等优点。目前在我国,10kV 电压等级上,真空断路器已经基本取代油断路器;35kV 电压等级上,真空断路器使用率达 60%,真空断路器已成为 35kV 电压等级以下中压领域应用最广泛的断路器。

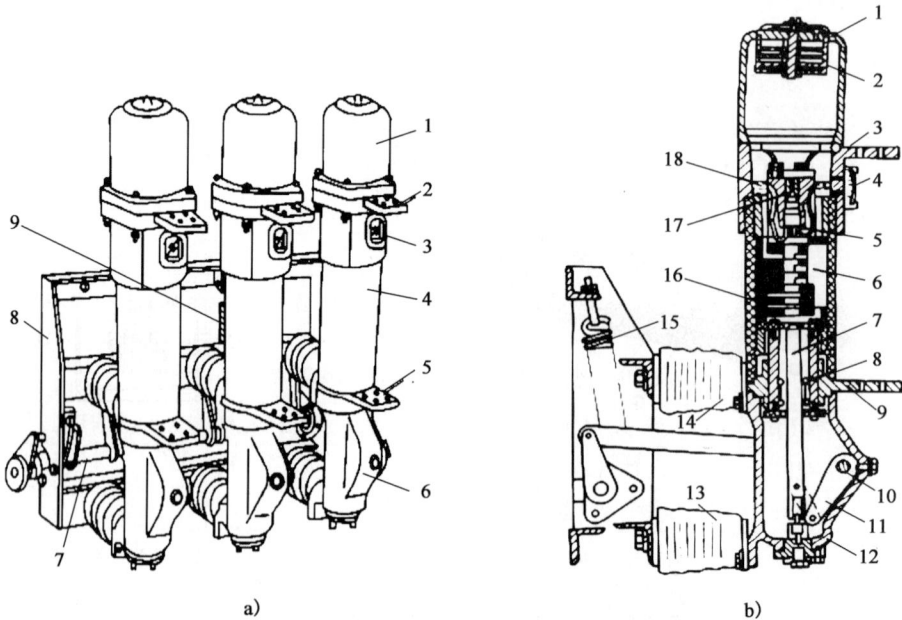

a)   b)

图 11-5　高压油断路器

a)总体构成:1-铝帽;2-上接线端子;3-油标;4-绝缘筒;5-下接线端子;6-基座;7-主轴;8-框架;9-断路弹簧;
b)内部构造:1-铝帽;2-油气分离室;3-上接线端子;4-油标;5-插座式静触头;6-灭弧室;7-动触头(导电杆);8-中间滚动触头;9-下接线端子;10-转轴;11-拐臂;12-基座;13-下支柱绝缘子;14-上支柱绝缘子;15-断路弹簧;16-绝缘筒;17-逆止阀;18-绝缘油

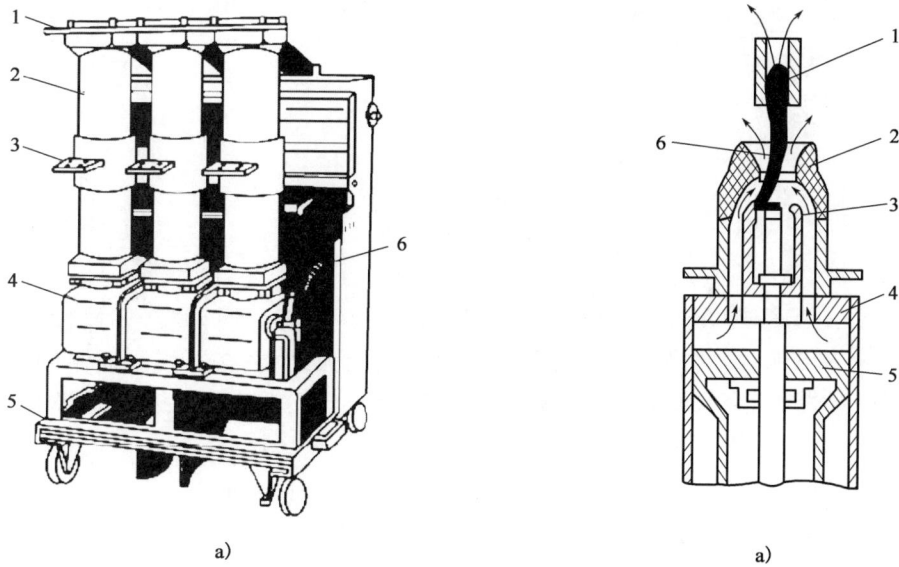

图 11-6　高压 SF_6 断路器

a)总体构成:1-上接线端子;2-绝缘筒;3-下接线端子;4-操动机构箱;5-小车;6-断路弹簧;

b)灭弧室构造:1-静触头;2-绝缘喷嘴;3-动触头;4-气缸;5-压气活塞(固定);6-电弧

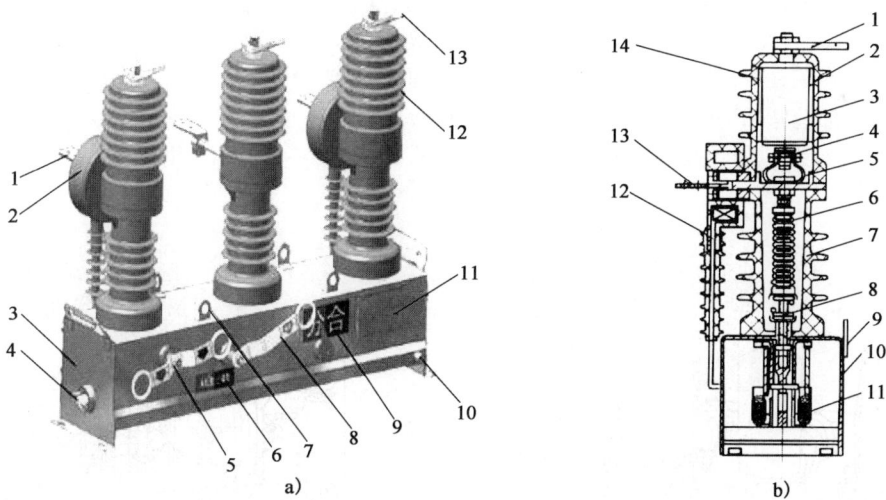

图 11-7　高压真空断路器

a)总体构成:1-下接线端子;2-电流互感器;3-箱体;4-联锁轴;5-分合闸操作手柄;6-储能标识牌;7-吊环;8-储能操作手柄;
9-分合标识牌;10-接地螺母;11-铭牌;12-极柱;13-上接线端子;

b)内部构造:1-上接线端子;2-上支柱绝缘套筒;3-真空灭弧室;4-导电央(动静触头);5-软连接;6-绝缘拉杆;7-下支柱绝
缘套筒;8-压缩弹簧;9-吊耳;10-箱体;11-弹簧操纵机构;12-电流互感器;13-下接线端子;14-绝缘胶

断路器有低式和高式两种布置。低式布置的断路器放在 0.5～1m 的混凝土基础上,必须设置围栏,因而影响通道的畅通。高式布置的断路器安装在高约 2m 的混凝土基础上,断路器的操动机构须装在相应的基础上。

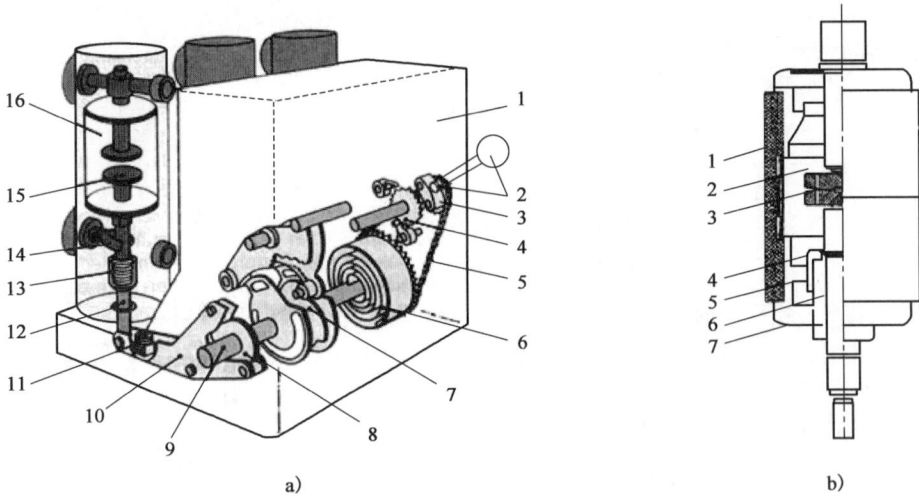

图 11-8　高压真空断路器操动机构及灭弧室构造

a)操动机构:1-箱体;2-储能操作手柄;3-插孔;4-棘轮;5-传动链;6-卷簧及外罩;7-止动盘;8-凸轮;9-主轴;10-双臂移动连杆;11-分闸弹簧;12-绝缘拉杆;13-压力弹簧;14-软连接;15-动触头;16-真空灭弧室;

b)灭弧室构造:1-陶瓷外壳;2-静触头;3-动触头;4-金属波纹管;5-屏蔽罩;6-导向柱套;7-筒盖

按断路器在配电装置中所占据的位置不同,可分为单列布置和双列布置。当断路器布置在主母线两侧时,称为双列布置;如将断路器集中布置在主母线的一侧,则称为单列布置。

(四)高压隔离开关

高压隔离开关是供配电系统中重要的开关电器,主要功能是将高压配电装置中需要停电的部分与带电部分进行有效隔离,以确保高压电器和检修人员安全,另外可以根据运行需要换接线路。图 11-9 为一种双柱式高压隔离开关的结构,开关分合闸时用绝缘钩棒操作,闸刀具有自锁装置。

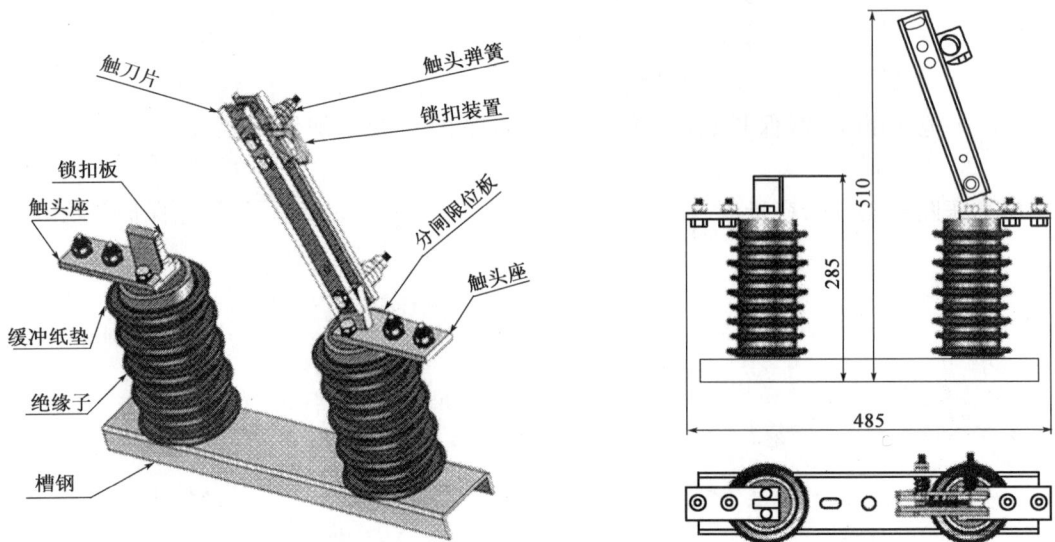

图 11-9　双柱式高压隔离开关(尺寸单位:mm)

高压隔离开关结构简单,无灭弧装置,不能接通和断开负荷电流和短路电流(即不能带负荷分、合闸),仅可用于不产生强大电弧的某些切换操作,分、合闸状态明显直观,一般需与高压断路器配合使用。

(五)高压负荷开关

高压负荷开关是一种可以带负荷分、合电路的高压控制电气设备,其功能介于高压断路器与高压隔离开关之间。高压负荷开关结构简单、动作可靠、造价低,具有简单的灭弧装置,因而能通断一定的负荷电流和过负荷电流;但是它不能断开短路电流,所以一般与高压熔断器配合使用,借助熔断器来进行短路保护。图 11-10 为压气式高负荷开关的外观和结构。

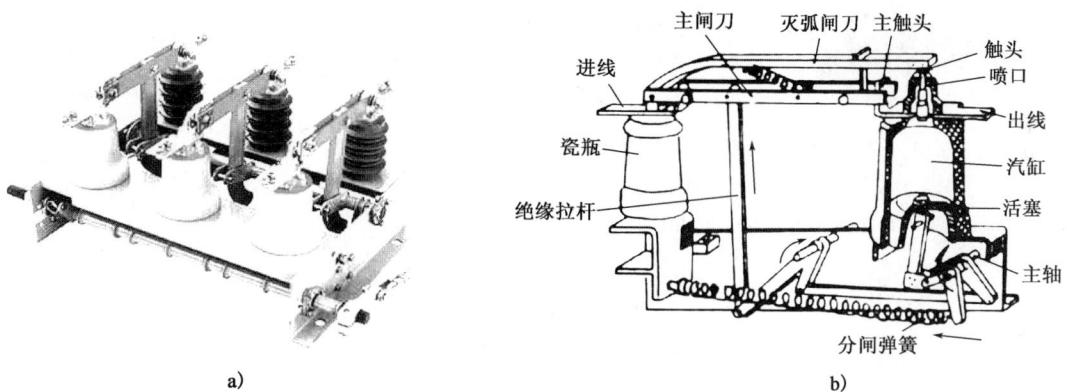

图 11-10 压气式高压负荷开关
a)外观;b)结构

高压负荷开关、高压隔离开关和高压断路器的区别是:

(1)高压隔离开关一般不能带负荷分断。

(2)高压负荷开关可以带负荷分断,有自灭弧功能,但它的开断容量很小。

(3)高压隔离开关和高压负荷开关都可以形成明显断开点,但高压隔离开关不具备保护功能,一般加断路器保护;高压负荷开关的保护一般是加熔断器保护,只有速断和过流。

(4)高压断路器开断容量可以制造得很高,具有短路保护、过载保护、漏电保护等功能。

(六)互感器和避雷器

互感器又称仪用变压器,是电流互感器和电压互感器的统称,功能主要是将高电压或大电流按比例变换成标准低电压(100V)或标准小电流(5A 或 1A),用来隔开高电压、大电流系统,实现仪表测量、设备保护及控制设备的标准化、小型化,保证人身和设备的安全。图 11-11 所示为几种互感器。

电流互感器可以和断路器放在同一小室内,穿墙式电流互感器应尽可能作为穿墙套管使用,以减少配电装置的体积与造价。电压互感器经隔离开关和熔断器接到母线上,它需占用专门的间隔,但在同一间隔内,可装设几个不同用途的电压互感器。当母线接有架空线路时,母线上应装避雷器,电压互感器与避雷器可共用一个间隔,两者之间应采用隔板(隔层)隔开,并可共用一组隔离开关。

避雷器是用于保护电气设备免受高瞬态过电压危害并限制续流时间的一种电器,有时也称为过电压保护器。图 11-12 所示为一种氧化锌避雷器。避雷器也有高式和低式两种布置。110kV 及以上多采用落地布置,安装在 0.4m 的基础上,四周加围栏。磁吹避雷器及 35kV 的阀型避雷器体形矮小,稳定度较好,一般采用高式布置。

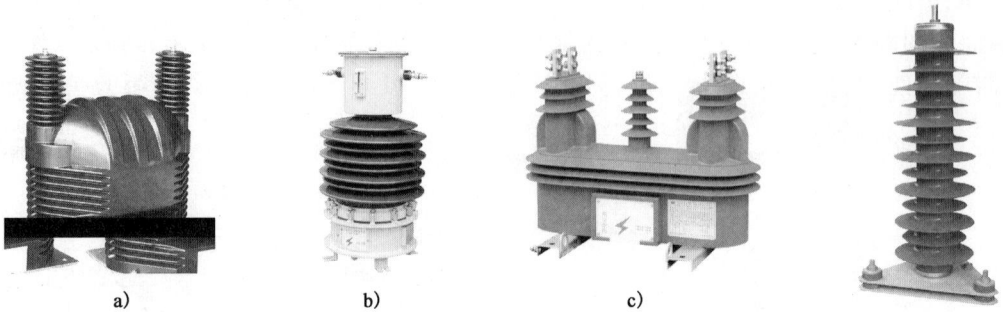

图 11-11　互感器　　　　　　　　　图 11-12　避雷器

a)电压互感器;b)电流互感器;c)电压电流组合互感器

(七)电抗器

供配电系统中常见的电抗器有串联电抗器和并联电抗器。串联电抗器主要用来限制短路电流,并联电抗器主要用于无功补偿、改善输电线路上的电压分布等。电抗器按其容量不同有三种不同的布置:三相垂直、三相品字形和三相水平布置,如图 11-13 所示。

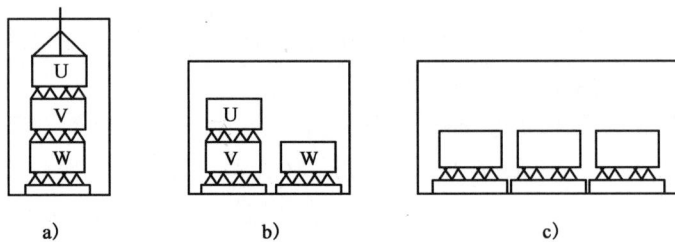

图 11-13　电抗器的布置方式

a)垂直布置;b)品字形布置;c)水平布置

(八)开关柜

供配电系统中广泛应用开关柜。它是将前述一些有关的高、低压电器集成安装在金属柜体中,在电力系统中接受和分配电能的装置,具有综合的供配电功能。

按照电压等级的不同,通常将交流 1kV 以上的称为高压开关柜,有时也将其中 3～20kV 的称为中压开关柜;1kV 及以下的称为低压开关柜。

1.高压开关柜

高压开关柜也称高压配电装置,是将开关电器(如高压断路器、隔离开关、负荷开关等)、检测仪表、保护设备和辅助设备集成安装在封闭或半封闭的柜中,以一个柜(有时若干柜)构成一个电路(或称一个间隔)。目前,10kV 高压开关柜的配置有固定式高压开关柜和手车式高压开关柜,其中手车式高压开关柜应用较多。图 11-14 为手车式高压开关柜的外观、组成及手车结构。

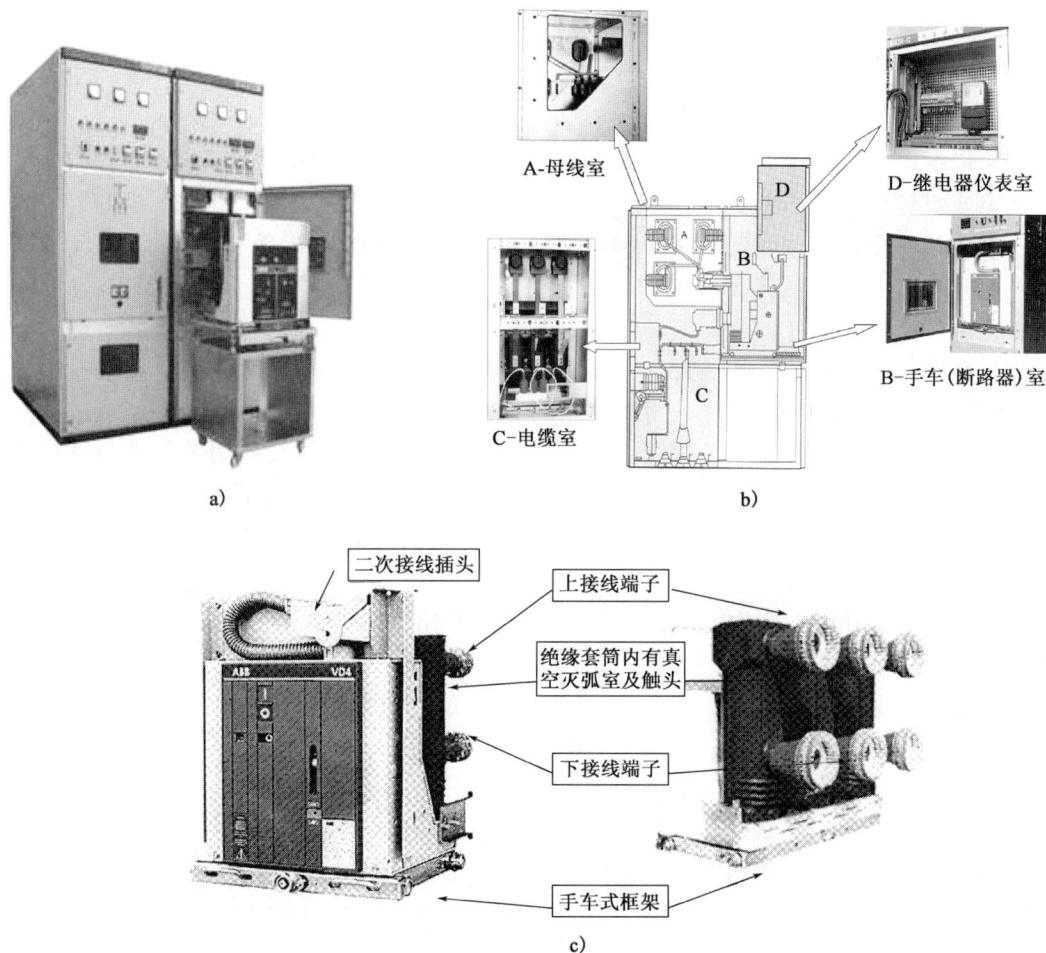

A-母线室

D-继电器仪表室

C-电缆室

B-手车(断路器)室

a)   b)

二次接线插头

上接线端子

绝缘套筒内有真空灭弧室及触头

下接线端子

手车式框架

c)

图 11-14 手车式高压开关柜

a)外观;b)组成;c)手车结构

2.低压开关柜

低压开关柜是按一定接线方案,将有关低压电器配件,如开关、互感器、仪表、母线、信号灯等组合而成的一种低压成套开关设备。为了保证供电的可靠性和灵活性,一般采用抽屉式开关柜进行配电,具有出线回路多、性能可靠等特点。图 11-15 为抽屉式低压开关柜。

(九)直流电源柜、应急备用电源

直流电源柜用于向供配电系统的操作和保护系统提供直流

图 11-15 抽屉式低压开关柜

电,以防交流系统发生问题时,操作和保护系统失效。

应急备用电源配备自启动发电机组、UPS(Uninterruptible Power System)等备用电源。

第三节　公路供配电系统设计

一、设计原则

公路供配电系统设计总的原则应按《供配电系统设计规范》(GB 50052—2009)、《20kV 及以下变电所设计规范》(GB 50053—2013)、《低压配电设计规范》(GB 50054—2011)、《66kV及以下架空电力线路设计规范》(GB 50061—2010)及《全国民用建筑工程设计技术措施(2009)—电气》等的规定执行。同时,根据公路供配电系统的特点,设计时还应遵循以下原则。

(1)考虑公路负荷性质、用电容量、工程特点和地区供电条件,结合国情,选取技术上先进、经济上合理的方案;有选择地采用国外先进技术。

(2)满足公路使用要求,保证监控、通信、收费三大系统设备以及照明等其他设备的供电可靠性和电能质量;同时要做到高效低耗、操作方便、维修简单,特别要保证供电安全。

(3)根据公路系统的特点、规模和发展规划,处理好供配电系统近期建设与远期发展的关系,做到远近结合、统筹兼顾、留有余地、可以扩展。

(4)对沿线外场设备的供电,应考虑从附近的收费站或服务区引专线;对于个别距供电点较远的直流设备,应采用独立直流供电电源,尽量减少长距离的直流供电。

(5)用电设备各相配置科学合理,力求达到三相负荷平衡。

(6)与当地供电局和其他有关单位协调一致。

二、设计内容

公路供配电系统设计的内容主要包括方案设计、电力负荷计算、变配电所设计、配电线路设计等。

1.供配电方案设计

对所设计的公路供配电系统进行总体安排和布置,包括用户电力负荷分类、供电方式选择、输配电方案设计、应急供电方案设计等。

2.变配电所设计

变配电所的任务是接收电能、改变电压和分配电能。设计内容包括变配电所选址,负荷计算及无功功率补偿,主变压器数量、容量和形式选定,接线方案设计,系统短路计算,开关设备选型,二次回路方案设计,继电保护系统设计,防雷与接地保护设计,照明设计等。

3.配电线路设计

公路配电线路设计分为公路主线配电线路设计和管理中心、收费站、服务区内配电线路设计。公路主线输配电线路设计包括配电线路路径及线路结构形式(架空线路或地埋电缆)的确定,导线材质及其配电设备、保护设备的选择,沿线电力杆柱位置的确定、杆柱与绝缘子等的选型,架空线路的防雷和接地系统设计等。管理中心、收费站和服务区内部的配电线路设计包括室内线路布设方案设计,路由选择,导线及敷设方式选择,配电设备和保护设备选型等。

三、供配电系统方案设计

(一)负荷分类

按照用户对供电可靠性、连续性的要求,将供电负荷分为一级负荷、二级负荷和三级负荷。一级负荷是指中断供电将造成人身伤亡、主要设备损坏且难以修复、严重政治影响或巨大经济损失的负荷,对供电可靠性、连续性要求最高,在任何情况下都不允许中断供电,应由两个电源供电;对于其中的特别重要的负荷,除由两个电源供电外,还应增设应急电源,并严禁将其他负荷接入应急供电系统。二级负荷是指中断供电将造成较大政治影响、较大经济损失或公共场所秩序混乱的负荷,应尽可能不停电,选择安全可靠、经济合理的供电方案,有条件时采用双电源供电。三级负荷可以根据系统运行情况随时停电。

公路供配电系统负荷可分为道路沿线设施供配电及重点路段照明供配电。道路沿线设施供配电主要是管理机构、养护设施、服务设施的办公、生活用电,其中,用于交通工程管理的监控、收费、通信、计算机网络等设备需要电源高稳定性和可靠性,原则上应按一级用电等级配电,其他用电负荷可按二级用电等级配电。收费广场、服务区、停车区、互通立交等重点区域的照明,原则上按二级用电等级配电,但隧道内的照明、通风等电力负荷按一级用电等级配电。

就公路三大机电系统而言,收费系统的负荷包括收费中心设备、收费分中心设备、收费站设备和收费车道设备等;通信系统负荷为通信机房内所有设备,包括接入设备、传输设备、程控交换机等;监控系统负荷包括监控中心设备和道路沿线设置的外场设备。

(二)供电方案

作为一级负荷,公路收费、监控、通信系统及隧道的通风照明通常要求双电源双回路供电,即采用不同源头的两路独立电源同时供给一处负载,以保证供电的连续性和可靠性。图11-16为某公路隧道双电源双回路供电系统示意图,该隧道的高压配电室有两条10kV的电源进线(为两路相互独立的电源,即引自两个独立变电站,或一个变电站两台变压器的两段母线,或一路电源一路发电机),分别接在高压配电室的两段母线上,这两段母线间装有一个分段隔离开关,在任何一条电源回路停电、发生故障或进行检修而被切除后,可以立即切换另一路电源或回路,恢复对整个配电室和负载的供电。若公用网供电条件有限或需要考虑成本(接取两路独立电源需要交纳双倍增容费),不能实现A和B双电源供电时,也可以将A和B两进线并接在一起用单电源供电,称为单电源双回路供电,但这样可靠性会降低,当电源或母线发生故障时供电将会中断。

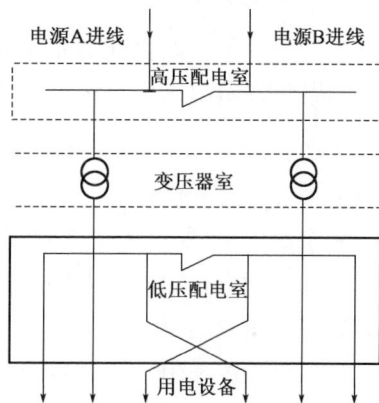

图11-16 双电源双回路供电系统

实际上,由于地区电力网络在主网电压上都是并网的,所以即使从电网取几个回路电源进线,通常也无法得到严格意义上的两路或多路独立电源。因此,为了提高整个系统的可靠性,有必要采用独立的应急备用电源对特别重要负荷进行供电,例如采用柴油发电机组作后备电源,当两路电源同时发生故障时,所有一级和二级负荷均由柴油发电机组供电。

(三)配电方案

对于比较集中的公路用电负荷,如收费站、通信站、监控中心、互通立交、隧道、特大桥、服务区、养护工区等,其配电系统可采用本地集中供电方式,设备用电可从临近的变配电所引出。如果集中负荷距离变配电所较远(10~20km),可从变配电所引来一条高压输电线路,经过变压器及低压开关设备进行配电;如果用电设备距离变配电所3~5km,这也超出了低压供电距离,可考虑在变配电所相应低压回路增设调压器,既能达到使用要求,又能降低造价及运营费用。

例如收费站,一般用电容量在500kV·A以下,通常可设一个简单的降压变电所,在变压器的高压侧输入公共电网的10kV高压电,低压侧输出220V/380V低压电,送至收费站的收费、监控、通信、照明等设备和办公楼、生活区、水泵房、污水处理设施等(图11-17)。

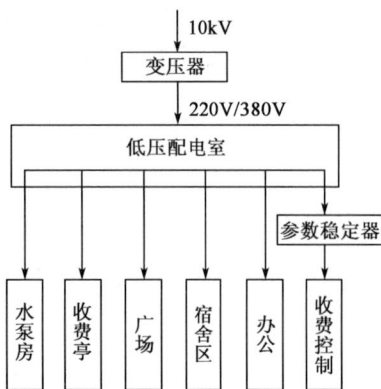

图11-17 公路收费站供配电系统

对于比较分散的长距离大范围公路用电负荷,如监控系统、照明系统等,由于沿线分布众多小负载,输配电线路很长,低压供电会产生很大的电力损耗,这时可以采用中压供电系统,即从主变电所引出一条10kV中压供电线路沿线敷设,再设置若干箱式变电房将中压变成380V或220V低压,然后再为每个负载配电。这样既解决了低压供电系统难以长距离送电的问题,又比高压供电系统节省了投资。另一种较为经济的方法,是在电源引出端设一台有载升压变压器,将电压调至较高值(一般以不超过1kV为宜);在负载端设一台降压变压器,将电压降至需要值。

例如监控系统外场设备,由于分散设置在公路沿线,有些远离变配电所,只有提高配电线路的电压等级来弥补长距离传输带来的电压损失。在外场设备位于变配电所2km范围时,一般采用增加导线截面积以保证正常供电,否则,宜采用上述配电方案。

(四)应急供电

实践表明,从电网引接两路电源加备用电源自动切换的供电方式,不能满足一级负荷对供电可靠性及连续性的要求,因为电网在主网电压上都是并网的,当发生内部故障或电网故障时会导致全部停电,所以无法得到真正的两路独立电源,这就有必要采用独立的应急电源供电。

按允许中断供电时间不同,应急电源可分为不中断、短时中断和长时中断等几种类型。

1. 不中断应急电源 UPS

UPS是由电池组、逆变器和其他电路组成,能提供交流电力的电源装置,适用于容量不大、允许停电时间为毫秒级的用电设备。一旦市电中断,UPS立即将蓄电池的直流电通过逆变器等模块转换成市电,以确保一级负荷不中断供电。另外,交流电网被严重干扰时常会造成计算机系统错误和数据丢失,如果通过 UPS 再输出给负载,能保证电压稳定和正弦波形良好,保护负载软、硬件和数据不受损坏。

2. 短时中断应急电源

对于带有自动投入装置的专用馈电线路,考虑自投装置的动作时间一般不超过 1.5s,可作为允许中断供电时间为 1.5s 的短时中断应急电源。

3. 长时中断应急电源

允许中断供电时间为 1.5s 以上的供电,可选用快速自动启动发电机组供电,它的自启动时间一般为 10s 左右。

对于监控、通信、收费系统用电设备,均有某些设备需要接入 UPS 的情况。由于各系统用电负荷较大,监控、通信和收费系统宜单独设 UPS。一般的做法是收费系统和通信系统分别设置 UPS,监控系统外场设备(如隧道监控系统)在必要情况下单独设置 UPS。

(五)电磁兼容

电磁兼容性(Electromagnetic Compatibility,简称 EMC),是指一个设备或系统在其电磁环境中能正常工作且不对该环境中任何事物构成不能承受的电磁干扰的能力。

监控、收费、通信系统中在运行过程中,其内部设备之间必然要产生电磁干扰,且由于大多数设备都带电工作,设备本身的安全以及工作人员的安全要特别加以重视。为此,必须采取有效的电磁兼容措施保证系统能够正常工作,同时保护工作人员及设备的安全。常用的措施有接地、搭接、屏蔽、滤波、防雷保护等。

四、供电系统的负荷计算

进行供电负荷计算的目的是为了合理地选择供配电系统中的导线、开关、变压器等设备,使供电系统能够在正常条件下可靠地运行。正确确定系统的计算负荷对供配电系统的设计有重大意义。如果负荷确定得过大,会造成设备及导线的选择余量过大,使成本增加,造成投资浪费;相反,如果负荷确定得过小,将导致在运行过程中产生较大热量,引起绝缘的过早老化,严重时会烧毁变压器、供配电设备或导线而引起火灾。

(一)三相用电设备组计算负荷

计算负荷也称计算容量或需要负荷,是一个假想的持续负荷,其热效应相当于同一时间内实际变动的负荷的最大热效应。通常采用计算范围内 30min 最大平均负荷 P_{30} 作为计算负荷。它是配电设计时,确定用户或供配电系统的正常电源、备用电源、应急电源容量、无功补偿容量和季节性负荷容量的依据。也是计算配电系统各回路中的电流,并按发热条件选择变压器、开关等电器及导体的依据。

目前确定计算负荷时多采用需要系数法,对三相和单相用电设备的负荷分别进行估算。需要系数 K_d 是用电设备组在最大负荷时需要的有用功率 P_{30} 与其设备总容量 P_N 的比值,即:

$$K_d = \frac{P_{30}}{P_N} \tag{11-1}$$

利用需要系数法确定三相用电设备组计算负荷的基本公式为:

$$P_{30} = K_{\Sigma} K_{L} P_{N} \eta_e^{-1} \eta_{WL}^{-1} \qquad (11\text{-}2)$$

式中:K_{Σ}——设备同时系数,设备组最大负荷时运行设备容量与全部设备总容量之比;

K_{L}——设备组负荷系数,设备组最大负荷时的输出功率与运行设备总容量之比;

η_e——设备组平均效率,设备组最大负荷时的输出功率与有用功率之比;

η_{WL}——配电线路的平均效率,配电线路最大负荷时的末端功率与首端功率之比;

P_N——用电设备总容量,为各设备额定功率之和,kW。

由式(11-1)和式(11-2)可得:

$$K_{d} = \frac{K_{\Sigma} K_{L}}{\eta_e \eta_{WL}} \qquad (11\text{-}3)$$

确定多组用电设备的干线计算负荷时,应首先计算出每一设备组的计算负荷,同时还应考虑各组用电设备的最大负荷不同时出现的因素,用总功率乘以相应的综合折减系数。

(二)单相用电设备组计算负荷

公路用电设备多为单相用电设备,单相设备接在三相电路中,应尽可能地均衡分配,使三相负荷尽可能地平衡。在单相设备容量不大于三相设备容量15%的条件下,单相设备可按三相平衡负荷计算。单相设备等效三相设备的负荷计算方法如下:

(1)当单相设备接于相电压时,有:

$$P_N = 3P_{N\varphi} \qquad (11\text{-}4)$$

(2)当单相设备接于同一线电压时,有:

$$P_N = \sqrt{3} P_{N\varphi} \qquad (11\text{-}5)$$

式中:$P_{N\varphi}$——单相设备容量,kW。

五、变配电所设计

(一)变配电所选址

配变电所的位置应方便高压进线和低压出线,接近电源、负荷中心或大容量设备处,方便设备运输、装卸及搬运,避开建筑物伸缩缝、沉降缝等位置,如果设在地下室宜选择在通风、散热条件较好的场所;不应设置在有剧烈振动或高温的场所、地势低洼或可能积水的场所、经常积水场所的正下方或贴邻、有爆炸危险环境的正上下方、污染源的下风侧;不宜设在有火灾危险环境的正上下方、多尘或有腐蚀性气体的场所、有防电磁干扰要求的设备的正下方或贴邻。

公路用电负荷(如匝道收费站、通信站、监控外场设备等)多集中在互通立交附近、隧道、服务区及养护区等处,其变配电所随之设置在管理中心、收费站、服务区及养护工区内,间隔为20~30km。隧道变电所宜设置在隧道口行车道旁,中、短隧道可在隧道口一侧设置变电所;长隧道可考虑在隧道口两侧分别设置变电所;在隧道连续区段可将几条隧道统一考虑,便于管理控制,也节省投资。

(二)变配电所构成

变配电所内配置有变压器、调压分接开关、配电系统、控制系统及发电机组(配有值班室)等,供公路收费站、监控中心、通信站、服务区、养护工区、互通立交等场所,以及沿线外场设备、照明系统等动力和生活用电。

(三)供电电压

供电电压是指需经过变换电压等级后才能在公路收费站、监控中心、服务区等场所及沿线设施进行配电的电压,即变配电所进线电压。供电电压的选择一般取决于传输距离(负荷矩)、用电设备电压高低、用电负荷大小、供电敷设方式和传输功率等因素(表11-2)。在输送同样功率的情况下,电压越高则线路电流越小,可选用小截面电线或电缆,从而可降低输电线路成本和功率损耗。

输电容量和输送距离的关系 表11-2

序号	线路电压(kV)	线路结构	输送功率(kW)	输送距离(km)	备 注
1	0.38	架空	≤100	≤0.25	电缆比架空线路输送功率大75%且输送距离远
	0.38	电缆	≤175	≤0.35	
2	6	架空	≤2000	3~10	10kV比6kV功率大且输送距离远;6kV较少使用
	6	电缆	≤3000	≤8	
3	10	架空	≤3000	5~15	
	10	电缆	≤5000	≤10	
4	35	架空	2000~15000	20~50	63kV输送电压和功率都比35kV大1倍,但较少使用
	63	电缆	3500~30000	20~100	

高压配电的电压一般采用10kV;在个别情况下,也可同时采用6kV和10kV两种电压;从工作方便、经济效益和可靠性等方面考虑,也可采用更高的配电电压,如35kV。

(四)母线接线方式

母线(主接线)是电力系统接线的重要组成部分,对电力系统的安全、稳定、灵活、经济地运行,以及变配电所的电气设备选择、配电装置的布置、机电保护和控制方法的确定具有直接影响。母线是接受电能和分配电能的导体,其接线方式直接关系着各路负荷运行的可靠性、安全性与灵活性。母线的材料采用扁铜或扁铝。公路变配电所6~10kV高压配电装置接线方式主要有单母线不分段接线及单母线分段接线两种。

1.单母线不分段接线

这种接线方式如图11-18a)所示,在每条引入线和引出线中都安装隔离开关及断路器,线路简单,造价低,使用设备少,便于扩建和使用成套设备;但可靠性和灵活性较差,当母线或母线隔离开关发生故障时,会造成全部负荷断电。适用于三级负荷、出线回路少、用电量小的场合。

2.单母线分段接线

这种接线方式如图11-18b)所示,在母线中间用断路器、隔离开关或负荷开关来分段,在每一段母线接一个或两个电源,引出的各支路分别接在各段母线上。

(1)通常6~10kV母线分段开关宜采用断路器。但如果属于下列情况之一:不需带负荷操作、无继电保护或自动装置要求、出线回路较少,则可以采用隔离开关或隔离触头组。用断路器分段后,对重要用户可从不同段引出两个回路,由两个电源供电。

(2)采用隔离开关。在母线分段处装设隔离开关,当某一段母线发生故障时,可以分段检修,可靠性高。经过倒闸操作,可以先切除故障段,其他无故障段继续运行。

(3)采用负荷开关。当断电时切换电源,需要带负荷操作,有继电保护要求且出线回路较多时,母线之间应采用负荷开关作为联络开关使用。用负荷开关有继电保护功能,除能切断负荷电流和故障电流以外,可自动分闸、合闸。

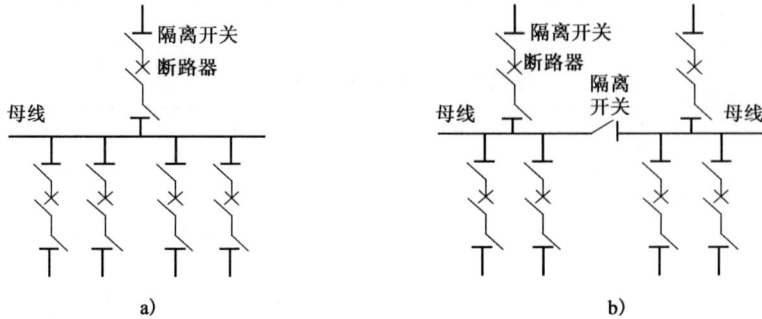

图 11-18　母线接线方式

a)单母线不分段接线;b)单母线分段接线

(五)电气主接线

电源以电缆方式进入变压器室,经户内负荷开关接到变压器。低压配电采用220V/380V、50Hz变压器中性点直接接地系统。当低压系统断电后,由备用柴油发电机供电;工作电源恢复后,发电机组应能被切除。

(六)高压线路接线方式

1.放射式

如图 11-19a)所示,每一变电所分别由母线单独供电,没有分支接点,其中一个干线出现故障不会影响其他干线。因此,放射式供电可靠性较高,线路敷设简单,操作维护方便,发生故障时影响范围小,便于切换,保护较简单,便于实现自动控制;但成本较高。

2.树干式

如图 11-19b)所示,由地区变电站引出的每路高压配电干线沿公路架空敷设,各收费站变电所都从该干线上直接接出分支供电,分支线数目不宜太多(通常小于6),并要根据故障对供电的影响、负荷的大小和干线在系统中的地位而定。这种接线的优点是:总降压变电站6~10kV的高压配电装置数量少、投资小、敷设简单,可节省有色金属,降低线路损耗;其缺点是供电可靠性差,只要干线上任何一段发生故障,该线路供电的所有变电所均断电,影响面较大。

(七)变压器

1.配电变压器的容量

配电变压器的容量应根据计算负荷选择,负荷率一般不应大于85%。根据用户的负荷特点和经济运行条件,单台变压器的容量一般不宜大于1250kV·A;当用电设备容量较大、技术经济合理、运行安全可靠时,可采用2000kV·A或2500kV·A的变压器。

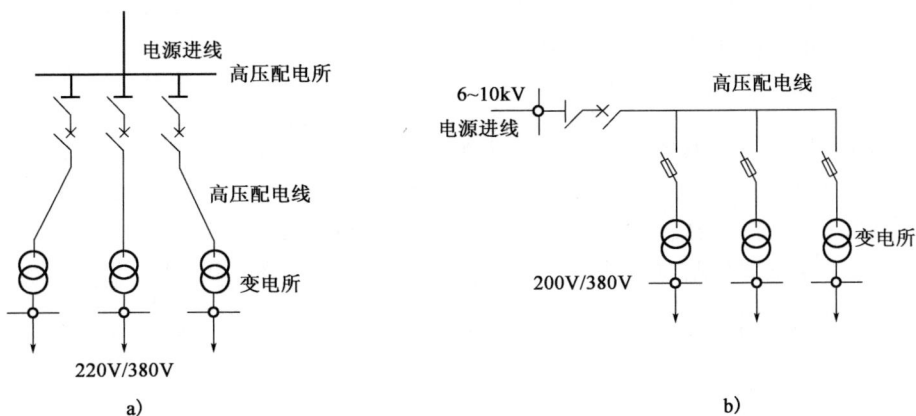

图11-19　高压线路接线方式
a)放射式配电系统;b)树干式配电系统

应根据公路供配电对象的性质、负荷大小、负荷等级及经济运行等因素选择变压器的容量和台数,当有大量一级或二级负荷、季节性负荷变化较大、集中负荷较大等情况之一时,宜装设两台及以上变压器。

通常动力用电与照明用电宜共用变压器;当有下列情况之一时,可设专用变压器:

(1)如果照明负荷较大,或动力与照明共用变压器严重影响照明质量和光源寿命时,可设专用照明变压器。

(2)单相负荷较大时,宜设单相变压器。

(3)波动性负荷较大,严重影响电能质量时,可设波动负荷专用变压器。

(4)在电源系统不接地或经阻抗接地,电气装置外露导电体就地接地系统(IT系统)的低压系统中,照明负荷应设专用变压器。

小而分散的负荷宜选用户外箱式变电站,其容量不宜大于1250kV·A。

2.配电变压器的选型

设在主体建筑地下室和楼内的配变电所,变压器应选用干式、气体绝缘或非可燃液体浸渍变压器;在多尘或有腐蚀性气体严重影响变压器安全运行的场所,应选用防尘型或防腐型变压器。

户外箱式变电站变压器可以采用油浸式变压器;当与主体建筑的防火距离不能满足要求时,宜选用干式变压器。

3.配电变压器的安装

室内设置的油浸变压器应安装在单独的隔间内。有防护外罩的干式变压器,允许多台安装在同一房间内,其防护外罩间距应符合有关规范要求;无防护外壳的变压器,宜安装在单独的变压器室内。

有防护外罩的干式变压器可与不带可燃油的高低压配电装置安装在同一房间内,但其外罩的防护能力不应低于IP2X,并宜有良好的通风。当防护外罩为IP2X时,外罩距低压柜的净

365

距不宜小于 0.8m;为 IP3X 时,则变压器与低压开关柜可以贴邻安装。

户外箱式变电站宜设置在安全、隐蔽的位置,进出线宜采用电缆方式,防护等级不宜低于 IP33。除应尽量深入负荷中心及方便进出线外,还应考虑对周围环境的影响。距人行道边净距不应小于 1m,距主体建筑净距不小于 3m。

4. 所用变压器

所用变压器是为配变电所内部的用电设备提供电源的变压器。通常变配电所高压开关柜需要提供 220V 操作电源,直流配电屏也需要 220V 电源持续浮充,于是设置一台小容量变压器,提供高压柜操作时所需要的电源。所用变压器必须保证在主变压器停电后仍能正常工作,因此应接装在主变压器断路器的前端母线上,或者接装在另一路电源上。所用变压器通常采用电子变压器。

(八)低压供配电

1. 配电电压

公路的用电设备额定电压多为 380V/220V,其低压配电电压也多采用 380V/220V 两种。380V 电压主要为三相动力设备及 380V 的单相设备提供电源;220V 电压主要为 220V 的单相用电设备及普通照明灯具提供电源。在负荷中心离变电所较远时,考虑线路的电压损失,可采用 660V 配电,与 380V 配电相比,可以减少远距离输电造成的线路电压损耗,提高负荷端的电压水平;还能在降低线路有色金属消耗的前提下,增加配电半径。

2. 配电方式

低压 380V/220V 配电系统类似于高压配电系统,引出若干支路到用电设备,其基本形式有放射式和树干式两种(图 11-20),而实际上采用的多数是这两种形式的组合,称为混合式系统。

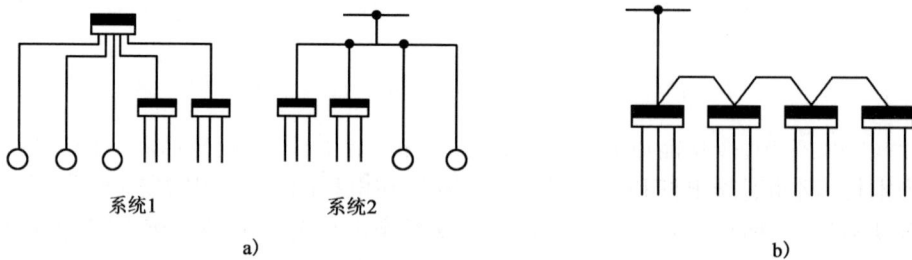

系统1　　系统2
a)
b)

图 11-20　低压配电方式
a)放射式配电系统;b)树干式配电系统

(九)供配电设备选择

为保证供配电系统的可靠运行,所用高、低压电器和设备在正常工作条件下的额定电压、最高工作电压不应小于所在回路的工作电压,熔断器、避雷器、电压互感器的额定电压应与所在回路电压相等。各电器的额定电流不应小于所在回路的工作电流,当电器的额定工作环境温度与实际温度不一致时,电器的最大允许工作电流与电压应按有关规定进行修正;对断路器和熔断器及带熔断器的负荷开关,额定开断流容量不应小于装设处的启动瞬变短路容量。此外,还要根据电器的安装、使用环境(如温度、空气介质及海拔高度)等选用。

(十)控制系统配电

变配电所控制系统配电是保证供电可靠性的重要组成部分,其电源在正常运行时应能保证断路器的合闸和跳闸;在事故状态下,当电网电压降低甚至消失时,应能保证继电保护系统可靠的工作,需要时还应提供应急照明用电。

对于一般出线回路少于6路、变压器总容量不大于4000kV·A的中小型配变电所,可以采用交流操作电源,由所用变压器或电压互感器供电,也可以由UPS或其他市电引来。配变电所宜设置所用配电盘,其电源一般可以由低压开关柜引来;当配变电所设有两台变压器时,所用配电盘宜采用双电源自动切换装置。

重要场所变配电所宜选用直流操作系统。当选用电磁操作系统时,操作电压宜选用直流220V;选用弹簧操作系统时宜选用直流110V或220V。直流电源蓄电池容量应能保证操作机构的分合闸动作,以及各开关柜信号和继电器等可靠工作;供电持续时间有人值班时不小于1h,无人值班时不小于2h;其充电电源宜由所用配电盘引来,或由低压柜引来,其供电电压的波动范围不大于±5%。直流母线电压偏差不大于±15%。

六、输配电线路设计

电力线路是公路供配电系统的重要组成部分,担负着输送电能、分配电能及连接各种电气设备的重要任务。输配电线路的方案有两种可供选择,一是架空线路,二是电力电缆线路。一般采用架空线路将电源从电力部门的变电所引至公路的站区外,然后采用电缆将电源引至配电室。站区内的低压配电系统一般采用低压电缆进行电能的传输,以使收费站区整洁美观。

(一)架空线路

1.架空线路的组成

架空线路主要由电杆、横担、绝缘子、导线、线路金具、拉线等元件组成。电杆是电力线路中架设导线的支撑物,按功能可分为终端杆、直线杆、分支杆、跨越杆、耐张杆、转角杆等,按材质可分为木杆、钢筋混凝土杆和铁杆塔。横担安装在电杆的上部,用来安装绝缘子、固定导线,常用的有铁横担、木横担和瓷横担等。拉线用于平衡电杆各方面的作用力,并抵抗风压,以防止电杆倾倒,多采用多股铁线绞成或钢绞线制造。绝缘子(瓷瓶)用来固定导线,并使导线之间、导线与大地之间绝缘,按形式可分为针式、悬式和蝶式等。线路金具是用来连接导线、安装横担和绝缘子、固定拉线和杆上其他电力设施的金属辅助元件。导线是架空线路的主体,担负着传输电能的作用,通过绝缘子架设在电杆上,导线材料采用铜、铝等金属,在输电线路中多采用钢芯铝绞线。

2.架空线路的敷设

(1)敷设的要求和路径的选择。敷设架空线路要严格遵守有关技术规程的规定。选择架空线路的路径时,应保证路径短,转角少;便于施工架设和维护;尽量避开雨水冲刷地带及易遭受碰撞的场所;不应引起交通阻塞;避免穿过起重机频繁活动的地区;尽可能减少同其他设施的交叉和跨越建筑物。

（2）导线在电杆上的排列方式。三相四线制低压线路的导线一般都采用水平排列,由于中性线的电位在三相对称时为零,而且截面也较小,加之机械强度较差,所以中性线一般架设在靠近电杆的位置。三相三线制线路的导线可采用三角形排列,也可采用水平排列。多回路导线同杆架设时,可采用三角、水平混合排列,也可采用垂直排列。电压不同的线路同杆架设时,电压较高的线路应架设在上面,电压较低的线路应架设在下面。

（二）电缆线路

1. 电缆线路的组成

电缆线路主要由电缆、电缆中间接头和电缆终端接头组成。

（1）电缆。电缆是一种特殊的导线,在单根或几根绞绕的绝缘导电芯线外面,包有绝缘层和保护层。电缆芯线应为多股铜导线制成,铜材应符合相应标准。保护层又分为内护层和外护层,内护层用以直接保护绝缘层,而外护层用以防止内护层机械损伤和腐蚀;外护层通常为钢丝或钢带构成的钢铠,外覆沥青麻丝或塑料护套。电缆按其构造及作用可分为电力电缆、控制电缆、电话电缆、射频同轴电缆、移动式软电缆等;按电压可分为低压电缆（≤1kV）、高压电缆,工作电压等级有 0.5kV、1kV、6kV、10kV 等。用于重要负荷（如配电室、收费车道系统、通信传输系统、隧道监控系统、票款室等）的地下直埋电缆应使用带防腐层的铠装电缆,其他情形可使用不带铠装的电缆。

（2）电缆中间接头。中间接头是使电缆相互连接的元件,构造如图 11-21 所示。电缆在两端之间一般应连续敷设,中间没有接头;如果因长度或电缆线路类别的原因需要连接或分支,需要采用中间接头。电缆连接点的机械及电气性能应良好,防止机械损伤和振动,紧固件不得损伤电缆及导线、有明显的机械变形。中间接头应采用辐射交联热收缩材料,绝缘强度不应低于各电缆原有绝缘强度水平;分支接头应安装在电缆分线箱内,分线箱应固定在便于安装、检查的墙上或其他地方。

（3）电缆终端接头。终端接头是使电缆连接到设备的元件,构造如图 11-22 所示。电缆终端接头应具有良好的电气性能和机械性能,能在恶劣的环境条件下长期使用。要适当选择电缆密封套,密封套外面加非聚氯乙烯护套。在端接前,所有铠装和铠装夹或接触铠装夹的连接器的表面都应进行清理,铠装夹应扭紧,以确保良好的电接触。电缆导线终端应采用压接连接的电缆套管。在电缆终端上应有明显的相色标志,且应与系统的相位一致。

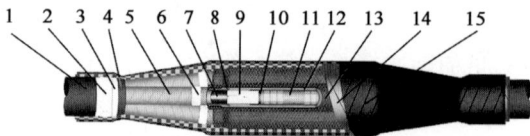

图 11-21　电缆中间接头
1-电缆外护套;2、6-接地线抱箍;3、15-铠;4-内护套;
5-铜屏蔽带;7-半导电层;8-应力单元;9-电缆芯绝缘;
10-导线;11-导线连接管;12-内屏蔽管;13-接头套管;
14-防水层

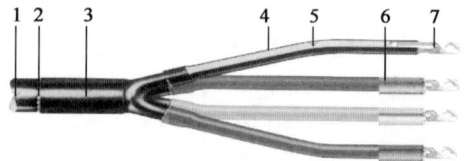

图 11-22　电缆终端接头
1-电缆护套;2-密封胶;3-四芯指套;4-绝缘管;
5-线芯绝缘;6-密封管（热缩式）;7-接线端子

2. 电缆线路的敷设

(1)电缆敷设的原则。应综合考虑最佳走向,尽可能使路径最短、少拐弯;尽量避免与其他管道交叉,避开规划中要开挖的地方;尽量避免电缆受到机械、化学、生物等外界因素的损害;要有较好的散热条件;施工前应详细计算出电缆的长度、富裕度、接头和终端附近预留长度,以便配盘。

(2)电缆的敷设方式。电缆线路的敷设方式可分为直埋敷设、管道敷设、架空敷设和水底敷设。公路供配电系统常用前两种方式。选择电缆敷设方式,一般从节省投资、施工方便及安全运行三个方面考虑。直埋敷设采用挖沟、敷设电缆、回填土的方法,施工最方便,造价最低,散热较好,因此在公路站区及沿线设施供配电系统中应用最广。中压电缆在桥梁上采用穿钢管保护,在绿地可采用穿 PVC 管敷设;低压电缆在绿地、土路肩中可采用穿 PVC 管等敷设,在桥梁上穿钢管或金属槽道保护。电缆横穿路面保护管全部采用预埋钢管。管道敷设采用预埋电缆管,然后从管道中穿缆的方法。电缆管材常用的有混凝土管和 PVC 管;近年来新型管材高密度聚乙烯管(包括 HDPE 硅管和 HDPE 双壁波纹管)应用逐渐广泛,其中 HDPE 硅管还可以采用气吹法穿缆施工,能够大大提高穿缆的效率和一次穿缆的长度。

【思考题】

1. 公路供电有哪些方式? 各有什么特点?

2. 公路供配电系统主要设备有哪些?

3. 什么是电力变压器? 什么是变压器的额定容量?

4. 高压负荷开关、高压隔离开关和高压断路器的区别是什么?

5. 公路供配电系统设计主要包括哪些内容?

6. 公路监控中心与沿线外场监控设备的供配电方式有什么不同?

7. 怎样计算公路供配电设施负荷?

参 考 文 献

[1] 李峻利. 交通工程设施设计[M]. 北京：人民交通出版社，2001.

[2] 王炜，过秀成，等. 交通工程学[M]. 2版. 南京：东南大学出版社，2011.

[3] 陆化普，李瑞敏，朱茵. 智能交通系统概论[M]. 北京：中国铁道出版社，2004.

[4] 马荣国，杨立波. 交通工程设计理论与方法[M]. 北京：人民交通出版社，2002.

[5] 王炜. 交通规划[M]. 北京：人民交通出版社，2007.

[6] 王建军，严宝杰，陈宽民. 省域高速公路网交通工程总体规划系统[J]. 交通运输工程学报，2002，2(4)：73-79.

[7] 李国峰. 高速公路网交通工程总体规划系统研究[J]. 交通世界，2011，(5)：104-105.

[8] 中华人民共和国行业标准. JTG D80—2006 高速公路交通工程及沿线设施设计通用规范[S]. 北京：人民交通出版社，2006.

[9] 中华人民共和国行业标准. JTG D81—2006 公路交通安全设施设计规范[S]. 北京：人民交通出版社，2006.

[10] 中华人民共和国行业推荐性标准. JTG/T D81—2006 公路交通安全设施设计细则[S]. 北京：人民交通出版社，2006.

[11] 中华人民共和国行业标准. JTG B01—2014 公路工程技术标准[S]. 北京：人民交通出版社，2014.

[12] 孟祥海，李洪萍. 交通工程设施设计[M]. 3版. 哈尔滨：哈尔滨工业大学出版社，2012.

[13] 中国公路学会《交通工程手册》编委会. 交通工程手册[M]. 北京：人民交通出版社，1998.

[14] 马炅. 宽容性理念在高速公路设计中的运用[J]. 公路交通科技(应用技术版)，2010，27(6)：60-63，66.

[15] 中华人民共和国国家标准. GB 5768—2009 道路交通标志和标线[S]. 北京：中国标准出版社，2009.

[16] 中华人民共和国行业标准. JTG D82—2009 公路交通标志和标线设置规范[S]. 北京：人民交通出版社，2009.

[17] 中华人民共和国国家标准. GB 51038—2015 城市道路交通标志和标线设置规范[S]. 北京：中国计划出版社，2015.

[18] 温学钧，袁胜强. 城市道路交通标志和标线设置手册[M]. 北京：中国建筑工业出版社，2015.

[19] 中华人民共和国国家推荐性标准. GB/T 23827—2009 道路交通标志板及支撑件[S]. 北京：中国标准出版社，2009.

[20] 中华人民共和国国家推荐性标准. GB/T 18833—2012 道路交通反光膜. 北京：中国标准出版社，2013.

[21] 中华人民共和国行业推荐性标准. JT/T 280—2004 路面标线涂料[S]. 北京：人民交通出版社，2004.

［22］中华人民共和国国家标准. GB 14886—2006　道路交通信号灯设置与安装规范［S］. 北京：中国标准出版社，2006.

［23］中华人民共和国国家标准. GB 14887—2011　道路交通信号灯［S］. 北京：中国质检出版社，中国标准出版社，2011.

［24］中华人民共和国国家标准. GB 25280—2016　道路交通信号控制机［S］. 北京：中国标准出版社，2016.

［25］翁小熊. 高速公路机电系统［M］. 北京：人民交通出版社，2003.

［26］陈红. 交通工程设施试验检测技术［M］. 北京：人民交通出版社，2000.

［27］张勇，江玉林，郝记秀，等. 基于 VPS 技术的新一代道路收费系统现状及前景［J］. 交通运输系统工程与信息，2006，6(6)：21-25.

［28］郑志恒. 基于 VPS 的道路收费技术研究［J］. 中国交通信息产业，2008 (5)：100-102.

［29］陆赛杰，黄卫，钱振东. 基于 GPS 的电子收费系统研究［J］. 交通信息与安全，2009，27(5)：131-134.

［30］门铖铖. 基于 GPS 路径识别技术的高速公路收费系统的应用研究［J］. 华东公路，2016(3)：98-100.

［31］丁柏群，杨会梅，王雪梅. 道路收费广场通行能力分析［J］. 黑龙江交通科技，2000，23(6)：19-21.

［32］中华人民共和国行业推荐性标准. JT/T 431—2000　高速公路 LED 可变信息标志技术条件［S］. 北京：人民交通出版社，2000.

［33］梁国华. 交通工程设施设计［M］. 北京：人民交通出版社出版. 2014.

［34］赵宏波，卜益民，陈凤娟. 现代通信技术概论［M］. 北京：北京邮电大学出版社，2003.

［35］中华人民共和国地方推荐性标准. DB36/T 698—2013　高速公路服务区设计规范［S］. 2013.

［36］中华人民共和国地方推荐性标准. DB43/T 922—2014　高速公路服务区设计规范［S］. 2014.

［37］中华人民共和国地方推荐性标准. DB21/T 2422—2015　高速公路服务区服务规范［S］. 2016.

［38］中华人民共和国行业标准. CJJ 14—2016　城市公共厕所设计标准［S］. 北京：中国建筑工业出版社，2016.

［39］中华人民共和国行业标准. JGJ 36—2016　宿舍建筑设计规范［S］. 北京：中国建筑工业出版社，2016.

［40］中华人民共和国国家标准. GB 50156—2012　汽车加油加气站设计与施工规范. 北京：中国计划出版社，2012.

［41］过秀成. 城市停车场规划与设计［M］. 北京：中国铁道出版社，2008.

［42］王建军，严宝杰. 交通调查与分析［M］. 北京：人民交通出版社，2011.

［43］陈志龙. 城市地下停车场系统规划与设计［M］. 南京：东南大学出版社，2014.

［44］中华人民共和国住房和城乡建设部. 城市停车设施规划导则［A］. 2015.

［45］中华人民共和国住房和城乡建设部，中华人民共和国公安部，中华人民共和国国家发展和改革委员会. 关于城市停车设施规划建设及管理的指导意见［A］. 2015.

[46] 中华人民共和国行业标准. JGJ 128—2010 城市公共停车场工程项目建设标准[S]. 北京：人民交通出版社，2010.

[47] 中华人民共和国行业标准. JGJ 100—2015 车库建筑设计规范[S]. 北京：中国建筑工业出版社，2015.

[48] 中华人民共和国地方推荐性标准. DB11/T 595—2008 公共停车场工程建设规范[S]. 北京：中国标准出版社，2008.

[49] 中华人民共和国国家推荐性标准. GB/T 26559—2011 机械式停车设备分类[S]. 北京：中国标准出版社，2011.

[50] 朱守林. 交通工程设施设计[M]. 北京：中国林业出版社，2014.

[51] 中华人民共和国行业标准. CJJ 37—2012 城市道路工程设计规范[S]. 北京：中国建筑工业出版社，2012.

[52] 中华人民共和国行业标准. CJJ 45—2015 城市道路照明设计标准[S]. 北京：中国建筑工业出版社，2015.

[53] 住房和城乡建设部工程质量安全监管司，中国建筑标准设计研究院. 全国民用建筑工程设计技术措施(2009)—电气[M]. 北京：中国计划出版社，2009.

[54] 中华人民共和国国家标准. GB 10941—2013 电力变压器 第1部分：总则[S]. 北京：中国标准出版社，2013.

人民交通出版社股份有限公司　公路教育出版中心
交通工程/交通运输类教材

了解教材信息及订购教材,可查询:"中国交通书城"(www.jtbook.com.cn)
天猫"人民交通出版社旗舰店"
公路教育出版中心咨询及投稿电话:(010)85285865,85285984
欢迎读者对我中心教材提出宝贵意见

注:◆教育部普通高等教育"十一五""十二五"国家级规划教材
　　▲交通工程教学指导分委员会推荐教材、"十三五"规划教材